U0451247

河北师范大学历史文化学院"双一流学科"建设经费资助出版

胡如雷先生诞辰九十周年纪念论文集

谷更有 主编

The 90-Year Memorial Papers for Hu Rulei's Birthday (1926~1998)

中国社会科学出版社

图书在版编目（CIP）数据

胡如雷先生诞辰九十周年纪念论文集／谷更有主编．—北京：中国社会科学出版社，2020.5

ISBN 978-7-5203-5899-6

Ⅰ.①胡… Ⅱ.①谷… Ⅲ.①胡如雷(1926-1998)—纪念文集 ②中国历史—文集 Ⅳ.①K825.81-53②K207-53

中国版本图书馆CIP数据核字（2020）第021473号

出版人	赵剑英
责任编辑	宋燕鹏
责任校对	王　龙
责任印制	李寡寡

出　版	中国社会科学出版社
社　址	北京鼓楼西大街甲158号
邮　编	100720
网　址	http://www.csspw.cn
发行部	010-84083685
门市部	010-84029450
经　销	新华书店及其他书店
印　刷	北京明恒达印务有限公司
装　订	廊坊市广阳区广增装订厂
版　次	2020年5月第1版
印　次	2020年5月第1次印刷
开　本	710×1000　1/16
印　张	28.25
插　页	2
字　数	434千字
定　价	138.00元

凡购买中国社会科学出版社图书，如有质量问题请与本社营销中心联系调换
电话：010-84083683
版权所有　侵权必究

目　　录

在"纪念胡如雷先生诞辰九十周年"学术研讨会上的发言 …… 冻国栋（1）
遥忆胡如雷先生 ………………………………………… 胡　戟（5）
深切缅怀胡如雷老师 …………………………………… 宁志新（12）
胡如雷先生的学术追求 ………………………………… 王力平（15）
灯塔
　——怀念敬爱的胡老师 ……………………………… 宋大川（24）
胡老师的传道、授业、解惑
　——纪念胡如雷先生诞辰九十周年 ………………… 李燕捷（30）
20世纪学术史背景下的陈寅恪、唐长孺和胡如雷 …… 孙继民（36）
记忆中的胡如雷先生 …………………………………… 李华瑞（55）
追思与启迪 ……………………………………………… 姜锡东（60）
胡如雷先生学术贡献管窥 ……………………………… 秦进才（66）
读胡如雷先生关于敦煌判牒文书研究的随想 ………… 黄正建（93）
中国古代的虚岁与周岁 ………………………………… 张荣强（98）
汉魏北朝海河流域的自然环境 ………………………… 牛润珍（108）
湖南长沙走马楼三国吴简性质新探 …………………… 侯旭东（138）
高演高湛"兄终弟及"中的领军将军 ………………… 黄寿成（155）
关于丝绸之路经济与汉唐边疆稳定发展的思考 ……… 李锦绣（165）
墓志书写的模式
　——唐朝国家权力的支配性作用 …………………… 李鸿宾（183）

唐朝盛世与武则天 ················· 宁志新（196）
转轮王"化谓四天下"与武周时期的天枢、九鼎制造 ········ 吕　博（202）
"文学政事"
　　——元稹、白居易二拾遗在元和初期的政治作为 ······· 胡宝华（221）
唐代文武之变述论 ·················· 冯金忠（240）
关于隋唐运纲劳工阶层生活状况的考察 ··········· 王力平（255）
从两件吐鲁番文书说唐朝前期户等的依据和作用 ······· 邢　铁（272）
论五代十国时期吴越国的海上贸易 ············· 杜文玉（285）
唐宋国有土地上"亲邻关系"淡化的原因分析 ········· 姜　密（297）
唐代山东士族"尚婚娅"之我见 ·············· 张　汝（309）
《唐会要》"补亡四卷"考 ················ 刘安志（322）
关于《旧唐书·礼仪志》中的一处考证 ············ 李燕捷（366）
唐代户部使考
　　——《唐仆尚丞郎表》补正 ·············· 杜来锁（371）
宋、夏、金榷场贸易的融通与互动
　　——以黑水城西夏榷场使文书为中心的考察 ······· 陈瑞青（390）
蒙元时期行唐邸氏研究 ················· 朱建路（398）
经筵制度与清朝的儒化、汉化及文化认同 ·········· 姜海军（409）
"纪念胡如雷先生诞辰九十周年"学术研讨会举行 ······· 户华为（428）
"纪念胡如雷先生诞辰九十周年"学术研讨会综述 ······· 王　昊（430）
胡如雷先生论著目录编年 ················ 秦进才（433）

编后记 ······················· （446）

在"纪念胡如雷先生诞辰九十周年"学术研讨会上的发言

武汉大学历史学院　冻国栋

尊敬的赵书记、尊敬的各位前辈、各位来宾、同道们，大家好！

今天我们在著名历史学家胡如雷先生长期执教的河北师范大学隆重纪念先生的九十诞辰，缅怀胡先生的治学精神和在中国史诸领域的学术业绩，以继往开来，有着重要的意义。我谨代表中国唐史学会向大会的召开致以热烈的祝贺！

胡如雷先生是公认的史学大家，他毕生致力于隋唐五代史研究，并在中国封建社会形态和史学理论诸领域取得巨大成就，可以说为中国史学界留下了丰厚的学术遗产。仅就隋唐五代史而言，胡先生的贡献是巨大的。他自1955年以降所刊布的数十篇专论，几乎涉及了该断代的各个主要领域，比如土地制度、赋役制度、部门经济史、阶级关系、藩镇制度、士族类型、牛李党争，等等。仅从胡先生的三部学术论集《隋唐五代社会经济史论稿》《隋唐政治史论集》《抛引集》书中的部分篇章，我们就可以窥见一斑。其中胡先生关于唐代军制的研究、唐代租庸调制的研究、唐代两税法的研究等，迄今仍被视为隋唐史学界的重要著述。胡先生所撰著的《李世民传》《唐末农民战争》两部专著，则被视为历史人物评价和农民战争史研究领域的经典之作，在学林影响深远。

特别需要指出的是，胡先生以十余年心血所撰成的巨著《中国封建社会形态研究》，这部著作的价值和影响，我认为确实不限于隋唐五代史学科，也不限于整个中国古代史学科，它的影响是远播海外的。这里我举一个例子，日本东洋史名家菊池英夫，在军事制度、历史地理和社会经济方面造诣很高，但同时眼界很高，所以他对日本史学界充分肯定两个学者，一个是大冢久雄，研究西洋史的名家，他是把卡尔·马克思和马克斯·韦伯的理论融为一体，构建成一套理论体系，被称为"大冢史学"，影响很大；还有一个叫藤田五郎，他研究日本史，吸收了大冢史学的一些优势，同时又借助他对日本史的研究经验总结出一种方法论，所以菊池英夫对这两位先生评价比较高。那么对中国史学界，他是从经济史的角度、从理论和方法的角度充分肯定了两个人，一个是王亚南先生，还有一个就是胡如雷先生。王亚南先生对中国半殖民地半封建社会经济形态的研究非常深入，当然在经济理论界是有争议的，有的学者认为它是带有启蒙经典的著作，在高度上还有提升的空间。菊池英夫就提到胡如雷先生继承了王亚南先生的研究理路，同时有重大突破，所以他认为胡先生的《中国封建社会形态研究》，它的体系性、逻辑性和严密性确实是超越前人。另外他也指出，胡著在对传世文献的掌握方面、对材料的审慎鉴别方面也是做得非常好。他就举出了胡先生对从西汉以来，实际上直到明清时期的文献，包括地方志，包括一些笔记小说运用得非常娴熟，并能将之和理论有机融汇在一起。这是外国人的看法，非常深刻。所以学术界把胡先生的著作称为"高举特色，具有开创意义的中国封建社会政治经济学"，这个评价是非常中肯的。

我个人认为，胡先生的这部著作，其中的某些看法或许还可商讨，一些材料也或有订谬之处，但我感觉迄今为止在学术界似乎还无人超越。北京大学的马克垚先生在 1985 年撰写了一部《西欧封建经济形态研究》，后来见到马先生，他说："我是向胡如雷先生学习的，胡先生研究中国，我试图探讨西欧。"胡先生在这部大著里边，对于土地所有制类型及其特征的理解、对租佃关系的理解、对超经济强制与专制主义中央集权政权结构的认识，还有对自然经济与商品经济，包括城市经济和城乡对立问题、行会制度、商业资本的历史特征等重大问题的阐述，我认为仍然具有重要意义。我们知道历史研究的每一步进展与理论的推进和新资料的挖掘运用是分不开的，以何种理论为指导是一个问题，而重不重视理论是另一个问题。仅就社会经济史这个领域来看，目前经济学理论和经济史理论确实是五花八门的，从制度经济学或从亚当·斯密《国富论》以来，确实我们感觉到亚当·斯密提出交换经济的生产性这点是非常重要的；还有道格拉斯·C.诺斯的产权理论，还有施坚雅的城市空间论，彭慕兰、黄宗智的小农经济论，似乎目前已经成为范式。那么我认为这些理论有可能在某些专题或者某一断代的若干层面上有助于我们思考或探研，但问题在于，一是这些外国理论大多是基于欧洲经验或者欧美经验；二是我们国内有些学者在沿用这些理论的过程中存在生搬硬套和强加比附的问题。而胡先生这部著作，我认为它是植根于本土，它是切实依据或者观照中国的具体史实而获得的认识；同时胡先生的分析是基于他对相关重大问题长期思索和探究的基础上获得的，我认为胡先生在著作中体现出的敏锐观察力和达到的理论高度确实在同辈学者中是很少见的。读胡先生的著作，我个人总是感觉到一股强大的逻辑力量，令人醒悟，也令人震撼。

胡先生还密切关注新资料的动向，并加考论。比如他围绕吐鲁番文书撰写十六国时期的租佃契约关系，围绕敦煌所出的判牒文书探讨社会经济状况，另外还有《也谈"自田"兼论与唐代田制有关的一些问题》《〈唐天宝二年交河郡市贾案〉中的物价史料》等都是用新资料进行研究。在这些利用出土文献所探讨的篇章里同样体现出敏锐的学术眼光和学术洞察力，也都有相当的理论深度。以上从一些侧面可以体现出胡先生治学领域之宽广，学术目光之敏锐，探研问题之细腻，确实是令我们感到敬仰。

胡先生也是一位杰出的教育家，他生前所培养的数届研究生已经成为所在领域的学术中坚，这确实足以告慰胡先生的在天之灵。胡先生还曾长期担任中国唐史学会的领导，从副会长到会长，在他担任唐史学会主要领导职位期间，大力扶持青年学者的成长，沟通中外唐史学界之间的交流，为中国唐史学会的壮大和健康发展做出了重大贡献。所以胡先生的学问、学术业绩和学术精神确实是值得我们认真总结，值得我们倍加珍惜。

我们也注意到现在史学界包括唐史学界存在着几种倾向：第一个是

跟风，我刚才也提到套用某些理论，削足适履，驾控论证，似乎很热闹，但曾经有不少前辈和我谈到，有可能他们热闹一阵，但也有可能各领风骚几个月，几年都谈不上；第二个倾向是大多是以微观课题为取向，当然这点是应该肯定的，这与唐史研究的日益细密化、深化是有关联的，但是从某种意义上来说，它或许与目前的考评方式、评价体制也是有关系的。研究小的东西好出成果，如今考评体系就一个量的利益，非常糟糕。比如现在墓志铭研究非常热闹，但我们也注意到，确实真正的功夫，比如近代的金石学大家，从王昶《金石萃编》到陆增祥的《八琼室金石补正》再到叶昌炽的《语石》，现在的墓志研究，真正的功夫没有达到这些人的水平；第三个就是所谓的反思，2004年余英时先生曾写过一篇文章叫《中国人文研究的再出发》，这个在中国学界引起了不小的反响，有几个大学、机构曾经办过好几次所谓中古史的再出发，文史哲治学的再出发等，从面上看来好像是超越，其实有一个问题，就是回避了对重大史学问题或主流课题的探究，似乎都在那一亩三分地，而大问题已很少有人问津，这确实是非常值得忧虑的问题。因此我认为，第一回归学术本位，关注解决主流课题可能是我们面临的挑战。第二就是关注理论，特别是本土的经验和理论，或者在具体问题的探究上能够上升到一定的理论高度，这同样是我们面临的挑战或者课题之一。过去我曾经在不少场合说过，我们学术上的每一步进展都是在前贤已有的基础上进行的，继承与创新是一个永远绕不过的大课题，而创新的前提便是继承，没有继承，所谓创新、所谓再出发就成为伪命题。因而我认为认真梳理胡如雷先生留下的宝贵的学术遗产，努力学习和继承胡先生的治学精神和治学方法，将隋唐史乃至整个中国史的研究推向深入，乃是对胡先生九十诞辰的最好纪念。

祝大会圆满成功！谢谢！

（注：本文是根据冻会长在大会上的发言录音整理而成。因未能联系上作者审订，如有整理不当之处，编者当深深致歉！）

遥忆胡如雷先生

陕西师范大学历史文化学院　胡戟

胡如雷先生是我尊敬的一位前辈学者，年长我15岁，享年72岁，已少我两岁。1952年，他在院系调整前的清华大学历史系毕业。这一年龄层的历史学家，正是我提出讨论并在1998年扬州第六届全国史学大会上讲的，20世纪后半期史学界出没出大师的第一梯队人选。结论是讨论中提出的首选人田余庆先生，他自己说不是，那么往下也都不是了。很值得研究的问题是：这是为什么？

我在1992年谈这个问题时，有位日本学者，记得是妹尾达彦先生，替我担心："胡先生，你这样说不会得罪人吗？"我说："我把所有的人都得罪了。"后来不光是史学界，整个人文社会学界都不出大师几成共识。要回答这是为什么？我的回答是学术环境的问题，"框框多，限制多，挨整的时间多，研究的时间少。总是要违心的讲话，那学术怎么搞"。现在研究胡如雷先生的学术经历，有一定典型性，能给我们一些新的认识。

1986年胡如雷先生担任中国唐史学会会长时，我任秘书长，所以交往比较多，晤谈也很亲切率直。1989年10月学会年会我没能参加，翌年，胡如雷先生亲口告诉我，为了保留我的理事，那届年会没有改选。所以我那第四届中国唐史学会理事的含金量是很高的。南开大学的刘泽华先生因此对中国唐史学会倍加赞扬。这件事当然是胡如雷先生主持办的。在那有人提出要将我开除出唐史学会的时候，他还能这样办，显然是很不容易、很仗义的。

胡如雷先生也跟我说过他那个著名的甜辣故事。他是阎锡山的亲侄子，阎锡山离开大陆时，跟他说可以资助他去美国读书。但是胡先生说，他看过共产党的小册子，相信共产党，愿意留下来，没有走。胡如雷先生家在西安有些旧房产，他曾经让我帮助查资料，想法要回来。如果能办成，一半给唐史学会做经费。那是几十间办厂的房子。我去查过旧报纸，查过档案馆，找不到能说明产权的直接证据。他也托过当副省长的一位学生，也不行。最后好像只拿回两三套房子。可以讲的故事还有一些，这里主要谈谈对他勤奋一生致力于学术的认识。

胡如雷先生是一位努力用马克思主义的立场观点方法研究中国古代历史的虔诚学者，在这一点上，可以说是一位20世纪下半叶那个历史阶段中国史学界的代表性人物。我们今天怎么看他的学术成就呢？对他下了很大功夫的研究隋唐五代史的成果暂且不谈，只谈他在理论方面的探索。

《中国封建社会形态研究》是他留下的不多的几部著作之一，似乎是想用马克思写《资本论》研究资本主义社会那样，从理论上诠释中国封建社会形态。他所以写这本书，也是受到在清华大学读书时，上王亚南先生的课，读王先生的《中国封建地主经济论纲》等书，"萌动了研究中国封建社会形态的念头"。在他写的《回顾在清华大学历史系学习生活片段》一文中说了这件事。另外，他的《抛引集》里收有十几篇文章，记录他一个一个地遍谈那些年代里学术界涉及的理论问题。

他在《运用马克思主义理论研究历史的点滴体会》一文里，自己总结那四十多年"在坎坷的道路上暗中摸索"，"教训是惨痛的"。说"在运用理论研究历史的经历中，我大概可以分为如下两阶段：第一个阶段是，在学习哲学、政治经济学、《联共（布）党史》及中共党史这几门课的基础上开始接触马克思主义原著时……把经典著作中的每一篇论著、每一个结论都看成是讲普遍规律的，认为其中的每一个论断、每句话都可以在文章中加以引用……犯了幼稚的教条主义错误……在这种教条主义的态度下，我一度认为一篇论著引用的经典语录越多就说明它的理论水平越高，怀着这种看法学习经典著作，就不免流于埋头寻找可引用的段落和句子，大量摘抄下来以便写文章使用，或者说是利用经典作家的话来证明自己所作结论的正确性"。

他说这样做是"腐儒死章句"的做法，贴标签式的庸俗方法，是用经典语录装潢自己的文字。其实那时候我们20世纪50年代上大学的一代人，也都经历过这样一个阶段，原因一是无知盲从；二是怕犯错误挨批。而将《联共（布）党史》当学马克思主义理论的教材，是我们那两代人共同的悲哀。

我是1959年进北大历史系读书的，一进校门的第一课，是学校里批马寅初校长，历史系批人大的尚钺教授。马寅初先生的人口论有违毛泽东说的人多，热气高，干劲大，被批为马尔萨斯人口论。尚钺是1926年入党的老党员，可他说半殖民地半封建社会以1840年画线，有割断历史的危险的话，有违毛泽东在《中国革命与中国共产党》一文中的论断，被批为修正主义。这第一课就是杀威棒式的警告，不能越雷池一步，就怕马列毛著作中哪句话没看到，说差了犯错误，形成很大的心理压力。而后盲信阅读大量灌输的结果，越来越自觉不自觉地宗奉。那时党性科学性问题的教育，科学性要服从党性，也助长了盲从到个人崇拜的迷信。独立思考，荡然无存。

胡如雷先生算是先知先觉，他到了20世纪60年代时，已"开始发现过去的这些学习方法和应用理论的方法很不妥当"，"于是渐渐把注意点转移到怎样运用马列主义的立场、观点和方法研究历史方面来。这样一来就在思想上开了窍，自己感到茅塞顿开，于是在学习理论和运用马列主义研究历史方面进入一个新的阶段"。"记得'文化大革命'前有五六年的时间，我每天读一个小时的经典著作……是为了经常使自己的思路跟着经典作家的思路跑一跑，在潜移默化中从认识方法论上提高素养。"

很肯定的是，胡如雷先生早已经注意到，那时候的"新技术革命""信息社会""跨国公司""欧洲经济共同体"这些新事物的出现。所以强调："我们应当运用列宁分析帝国主义特征的立场、观点和方法研究当前的资本主义世界"，却不能以"腐儒死章句"的态度看待那五大特征。可见他对新事物的出现非常敏感，能想到应该与时俱进的改进研究。不过像许多国内学者一样，他也未能注意到国外，包括日本的马克思主义研究新动态，也就跟不上世界学术的发展。在"反修"的政治大环境里，更不可能"扬弃"列宁的立论,去讨论过去近百年了,资本主义为何还"腐而不朽""垂而不死"。把"观点"停留在一个世纪或一个半世纪前的经典作家那里,是所有人麻木中无奈的选择。胡如雷先生过早地过世,又十七年了。如果能活到现在,我想他一定会有更新的思考——我这里只能说更新的思考,还不能说更新的作为——但有良好学养的学者,是会不断进步的。

在《抛引集》的第一篇文章发表于1986年的《关于发展马克思主义基本理论的几个问题》一文里,胡如雷先生明白地讲"发展",大胆引用我们熟悉的马恩总结巴黎公社的经验:"为了防止国家和国家机关由社会公仆变为社会主人","公社采取了两个正确的方法。第一,它把行政、司法和国民教育方面的一切职位交给由普选选出的人担任。并且规定选举者可以随时撤换被选举人。第二,它对所有公职人员,无论职位高低,都只付给跟其他工人同样的工资。"当年我收到胡先生赠书,看到这里,重温了过去读过的书,感到特别亲切。因为正是巴黎公社原则这样的深邃内容,建立起我们对马克思主义的信仰。我也在上课、写文章的时候,一再重复这段可以视为两位经典作家留给我们最重要的遗训的话。在今天,我们想筑起反贪腐的堤防的时候,不提这两点,岂非缘木求鱼。胡如雷先生的文章在这里就说道:"现在回过头来考察七八十年来的历史,很多问题都是没有很好贯彻这两条原则造成的。"说得何等好啊!

胡如雷先生不是做纯书斋学问的人,他对现实的关怀时有表露。他说:"历史研究还能不能在理论上,在较高的层次上,在广泛的范围中,对当今的人类进步起较大的作用呢?"收在《抛引集》里的《一个值得努力研究的重大史学课题——人类历史上的社会发展效益问题》提出:"在人类历史上,进行宏观考察时,也能够发现:有的时候,人们付出的代价并不很大,历史发展却比较顺畅;有的时候,人们付出了极大的代价,社会进步却极其有限,甚至毫无进展。有的时候还出现过历史的暂时倒退。个人感到代价的大小与社会发展的多少、快慢之间,并不总是呈现正比例的函数关系,其间也存在一个效益问题。我遂把这一概念姑且名之为'社会发展效益'。"显然是对"大干苦干""挑灯夜战"的"大跃进"结果造成生态大破坏的大饥荒,和把国民经济搞到崩溃边缘的"文化大革命"历史的反思，体现了胡先生带着时代的关怀研究历史的情怀。我把这篇文章收进我主编的《高等教育学养丛书 史学名篇》里，同学们读了都很喜欢。要是真有人能做一下《中国历代社会发展效益问题的比较研究》，那不是一个很有意思的题目吗？近年我还参加国家的社科项目评审工作，感到怎样选做有价值的题目，现在都是大问题。

这里我想实事求是地讲，胡如雷先生在他生活工作的那些年代里，受到环境的影响，思想的禁锢，局限也是很大的，这一点我们所有人都不例外。不说评法批儒那些连篇累牍的烂文章，就说贯彻阶级斗争史观的问题，把它解释成："阶级斗争，一些阶级胜利了，一些阶级消灭了，这就是历史，这就是几千年的文明史。"于是在现实生活中，"千万不要忘记阶级斗争"，"阶级斗争，一抓就灵"。于是在中华人民共和国成立以后不停地划成分，搞运动，层出不穷地抓各种分子，地主儿子、孙子几十年都不得解脱。把人分成不同阶级，于是国内不下法国、德国全国人口总量的人成了贱民，对不下数千万的公民按出身成分而不是按本人的好坏善恶是否犯法就实行专政。这样用阶级斗争来治国的方法，绝不可能是一个依法治国的法治社会，造成几十年里数以亿万计的人无辜地陷于悲惨生活。而我们在课堂上，在教科书里，用阶级斗争来诠释历史的全部，为那无法无天的治国论作伥，害人害己，损害国家民族，毒化社会生活，起了推波助澜的很坏的作用。这是我们几代史学工作者应该扪心自问，深刻反思的罪过。

史学理论问题，是我们治史必须特别关注的。在胡如雷先生去世前后那些年，我大胆讲"文化大革命"以后的巴金式的反思和拨乱反正在史学界还没有真正开始。2002年，我应邀在加州大学伯克利分校做了题为近几十年中国大陆的史学理论动向的讲座。主持人叶文沁教授听了以后说："我明白了，胡先生是要改造大陆的马克思主义史学。"她还真是听明白了。多少年来我一直在反思，我们学的应用的马克思主义理论，哪些是真马克思主义？哪些是假马克思主义？哪些是已经过时的，应该有修正的，甚至是马恩生前自己已经修正的，还有哪些如曾奉为圭臬的《联共（布）党史》，已经定论为伪史，应该批判的。不如此，我们怎么恢复马克思主义生气勃勃的生命力！

我在 2004 年中国史学界第七次代表大会上的发言中，又讨论我们这几十年来，在历史教学、历史论著中传播的历史观，对国家观、民族观、阶级观、革命观、战争观、文化观、宗教观、价值观的评价体系，都提出了商榷质疑。譬如在那些年的历史研究中，一般都会将过去说的"反乱""寇乱"美化为"农民起义"，显然有为阶级斗争动力论凑数之嫌。因为毛选中被视为研究中国历史的指导性的《中国革命与中国共产党》一文定音："在中国封建社会里，只有这种农民的阶级斗争，农民的起义和农民的战争，才是历史发展的真正动力。"这成为研究中国历史的一条铁则。胡如雷先生也因循说："农民起义的规模越大，打击敌人越沉重、有力，对社会发展的推动作用也越显著，这也是规律。"应该质疑的是，既然中国历史上有次数最多，规模最大的农民大起义，但是两千年下来，还是"一穷二白"，动力的作用在哪里？那一次次造成数以百千万计人的死亡的悲剧，国人减损三分之一甚至过半的浩劫灾难，真是伟大的动力和中国的骄傲和光荣吗？

我在大会发言中明言，那些盛行一时的历史观，并不正确。我们过度赞扬暴力，笔下带血腥。历史学努力的方向，应该是讲真话，人性化。而要拨乱反正，对人文社会科学工作者来说，期望的不就是马克思说的："当你能够想你所想的东西，并且能够把你所想的东西说出来的时候，这是非常幸福的时候。"然而至今，我们是不是还有想的不能说，说的不能写，写的不能出，出的不能播的层层限制？我们还养了多少当年打刘绍唐为右派，几十年后还在台上整所谓"自由化"的书报检察官！马克思早就讲过："整治书报检查制度的真正而根本的办法，就是废除书报检查制度，因为这种制度本身是最恶劣的。"这一条为什么一直不贯彻，至今还愈演愈烈！

大学讲坛上的学术自由，担当一个民族的思考，社会进步的推动，未来光明的探索。所以应该好好想想恩格斯为什么一言以蔽之，认为马克思思想中最有价值的东西，是那句话："每个人的自由发展是一切人自由发展的条件。"未来社会——我们把它称作共产主义社会——的美好，就在于解放全人类，一切人得到自由发展，而其前提条件就是每个人的自由发展。如今我们也把自由纳入核心价值观了，怎么具体贯彻呢？就像胡如雷先生说的："在理论和形式上，没有人反对公民的普选权和罢免权，但采取什么具体措施才能使之真正行之有效呢？为什么在普选制下竟然会产生终身制呢？这正是需要探讨和解决的问题。"

当然理论问题是长期困惑我的问题，远不是我现在有能力一次说清楚的。胡如雷先生用毕生的精力探索过，他不大成功，我们也难成功。但还要一代代继续努力，直到把如今宣扬的和谐、宽容、正义、双赢的理念，真正落实到国内外的政治生活和我们的学术工作中，用以告慰我们永远怀念的陈寅恪、汪篯、唐长孺、王仲荦、田余庆、胡如雷等前辈学者。

深切缅怀胡如雷老师

河北师范大学历史文化学院　宁志新

今年是我国著名历史学家、我的硕士研究生导师胡如雷先生诞生九十周年。中国唐史学会、河北省社会科学院、河北师范大学历史文化学院联合隆重召开学术研讨会以纪念之,令我倍感欣慰,思绪万千。老师虽故去十八年了,但他的谆谆教导、言谈举止以及爽朗的笑声,却不时地浮现在我的脑海里,就像是昨天发生的一样。这里仅举几件最令我感动和终生难忘的事情以缅怀之。

(一)是胡老师改变了我的人生轨迹和命运

我是因为父亲的右派问题而被拒之于大学校门之外的。1965 年,我于天津市新华中学(原名河北大学附属中学)高中毕业,尽管我的各科学习成绩优秀,还以高中一年级学生的身份参加了 1962 年河北省的抗洪斗争,且被评为天津市河西区防汛模范,却仍然上不了大学。之后就响应党的号召,支边到新疆生产建设兵团农六师工作,先后当过农业工人、电影放映员、中学教师。

1978 年我父亲的"右派"问题得到平反,时又值高校恢复招生,于是我也同全国广大青年一样,求学的热情被激发出来。1981 年 9 月,我参加了考研,报考了胡老师的隋唐五代史。在面试时,因为我所处的环境闭塞,连陈寅恪都不知道,使参加面试的老师都很失望。后来胡如雷老师又加了一项笔试,让我写一篇文章《略论唐玄宗》。我用了整整五天的时间写好后交给胡老师。胡老师看后很满意,认为有培养前途,于是就不顾很多人的质疑，决定录取了我。此后，我的人生道路和命运才发生了根本改变。

（二）是胡老师教会了我如何阅读历史典籍

针对我没有上过大学、对历史典籍较为生疏的弱点，胡老师特别告诫我要逐字逐句地研读原著，"遇到生僻字时一定要查词典，弄清其读音和字义，如果你不查，你就会给这个字假定了一个读音，久而久之，你就会把这个错误读音当成正确读音，而且难以纠正。"真是一针见血地指出了我的毛病，由此养成了我勤于查词典的习惯。

另外，针对隋唐五代史有《北史》《隋书》，新、旧《唐书》，新、旧《五代史》的特点，胡老师让我们在研读时，最好是两部书对照着看，如果发现对同一件事情记载不一致，就等于是发现了问题。再查找相关资料，判定孰对孰错，这就解决了一个问题，可以写成论文了。我发表于《历史研究》1996年第二期上的论文《两唐书职官志"招讨使"考》就是按胡老师传授的这种方法写成的。

（三）是胡老师教会了我如何选题撰文，研究历史

胡老师通过言传身教，主要讲了三种发现问题的方法。

第一是通过对比两《唐书》、两《五代史》的不同记载而发现问题，这在前文已经讲过了，不再冗述。

第二是通过排比相关记载而发现问题。这就要求尽量穷尽选题的相关史料，然后按照时间前后进行排列，再结合当时的政治、经济形势的发展变化，就可以找到问题并撰写论文了。他一再强调，这应是研究历史的最重要的方法。通过这样研究而得出的结论最为可信。

第三是通过研读他人的论文而发现问题。他一再告诫我们，一定要带着挑剔的眼光去看别人的论文。如果找不出问题，就要佩服人家写得好。如果找出了问题，也就找到了选题，可以大做文章了。特别是对有争论的问题，要对各方的论点、论据一一进行分析，从中找出破绽和不足。通过这种方式而写出的论文往往起点高，易于发表。我发表于《中国社会科学》1994年第二期上的论文"《唐六典》仅仅是一般的官修典

籍吗?"、《中国史研究》1996 年第一期上的论文"《唐六典》性质刍议",就是按照胡老师传授的这种方法写成的。

总之一句话,师从胡老师终身受益。没有胡老师,就没有我的今天。

1998 年,胡老师不幸逝世,享年七十二岁。之后我就一直想着如何发扬胡老师的治学精神,继承胡老师的遗愿,将河北师大历史系建成全国隋唐史研究的中心之一。因此我为河北师大中国古代史专业上博士点而竭尽全力。然而天公不作美,就在博士点上去不久,我的爱人却因患癌症去世,我也因为操劳过度而造成眼睛黄斑变性,视力急剧下降,导致不能正常写作和研究了。因此我连一个博士生还没有带完,就不得不办理了退休手续。

今天,借缅怀胡老师之机,我呼吁胡老师的所有弟子,我的师弟师妹们,要多出成果,为胡老师增光。同时我也呼吁我的学生们,多出成果,快出成果,为你们的师祖胡老师增光。我们一定要让胡老师的学术风范永远传承下去。

胡如雷先生的学术追求

南开大学历史学院　王力平

恩师胡如雷先生辞世至今已逾廿年。每当回想起在先生身边学习、工作的日子，仍不免感念万千。先生把毕生精力都献给了学术事业，在史学这个园地辛勤耕耘，收获了丰硕的果实，他身后留下了六部著作，即《中国封建社会形态研究》《唐末农民战争》《李世民传》《抛引集》、《隋唐五代社会经济史论稿》《隋唐五代政治史论稿》。[①] 只要翻阅一下这几部著作的目录，就会发现先生的研究领域十分广泛，包括了中国古代社会分期、土地制度、政治制度、农民战争等许多重大的问题，尤其是在中国封建社会形态、隋唐五代史的研究领域，先生都取得了巨大的成就。先生的这些成果，不仅有宝贵的学术价值，而且有着丰富的思想内涵，只是以笔者的学识和眼光，实难窥其堂奥。在此，我谨以一己浅见，以蠡测海，对先生的治学旨趣和特点略做探讨，以表达对恩师的怀念和景仰之情。

一

胡如雷先生出生于1926年，正是马克思主义史学在中国大地开始传

[①] 《中国封建社会形态研究》，生活·读书·新知三联书店1979年版；《唐末农民战争》，中华书局1979年出版；《李世民传》，中华书局1984年版；《抛引集》，河北教育出版社1993年版；《隋唐五代社会经济史论稿》，中国社会科学出版社1996年版；《隋唐五代政治史论稿》，河北教育出版社1997年版。

播的时代。李大钊、郭沫若、翦伯赞等一大批马克思主义史学家,以全新的视角撰写的史学著作,影响了一大批进步青年。据先生讲,他青年时代曾对文学怀有浓厚兴趣,也曾大量阅读进步书籍,接触甚至接受过各种各样的学术观点,但直到读了翦伯赞的《历史哲学教程》后,方觉茅塞顿开,从此立志以历史研究为己任。① 新中国成立前夕,先生以优异成绩进入清华大学历史系二年级学习,从此开始了漫长的学术生涯。在清华的四年间,胡先生在治学方法上深受王亚南先生的影响。对王先生的政治经济学课程及其对中国古代、近代政治经济的研究,都深所服膺。也就在这个时期,先生开始萌动了研究中国封建社会形态的想法。② 1952 年,胡先生从清华大学毕业。本来,他在学术研究方面已初露头角,许多老师推荐他继续深造,却因为出身和社会关系的原因,被分配到河北邢台师范学校工作。在任教课业异常繁重的艰苦条件下,先生坚持每天读一小时理论著作。在谈到自己治学体会时,胡先生说:从清华毕业后,他养成了一种独特的学习马列著作的习惯,即不是为了掌握他们的辞句或对某些具体问题的结论,而是循着他们发现问题和解决问题的思路读书,渐入佳境,逐渐学会用马克思主义的立场、观点和方法去剖析历史现象。朱熹曾说:"读史当观大伦理、大机会、大治乱得失。"③ 可见古代旧史学家也是将是否重视这些"大"问题,作为一条重要的批评标准的。胡先生治史,也善于关注大问题,从宏观的视角上高屋建瓴地把握历史的全局。他的理论素养和史识,曾深得唐长孺先生的赏识。记得当年唐先生主编《中国大百科全书》隋唐五代卷,曾请胡先生撰写这部分的总序,并鼓励胡先生不要受辞书体例的限制,一定要发挥自己的理论特长,写出唐代在中国历史上的地位。重视理论,关注大的治乱兴衰的特点,充分体现在《唐宋之际中国封建社会的巨大变革》《时代赋予历史学家的中心使命》《论隋唐五代在历史上的地位》

---

① 胡如雷:《漫谈治学》,《抛引集》,河北教育出版社 1993 年版,第 216 页。
② 胡如雷:《回顾在清华大学历史系学习生活片断》,《学林漫录》第 7 集,中华书局 1983 年版,第 30 页。
③ [宋]黎靖德编、王星贤点校:《朱子语类》卷 11《读书法下》,中华书局 1986 年,第 196 页。

等文章、特别是《中国封建社会形态研究》一书中。

《中国封建社会形态研究》完成于1964年，是先生一生最富有创造力时期的成果。这部著作立意独特，构思宏伟。作者借鉴马克思《资本论》的方法，依照政治经济学体系的要求，从剖析封建土地所有制入手，对封建租赁关系、剥削形式、农民的经济地位、自然经济与商品经济、农业经济的再生产与周期性的经济危机等问题，都进行了全面深入的探讨，并揭示出中国封建社会的基本经济规律，形成了较为完整而严密的"中国封建社会政治经济学"的理论体系。1979年，这部著作历经波折终于得以出版，很快就在史学界产生了巨大的影响，获得了广泛的好评，被誉为"独辟蹊径"、能发他人所未发、在中国古代社会形态研究方面的"椎轮大辂"之作。① 日本史学家菊池英夫在1982年《日本唐代史研究会报告》上以洋洋数万言全面评介这部书，认为它标志着"中国封建社会理论的新进展"，在理论和方法上有卓越的建树。② 胡先生这部著作所表现出的深厚的理论素养，锐利的思想锋芒，以及鞭辟入里地剖析历史现象的功力是尤为突出的。他高度重视理论的研究取向，既不是简单地模仿、或低层次上的移植，或削足适履、套用经典作家的具体论断，也不是任意剪裁史实，而是自觉地运用马克思主义的立场、观点和方法，通过具体问题的研究，试图从纷繁复杂的现象背后，发现客观真理的存在，找到那种推动中国古代历史矛盾运动的动力。

除了从宏观的角度全面考察中国封建社会的论文和著作外，先生还有相当一部分考证史实、辨析史料真伪的学术论文，如《唐太宗生年考》《唐玄宗李隆基卒年辨》《〈唐天宝二年交河郡市估案〉中的物价史料》等。③ 这些论文中不乏精审的考证，反映出先生在史料运用方面的严谨、

---

① 田居俭：《独辟蹊径，大醇小疵——评介胡如雷著〈中国封建社会形态研究〉》，《历史研究》1980年第4期。

② ［日］日菊池英夫：《中国封建社会理论的新进展——评介胡如雷先生新著〈中国封建社会形态研究〉》，原载《日本唐代史研究会报告》，刀水书房1982年版。

③ 《唐太宗生年考》刊载于《河北师院学报》1981年第4期；《唐玄宗李隆基卒年辨》刊载于《河北师院学报》1984年第2期；《〈唐天宝二年交河郡市估案〉中的物价史料》刊载于《隋唐五代社会经济史论稿》，中国社会科学出版社1996年版，第158—172页。

求实精神。胡先生十分推崇司马光编撰《资治通鉴》做"长编"和《考异》的方法，强调要在充分占有史料的前提下，去粗取精，去伪存真，认为这是研究一切历史问题的基础。至于善于结合中西欧封建社会的历史进行比较研究，更是先生学术著作中的精彩之处。在《中国封建社会形态研究》中，中西历史的比较俯拾即是，成为该著方法上的一大特色。此外，书中数理公式的运用，别开生面，不仅对于较为准确地量化封建经济中地租、利润等问题极有裨益，也丰富了当时较为单一的史学研究方法，富有启发性。先生治学上的这些长处，除了得益于自身的禀赋和学术素养外，也继承了清华历史系前辈会通之学——会通古今、会通中西、会通文理的优良传统。

二

在胡先生的学术追求中，自始至终贯穿着一种不断超越自我的探索精神，它构成先生学术品格的重要方面。改革开放以后，中国学术界也经历了一场深刻的思想解放运动。当时，各种社会思潮纷至沓来，如萨特、维纳、马克斯·韦伯，甚至皮亚杰、弗洛伊德等人的学说也有许多追随者，至于用控制论、系统论、信息论研究历史，更成为一时的热门话题。而随着学界视野的打开，马克思主义史学也受到了一定程度的冷落和挑战，例如，一方面，"回到乾嘉去"的口号被重新提起，另一方面，有人急于用现代西方社会学说研究中国古代历史，构筑新的理论体系。但其中一些利用新理论的研究论著，只不过变换了某些概念或名词，例如把社会危机称为"震荡"，把人或事物间的联系称为"渗透"等等，并没有提出多少令人信服的新见。面对这些问题，先生以敏锐的眼光，深沉的忧患意识，撰写了多篇论文，如《关于"史学危机"的思考》《历史研究法刍议》《关于发展马克思主义基本理论的几个问题》等。[①]

[①]《关于"史学危机"的思考》，收录于《抛引集》，河北教育出版社1993年版，第247—252页；《历史研究法刍议》刊载于《河北学刊》1986年第4期；《关于发展马克思主义基本理论的几个问题》，收录于《抛引集》，第1—8页。

他指出：要吸收现代西方学者的"合理内核"，以丰富马克思主义的史学理论。可贵的是，先生以极大的热情，躬自实践，开始了一段艰辛的探索。

在80年代后期，胡先生披阅了大量当时所能见到的文化人类学、社会学、行为组织学、民俗学、社会心理学、民族学，特别是史学家汤因比、柯林武德等人的著作。当时，胡先生非常关注出版信息，见到感兴趣的书，总是设法购买，甚至嘱我远从外地邮购。每当有所发现，先生总愿意与学生们交流，并期待能有来自年轻人的思想碰撞和交锋。胡先生认为：在西方现代思潮中，方法论方面存在着许多可供借鉴的"合理内核"，比如系统论将社会形态看作一个"母系统"，而将政治、经济、意识形态作为三个"子系统"，并强调它们之间存在相互关系，就有可取之处。如果把这一部分吸收进来，恰好可以发展和丰富历史唯物主义。① 当然，在胡先生看来，与自然科学方法的引进相比，人文科学各学科之间的"血缘关系"更近，应更好地研究和利用。② 在先生晚年，仍孜孜不倦地探索新事物，1993年出版的《抛引集》，就是先生这一时期理论探索的结晶。

先生有感于英国历史学家汤因比创造了"挑战—应战"理论、并以之阐释历史上曾经存在过的多个"文明"的出现、成长和死亡，从而联想到人类进入现代社会以后，历史研究还能否在理论上、在较高的层次和更广泛的范围中，有更大的作为呢？这个问题一直萦绕在胡先生的头脑中，他撰写了《一个值得努力研究的重大史学课题——人类历史上的社会发展效益问题》，③ 在这篇近两万字的论文中，先生第一次大胆提出了"社会发展的效益"这一全新的理论命题，他认为：如果宏观地观察人类历史就会发现，某些时候人类付出的代价并不很大，历史的发展却较为顺利；反之，有的时候人类付出了极大的代价，社会进步却极为有限，甚至还出现了倒退。总之，人类为社会进步所付出的代价，并不总

---

① 胡如雷：《历史研究法刍议》，《河北学刊》1986年第4期。
② 胡如雷：《漫谈治学》，《抛引集》，河北教育出版社1993年版，第223页。
③ 收录于《抛引集》，第64—84页。

是与历史进步的结果成正比,因此,社会发展的效益问题是客观存在的。谈到他的这些探讨和观点,先生引用了马克思谈希腊艺术时的一句名言:"一个成人不能再度变成儿童,否则就变得稚气了。但是,儿童的天真不使他感到愉快吗?""作为首先提出社会发展效益概念的普通史学工作者,肯定表现了儿童的'稚气',但愿我的'天真'能够给别的史学工作者带来'愉快'。"[①] 先生这种真诚、执着的赤子之心,正是学者所应具备的品格。如果说《中国封建社会形态研究》是胡先生在五、六十年代的创新之作,《抛引集》则主要反映了他在八十年代所进行的不懈探索。《抛引集》收入了胡先生带有理论探索性质的论文数十篇。对于该书的出版,胡先生是十分看重的,他不仅自题书名,还自己设计了封面。在《后记》中,胡先生谦逊地说:"这些文章带有理论探讨的性质,相信出版后,可能引起别的学者的注意,甚至促进他们思路向前发展……抛此敝砖而引彼美玉出笼,则我就可以聊以自慰了!"而对自己的学术研究生涯,先生曾有很明确规划,他说准备完成两部著作:一部是"隋唐五代史新探",另外就是一部"历史认识论"。令人遗憾的是,天不假年,先生的愿望未能全部实现,然而胡先生《抛引集》中的大部分论文及其所提出的思想、观点,或许可以看作是"历史认识论"的雏型,能够部分反映他在晚年所做的理论探索的成果,倘如此,则又是令人欣慰的。

三

先生是严师,他在培养学生方面鞠躬尽瘁,付出了很多心血。1982年春,我有幸成为胡先生的第一届硕士研究生。然而我们这些在文革中上中小学、文化基础方面"先天不足"的学生,曾让老师格外费心。记得那时我们几位同学每周到先生家里上一次课,内容就是梳理并提出自己在读史过程中所发现的问题,再由先生解答,并一起讨论。现在想来,先生是想通过这种自由的方式,锻炼我们发现问题和提出问题的能力,

---

① 参见《抛引集》,第66页。

而这种问题讨论课，比起一般的有准备的讲授，对老师来说更有难度。胡先生在教学上投入很多，从不敷衍了事。1983年暑假，历史系专门为我们研究生安排了一次难得的调研活动——从洛阳、西安到敦煌，考察古籍，访问学者。胡先生为了这次活动，特地在计划外为我们补开了"敦煌学"课程，为我们探访丝绸之路做了必要的知识"补给"。在教学中，先生还经常采用了现在很流行的 seminar 的形式，组织我们准备资料，开展专题讨论，如围绕武则天称帝问题的讨论等等。对我们的读书报告和论文，先生的要求都很严格，标准很高，很少给高分，也不轻易表扬，更多是指出问题，提供相关的读书线索，介绍新的研究动态，引导我们继续深入思考。先生对我们幼稚习作的修改非常细致，甚至连标点符号的使用、引文格式的规范等问题都亲笔勾画，可谓一丝不苟。还记得在请先生审阅硕士论文初稿时，生性粗率的我提交的稿子字迹十分潦草，先生严肃告诫道："这些连笔字我是认得的，但排字工人不见得认得，发表文章排印时就会错误百出。"这件事对我的教育极深。在如何看待写文章的数量和质量的关系时，先生告诫我们："不要乱发文章。首先是质量。天桥的角儿每天都唱，而梅兰芳每周登台一次。要有出精品的意识。"对于那种随意抄袭他人之作的行为，先生深恶痛绝，斥之为"学术扒手"。令人难忘的是，1996年1月，河北师院历史系为先生七十寿辰举办庆祝活动，当时先生身体已很衰弱，但他仍然作了激动人心的发言，讲述了自己艰难的学术道路，自喻为生命力旺盛的"野生植物"。在讲话结束时，先生用颤抖的声音大声说出了对年轻一代学者的殷切期望："你们要珍惜现在的条件，要出大师！"

　　胡先生笃重师生情谊。从清华大学毕业后，他曾为究竟选择哪一断代作为自己的研究方向而犹豫不决，遂前去请教孙毓棠先生。孙先生指点他研究隋唐五代史，并把自己有关这个断代的藏书全部慷慨地赠与先生。对孙先生的恩情，先生始终念念不忘，经常和学生们提起。后来每次到北京，他都要看望孙先生。至于对培育自己成长的清华大学历史系，先生同样怀有深厚的感情，他为《学林漫录》所写的《回顾在清华大学历史系读书生活片断》一文，真挚感人。先生更是至为尊敬同在河北师院历史系工作的张恒寿先生，视为师长。张老之于先生，年长二十余岁，他们既是同乡，又是挚友，可谓忘年之交。在张老晚年，先生常让女儿做一些张老喜欢的美食并亲自给张老送去。这种保持了三十多年的友情，成为风风雨雨中两人共同的精神慰藉。

胡先生正直率真，胸襟坦荡。对这一点，认识先生的人几乎有口皆碑。在学术研究中，他以追求真理为己任，始终恪守这样的信条："不曲笔阿时，不趋炎附势，不随风倒，不作违心之论。"在十年动乱中，先生搁笔多年，从不作应时文章。对生活中的不平事，尤其是对社会上的丑恶现象，无论是否与己有关，先生总是直言不讳，不怕得罪人。

胡先生对于我们学生的关心和爱护，更是很难用语言来表达。这种爱，体现在对我们学业的严格要求中，也体现在对我们的宽容中。他常说，带研究生以后，方体会到师生感情里有了父子感情的成份。1992年，我将调离河北，特地向先生索墨宝留念，先生为我写了唐代诗人王昌龄的名句："寒雨连江夜入吴，平明送客楚山孤。洛阳亲友如相问，一片冰心在玉壶。"我深知这是先生对我的勉励，也是他自己为人处世的准则。胡先生晚年记忆力不好，许多事情淡忘了，但阔别几年后，他还能记得我儿子的乳名，这让我们全家非常感动。这种慈父般的关爱，至今令人感到无限的温暖。

四

早在1992年，胡先生应邀为香港中文大学主办的月刊《二十一世纪》"名人话二十一世纪"栏目撰文，他称未来的世纪将是"知识竞赛的新世纪"。今天，信息革命已渗透到我们生活的每一个角落，国际互联网的广泛应用，已使时间、空间改变了原有的涵义。在这种变化中，历史学又将以怎样的方式处理"陈旧的信息"，时代赋予历史学家的新使命又是什么？今天的历史学，成就无疑是显著的，研究的视野更加开阔，"禁区"越来越少，而新的领域则不断开拓，对外交流活跃。然而，同样不可否认的是，由于受社会风气的冲击和影响，急功近利、盲目追求"出成果"以及俗化历史的倾向十分严重。回顾先生这一辈史学工作者走过的道路，令人敬佩他们的步履坚定，信念执着，对于他们来说，学术研究是高尚的事业，需要以赤子之心去倾力追求，而事实上他们的学术追求已经超越个人际遇的狭隘藩篱。逝者如斯，沧桑无限。哲人已去，风范长存。胡先生的道德、文章将永留人间。

附：本文原载《河北师范大学学报（哲学社会科学版）》1998年第2期，收录论文集笔者做了部分改动，并完善了注释。

灯塔

——怀念敬爱的胡老师

北京市文物局　宋大川

敬爱的胡老师离开我们已经 18 年了，每每想起在老师身边学习的日子，仿佛就在昨天。那是欢乐的时光、温馨的时光、幸福的时光。短短的三年，留给了我三十年的记忆，造就了我一生的学术素养。在老师九十冥寿之际，写几句心情文字，权作永远的怀念。

· 景行行止

我是改革开放恢复高考以后第一批入学的。那是在 1977 年 11 月，我参加了高考。结果也不负众望，被山西大学历史系录取。77 级考生录取的比例是 4.8%，和今天买彩票差不多。

1978 年 3 月我新生入学，当时的历史教科书全国并不统一，各学校自己定，五花八门，很多也很杂。大学时光，我读书的兴趣是术数类的古籍文献，《四库全书》的术数类和《古今图书集成》的有关书籍我都有所涉猎，系里规定的教科书基本上只是翻翻，只有在期中考试和期末考试时才临阵磨枪。当时只是觉得没有什么兴趣，严肃的阶级成因、经验教训和历史意义让我昏头昏脑，背不下来。几十年后，才知道尽管自己愚笨，但当时的历史教科书并不讲历史，只是在议论历史、评价历史，我一个毛头草民，哪里站得上如此高的高度。

直到 1979 年的冬天，我的同学向我隆重推荐一本书，告诉我说，这是他看过的最好的历史书——《中国封建社会形态研究》。我去新华书店询问,回答是卖完了,这是一部什么样的书呢?怎么会万人空巷地抢购呢?不仅是历史系的学生在读,哲学系、经济系的学生也在读。这极大地激发了我的热情。由于买不到,我只好向同学借阅,直到今天,我还记得当时我读到这部书的情景:教室外面漫天大雪,同学们早早回宿舍了,基本上不去教室的我,却在灯光下读到了深夜。这部书的作者是胡如雷先生,他花了十几年的时间,运用马克思主义的基本原理来分析中国封建社会的土地关系、地租形态和地主经济。后来入了师门,老师告诉我说,这是他运用《资本论》的理论思维对中国封建社会形态进行的剖析,探索建立一个能够解释和说明中国历史发展道路的理论体系框架。这部书洋洋数十万言,功力深厚,是20世纪马克思主义历史学家代表性的鸿篇巨著,对改革开放后莘莘学子的历史观、学术观以及自我追求的价值观,有着巨大的影响。

我们这一代人,经历的事情太多太多,最熟悉的就是马列主义。我学的是历史,看到这样一部用马克思资本论理论写就的煌煌中国封建社会史,我从心底里万分崇敬。我去系里的资料室和学校的图书馆查找胡老师在哪个单位,那时候没有电脑、没有百度,我只能从一本本期刊杂志上寻找。终于,我找到胡老师在河北师范学院教书。一座地方性的院校竟然有这样一位被中国文科学子敬仰的学者,这让我更加肃然起敬。

· **五年一剑**

对胡老师的景仰,使我萌发了入其门下的念头。1980年上学期,我几乎每天都去山西大学历史系的资料室查阅各种学术期刊。我们山西大学有一百多年的历史,是李提摩太1902年用清政府庚子赔款建立的,历史系有大师级的学者和丰富的图书资料,从满清王朝、民国时期到改革开放,几乎各个时期的图书和期刊都有保存。即使在"文化大革命"那个疯狂的年代,资料室的老师们都在悄悄收集着学术资料。我当时一门心思想专攻隋唐史、报考胡老师的研究生,因此,收集了能收集到的胡老师所发表过的文章,有几十篇。在收集资料的过程中,我发现,胡老师的学术论文非常多,在唐史学界抑或在整个中国史学界,胡老师都可以说是学术论文较多的学者，这让我像欧洲人发现了新大陆一样兴奋。

通过收集唐史研究资料，我了解了研究唐史的专家学者，了解了他们的学术观点和见解，更重要的是大致了解当时中国历史学界专家学者的学术师承，这对我来说都是宝贵的学术财富。

对于胡老师的学术观点，我都是从文章里揣摩和研究的。在本科时期，没有几个学生能在学术观点上有自己的建树。具备潜质的学习能力才是教育培养的重点。我当时的学习基本上是为了参加研究生考试，因此，对胡老师的文章基本都读过，做了很多笔记，这些笔记并不是学习心得和体会，只是把胡老师文章里的观点记了下来，为了考试用。如《安史之乱》这篇文章，我记录了安史之乱的成因和历史后果；《唐太宗》这篇文章，我记录了唐太宗的用人之道、治国之策和对整个唐朝的历史贡献。胡老师的文章很犀利，条理很清楚，有很强的层次感，很多文章的结论在历史学界影响很大。我当时对胡老师学术体系和思想精髓基本上看不懂，也根本体会不到胡老师站在中国历史的殿基上思考唐朝风云变化的高屋建瓴。这个跨时代的思想高度和超地域的广阔视野，使胡老师成了唐史研究的一代大家。胡老师的史识，即使在我成为胡老师门下弟子后也只是管窥，只是在多年以后经过自我修习和教书育人的磨砺，才领悟了一些。

我性格上比较各色，与人打交道比较困难，用现在的话说，有一些社交恐惧症。因此，我觉得在学术上发展也许是适合自己的道路。四年的大学时光转瞬即逝，同学们马上就要面临着毕业道路的选择。当时的大学生在社会上很有春光，毕业后有个比较好的工作是没有问题的；做学问、继续深造，也是很多同学的追求。为了避免在专业上撞车，我早早就把报考胡老师隋唐史研究生的想法说了出去，很多同学不禁为我捏了把汗。历史系一位老师为我好，也让我慎重考虑一下成功率，因为报考胡老师这样的大家，风险实在是太大了。对此，我也很犹豫，直到1982年春天毕业，仍然没有决定报考胡老师的研究生。

我大学毕业后，做宣传工作，无论在当时还是现在，都是很让人羡慕的工作。我的同事们有很多后来成了局长、书记、处长等。但我对这份工作不是很喜欢。我天天搞五讲四美三热爱，却背不下来内容；想拍领导的马屁，又那么拙劣；同事们一个一个地进步了，我依然原地踏步。焦虑的思绪使我心里很纠结。我的妻子鼓励我走出思想的束缚，鼓励我重新拿出复习资料，开辟新的人生。1984 年 2 月我参加了考试，报考胡老师隋唐史硕士研究生。几年来的准备让我受益匪浅，专业课的题基本上与胡老师文章中的观点有关，这是我下功夫最深的。4 月接到复试的通知，复试的考题居然就是胡老师几篇学术文章的题目。我答题很顺利，洋洋洒洒写了几大张纸。晚上去胡老师家里拜访，胡老师和我谈了一个多小时，海阔天空，没有一句是学术。当时我很纳闷，以后的岁月里才渐渐明白，老师选学生，是要看他的综合素质。那年报考胡老师的学生很多，只有三个人被录取，其中杜来锁师兄勤奋精进，无人能与争锋；李燕捷师兄跟随胡老师多年，才华横溢，众望所归。我猛冲生考，只是凭了些初生牛犊之力，能与两位师兄比肩，实在是我的光荣，也是万幸。高考我算中了大彩，硕士考试也中了大彩。从 1979 年年底我发愿报考胡老师门下，到 1984 年 9 月终于成为胡老师的及门弟子，五年一剑，实现了多年的夙愿，也是我人生的巨大转折。

· **传道授业**

胡老师给我们开了两门课，一门是隋唐史专题，另一门是隋唐史问题研讨。隋唐史专题是在河北师院历史系四楼的小教室上，学生有杜来锁师兄和李燕捷师兄，历史系有一位张老师也经常来听讲。胡老师一般是把隋唐史研究的各种问题分专题给我们讲解，介绍国内外学者的观点，也谈些自己的看法。这门课上了整整一个学期，每周一次，胡老师讲解两个小时，然后让我们提出问题，交流互动。杜来锁师兄才思泉涌，看问题深刻，所提问题经常得到胡老师赞许。李燕捷师兄跟随胡老师多年，入学前就已经在历史研究发表过文章，他们对胡老师的教导领会比较深。我初入师门，懵懂无知，经常提不出问题，形不成看法，这种情况，我自己很是着急。胡老师告诉我，选一个题目，写一篇读书报告，以此来锻炼思考能力和写作能力。当时，胡老师刚讲到唐朝开国，于是，我选择了温大雅的《大唐创业起居注》作为这一阶段读书的重点。

我在读书时发现，这部书的成书年代有两种说法，我觉得都不是很准确，我把想法告诉了胡老师，胡老师鼓励我把自己的看法写出来。在胡老师的指导下，我完成了《大唐创业起居注成书年代考》的读书报告。本想是交作业，没想到胡老师表扬我有观点、有思考，指导我进行了修改，然后亲自推荐给北师大的瞿林东老师，请瞿老师帮助在《史学史研究》上刊用。1985年初，我的文章在《史学史研究》发表，这是我研究隋唐史的第一篇文章，而且是胡老师亲自修改并帮助发表的，对我来说，有着里程碑的意义。

胡老师给我们上的另一门课是隋唐史问题研讨，这门课是在胡老师家里上。在胡老师的书房，我们围绕而坐，师母慈祥仁厚，经常给我们倒杯水，问寒问暖。有了第一篇唐史研究论文发表这么大的激励，我做研究的信心也就增强了。记得有一次谈到唐高祖李渊建唐时的作用，我觉得两《唐书》有意夸大了李世民的功绩，抹杀或掩盖了其父李渊的功绩。胡老师鼓励我把想法写出来，找出史料来证实。于是，我多方收集材料，写了《李渊军事战略思想研究》，作为这门课的读书报告。后来，我把这份读书报告投给《山西师大学报》，幸而被刊用。

胡老师告诉我们，唐诗是研究唐史的非常重要的材料。记得有一次推荐我们读陕西师大史念海先生的学生曹尔琴老师的文章《唐长安的青门》，这篇文章就是大量采用唐诗写就的。胡老师还请张恒寿先生给我们开设唐代文学课，张老住胡老师楼上，是胡老师极为敬重的长者，是著名的中国思想史研究的大家。唐代文学课是在张老家里讲授，杜来锁师兄、李燕捷师兄、我以及张老的两个学生王俊才、陈丽一同听受。张老年事已高，已经很少讲课。我很珍惜这门课的学习机会，有幸能聆听张老的教诲，这段记忆也是铭刻在心的。而且，这门课也使我和张老的学生王俊才结下了一生的友情。时隔30年，每每与俊才老弟、吉庆老弟、士欢老弟、朱爱老弟等老朋友相聚，总能回忆起跟随胡老师、跟随张老读书时的林林总总，心里总是暖暖的。唐代文学课的读书报告，我写的是《论柳宗元晚期诗中的颓废思想》。张老把我的读书报告推荐给了学报编辑部，当时学报编辑部的领导是宝珍师姐的先生张老师。张老师看到是张老推荐的文章，我又是胡老师的学生，于是很照顾我这个师弟，很快就在《河北师院学报》上刊发了。

读硕士三年，是我人生巨大的变革，我有幸能够聆听大师的教诲，有幸得到了大师的亲传，有幸被大师所眷顾，这对我学术的成长和养成有着不可磨灭的记忆。如今，我成了一个杂家，历史、考古、文化遗产、术数等都有涉猎，这一切的学术源头都是胡老师的教导所指引的方向，是胡老师的学术思想所启发出的触类旁通。如今，我也有了学生，面对一件件古代的器物，我告诉我的学生，怎样用大思维去分析研究；在文化遗址上，我告诉我的学生，要用生成遗址的地域和自然环境的时空观来复原历史。这种学术思想，便是我传承了当年胡老师教授给我的研究层次和境界——史识。胡老师，您是灯塔，指引了我求学的方向；您是光芒，给了我思想启发和精神力量，敬爱的胡老师，我永远怀念您！

胡老师的传道、授业、解惑

——纪念胡如雷先生诞辰九十周年

天津《今晚报》集团 李燕捷

今天参加胡如雷先生九十诞辰纪念活动，有很多感慨。其中之一就是当年一起跟着胡老师学习的学兄学姐们都取得了很高的学术成就和学术地位，而我自愧不如。前不久参加杨志玖先生百年诞辰纪念活动，我和宝华兄都坐在会场二三排的位置，有人开玩笑让宝华兄坐长官和嘉宾落座的前排，宝华说，不行，我和燕捷是一个等级的，只能坐这儿。我也开玩笑说，哪里，我和胡老师差两个等级呢。哪两个等级？我只教过本科生，宝华兄呢，硕导，博导，这不两个等级。

博导，我们上学那会儿，高山仰止，遥不可及，都是胡如雷先生这个级别的人物。我讲一个故事。我女儿的舅舅，学法律的，本科西北政法学院，研究生中国人民大学，毕业后先在中国政法大学、后在中央机关工作，有才气、有抱负。当年人生坐标还没定位的时候，他对我说过这样的话，他说，他的人生目标，如在军队，要做到正军；从政，要做到副部；在高校，要做到博导。大家想想，当年的博导是不是就是这样的社会地位。今天，胡先生的弟子们，有的做到了博导，有的虽然没有做到博导，但也同样取得了一些工作成绩。而这些结果的取得，离不开当年胡先生的引导和教诲。所以，今天我们在这里共同纪念胡如雷先生。

最近，接连参加我的两位恩师的纪念活动，促使我思考一个问题：老师和恩师在理论层面有什么区别？首先，我认为老师和恩师是有区别的。每个人在求学阶段都会遇到很多老师，但每个人都不会把你的每位老师都称作恩师吧？当然，你说，老师教给我知识，就对我有恩，所以每个老师都是恩师。好，咱先不说老师拿薪水、是职业，学生交学费，是互利的供求关系；你这样说，把恩师等同于一般老师，就把真正对你有恩的老师的恩情淡出了。我想应该这样说：对你人生中的每位老师都要感恩；老师和恩师的区别不能抹杀。这是两个问题。

对于师，韩愈在《师说》中给出三个词的六字定义：传道、授业、解惑。意思很明白，不用解释。但为了解决我上面提出的老师和恩师在理论层面的区别问题，我根据当代社会现实，在韩愈的基础上做些解读：传道，世界观、价值观的引导；授业，专业知识的教授；解惑，解学术之疑问、饭碗之困顿、心理之迷惑。

我以为，我们一生中遇到的大部分老师，都致力于向我们授业，这也是为师的核心使命；至于传道方面，即便有所为，也不过是对官方意识形态的照本宣科，因为这关乎为师的思想水准、境界和勇气；解惑方面，则难以给我们很大的帮助，因为这关乎为师的学术水平、人脉及师生间的缘分，可遇而不可求。所以，每个人的大部分老师就是我们的老师。在这里我没有贬低老师的意思，老师二字已包含了很大的敬意。什么是恩师呢？除了教授专业知识，对你至今乃至一生自认为正确的世界观、价值观的形成（无论左、右）具有重要影响，对你学术素养的形成、学术造诣的提高、职业道路的铺垫等都有重要帮助的老师，就是你的恩师。胡如雷先生在上述传道、授业、解惑三个方面，对我个人都有重要的影响、给予和帮助，胡老师是我的恩师。

我们这一代人，少年时代个个都是共产主义事业接班人。走入社会，进入青年时期，官方的世界观、价值观就是我们每个人当然的世界观和价值观。是被迫的，同时也是理直气壮自愿的。尽管理论不乏荒谬之处，现实更是不厌其烦地一次次证明我们曾欢呼、拥护的正确原来并不正确，而且从一开始就不正确；但这丝毫不影响我们对当下官方理论与现实的欢呼、拥护，现实永远是正确的成为绝对真理。这不仅因为当年社会允许我们的视野就是如此狭窄，还因为我们已成功被塑造成为共产主义事业接班人。我们就是这样的一群。我就是这一群中的一员，早早就加入了中国共产党，进入大学后成为七七级的党支部委员、团支部书记，标准的接班人。现在回想起来,我的思想由政治盲从转而趋向独立思考,就是接受了胡先生的影响。我没有加害胡先生的意思。胡先生是单纯的历史学者,虽然在经济形态发展史研究方面建立了史学界公认的著名的胡氏学术体系,但对现实政治,就我所知,似乎并无一套系统的、独立于官方的立场和观点,也不热衷公开的政治表达,用现在的话说,不是一个典型的公共知识分子。但胡先生又不同于学者中的"大多数",对现实政治,他不会装聋作哑,有时在课堂上,更多的是在与我们这些学生谈话中,他总会适时发些不同于官方口径的议论,尽管会适可而止,力度也不甚大,但跟随胡先生时间长了,我能感受到他对国家、民族前途的学者式的忧患意识和对政治思想问题的敏锐思考,这潜移默化地培养了我独立思考习惯的形成,不仅是学术上的,还有政治上的。

  独立思考本应是常识,但这种常识,学校不教,组织不许,社会不容,对一些人还要加上一不,自己不要。我从胡先生那里学到了这一常识,这一点对我的人生影响很大。我后来转入媒体工作。在中国,媒体是什么?官方说是宣传,内部说是耳目喉舌,刻薄说是鹰犬。我在媒体二十年,尽量做到了不做、少做、消极被动而非积极主动去做一些自认为不正确的宣传,并利用便利,发表了不少并非所谓主旋律、在一些人看来也非所谓正能量、但却是说人话而非非人化(即为现实政治服务化)的实事求是的思想、政治、社会、历史、文化方面的时评和随笔,受到师友和读者的好评。这一切,都源于我从胡先生身上学到的独立思考。

  当然,在中国,独立思考,特别是你要把你的独立思考予以表达,是有风险,有时是要付出代价的。例如,我在主持报社工作期间,即便自认为基本做到了舆论宣传的"政治正确",在思想解放方面也确实做到了适度把握,但仍然是检查写过无数次。最严重的一次,由于我们报纸的一块版面上经常发表反思历史的文章,市委宣传部长在集团干部大会讲话中说出这样的话:"春秋版我不放心啊。"这句话是很重的,后果也可以是很重的。当然部长这样讲是职责所在,自然后果是我也要为我的独立思考和特立独行付出代价,虽然也没有严重到不堪的程度。我是想,胡先生上一代知识分子中,像陈寅恪那样具有"独立之精神"的知识分子还有一批;而我们上一代知识分子中,像胡先生那样虽信奉马克思主义但精神还算独立的知识分子已然不多；至我们乃至我们下一代知识分子，犬儒化则已成常态，独立思考及其表达，在现实中既无利无用又有风险，谁还为之。要说风险，是有，但总不如陈寅恪、胡如雷师那两代人所处环境之严酷，社会毕竟是进步了；要说无用，却未必，拿新闻单位来说，就承担着很大的社会责任。比如我所在的报业集团，践行独立思考及其表达的只我一人，如果全国重要新闻单位多一些独立思考的编辑，局面将大不一样，试想，如果中国不是只有《南方周末》，还有"北方周末""东方周末"……定将有力推动中国的政治改革及中国社会的进步。扯远了，因为传道确实是一个大话题，而且太重要了。

授业方面，我讲两件从胡先生那里得到的特别的给予。

第一件是告诉我们学历史，要读论文，搞历史研究。大一时，胡先生在课堂上曾告诫我们，有时间要多读论文，学着搞历史研究，学着写文章。我记得他特别向我们推荐唐长孺先生的文章《晋书赵至传中所见的曹魏士家制度》，说这篇论文是写历史论文的典范，要好好读一读。我七七级的同学可能都记得胡先生的这一教诲。我就是听从了胡先生的教导，从念大学本科开始，学着搞历史研究的。

第二件是告诉我怎么搞历史研究。这方面记忆深刻的有两件事。在上大三、大四的时候，一个星期天找宝国去玩儿，看到胡先生的书桌上摆着一沓八开的白纸，上面抄写着文字，有几页掀到上面去了，显然是正在做的工作。胡先生告诉我，这是在做专题资料长编，就是把《资治通鉴》中的某一相关资料按时间顺序抄写下来，以使你要研究的课题史料清晰化，便于研究工作的开展。我看了几眼，是关于隋末农民起义的，李密的材料。不久，我们就在刊物上看到了胡先生的论文《论李密》。当时那个年代，学者搞历史研究，读史料时随手记卡片，这个方法我们是知道的。记卡片之外，辅之以记专题资料长编的方法，是胡先生教给我的。这是一件事。再一件事是上大四下学期的时候，胡先生给我开了一个隋唐史研究入门的书单，我记得这份书单上有赵翼的《廿二史札记》，钱大昕的《廿二史考异》，王鸣盛的《十七史商榷》，岑仲勉的《隋书求是》，以及《隋书》《旧唐书》《新唐书》《资治通鉴》等。从那时，我就按照胡先生给我开的书单，按照胡先生教给我的方法，心无旁骛地读书、抄卡片、抄专题资料长编、记读书笔记、练习写文章，开始了历史研究工作。

解惑方面，我也讲两件从胡先生那里得到的特别的帮助。

第一件是为我树立搞历史研究的信心。那时年轻，心高，急于求成，有一次我对胡先生说，我感觉自己写文章手太慢，有时候绊住了，一天也写不了几行，是不是不太适合搞历史研究。胡先生对我说，错了，写历史论文不同于写文学作品、写议论文，一气呵成，成文慢就对了，这正是搞历史研究应有的状态。我不知道胡先生是不是在鼓励我，反正胡先生这样说给了我搞历史研究的信心。当然最能确立信心的是论文的发表，这方面胡先生给予了我最大的帮助。从本科毕业算起正式跟随胡先生的六年多时间里，我每完成一篇论文的写作，都要先交胡先生过目。很幸运，除了早期有一篇写均田制的文章被否掉外，其他的都得到胡先生认可。不知这是否与我的慢功有关。更幸运的是，胡先生几乎包办了这期间我每一篇论文的发表。后来和学术圈内的学者见面，大家都知道我本科刚毕业的几年之内，接连在《历史研究》《中国史研究》《文史》《社会科学战线》《河北师院学报》等学术刊物上发表文章，但大家不知道几乎每篇文章都是经胡先生推荐发表的。而且每篇文章诞生的流程都是同样的：胡先生过目后都有些小的修改，无须重抄的就留在胡先生处，需要重抄的抄写后再交给胡先生，不知他何时寄出，也不知寄往何处；我只知道不时会收到某刊物信函，告知我的哪篇文章将在哪期发表，重要的刊物则是胡先生会在较早的时候高兴地告诉我，那篇文章他们准备采用了，比胡先生更高兴的当然是我。这个流程似乎是，我只管认真读书，思考，写出论文，后面的就是胡先生的事了。

第二件是工作安排。这方面我也因有胡先生的关照而拥有幸运三部曲。第一步本科毕业。虽然我有从事史学研究的志向，但胡先生和师院历史系的领导把我留在系里工作，使我的理想变成为现实。第二步硕士毕业。毕业前不久，胡先生由师院调省社科院工作，据说胡先生向系里提出一要求，要带走两个人：王力平和李燕捷。关于我到省社科院工作还有一小插曲。最初胡先生安排我到河北学刊编辑部工作，我都准备去报到了，胡先生又对我说咱不去了，就在历史所。原来胡先生向学刊提出一要求，就是我在学刊不坐班，以便于做隋唐史研究工作。胡先生是为我好，但从编辑部的角度考虑问题，人家不同意也属正常。第三步考博。我这人没什么大志向，最初的想法，本科毕业后，跟随胡先生从事隋唐史研究就很好（其实这志向已不算小了）。考硕士研究生，完全是受老宁、力平的激励。考博，最初也没想，是胡先生鼓励我考，说可以考虑去南开，让我动了考博的心思。不久，胡先生去南开主持杨志玖先生的学生张国刚兄的博士学位答辩，我跟随前往。胡先生带我去拜见杨志玖先生，并把我托付给了杨先生。

我说过，胡如雷先生是对我平生影响最大之人。自从1978年胡如雷先生给我们上第一堂课起，我追随先生二十年，其中在先生身边学习和工作十年。二十年间，胡先生在传道、授业、解惑三个方面，对我个人都有重要的影响、给予和帮助提携。思想上的影响会是终生的，学术和人生道路上的给予和帮助提携是终生难忘的。胡老师是我的恩师。

20 世纪学术史背景下的陈寅恪、唐长孺和胡如雷

河北省社会科学院　孙继民

我们这次会议的主题是"唐长孺、胡如雷与隋唐史研究",属于 20 世纪学术史的范畴。唐长孺、胡如雷先生是 20 世纪中国著名的历史学家,也是隋唐史研究领域的大家,研究唐长孺、胡如雷先生对隋唐史学术的贡献及其地位,就不能不涉及 20 世纪隋唐史研究的学术史,而研究 20 世纪隋唐史研究的学术史,就不能不谈到陈寅恪先生,这就是本文以"20 世纪学术史背景下的陈寅恪、唐长孺和胡如雷"为题的基本原因。戴逸先生曾在《20 世纪中国史学名著·总序》中回顾 20 世纪的中国史学走过的历程,他把 20 世纪的中国历史学划分为四个阶段,每个阶段都产生有一批史学家,认为第一代史学家处于转型时期,使命是促使中国传统史学转向进化史观和理性主义史学,他提到的史学家有梁启超、章太炎、夏曾佑、王国维、陈寅恪、陈垣、顾颉刚等;第二代史学家处于创新时期,主要任务是用唯物史观作指导,把历史作为客观的有规律的对象加以研究,创立马克思主义的中国史学,他提到的史学家有翦伯赞、范文澜等;第三代史学家亦即中华人民共和国成立以后成长起来的史学家;第四代则是在"文化大革命"结束后成长起来的史学家。

陈先生生于 1890 年,逝世于 1969 年,早年留学日欧美,从 20 世纪 20 年代中期受聘清华大学,至 60 年代,从事学术研究的时间前后五六十年,学术最活跃、成就最大的时期是 30 年代和 40 年代,诚如戴逸先生划

分的那样，他属于20世纪的第一代史学家，也是第一代史学家的主要代表人物之一。唐先生生于1911年，逝世于1994年，从40年代起开始发表辽金元史方面的研究论文，以后研究重心上移，主要从事魏晋南北朝隋唐史的研究，从事学术研究的时段跨越新中国成立前的40年代和新中国成立后的50年代至90年代，相对于陈先生而言，他属于20世纪的第二代史学家，是第二代史学家的主要代表人物之一。胡先生生于1926年，逝世于1998年，其步入史坛的学术生涯始于20世纪50年代，止于90年代，最活跃的时期是50年代后期、60年代前期和80年代前后，相对于陈先生和唐先生而言，他属于20世纪的第三代史学家，是第三代史学家的重要代表人物之一。陈先生、唐先生和胡先生作为20世纪中国史学家第一、二、三代的代表性人物，尽管他们的家庭背景迥别、人生经历各异、史学成就有差、学术特色不同，但他们治学的范围都主要是魏晋南北朝隋唐史，对中国通史都具有通识性的整体认识和把握，都在相关的领域取得了突出的学术成就，都是20世纪或世纪阶段内具有一定代表性的史家，因而具有一定程度的可比性。

陈寅恪、唐长孺和胡如雷在20世纪中国学术史上的成就、地位和特点，笔者尝试作如下概括，即陈寅恪：承旧启新、文化史观中国化；唐长孺：转旧趋新、唯物史观学术化；胡如雷：弃旧开新、古史形态理论化。

一　陈寅恪：承旧启新、文化史观中国化

自20世纪80年代以来，陈寅恪史学研究或曰陈寅恪学术研究在我国学术界方兴未艾，其影响所及早已不限于学术界，而被称为一种文化现象。有关陈寅恪的研究，特别是其学术地位和学术贡献，学人所谈甚伙，笔者无意重复太多，只想就其在中国近代学术传承中的特点和学术贡献做一集中概括，即"承旧启新，文化史观中国化"。

所谓"承旧启新"，主要是想强调陈先生对中国传统学术的继承创新和对西方近代学术研究方法的引进和吸收。"承旧"的含义有两点：其一，他是中国传统文化的继承者和维护者。周一良先生曾说陈先生的主

体思想是"儒家思想""诗人气质"和"史家学术",①"儒家思想"一语足以表明陈先生对中国传统文化的态度和立场。其二,他是包括清代乾嘉朴学在内的中国传统史学的继承者。关于陈先生与乾嘉考据学的关系,过去相当长的时间内陈先生被视为擅长"史料"的"考据学家",只是后来随着人们认识的深化,陈先生史学的地位才逐渐为人们所认识,才不以"考据"而名之。乾嘉考据学只是陈先生继承的中国传统史学当中的一部分,日本学者池田温先生称:"陈先生学问之特征,乃以传统国学为基本,以西洋近代语言、文献学为羽翼,深究中国中古史、诸民族关系史。"② 这里不专提考据学而说"以传统国学为基本",颇有见地。"启新"的含义至少有三点:其一,开一代风气,即陈先生别具一格的研究方法和风格创立了一种具有标识意义的史学范式,在中国近代学术史上独树一帜,引领潮流,为后来者所模仿或遵行。其二,成一代宗师,即陈先生提出了一系列诸如门阀士族、关陇集团、关中本位政策、统治集团党派分野势力升降等问题论题,直接培养或间接影响了一批又一批富有成就的中国中古史研究学者,开创了近代史学意义上的魏晋南北朝史和隋唐史的学科领域,奠定了中国中古史问题研究的基本格局。其三,完成了文化史观中国化的历史使命,为中国史学由传统学术向近代学术的转型做出了卓越贡献。下面稍就陈先生的治史方法和风格加以引申。对陈先生的治史方法,胡守为先生《陈寅恪先生的史学成就与治史方法》一文曾有概括:批判地继承了乾嘉史学的方法;吸收了西方比较语言学的方法;运用比较研究的方法。③ 在这三个方面中,笔者以为对后来学者影响最大的是第一个方面,陈先生不仅继承了中国史学特别是清代朴学的优良传统,更主要的是在考据学的基础上更进一步创造出了宏观把握、因小见大的研究方法和研究风格,从而实现了对考据史学的超越。对陈

---

① 周一良:《我所了解的陈寅恪先生》,《毕竟是书生》,十月文艺出版社1998年版,第149页。

② [日]池田温:《陈寅恪先生和日本》,《纪念陈寅恪教授国际学术讨论会文集》,中山大学出版社1989年版,第43页。

③ 胡守为:《陈寅恪先生的史学成就与治史方法》,《纪念陈寅恪教授国际学术讨论会文集》,中山大学出版社1989年版,第110页。

先生这一研究方法和研究风格,许多学者曾有涉及,但笔者觉得周一良先生的概括比较全面精练,称:"陈先生把敏锐的观察力与缜密的思考力相结合,利用习见的史料,在政治、社会、民族、宗教、思想、文学等许多方面,发现别人从未注意到的联系与问题,从现象深入本质,做出新鲜而令人折服、出乎意想之外而又入乎意料之中的解释。陈先生善于因小以见大(中略)长于贯通、观察发展变化。"① 陈先生这一治史方法,尤为后来学者所叹服和仿效,并蔚成风气,唐长孺先生就曾赋诗称颂陈先生:"胜义微言若有神,寻常史迹考文新。先生自有如椽笔,肯与钱王作后尘?"② 唐先生自注称"钱、王"是"钱竹汀、王西庄"。即钱大昕、王鸣盛两位乾嘉考据学大家。唐先生称颂陈寅恪治史小中见大,由微知著,成就超过了乾嘉考据学大师钱大昕、王鸣盛,赞叹陈先生史法超越乾嘉考据学、高于乾嘉考据学。

所谓"文化史观中国化",主要是想概括陈先生"吸收输入外来之学说",开创近代中国史学尤其是魏晋南北朝隋唐史研究新局面的成就。对于陈先生的学术成就,史学界公认他研究范围极广,在魏晋南北朝史、隋唐史、宗教史、西域各民族史、蒙古史、古代语言学、敦煌学和中国古典文学等方面都做出了卓越贡献,开一代风气,成一代宗师,达到了近代中国史学的高峰。但目前有关陈先生学术成就的具体表述,笔者感觉大都不足以涵盖陈先生全部学术成就的内涵和意义。香港学者黄约瑟先生在1988年纪念陈寅恪教授国际学术讨论会上发言曾说:"陈先生被称为本世纪的学术巨人,实在当之无愧。在这次会上大家不约而同地谈到陈寅恪先生的文化观。我个人觉得,他虽然放眼世界、学贯中西,可是他在学术史上的主要功业,在于把外国的学问引进来解释中国的历史文化。"③ 如果以一句话高度概括陈先生学术成就的话,笔者大致赞同黄

---

① 周一良:《纪念陈寅恪先生》,《纪念陈寅恪教授国际学术讨论会文集》,中山大学出版社1989年版,第20页。
② 唐长孺:《纪念陈寅恪教授国际学术讨论会题诗》,《纪念陈寅恪教授国际学术讨论会文集》,中山大学出版社1989年版,插页第6页。
③ 黄约瑟:《在纪念陈寅恪教授国际学术讨论闭幕式上的发言·黄约瑟》,《纪念陈寅恪教授国际学术讨论会文集》,中山大学出版社1989年版,第47页。

先生的意见，即"把外国的学问引进来解释中国的历史文化"，不过更准确说的话，应该是"文化史观中国化"。

陈先生并没有就历史观发表过专门的见解，他的特点是"于史实中求史识"，他在史学研究中非常重视文化，往往从种族和文化的角度来观察、分析社会，曾反复强调种族文化是研究中国中古史的关键。在种族与文化的关系上，他认为"种族之分，多系于其人所受之文化，而不在其所承之血统"，"文化之关系较重而种族之关系较轻"①，认为文化超出了种族的范围，文化重于种族，文化超越于政治、经济、民族等之上。对陈先生突出强调文化，周一良先生称之为"文化至上"，过去极"左"思潮年代批判陈先生是"资产阶级文化史观"，毫无疑问是过于意识形态化，但称其为"文化史观"可谓切中肯綮。所以，称陈先生历史观为文化史观应无大误。

文化史观既不同于中国古代的历史循环论，也不同于马克思主义的历史唯物论，其本质上应属于近代以来从西方世界传入中国的进化论的范畴。"文化"一语尽管在中国古代史籍早已出现，但作为一种历史观却最早产生于西方。以文化史观解释历史，在西方取得成功并得到推崇的无疑以汤因比《历史研究》较早且最为著名。文化史观输入中国最早的时间，笔者缺乏研究，不敢妄言，但在中国学术界受到重视并引起讨论是在第一次世界大战前后，与新文化运动相伴随，并一直持续到20世纪20年代中期，其中著名的文章有梁启超《欧游心影录》、陈独秀《法兰西人与近代文明》和《东西民族根本思想之差异》、杜亚泉《静的文明与动的文明》、李大钊《东西文明根本之异点》、梁漱溟《东西文化及其哲学》、蔡元培《何谓文化》等。但在陈寅恪之前，无论以文化史观进行中西比较还是考察中国历史，都还处于引进外来思想的初期阶段，难免稚嫩、肤浅、粗糙甚至谫陋。只是到了陈先生之后，尤其是到了陈先生学术代表作《隋唐制度渊源略论稿》《唐代政治史述论稿》发表以后，才标志着文化史观中国化和学术化的完成。

陈先生文化史观中国化的完成，是中国史学由传统学术向近代学术

---

① 陈寅恪：《隋唐制度渊源略论稿》，生活·读书·新知三联书店2001年版，第79页。

转型的一个重要侧面,也是陈先生留给后人的一笔丰厚遗产,牟发松《内藤湖南和陈寅恪的"六朝隋唐论"试析》称内藤湖南和陈寅恪"创立的理论框架,特别是他们的最重要的遗产——文化史观,对于六朝隋唐社会仍具有独特而强大的阐释力",他们"学说的限度,恰恰构成了新的学术生长点。他们构筑的研究基础,包括他们的局限性,都是留给后来者的宝贵遗产"。①

二 唐长孺:转旧趋新、唯物史观学术化

所谓"转旧趋新",主要是想强调唐先生历史观从文化史观向唯物史观的转化。唐先生行年八十三,从事学术研究的时间是从20世纪40年代至90年代,时跨新中国成立前后两个时期。处于这样一个新旧交替的转折时代,毫无疑问会给予唐先生的历史观以深刻影响。很多学者已经说过,对唐先生一生学术研究影响最大的三位学者是陈寅恪、吕思勉和李剑农,其中尤以陈先生影响最巨。唐先生晚年曾赋诗表白对陈先生的心仪和景仰:"掩卷心惭赏誉偏,讲堂著籍恨无缘。他年若撰渊源录,教外何妨有别传。"唐先生虽以未列陈先生门墙而抱憾,但其治史风格于陈先生的神似,足以堪称私淑弟子。新中国成立之前的40年代,唐先生先后发表的学术论文有《蔑儿乞破灭年次考证》②《辽史天祚纪证释》③《读陈寅恪唐代政治史述论稿后记》④《敦煌所出郡姓残叶题记》⑤《记阻卜之异译》⑥《论金代契丹文字之废兴及政治影响》⑦《论五朝素族之解释》《清淡与清谈》《唐代军事制度之演变》等。此外,出版于1957年的《唐书兵志笺正》一书也撰成于40年代。这些论著除了研究方法、论题选择、

---

① 牟发松:《内藤湖南和陈寅恪的"六朝隋唐论"试析》,《史学理论研究》2002年第3期。
② 唐长孺:《蔑儿乞破灭年次考证》,《齐鲁学报》1941年第2期。
③ 唐长孺:《辽史天祚纪证释》,国立师范学院史地学会编《史地教育特刊》1942年10月。
④ 唐长孺:《读陈寅恪唐代政治史述论稿后记》,《武汉日报·文学副刊》1947年3月14日。
⑤ 唐长孺:《敦煌所出郡姓残叶题记》,《武汉日报·文学副刊》1947年3月14日。
⑥ 唐长孺:《记阻卜之异译》,《天津大公报·文史周刊》1947年5月16日。
⑦ 唐长孺:《论金代契丹文字之废兴及政治影响》,《武汉日报·文学副刊》1947年6月23日。

治史风格明显受到考据学和陈寅恪的影响之外，也隐然可见风行当时的文化史观的影响。

新中国成立以后，马克思主义成为指导思想，马克思主义史学观成为史学研究的主流，唐先生与全国绝大多数学者一样，通过全面学习马列主义经典著作，最终树立了唯物史观，并在学术研究中自觉运用指导治史。他在《魏晋南北朝史论丛·跋语》中曾深有感触地说："在研究过程中，我深刻体会到企图解决历史上的根本问题，必须掌握马克思列宁主义的理论。"诚如牟发松先生撰文所说，这是唐先生"在经过艰苦的理论探索和长期的史学实践之后，发自肺腑的甘苦之言和经验之谈"。从属于进化论范畴的文化史观为主要内涵的旧时代学术传统到接受马克思主义，树立唯物史观，这是唐先生学术生涯中的一个重要转折，从此，"他的学术观念相应地发生了质的飞跃"，"在科学史观的烛照下，对所熟习的传统史学方法加以董理扬弃；摒除其烦琐陈腐的一面，保留其求实求真的内核"，将有关历史时期的经济史、政治史、军事史、文化史、思想史等一个个具体课题，统摄于宏观思考之下，构成为一个有机的学术整体，因而"具有了同他早年的学术实践不同的内涵"。①

所谓"唯物史观学术化"，主要是想强调唐先生学术研究的最大成就和治史风格的最大特点是唯物史观的指导和史学研究的实践有机结合，"将理论性思考融汇在具体的历史表述中"。唐先生的学术成就是多方面的。他出身书香门第，旧学造诣深厚，早年在旧体诗方面受过系统而严格的训练，所作旧体诗词极见功力，近代著名诗人金松岑称赞他"幽涩似郊、岛，又似永嘉四灵，亦受散原影响"，曾推荐在《国学丛刊》上发表诗作。② 20世纪三四十年代转攻史学之后，最初治辽金元史，后转攻魏晋南北朝隋唐史。主要论著有《魏晋南北朝史论丛》《魏晋南北朝史论丛续编》《魏晋南北朝史论拾遗》《魏晋南北朝隋唐史三论》《唐书兵志笺正》《三至六世纪江南大土地所有制的发展》《山居存稿》等。研究领域

---

① 张弓：《从唐长孺教授问学记》，《魏晋南北朝隋唐史资料》第21辑，武汉大学出版社2004年版，第48页。

② 牟发松：《略谈前辈学者对唐长孺先生治学的影响》，《文史知识》1995年第8期。

非常广泛，无论是政治、经济、军事，还是各种制度、民族问题、学术、中西交通等，各个方面几乎均有重要论述。在古籍整理方面，曾历时十载，主持点校北朝四史的工作。在出土文献整理研究方面，又十易寒暑，主编《吐鲁番出土文书》，并创造了一套文书整理的规范，为学术界所遵行。与唐先生上述具体学术成就相比，笔者认为超乎其上的总体成就可以一言以蔽之，就是"唯物史观学术化"。日本学者池田温在《怀念唐长孺教授》一文曾将唐先生的研究特征概括为"将传统的实证史学与马克思主义的唯物史观有机地融为一体"①，姜伯勤《寻求历史与逻辑的统一——试论唐长孺先生的史学风格》认为唐先生的史学风格是"寻求历史与逻辑的统一"②，牟发松《唐长孺先生与魏晋南北朝史研究》也说"唐先生长于考证，却又不止于考证，更不为考证而考证，而是始终从具体史实的考证和分析入手，溯其渊源，考其流变，以把握历史演进的大势，探求历史发展的根本规律"③，张弓《从唐长孺教授问学记》认为唐先生具有鲜明个性的研究方法是"宏观理论思考把握的精细实证"④。所谓"将传统的实证史学与马克思主义的唯物史观有机地融为一体"，"寻求历史与逻辑的统一"，从具体考证入手把握历史演进大势根本规律，宏观理论思考把握的精细实证，实际上都是指唯物史观的指导和史学研究的实践有机结合，也都是"唯物史观学术化"一语内涵的不同表达。

"唯物史观学术化"，既是唐先生对20世纪中国史学界的最大贡献，也是唐先生个人治史风格的集中体现。这一风格有两个鲜明的特点：第一，学术语境下的理论思考。新中国成立以后，在马克思主义史学观成为史学界主流意识形态的同时，也出现了教条主义和"左"的倾向，例如在社会发展阶段上，有些研究不是从中国的历史实际出发，

---

① ［日］池田温撰：《怀念唐长孺教授》，冻国栋译，《魏晋南北朝隋唐史资料》第21辑，第32页。
② 姜伯勤：《寻求历史与逻辑的统一——试论唐长孺先生的史学风格》，《魏晋南北朝隋唐史资料》第21辑，第95页。
③ 牟发松：《唐长孺先生与魏晋南北朝史研究》，《魏晋南北朝隋唐史资料》第21辑，第113页。
④ 张弓：《从唐长孺教授问学记》，《魏晋南北朝隋唐史资料》第21辑，第48页。

而是削足适履,把西欧古代奴隶制和中世纪农奴庄园制的模式,机械地、简单地套用于中国历史;在研究方法上,往往是寻章摘句,穿靴戴帽,先引用经典作家一段话,然后填充史料,把经典著作当作"商标"随意贴;在对待史学传统上,一味地批判"史料挂帅""烦琐考证",搞所谓"以论代史"或"以论带史"。作为从旧中国走来,经历过50年代至70年代多次政治运动的知识分子,唐先生在对待马克思主义指导史学研究的问题上,迥然有别于当时教条化的"通病"。在马克思主义成为时髦的50年代和60年代,他并不刻意标榜自己的唯物史观,在马克思主义受到怀疑的80年代和90年代,他依然坚持唯物史观的指导,毫不动摇。他以唯物史观指导学术研究,主要是着眼于观察问题的立场、观点和方法,着眼于对学术探讨的宏观把握,他的论著既不搞寻章摘句,也不搞穿靴戴帽,鲜见成段抄录马列论述,用史学材料附会论证"经典"。他将唯物史观融化到了具体的学术命题、学术方法、学术风格之中,在学术语境中体现求真务实的理论品格,在学术语境中把握以小见大的宏观视野。

第二,推陈出新的文本形式。朱雷先生曾对唐先生论著在文本表达方式上的特色进行概括:"凡研究每一论题,必广泛收集和详尽占有资料,然后缜密考校,去伪存真,精深分析,由表及里,探求历史的真实面貌与发展演变的规律;始终注意从具体史实的考订分析入手,溯其渊源,考其流变,以把握历史演进的大势,探求历史发展的趋向,终究达到发微阐宏的境界。"① 张弓、牟发松先生也有类似的见解。除此之外,唐先生史学论著的文本表达还有一个突出特色,这就是善于继承前贤而又敢于超越。唐先生个人治史风格的形成相当程度上受到清代考据学,特别是陈寅恪史学的影响。他赋诗赞陈先生"胜义微言若有神,寻常史迹考文新。先生自有如椽笔,肯与钱王作后尘?"唐先生对陈寅恪"一生服膺"②,这里既是称颂陈寅恪,又何尝不是自励。唐先生对传统优秀史学遗产并不仅仅满足于继承,而是尽其所能加以发扬光大。例如他的论

---

① 朱雷:《魏晋南北朝史论丛·前言》,河北教育出版社2000年版。
② 张泽咸:《温故与怀念》,《魏晋南北朝隋唐史资料》第21辑,第13页。

著由新中国成立之前的文言文到之后的白话文，转变得自然、流畅、妥帖，越往后越精练，几至炉火纯青。胡宝国先生曾说："唐先生文字朴素，从不虚张声势。读他的文章很舒服，仿佛冬日的夜晚，一个老人坐在火炉旁，手捧一杯热茶，正向你娓娓道来"；还说："他在研究领域的广泛、眼光的敏锐、小中见大诸方面都像陈寅恪，但他得结论时要比陈先生更稳一些。他总是把话说得极有分寸，让人难以反驳。"① 牟发松说唐先生"博于征引而慎下断语"，张弓说："他的论著辨析绵密，不作空泛之论；但又旨约意远，有别于考据家的案头讲章。"② 姜伯勤也说："唐先生主张求实，而力戒空疏，运用资料十分严谨，宁阙疑，不妄断。行文简洁流畅，无多言赘语。我特别喜欢读唐先生的后论，不仅收束论题，启发后学，而且总是在犹有余韵的地方打止。"③ 唐先生推陈出新的文本形式构成了他个人治史风格的鲜明特色。

总而言之，"转旧趋新"是唐先生在20世纪发展历程的角色定位，"唯物史观学术化"是他对20世纪史学研究的贡献的集中概括。

三　胡如雷：弃旧开新、古史形态理论化

所谓"弃旧开新"，主要是想说明胡先生从事史学研究之始没有太深的家学渊源，强调他对于中国史史学理论的开创性贡献。"承旧"的含义有两点。其一，就中国传统文化即旧学而言，胡先生的文化背景没有太深的家学渊源。胡先生生于1926年，父亲是攻读理工的留日学生，回国后一直从事实业。他在20世纪30年代后期和40年代前期的战乱年代，先后进入太原、西安等地小学中学读书，直至40年代后期先后考入西北大学、大夏大学和清华大学，接受的是近代学制下正规学校的国民教育，

---

① 胡宝国：《读唐长孺先生论著的点滴体会》，《魏晋南北朝隋唐史资料》第21辑，第13页。
② 张弓：《从唐长孺教授问学记》，《魏晋南北朝隋唐史资料》第21辑，第48页。
③ 姜伯勤：《寻求历史与逻辑的统一——试论唐长孺先生的史学风格》，《魏晋南北朝隋唐史资料》第21辑，第95页。

既没有太深的家学渊源，也没有以旧学为主的私塾教育背景。① 由于时代的缘故，胡先生对中国传统史学的学习、汲取和继承（自身的中国传统文化素养），较之于陈寅恪、唐长孺先生显然有别。其二，胡先生从事史学研究之始接受的就是马克思主义史学观，他与20世纪上半期包括文化史观在内的各种史观既缺乏天然的联系，也没有历史的包袱。胡先生在初中时代读了托尔斯泰、巴尔扎克等人的文学著作后，最初向往当作家，所以有1946年考为西北大学中文系旁听生之举。但在读了翦伯赞的《历史哲学教程》、邓初民的《新政治学大纲》等之后，转而决定选择历史研究专业，并于1947年考入西北大学历史系，直至最后考入清华大学。② 翦伯赞是最早的一批马克思主义史学家之一，《历史哲学教程》是其成名之作，邓初民是著名民主人士，《新政治学大纲》是风靡当时的进步书籍，胡先生受他们的影响选择历史研究并不表明其历史观的形成与确立，但唯物史观的价值取向则明确无误。所以，胡先生的"弃旧"不仅体现在知识体系的层面，也同样体现在价值体系的层面。至于"开新"的含义，就是指胡先生对于中国历史学研究的开创性贡献。而这种开创性的贡献亦即"开新"就是"古史形态理论化"。所谓"古史形态理论化"，主要是指胡先生以《中国封建社会形态研究》一书为代表的，以构建中国封建社会形态一般理论为目标的史学创新活动。

胡如雷的史学研究始于20世纪50年代，止于90年代，学术论著有80多项，著作有《中国封建社会形态研究》《李世民传》《唐末农民战争》《抛引集》《隋唐政治史论集》《隋唐五代社会经济史论稿》等，其中《中国封建社会形态研究》《李世民传》《唐末农民战争》属于学术专著，《抛引集》《隋唐政治史论集》《隋唐五代社会经济史论稿》属于论文集。其治学范围大致在隋唐史和史学理论两个大的方面。隋唐史研究方面，50年代、60年代以社会经济史为重点而兼及政治史，80年代、90年代以政治史为重点而兼及社会经济史。史学理论方面，50年代、60年

---

① 关于胡如雷20世纪30年代40年代求学经历见《（祝贺胡如雷教授70寿辰）中国古史论丛·前言》，河北教育出版社1995年版。
② 秦进才：《胡如雷先生学术贡献管窥》，《河北师范大学学报》2001年第1期。

代和70年代主要从事中国封建社会形态一般理论的研究，构建出了关于中国封建社会形态的史学理论架构，最后形成了《中国封建社会形态研究》一书，80年代、90年代则对一系列史学理论的重大命题、引进国外史学理论和史学方法等问题进行研究，提出了一系列新的见解，并计划撰著《历史认识论》一书。

上述研究中，最能代表胡先生学术成就的是他在几篇已经发表的学术理论论文的基础之上，将有关中国封建社会形态的观点加以系统的理论概括，撰著而成的《中国封建社会形态研究》一书。这部著作的写作开始于1959年，完成于1964年，修改于"文化大革命"之中，出版于1979年。它的最大特点是"把历史科学的研究和政治经济学理论密切地结合"，仿效《资本论》的结构逻辑，在32万字篇幅、5编21章的结构中，除了第五编中国封建社会史的分期以外，其他四编的篇章顺序分别是封建土地所有制、地租剥削形式与农民的经济地位、自然经济与商品经济、农业经济的再生产与周期性经济危机。显而易见，这种结构布局"与一般单纯的历史著作有所不同，它是按照政治经济学体系的要求建立起来的"[①]。该书以西欧封建社会历史为参照物，在广泛占有资料的基础上，力图归纳出中国封建社会固有客观经济规律，认为地主土地所有制"是中国封建社会的主要基础，不论在任何历史阶段，都在全部土地关系中占支配地位。它既决定了中国封建社会的面貌，又对其他土地所有制起主导的制约作用。离开了这个经济基础，就失去了理解中国封建社会形态的最主要的根据和凭借"[②]；在地主土地所有制占主导地位的情况下，形成了土地买卖与土地兼并等中国封建社会土地制度的根本特点，由此派生出其他很多社会经济特色。最后，将中国封建社会形态的基本经济规律概括为："用主要通过买卖方式兼并土地的办法，用剥削依附佃农的办法，来保证地主占有地租和满足其经常增长的寄生性消费。"[③]

《中国封建社会形态研究》汇集了胡先生在20世纪50年代至70年

[①] 胡如雷：《中国封建社会形态研究》，生活·读书·新知三联书店1979年版，"序言"。
[②] 同上书，第43页。
[③] 胡如雷：《中国封建社会形态研究》，生活·读书·新知三联书店1979年版，第422—423页。

代有关中国封建社会整体思考和研究的精华。它以恢宏的气魄，运用马克思剖析资本主义的方法，以土地所有制为钥匙，从纵横两个方面对中国封建社会进行全面剖析，融会中西，贯通古今，见解精当，体系严谨，从而揭示出了中国封建社会的基本经济规律，构筑了一个较为完整的中国封建社会政治经济学的理论体系，对丰富马克思主义史学理论做出了贡献。该书出版问世后，在国内外学术界引起强烈反响，获得极高评价，被誉为独具特色，富有开创意义的"中国封建社会政治经济学"，成为不少大学历史系中国古代史专业学生的必读参考书；谷风出版社在台湾出版发行了繁体字本，称为"别开新局之作"；日本唐代史研究会所编《中国历史学界动向》一书在介绍新中国30多年的史学研究成果中，以超过1/10的篇幅介绍了该书。《中国封建社会形态研究》成为胡先生史学理论的奠基之作，也是他学术成就的代表作。

当然，以今天的眼光来看，《中国封建社会形态研究》难免留有那个时代的痕迹，但是胡先生关于中国封建社会形态的理论概括和体系建构无疑具有独创性，其基本面作为那个时代为数不多的硕果仅存，仍然经得起历史的检验。诚如日本学者菊池英夫认为的那样，近代以来中国史研究中一直缺乏"一个贯通中国史的总括性的理论框架，哪怕是粗线条的也好"，王亚南《中国半封建半殖民地经济形态研究》"这部著作在简明之中贯穿着一条粗大的逻辑主线，有一种将普遍的经济理论彻底中国化的姿态"，认为《中国封建社会形态研究》"不论在书名上还是在手法上，这本书都可以说是一部真正继承王亚南先生的工作"，"这部著作具有综合的体系性和整合性，在从基础概念出发构筑起完整的理论方面，可谓是一部出色之著"。[①]《中国封建社会形态研究》完全可以视为唯物史观中国化过程中的重要的阶段性成果。这就是本文所谓"古史形态理论化"的全部蕴含所在。

总而言之，承旧启新、文化史观中国化，转旧趋新、唯物史观学术化，弃旧开新、古史形态理论化，既是对陈寅恪、唐长孺、胡如雷三位

[①] 菊池英夫：《中国封建社会理论的新进展——评介胡如雷先生新著〈中国封建社会形态研究〉》，《中国古史论丛》，河北教育出版社1995年版，第380页。

先生个人成就、学术特色的集中概括，也是三代史家的代际比较，它在一定程度上反映了20世纪隋唐史学术研究发展的历程，显示了三代史家学术传承、价值取向和历史观的演进轨迹，而这也可以从一个侧面展示20世纪中国学术史的概貌。

（本文原刊于《河北学刊》2005年第5期）

附记：琐忆胡先生二则

上文是为2005年4月召开的"唐长孺、胡如雷与隋唐史研究"研讨会提供的论文，后来刊于《河北学刊》2005年第5期，现在收入本书，借以纪念胡如雷先生诞辰90周年。同时。还想利用这个机会，附上与胡先生有关的琐忆二则，以寄托对先生的哀思。

一

1987年是我在武汉大学历史系留校工作的第三年，因为学校原来答应三年解决爱人工作调动的承诺出现变化，我决定调回家乡河北工作。当我将这个想法告诉唐长孺先生的时候，唐先生表示理解。后来唐先生还郑重其事地就我的工作调动问题谈过一次话，他讲了三点意见：一是说我不适合做官，适合做学问搞研究；二是建议我回河北后继续做隋唐史研究；三是河北从事隋唐史研究的有胡如雷，"建议你到胡如雷那里去，我给你写信推荐"。师命难违，况且也契合我的志趣，遂即一口答应。

胡先生原在河北师范学院历史系工作，1985年调入河北社科院，任历史所隋唐史研究室主任，所以我的调动单位就选择了河北社科院。这就是我当时回到河北进入社科院的直接原因。我当时回到河北进入哪个单位，实际上是由胡先生单位所在决定的，如果胡先生当时仍在河北师范学院，那我自然也就到了河北师院。我的单位选择取向，一定程度上是由胡先生单位所在决定的。

二

1993年河北省评职称,我幸运地由助理研究员破格评为研究员,这与胡先生的一再鼓励和鼎力支持密不可分。

我是1985年初硕士研究生毕业留校武汉大学历史系工作,按照当时政策,当年即转为助教。1987年调离武汉大学前升为讲师,7月调至河北社科院时即转为同是中级职称的助理研究员。1987年至1993年,全国职称评审曾中停两次。职称正常评审时,当时规定中级职称五年即可参评副高,因此1993年恢复职称评审时,我是有资格参评副研究员的,从理论上讲还是比正常晋升晚了一年。但是这一年的职称评审与以往有一个很大的不同,就是将以前喊了多年打破论资排辈的口号,变成了优秀人才可以破格晋升职称的具体政策。河北省职改办文件规定在工、农、医、科、教五大系列中,对不具备专业技术职务《条例》规定的学历、资历,但确有真才实学、成绩显著、贡献突出的40岁以下专业技术人员可以评聘正高职,35岁以下专业技术人员可以评聘副高职,且破格的专业技术人员可以不占正常的评聘指标。我这一年38周岁,虽然符合"40岁以下专业技术人员可以评聘正高职"的规定,但压根没敢想,因为我只是一个中级职称,在助理研究员与研究员之间还横亘着一个副研究员的鸿沟。我只想着晋升副高就够了,破格评聘正高职的规定与我关系不大。但是胡先生建议我用好这条政策,鼓励我跨过副高直接申报研究员。胡先生专门同我谈了一次话,我没有思想准备,不知所措,担心自己只有论文,没有出版过学术专著,恐怕条件不够。那时候不像现在,有本专著是相当不得了的事情。何况自己才38岁,太年轻,与身边一批50多岁或近60岁的老同志一起申报正高职称,心中真有些忐忑不安,担心周围舆论的压力,不敢申报。胡先生为我做了一番分析,他说你研究生毕业至今6年,晋升资格早已具备,已经吃亏,你与师院的同类情况的人相比丝毫不弱,评副高太吃亏。你的论文挺多,没有专著不要紧,论文比著作更能体现水平。胡先生是著名学者,也是我院学术委员会副主任,甚至称得上是学术委员会的"精神支柱"。他的话终于使我鼓起勇气申报。这一年河北省评职称也是刚开始实行破格申报,尤其是破两格申报并不为人理解，我也常能从别人异样的眼神中感受到沉重的压力。好在胡先生态度坚决，告诉我你只管申报，其他不要管。申报之后的情况也正如胡先生所料，并没有出现太多的波折，一路顺利通过。这实际也是胡先生的权威所在影响的结果。一个 30 多岁的年轻人，居然破两格越级评上正高职，这一结果放在现今也许不足为奇，但放在 20 多年前的 1993 年，引起的震动可想而知，这不仅是全院的唯一，也是全省整个社科系列的唯一，还是全省 29 个系列中的唯一。第二年河北省的职称评审文件就多了一条不能越级评审的规定，这条规定实际上就是针对我这种情况而定的。从这个意义上来说，我的越级评审也很幸运，钻了制度的空子。胡先生之所以对我另眼相看，主要受益于我是唐长孺先生的学生。胡先生对唐先生非常佩服和敬重。他多次向我提到过读唐先生《〈晋书赵至传〉中所见的曹魏士家制度》文章的感受，"读起来就像是福尔摩斯的侦探小说，引人入胜"。我受到胡先生的提携，其实得益于胡先生的爱屋及乌。胡先生对我的提携奖掖，不少人总是难以理解，以至于多年后常常有人认定我是胡先生的学生。如果从我 1987 年调到河北社科院历史所隋唐史研究室起，我的确一直跟随胡先生从事研究，虽然他后来又调回河北师范学院历史系，我也一直经常保持与胡先生的联系，经常向胡先生请教问题，常常受益于胡先生的耳提面命，从这个意义上说，我的确是胡先生的学生。但是若从一般人理解的入室弟子研究生这个意义上讲，我又不是胡先生的学生。胡先生对我的关怀实际超过了一般意义上的师生情谊，真所谓"不是学生胜似学生"。

附录：挽联悼胡师

1998 年 1 月 19 日胡如雷先生溘然长逝，次日上午，当我从电话中听到这一消息时，起初愕然，继而潸然泪下。此前的 1 月 10 日，我曾专门看望先生，先生一见面就问，是不是又给我送信来了，我说不是，这次是专程来看望。因为自先生调出河北省社会科学院之后，外地仍然不断有先生的信件寄到历史所，每隔一段时间我都要去看望先生一次，顺便将这些信件一齐带去，久而久之，只要一见面，先生通常第一句话就是：

这个时候（我一般是周六或周日晚上前去）门铃一响，我就猜到是你来了。第二句话就是：今天又送来什么信。这便是先生向我询问信件的原因。

这天晚上，胡先生精神特好，为近段时间所少见，我猜想主要是他次子宝华夫妇近期回国省亲的缘故。先生为人很随和，但我平时在先生面前总是毕恭毕敬，不敢造次，这次受先生情绪极佳的感染，也破例说了几句俏皮话儿，为先生助兴。因为先生晚上休息较早，我没有停留太长时间，当我在欢愉的气氛中告辞时，无论如何也没有想到这次看望竟是与先生的永诀。

在遗体告别仪式上，我送了一副挽联，表达对先生的不尽哀思。挽联的内容是"无愧一生夺席充宗西雍曾领风骚，有憾三开论说仲任东林幸留鄂声"。这副挽联就形式而言并不工整，然而想借以表达对胡先生事业人生特点进行概括的目的，在一定程度上是达到了。上联主要是想对先生的学术成就进行概括。所谓"夺席充宗"一典，因柳亚子《感事呈毛主席》有"夺席谈经非五鹿"句，毛泽东七律诗《和柳亚子先生》附录有此诗，所以广为人知。夺席，汉代讲经传统之一，学者论难，胜者占据绌者之席。语出《后汉书》卷79《戴凭传》。充宗为人名，复姓五鹿，西汉经学家，元帝时凭借权势，执《易》学牛耳，《汉书》卷67《朱云传》称"诸儒莫能与抗"，只有朱云将其驳倒，时称"五鹿岳岳，朱云折其角"。西雍，古代太学有辟雍，相传辟雍有五所，以方位命名，位于西者称西雍。先生的史学成就是多方面的，尤以具有深厚的理论修养而著称，其代表作《中国封建社会形态研究》独辟蹊径、自成一家，出版后曾在史学界引起很大反响，有的学者誉称为中国封建社会的政治经济学，成为不少大学历史系中国古代史专业学生的必读参考书，谷风出版社在台湾还出版了繁体字本，称为"别开新局之作"。70年代末至80年代初，我在武汉大学历史系读本科，那时学生们的兴趣比较偏重宏观性和理论性的史学问题，当时正值《中国封建社会形态研究》出版不久，该书的发行量又比较大，因此有不少人读过此书，我就是在那个时候接触该书并知道"胡如雷"一名的。当时不仅武大历史系如此，全国其他大学历史系的学生很少有人不知道先生大名的。记得就读研究生期间，先生曾在武汉大学作过一次学术报告（好像在1982年或1983年），前往听讲者除了武大历史系的学生之外，还有远道专程赶来的华中师院、湖北师院历史系的学生，容纳几百人的小礼堂座无虚席，座位后面还站了一大排人，这些学生都是慕名而来，以睹风采，而他们对先生的认识多是从《中国封建社会形态研究》开始的。所以，"西雍曾领风骚"，既是对该书奠定胡先生学术地位的赞同，也兼有我对武大初识胡先生和聆听报告盛况的回忆。

下联主要是想对先生的人生经历和为人特点进行概括。所谓"有憾三开"的"三开"，是用今典，出自先生之口，他多次说过：我是三不开人物，日本人时期吃不开，国民党时期吃不开，共产党时期也吃不开。先生在新中国成立前接触和阅读了大量进步书刊，接受了马克思主义，成为同情革命的进步学生，在上海解放前夕，当堂舅阎锡山劝先生去台湾时，先生予以拒绝。这便是日本人时期吃不开、国民党时期吃不开的潜台词。新中国成立以后，先生因家庭出身问题受到不公正的对待，先生在清华大学读书期间是优等生，本应留校任教，却被分配到邢台师范学校，肃反运动中，一度又被错误关押，"文化大革命"更是在劫难逃。先生说的共产党时期也吃不开主要是指这些经历。

所谓"论说仲任东林幸留鄂声"，是用旧典。东汉思想家王充字仲任，《后汉书》卷79本传说他"好论说"，又说他晚年"闭门潜思，绝庆吊之礼"。东林，明末的东林书院。谔声，是"谔谔"的转用。谔谔，直言貌，《史记》卷68《商君列传》有"千羊之皮不如一狐之腋，千人之诺不如一士之谔谔"等语。使用这些旧典是想突出先生厌恶俗套和言谈率直的特点，先生是纯粹学者，接人待物素以学问才艺为标尺，对不学无术的政客和充满利害关系的市侩习气非常反感，有一种鄙视俗气、厌弃俗礼的孤傲感。我是1987年调到河北省社会科学院历史所的，在与先生十多年的交往接触中，对此深有感触。例如，在社科院期间，先生已是位尊名重，每逢春节，登门拜年者络绎不绝自属意料中事。多数人对这种习俗无论喜欢与否，在这种场合总要客气一番，这本是一般礼节和人之常情。胡先生往往不然，他也许会当面说出我从不出门拜年，平时见面聊聊即可，何必拜年寒暄之类的话，常常使人下不了台。我作为晚辈当然不会介意，然而这类话也确实伤害了不少人。再如先生是河北省社会科学院学术委员会和河北省社科系列高级评委会成员，由于先生的学术地位和影响，他的意见对学术委员会和评委会常常起着举足轻重的作用，因此每到评审职称的时节，登门求情者屡见不鲜，但先生通常是这么一句话：评委会由十几人组成，我这一票只能起十几分之一的作用。求情者往往不得要领，失望而归。处于请托成风的背景之下，先生的做法难免被人看作不近人情，但由此越发显示出他绝不媚俗趋时的优秀品质。先生敢于直言在社科院，在河北知识界都是有名的，别人想不到他想到的敢说，别人想到不敢说的他也敢说，限于篇幅，这里无法展开，我总的感觉是：先生为人坦荡真诚，绝无害人之心，绝无城府深藏，绝不当面一套，背后一套，他的言谈有些时候过于率直，甚至不免偏激，也未必全对，但出于赤诚和正义则无可置疑。对于具有几千年顺从传统的知识阶层来说，独立思考和敢于直言至今仍然是难能可贵的美德。"东林幸留鄂声"一语正是想借以表达对先生"一士之谔谔"高尚品格的赞叹。

孙继民附记《挽联悼胡师》一文写于1998年，初刊于《文史精华》2002年增刊2期，但编辑误将胡先生逝世时间改为1999年1月19日。2003年在《唐史会刊》重发时已做了更正。

记忆中的胡如雷先生

首都师范大学历史学院　李华瑞

我不是胡如雷先生的入室弟子，也没有听过胡先生的讲课，但是胡先生的著作和思想对我的学术成长具有重要影响，也可以说是我学术道路上的重要引路人之一。下面我举三个事例予以说明。

第一，《中国封建社会形态研究》对我的影响。我是1978年入甘肃师范大学历史系读本科，当时的历史系主任金宝祥先生是一位笃信马克思主义的历史学家，也是著名的隋唐史专家。他说他曾5次通读过《资本论》，还读过两遍黑格尔的《小逻辑》，因此倡导学习马克思主义经典著作，受金先生的影响，我也很认真地读过一遍《资本论》第一卷。由于处在这样的学习氛围里，同时20世纪70年代末80年代前期又正逢史学界讨论"五朵金花"如火如荼，自然在本科和研究生学习期间中对其讨论过程和议题给以很大关注并且有很浓的兴趣。但是我上小学二年级时"文化大革命"开始，1974年高中毕业又到农场、农村和工矿劳动工作，从未接触过史学，"五朵金花"多是纵横古今，所以面对汗牛充栋的报刊论著，很多问题难以理解，就在困惑之际，胡如雷先生的《中国封建社会形态研究》一书出版，当时买到这本书的喜悦之心真是难以言表，如获至宝，我很认真地读过两三遍，以至四年级准备考研时许多同学都来向我咨询史学理论问题——其实也主要就是"五朵金花"问题，我大致能对答如流，当然我向同学们兜售的观点和答案多是来自胡先生的大著。

我个人以为当时在"五朵金花"讨论热潮中，胡先生应当说是独树一帜的，绝大多数的学者多是以"五朵金花"中的某一朵金花或某两朵金花来讨论"封建社会"的性质和特点，如胡先生从政治经济学的理论出发，层层横向解剖封建社会形态，是很少的，而且先生能够全面地纵向看待土地制度、地租形态、地主阶级、农民经济地位、货币资本、商品经济、封建经济危机、农民战争及其封建社会分期，故持论不至于过"左"或过"右"，在那个时代是较为客观、平实的。譬如，北宋前期的王小波、李顺起义提出"均贫富"的口号，大多数人都从划分农民战争前后期的标志，是农民革命斗争已开始触及封建社会根本土地制度的表现等角度加以论述，而胡先生则在此基础上从社会变革的角度敏锐地观察到这是中唐社会巨大变革的反映。胡先生指出，作为时代特点，这些纲领性口号都把打击地主经济、地主土地所有制本身明确地写在了斗争旗帜上，正是这一点显示了中国封建社会后期农民起义和农民战争的新的时代特点。这个特点就是，首先公元10世纪末发生的王小波、李顺起义第一次旗帜鲜明地提出了"均贫富"的纲领性口号，这件事集中反映了两个多世纪以来的社会变革，反映了农民阶级社会地位的变化。其次，唐代虽有客户，但系土、客相对，土户与宋代的主户还有区别。只有到北宋建立以后，主客户制度才正式确立，这件事中反映了土地制度，佃客地位的变化，所以北宋的建立并非一般的革代易性，而是标志着历史时代的转折，具有特殊的社会意义。(《唐宋之际中国封建社会的巨大变革》《史学月刊》1960年第7期)胡先生的这个观点从另一个侧面回应了日本的唐宋变革论，同时对今天的宋史研究也还是有一定启迪作用的。

　　胡先生的大著出版已经30多年了，尽管30多年来史学研究的议题和理论早已数度变幻大王旗，但是从运用西方先进视野和理论解读中国历史发展道路和特征的探索精神而言，无论是成功抑或失败，胡先生的大著所闪耀的睿智即使在今天也是有借鉴价值的，至于早年读《中国封建社会形态研究》对于今天的我，毋庸讳言，在潜移默化中点点滴滴的形塑作用，应当说留下了深刻的印迹。如果说我们这代学者尚能从中国古代史的长时段考察断代史的问题，或者能从社会经济结构变迁观察历史演进的深刻原因，与受惠于胡先生他们那一代人用马克思主义理论解构中国历史是分不开的。

第二，《李世民传》对我的影响。1985 年，硕士毕业后留在西北师院工作，兰州大学张大可先生邀请我参加他主持的《五太后传》中的辽朝萧太后撰写工作，以前我从没有写过人物传记，正不知如何下笔时，恰好在书店看到胡如雷先生撰写的《李世民传》，便又兴高采烈地买了一本，毫不夸张地说我写的《萧太后传》就是参考、模仿胡先生大作的写作方式而来，亦即把萧太后放在她所处时代的大背景中判断其功过是非，甚至《萧太后传》的一些章节安排都有刻意模仿《李世民传》的痕迹，譬如"六、开明政治"的写作就是借鉴胡先生笔下李世民推行开明政治的几个方面。当时张大可先生看了我的稿件后还对我说了一些带有期许颇高的话。说来惭愧，当时读书有限，一直以为"每一个社会时代都需要有自己的伟大人物，如果没有这样的人物，它就要把他们创造出来"是经典作家马克思的名言，读了胡先生的书才知道马克思的"名言"是来自法国启蒙思想家爱尔维修的论断，算是长了点见识。

第三，唯一一次近距离接触胡先生，并聆听教诲。胡如雷先生生前我大概只见过三次面，印象最深的是在 1989 年 5 月下旬。1987 年我考入河北大学跟随漆侠师读博士时，方知道胡先生和漆侠师在河北社科界并称两杆大旗。1989 年 5 月下旬，国家教委主持中华人民共和国成立四十年教学成果奖评选活动，漆侠师的教学成果《坚持以马列主义为指导治史、执教、育人》，获得国家级优秀教学成果特等奖。是年六月中旬国家教委组织专家对漆侠师的教学成果进行鉴定，出席鉴定会的专家有邓广铭、张政烺、何兹全、王曾瑜、藤大春和胡如雷先生等史学界和教育界著名学者。那时我正读博士研究生二年级，有幸全程参与接待工作。鉴定会结束，由我和河北大学人事处一位副处长陪同专家们考察游览白洋淀，我记得很清楚，在去白洋淀的中巴车上，向胡先生提及当年认真读《中国封建社会形态研究》的经历，当胡先生知悉我是漆侠师的博士生后，胡先生客气地说那部旧作还不成熟，还有一些问题需要重新探索。然后问了一些有关学习方法方面的问题，并对我说："你能跟漆侠学习是你的福气，在现今史学界，理论好的人，史料功夫不一定好；史料功夫好的人，理论水平不一定高，像你的老师理论水平高，史料功夫也好，这是很难得的。"胡先生与王曾瑜先生提到漆侠师新出版的《宋代经济史》，以为是理论与史料结合上乘之作，让我认真学习，深刻领会做历史研究理论与史料取舍之间的关系，很受教育。胡先生的一席话，虽然表面上是对漆侠师的推重，但是话语中也透露出胡先生对优秀史学工作者素质的基本判断，即一个优秀史学工作者应当具备高水平的理论素养和高水平的史料素养，两者不可偏废。我觉得胡先生有关理论与史料并重的治史思想对现今细碎化研究现状有特别大的警示和指导意义。虽然时间已过去了近30年，但胡先生的教诲犹在耳旁，一直激励着我不断学习和追求。

博士毕业后我留在河北大学工作，去石家庄的机会较多，但是在河北社科院历史研究所的楼道里只匆匆见过胡先生两面，印象中的胡先生因患糖尿病，身体比较虚弱，但是精神尚好。1998年1月大寒刚过的一天清晨，起床听到河北省广播电台发布胡如雷先生逝世的讣闻，心中不由震动了一下，那天天气很冷。记不清是当天还是过了两天到漆侠师工作室，跟漆侠师谈起胡先生逝世的讣闻，漆侠师面部表情很凝重，那时正是史学界要回到民国去的呼声此起彼伏、肆意贬低马克思主义史学的时节，漆侠师惋惜地说到，又走了一位真正的马克思主义史学家。漆侠师对土地制度、农民起义、历史动力、地主阶级等问题的看法与胡先生的观点不尽相同，但两位大家都能心平气和地尊重各自的学术，也成为学术上的挚友。漆侠师每次去石家庄开会或出差，总是会抽出时间到胡先生府上相见叙旧，1987年前，漆侠师先后请胡先生、宁可先生、田昌五先生到河北大学社会科学研究所宋史研究室讲学，主要讲授马克思主义史学的理论和方法。胡先生病重期间，漆侠师还专程从保定到石家庄，前往医院看望老朋友。

20世纪80年代初，国家教委建立学位制度，按照胡先生的学术造诣和影响，不是第一批也应在第二批获准建立博士学位授权点，但是不知何因在河北师院时没有申请到，1985年到了河北省社科院更没有机会申请博士授予权。这对河北史学界和唐史学界来说是个不小的损失，如果胡先生有博士点，完全可以在晚年为河北史学界、为唐史学界培养建立一支比现今已有的更为宏大的学术队伍。漆侠师曾慨叹胡先生前半生与他一样命运多舛，漆侠师说早在80年代初，他就向河北大学历史系和学校领导建议请调胡先生和河北师院的苑书义先生到河北大学工作，集中河北的史学优势，发展河北大学的历史学科。1990年河北大学社会科学研究所宋史研究室改建历史研究所，漆侠师的目的很明确即不仅仅只发展宋史，而是放眼中国古代史，但是由于单位归属和当年人事管理制度种种原因，没能实现请胡先生和苑先生到河北大学的愿望。这些事我当年都是听漆侠师亲口说的，今天借着纪念胡先生诞辰九十周年重提往事，也算是一个纪念。

追思与启迪

河北大学宋史研究中心暨历史学院　姜锡东

最早知道胡如雷先生的大名，是在 1979 年下半年。当时，我刚刚考上山东大学历史系读本科，看到 77 级和 78 级有师兄师姐在教室读《中国封建社会形态研究》，就自己去学校的新华书店买了一本。一边读一边在书上写画，颇为着迷，后来又读过几遍。这本书成为我反复"精读"的史学著作之一，对我的成长影响很大。虽然知道了胡先生的大名，但对先生的其他情况并不了解。1983 年大学毕业前，考上河北大学宋史研究室（今宋史研究中心）漆侠先生的硕士研究生，就自然而然地开始更多地关注河北，与老师同学谈论河北省各方面的情况，这个时候才从孟祥才老师那里知道胡先生是河北省史学界的名人之一。孟老师的原话是："河北两杆枪，漆侠胡如雷。"当时，对孟老师此语此评理解得并不深刻，后来慢慢体会到，确为至评。

来到河北大学读书工作，转眼间已经过去 32 年多，对胡先生的了解逐渐多起来。印象最深刻的是 20 世纪 80 年代后期，胡先生应漆先生邀请光临河北大学宋史研究室讲了几次课，我有幸面见仰慕已久的胡先生并亲聆他的教诲。我记得他讲的是唐代的官制。1989 年一次讲课的中间休息，他在闲谈时很平静地说："我们上了古人的当了。古代的很多记载，现在看来是靠不住的。"这句话，给我强烈的震撼，使我长期不忘；使我在读书时提醒自己不要轻信，一定要注意分辨真伪。1998 年胡先生不幸因病逝世时，我与河北大学几位先生一起到石家庄殡仪馆向胡先生遗体鞠躬告别。再后来，时常会从师友们那里听到一些关于胡先生的生前谈话和逸事。这些谈话和逸事，给我一个总印象：胡先生在工作单位是一个"爱管闲事"、不怕得罪人的正直敢言之士。仅就这一点来说，胡如雷先生和漆侠先生真是相同相通啊！

胡如雷先生驾鹤西归已经 18 年了，但是，胡先生的学术成果、治学特点和方法，是一笔非常珍贵的学术遗产，永留人间，留给我们许多有益的启迪。下述四点，尤为重要。

一　既要专精，又要广博

胡先生学术研究的重点是唐史，先后出版了《唐末农民战争》(1979年)、《李世民传》(1984年) 两部专著；发表了数十篇研究论文，后来结集为《隋唐五代社会经济史论稿》(1996年) 和《隋唐政治史论集》(1997年)。胡先生之所以能够被推选为第二届中国唐史学会会长，是因为上述研究成果获得同行的高度肯定和尊敬。现在回顾，在 20 世纪下半期的中国大陆，胡先生是唐史学界屈指可数的著名大家之一。换言之，唐史研究是胡先生最专精、最拿手的学问。从上述研究成果看，胡先生的研究重点是唐代政治史和经济史。从我本人亲自听见他老人家讲课的情形看，胡先生对唐代官制造诣颇高，非常熟悉。而官制问题，既是学习研究中国历史的基础，又是一个难点。

如果仅仅把胡如雷先生视为一个著名唐史大家，就有失片面。前揭《中国封建社会形态研究》，在中国大陆 1979 年之后的一个时期是一本名著，相当流行，受众甚多，影响深远。在日本史学界，也有一定的影响。这部著作，最能够反映胡先生学术视野之开阔、学术探讨之广博。今天来看，对于中国古代封建社会的贯通性研究，能够达到胡先生学术水平的专家学者并不多见。同时，胡先生对于中国历史研究其他方面的许多全局性、贯通性和理论方法性问题，也有独到看法，发表许多高见。这方面的成果，集中体现在他的另一本论文集《抛引集》(1993年) 中。总体来看，胡先生是一位耿介正直、学识渊博、贡献突出的中国史学大家。

二　唯物史观确能指导史学研究

毫无疑问，100多年前马克思和恩格斯创立的唯物主义历史观，不是终极真理，应该不断地补充、发展、完善。但是，许多人却想打倒、抛弃唯物史观。试问：能够打倒吗？能够抛弃吗？不能。唯物史观的基本原理和方法，是我们观察、研究社会历史行之有效的科学方法。胡如雷先生等老一代史学家的经历实践，可以在我们思考这个重大问题时提供比较明确的借鉴和启示。

胡先生撰写《中国封建社会形态研究》，主要得益于马克思《资本论》的启发。马克思对中国历史的资料掌握得不多，对中国历史并不是很了解，撰写《资本论》主要依靠欧洲的资料。但是，《资本论》中对于社会历史发展中生产资料的基础地位、不同阶级之间的对立斗争、社会形态的演变、历史发展规律的研究论述方法，十分深刻地影响启发了胡先生对于中国封建社会的研究。没有接触并且认真学习过马克思主义唯物史观，特别是《资本论》的学者，根本不会提出这样重大的研究题目。即使提出这样的题目，没有认真学习过马克思主义唯物史观，特别是《资本论》的学者也难以完成这样的研究课题。我记得胡先生讲课时说过，他在研究、撰写《唐末农民战争》之前，对于怎么研究、怎么撰写，颇费思量。经过一段时间的冷静思考，他决定从研究论述唐代的阶级状况入手。显然，这也是深受马克思主义唯物史观高度重视阶级分析和阶级斗争的影响。

马克思主义史学家的特点之一，是高度重视经济的基础地位和决定作用。这是区分是不是马克思主义史学家的标准之一。我们看胡先生的遗著，研究论述唐代和整个中国古代经济问题的部分，占据很大比重。研究论述其他的政治军事问题，也很重视经济背景与影响。胡先生晚年说明过："就历史问题而言，社会经济是我最感兴趣的内容。我对农民战争的重视也正是在于它具有推动社会经济发展的作用。至于从总体上把握隋唐五代史的历史脉络，则更离不开对经济史的思考。"（《隋唐五代社会经济史论稿·后记》）马克思主义史学家的另一个特点是高度重视人民群众，高度重视被统治被剥削阶级，并高度重视两者之间的矛盾。在研究论述中国古代的封建社会时，就是高度重视农民阶级。显而易见，胡先生就是这么做的。所以，如果抛开马克思主义，就不能正确认识、评价胡如雷先生。在新中国成长起来的马克思主义史学家名单中，应该有胡如雷先生的大名。

三 重视唐宋变革

近30年来，研究论述"唐宋变革"问题，在中国大陆和台湾地区的唐宋史学界形成一个不大不小的"热点"。每当专家学者们进行学术史回顾时，必提日本的内藤虎次郎（字湖南）先生和中国的胡如雷先生。胡先生在1960年第7期《史学月刊》发表的论文《唐宋时期中国封建社会的巨大变革》中认为：第一，应当"把中国中世纪史划分为封建社会的早期和盛期两个阶段"，其分界线是"由均田制的最终破坏至北宋初"，即"从公元八世纪中叶，即开元、天宝之际，均田制破坏算起，直至公元十世纪末叶，即北宋建立及王小波、李顺起义，'均贫富'的口号提出为止。"他还指出："我觉得，以公元九六〇年，北宋的建立划分历史阶段最合适。"第二，早期与盛期、前与后的变化，主要是在3个方面：1. "阶级斗争的变化。"农民阶级斗争的口号和要求，以前主要是打击地主政权，此后，主要的更突出的是"均贫富"，打击地主土地所有制。2. "地主政权与地主间争夺剩余生产物的斗争形式之演变。"地主政权以前主要是争夺劳动人手，争夺农民，此后，争夺的首先是土地，其次才是劳动人手。3. "地主土地所有制的发展。"以前，"无主荒地"比较多，地主土地所有权还不十分巩固，地主土地所有制还不太发达，此后，地主土地所有权空前巩固，地主土地所有制获得很大发展。

当我们学习、参考胡先生的"唐宋变革"论时，还应该注意下面3点。1. 胡先生晚年在把这篇论文收入《隋唐五代社会经济史论稿》时，做了一些增删修订。首先，把论文题目中的"唐宋时期"改为"唐宋之际"。其次，把原文中国古代封建社会"早期"与"盛期"的划分改为"早期"与"后期"。最后，对于具体论述内容做了一些修改。我们在阅读、引用时，必须旧版与新版都看，加以区分。2. 在上文指出三大变化之后，他在《中国封建社会形态研究》一书中又增加了两条：一是"城市经济及商品货币关系的发展"，二是"统一集权趋势的加强。"3. 胡先生在其他论文著作中，对此还有重要论述，如《论隋唐五代在历史上的地位》等。

在中国，尽管看到唐宋变革的学者早已有之，有的学者甚至追溯到北宋中后期、南宋、元、明、清，但是，胡如雷先生"可称为在中国内地学界继侯外庐之后最为明确的又一大'唐宋变革'论者"。（张邦炜：《"唐宋变革"论与宋代社会史研究》。载李华瑞主编《"唐宋变革"论的由来与发展》，天津古籍出版社 2010 年版，第 9 页）胡先生的见解，并非受到内藤湖南的影响，而是在 20 世纪 50 年代中国大陆史学界研究讨论"中国封建社会分期问题"（"五朵金花"之一）的热潮中，独立研究所得。当然，这些见解与其他专家学者的见解有不谋而合之处。今天来回顾可以看到，在中国大陆，最为明确、比较深刻地从经济和政治等角度专门论述"唐宋变革"，胡如雷先生是较早的学者之一。他的相关研究和论述，至今仍然值得学习参考。

四　继往开来

我们回忆、纪念胡如雷先生，一个重要的目的是学习胡先生，从胡先生的成长经历和学术成果中汲取营养，继往开来，推动历史学的健康快速发展。

近年来，包括河北省在内的中国史学界在多个方面都取得可喜的巨大进步，成果丰硕，前景光明。然而，重断代轻贯通、重局部轻整体、重线条轻全面的"碎片化"倾向也表现得比较突出。如何减轻、克服这个不良倾向，是个见仁见智的问题。就河北省而言，只要认真回顾、总结一下漆侠先生和胡如雷先生等老一辈史学家的经历与成果，就一定会得到非常清晰而有益的启迪。他们既专精又广博的成长路径和治学精神，值得我们仔细体会，认真学习，全面继承，发扬光大。

在史学界，还存在一种刻意避开马克思主义唯物史观的不良倾向，危害甚大。前面提到的"碎片化"倾向，就是这种不良倾向的恶果之一。如何学习、使用、继承、发展马克思主义唯物史观，推动历史学的大发展，是一个更加急迫、更加重要的任务和课题。如果我们能够认真总结学习胡先生和漆先生等老一代史学家的成功经验，也一定会获得切实有益的启迪。

"唐宋变革"论，既是学习研究唐史、宋史者谁也绕不开的一个重要问题，也是学习研究整个中国历史难以回避的重要问题，还牵涉全球史，这是一个富有魅力、值得研究的重大课题。虽然觉察到并且谈论过"唐宋变革"者不乏其人，但多是浮光掠影，浅尝辄止，真正有能力并且肯下大功夫加以认真研究者其实不多。客观上是因为，深刻理解唐史和宋史已属不易，深刻理解中国史和世界史就更加困难。既需要具有比较广博的历史知识积累，又需要具有比较敏锐的洞察力。主观上是因为，对于这个问题的关键性重要价值认识不足。今后有志于此者，认真学习参考一下内藤湖南、宫崎市定、胡如雷、漆侠等先生的学术成果和研究路径，是必不可少、十分有益的。这个课题的研究，肯定会有新的重大突破。我们对于中国历史的正确理解和把握，肯定会更上一层楼。

胡如雷先生永垂不朽！胡如雷先生永远活在我们心中！

胡如雷先生学术贡献管窥

河北师范大学历史文化学院　秦进才

20世纪的中国史学界，新思想、新资料、新方法、新成果层见叠出，交相辉映，是变革创新的世纪，是成果丰硕、人才辈出的世纪。胡如雷先生（1926年1月22日—1998年1月19日）是史学名家中的佼佼者，名垂史册。在胡先生诞辰九十周年之际，作为后学，对发表在《河北师范大学学报》2001年第1期的拙作《胡如雷先生学术贡献窥管》，稍作增订修改，略述对胡先生的学术贡献的管窥蠡测之见，以表景仰之情，以志缅怀之意。

一　百折不挠的治学精神

大千世界，芸芸众生，事业纷繁，角色多种。很多人是以毕生的生命来扮演其事业角色的。生命不息，奋斗不止。政治家诸葛亮讲："鞠躬尽力，死而后已。"① 传颂千古。诗人杜荀鹤言："世间何事好，最好莫过诗。""生应无辍日，死是不吟时。"② 掷地有声。胡先生晚年常说，如果学术生命结束了，我的生命也就应当结束。体现出胡先生视学术为生命，

---

① （晋）陈寿撰：《三国志》卷三五《蜀书·诸葛亮传》，裴注引《汉晋春秋》，中华书局1982年版，第924页。
② 中华书局编辑部点校：《全唐诗（增订本）》卷六九一，杜荀鹤《苦吟》，中华书局1999年版，第8012页。

忠诚于学术，学术与生命同在，毕生执着追求真理的胸怀。正是这种人生追求、价值观念，支持着他在艰难困苦的逆境中，在坎坷磨难的岁月里，以坚韧不拔的毅力、锲而不舍的执着、百折不挠的治学精神，面对一波三折的人生挑战，铸就了学术事业的辉煌。

胡先生在初中时，读了托尔斯泰、巴尔扎克等人的文学名著，向往当作家。1946 年夏考为西北大学中文系旁听生。但在读了翦伯赞的《历史哲学教程》、邓初民的《新政治学大纲》等之后，决定改学历史，并于 1947 年考入西北大学历史系。胡先生认为："你要有十分的天才，你当作家，就可以成功。当作家需要天才。你要有九分的天才，你要当作家，就可能是不成功的，不太成功。那么，历史这个专业，我有十分的天才，就有十分的成绩，我有八分的天才，就有八分的成绩。"① 从此，学习、研究历史，培养历史人才，就成了胡先生毕生的职业与事业。1949 年 2 月，胡先生转学上海大夏大学历史社会学系。在春夏之交，断然拒绝随堂舅阎锡山去台湾，毫不犹豫地留在大陆。同年 9 月，考为清华大学历史系二年级插班生。清华大学历史系名师荟萃，人才济济。胡先生如鱼得水，孜孜不倦勤奋攻读，成绩优秀，公认为是高才生，并准备推荐为研究生继续深造。但在毕业前夕的"忠诚老实运动"中，胡先生如实公开了自己同阎锡山的堂甥舅关系。在新中国刚刚诞生不久的年代，在抗美援朝还正在进行的岁月，有这样的社会关系，就像孙悟空头上的紧箍，时时在束缚着他，影响着他，被理所当然地打入另册，从此一系列的磨难接踵而至。

作为清华大学历史系 1952 年毕业的高才生，周一良给他写的分配意见是："学习认真，业务成绩很好。英文有阅读能力。适合于中国近代史、世界史方面的研究工作。或大学助教。"② 然而，胡先生却被分配到河北邢台师范学校教初中班的历史课。面对着理想与现实的巨大反差，胡先生没有听天由命，认为还能够走学术这个道路。深知个人无力改变整个社会的大气候，但可以通过个人奋斗营造适合自己的小环境。于是

---

① 刘九生：《胡如雷：我是野生植物》，《中学历史教学参考》1995 年第 5 期。
② 见《清华大学 1952 年暑假毕业生登记表》。现保存于河北师范大学档案馆。

到北京，向孙毓棠求教，孙毓棠说：搞秦汉以前史料太少，而且有古文字，没有人教你，你一个人业余的搞，很困难。往宋以后搞，书太多，资料多，你买不起。你要搞，就是魏晋隋唐这一段，你搞隋唐吧①。后来，胡先生回忆起这段往事，说："我选定搞隋唐史，是被环境逼上了梁山。而通往梁山的这条路却是孙先生指引的。"② 又给周一良写信表达了继续研究的愿望。周一良回信说：收到来信"有如空谷足音，倍感亲切。"为他开了详细的书单。按照这个书单，胡先生把夫人结婚时的首饰卖了，购买了二十四史、《全唐文》、《册府元龟》、《资治通鉴》等，又接受了孙毓棠赠送的《唐六典》《唐会要》等，走上了学术研究之路。繁重的教学工作，压不垮他探索中国历史奥秘的理想；恶劣的社会环境，挡不住他对历史学事业的执着追求；沉重的家庭负担，消磨不了他攀登高峰的坚强意志。终于1955年在《历史研究》上发表《论武周的社会基础》的论文，这是辛勤攻读的结晶，也是功夫不负有心人的回报，初步成功更鼓舞了他奋斗的信心。

就在胡先生信心十足地搞教学科研的时候，1955年7月，肃反运动开始了。因为曾经随集体参加过三青团，是阎锡山的堂外甥等问题，8月31日，被批准逮捕法办，追查为什么不跟阎锡山走？留下来是不是就是当反革命？整天不许说一句话，没有一字可以看，失去了人身自由。经过内查外调没有什么问题，1956年5月2日，方被甄别定案不予处分。恰逢此时，党中央提出了"向科学进军"的号召，周恩来总理作了《关于知识分子问题的报告》。再加上胡先生1955年在《历史研究》上发表了两篇学术论文，引起了史学界的注意，因此在1956年9月调到河北天

---

① 刘九生：《胡如雷：我是野生植物》(《中学历史教学参考》1995年第5期)。与此项类似的是胡适1930年9月12日复吴晗信中说："蒋先生期望你治明史，这是一个最好的劝告。秦汉时代材料太少，不是初学者所能整理。可让成熟学者去工作。材料少则有许多地方须用大胆的假设，而实证甚难。非有丰富的经验，最精密的方法，不能成功。晚代历史，材料较多，初看去似甚难，其实较易整理，因为处处脚踏实地，但肯勤苦，自然有功。凡立一说，进一解，皆容易证实，最可以训练方法。"见罗尔纲《胡适琐记·胡适对吴晗的栽培》(生活·读书·新知三联书店1998年版，第159—160页)。可见对于秦汉与明代史料的多少，史学家有着大致相同的看法。

② 胡如雷：《怀念恩师孙毓棠先生》，《学林漫录》第十三集，中华书局1991年版，第31页。

津师范学院历史系工作。从此，胡先生与历史系一起经历了天津、北京、宣化、石家庄之间的频繁搬迁，但生活、科研环境有了改变。

人生道路，社会能给你选择的权利；但家庭出身，上天不会给你挑选的自由。胡先生与阎锡山的堂甥舅关系，在阶级斗争扩大化的年代里，随时都可能给他带来意想不到的磨难。1959 年冬，胡先生把《中国封建形态论纲》①寄给了上海人民出版社。1961 年 2 月，寄来了校样。因当时出版社出版图书时，要向工作单位调查作者的政治情况，上海人民出版社发信给河北北京师范学院询问胡如雷政治情况。河北北京师范学院人事处函告胡先生的政治情况，上海人民出版社迅速决定"不予出书，当即列举书稿的缺点，将稿件退还"。已经看完校样的《中国封建形态论纲》，就这样夭折了。4 月 11 日，刚从北京门头沟区参加劳动锻炼归来的胡先生写信据理力争，但无济于事②。失败，是奋斗者的成功之母；逆境，是磨炼意志的淬火之炉。经此磨难，更激发了胡先生的斗志。博览群书、广搜资料，两次通读《资本论》汲取理论营养。陆续发表论文以听取意见。埋头苦干，默默钻研。1965 年初，《中国封建社会形态研究》书稿写成，并交生活·读书·新知三联书店编辑部审阅，责任编辑史枚初读后即决定出版。

好事多磨。就在等待《中国封建社会形态研究》出版的时候，1966 年 8 月，胡先生被红卫兵从邯郸"四清"前线揪回北京批斗。生活·读书·新知三联书店自然不敢给反动学术权威出书，把书稿退回学校，而处于被批斗中的胡先生却一无所知。又是胡先生与阎锡山的堂甥舅关系，使他蒙受了更多磨难。待到胡先生 1969 年 4 月寻找书稿时，已不知具体去向。后来，在一个偶然的机会又找回了书稿。从 1972 年起再次进行修改，虽适逢评法批儒运动，胡先生坚持原则不作违心之论，并抓住各种机会，增补史料，完善体系。终于在 1978 年前后完成了书稿的撰写。在改革开放的 1979 年 7 月，《中国封建社会形态研究》由生活·读书·新

---

① 1961 年 6 月 5 日上海人民出版社人事科函载书名为《中国封建制经济形态简编》，胡先生 1961 年 4 月 11 日函抄件载书名为《中国封建形态论纲》，两者所说书名不同，此处按胡先生函的书名。

② 上海人民出版社人事科 1961 年 6 月 3 日函及抄件。现保存于河北师范大学档案馆。

知三联书店公开出版,第一次印刷50000册,很快销售一空。1982年10月,第二次印刷6500册①,传播十分广泛。多年的心血智慧转化为代表之作,也标志着胡先生坎坷岁月的结束,多彩年代的开始。

100多年来的中国,灾难危机与希望追求并存,剥削压迫与革命反抗相连,运动此伏彼起,领导角色轮番更替,中国共产党人信奉"斗争哲学",取得了开天辟地的成功。新中国成立了,时代与任务发生了根本性的转变,但"树欲静而风不止",革命运动的惯性依然存在,运动一场接着一场,未曾停息。胡先生与阎锡山的堂甥舅关系,使他在历次运动中处于年轻的老运动员位置,磨难、逆境在当时的确是在所难逃,这不是个别人的过错,而是时代造成的悲剧。直到党的十一届三中全会之后,以阶级斗争为纲转变为以现代化建设为中心,指导思想由"斗争哲学"转变为"发展哲学",胡先生的磨难、逆境也就结束了。人常说:挫折和苦难是财富,能锤炼人的意志,会使人获得生活的真谛,走向人生的辉煌。又说:磨难是最好的大学,前提是你必须不被击倒,然后才能发展自己。当你战胜了磨难,磨难成为你的财富;当磨难战胜了你,磨难成为你的耻辱。磨难给胡先生及其家庭带来了无数的灾难和焦虑。但对于胡先生的著作来说,则是因祸得福,歪打正着,正是一次又一次的挫折磨难,给了胡先生思考、修改、完善著作的时间,在胡先生一回又一回的修订中,锲而不舍,深思熟虑,求真求是,才逐渐接近了规律。毅力,是一个人成功的根基所在。胡先生在历次的磨难中,一波三折,磨炼了他的毅力;逆境挫折,丰富了他的人生阅历,形成了他勇于探索创新、执着追求真理而百折不挠的治学精神。支持着他无论社会环境多么恶劣,治学条件多么谫陋,都坚持信仰、献身学术,因而形成了"生命力强,不浇水,不施肥,也能活下去"的野生植物精神②。这种百折不挠的治学精神,不仅铸就了胡先生学术事业的辉煌,而且也是胡先生贡献给学术界的宝贵精神财富,将激励后人攀登学术研究的高峰。

---

① 《中国封建社会形态研究》,1979年7月第1版第1次印刷,标明印数00000—50000。1982年10月第1版北京第2次印刷,标明印数40001—46500。第2次印刷册数,比第一次都少了3500册,不合乎情理,当是第2次印数应当是50001起点,印刷到了56500册。

② 胡如雷:《抛引集》,河北教育出版社1993年版,第34页。

二 独具特色的史学理论创见

　　近代西方列强用大炮轰开了天朝闭关锁国的大门，随之潮水般涌来的，不仅有毒害中国人民的鸦片以及众多的商品，而且有近代先进的科学技术、思想文化、政治制度等，在古老的中国激起了强烈的震荡，传统的中国文化与西方文化相互冲突交融，在史学界也是如此。20世纪初，达尔文的进化论成为当时的流行思潮，梁启超等人举起进化论的旗帜，促进了中国传统史学向近代史学的转化。甲骨文、居延汉简、敦煌文书、明清档案等新史料的发现，加上欧洲文化的影响，王国维提出传世文献与出土文献相互印证的二重证据法，被史学界奉为圭臬。陈寅恪不但以诗证史，而且力求发现决定历史发展的关键因素，探求历史发展的规律，影响深远。20世纪二三十年代，马克思主义史学在中国诞生，李大钊的《史学要论》、郭沫若的《中国古代社会研究》等奠定了中国马克思主义史学的基础，范文澜、吕振羽、翦伯赞等为中国马克思主义史学的建立做出了重要的贡献。

　　胡先生就是在读了翦伯赞的《历史哲学教程》之后，而选择历史研究专业的。新中国成立后，马克思主义史学成为中国史学界的主流，唯物史观成为史学界的基本指导思想。20世纪五六十年代又掀起了从国外引进史学理论的高潮。如果说20世纪二三十年代从国外引进的史学著作，以翻译英、法、德、日、苏等国的史学著作较多，影响了新实证主义派和马克思主义史学家，那么20世纪五六十年代引进的史学理论，则以翻译苏联、英国等国的史学著作为主，以马列主义为指导的史学著作为主。无论引进什么史学理论，只有与中国国情相结合，才能形成影响。胡先生对于当时引进的史学著作是十分注意的，这从他收藏的较为系统的《史学译丛》等刊物和著述的引用书目中，可以看得很清楚。胡先生学习马克思主义理论的积极性很高，坚持不懈，天长日久，奠定了他深厚的理论基础。

　　同时，中国著名经济学家和教育家、首译《资本论》的王亚南在清华大学讲政治经济学课，"他不但一章一节、按部就班地讲授，而且每讲完一个阶段都要告诉学生马克思为什么这样安排章节顺序，讲清楚马克思主义政治经济学体系建立的方法论"。在解答疑难问题时，"他不但指出正确的答案是什么，这些问题错误在哪里，而且最后还要指明，提问者所以产生这样的疑问，在思想方法上犯了什么错误"①。给胡先生留下了深刻的印象。同时，王亚南的政治经济学著作《中国地主经济封建制度论纲》《中国官僚政治研究》《中国经济原论》②等，给胡先生以深刻的影响。在王亚南的启迪下，胡先生"萌动了研究中国封建社会形态的念头"③，要在王亚南成果基础上继续发展，进行更为深入系统和详细全面的研究。胡先生选择中国封建社会形态作为自己的研究对象，也得到了王亚南等人的支持鼓励④，从此开始了在史学理论领域内的跋涉探索。

1956年9月13日，胡先生在《光明日报》发表《试论中国封建社会的土地所有制形式》一文，对侯外庐关于中国封建土地所有制占支配地位的是"皇族土地所有制"的观点进行商榷，提出中国封建土地所有制包括国家土地所有制及地主土地所有制，而占支配地位的却是地主土地

---

① 《抛引集》，第242页。
② 《中国经济原论》，中国经济科学出版社1946年版，又由上海生活书店1948年、生活·读书·新知三联书店1950年出版。后改为《中国半封建半殖民地经济形态研究》，人民出版社1957年版，并多次印刷。
③ 《抛引集》，第243页。胡先生在回忆录《坎坷的遭遇 多彩的暮年》中谈到《中国封建社会形态研究》时说："我的这部书是学习参照马克思研究资本主义社会和写作《资本论》的方法研究漫长的中国封建社会的。此项工作从1959年就开始了。"（《文史精华》1993年第3期）胡先生晚年对胡宝国说：听王亚南讲政治经济学时，"当时我就想，马克思写了一部《资本论》，我以后要写一部《地租论》"。（胡宝国《父亲的书》，《书城》2006年第5期）实际上，1959年是《中国封建社会形态论纲》完成的时间，据上述所引用话和1961年6月5日上海人民出版社人事科致河北北京师范学院人事处函来看，开始当比1959年更早些。
④ 胡先生在《历史研究》1962年第1期上发表了《关于中国封建社会形态的一些特点》后，王亚南来京开会，特意约胡先生到北京饭店谈话，鼓励他在这方面继续工作。胡先生在《中国封建社会形态研究》序言里只是说："很多师友不断对我进行鼓励。"以后的多年里，他总是为此感到遗憾，多次表示，如果以后再版的话，一定要专门讲讲王先生对自己的影响。有趣的是，他虽然在书中没有提到王亚南先生的名字，但日本学者却发现了这一点，菊池英夫明确指出，"不论在书名上还是在手法上，这本书都可以说是一部真正继承王亚南先生的工作，追溯前近代史的著作"。道出了胡先生《中国封建社会形态研究》的奥妙，胡先生听到这个说法很高兴。见胡宝国《父亲的书》，《书城》2006年第6期。

所有制的观点。观点虽不完善,却成为中国封建土地所有制形式问题讨论的一家之言,由此而奠定了胡先生关于中国封建社会形态研究的理论基石。1959 年冬,撰成的《中国封建社会形态论纲》,是第一次对中国封建社会形态的系统论述,虽夭折了,但整个结构的雏形因此而确立。1962 年,在《历史研究》上发表的《关于中国封建社会形态的一些特点》一文,是一个完整的要点提纲。1965 年,完成的《中国封建社会形态研究》初稿,则标志着整个理论体系已经构成。1972 年,开始的修订,一方面补充了一些新发现的材料,如《文物》1973 年第 10 期发表的《吐鲁番阿斯塔那左憧熹墓出土的几件唐代文书》,1974 年第 7 期发表的《湖北江陵凤凰山十号汉墓简牍考释》等。一方面也吸收了学术界一些新的研究成果,如《历史研究》1978 年第 4 期发表的《明清以来工商业行会》等。1979 年 7 月,由生活·读书·新知三联书店出版的《中国封建社会形态研究》,是胡先生二十多年来在史学理论领域辛勤探索研究的结晶。

《中国封建社会形态研究》一书,独辟蹊径,纵横结合,以政治经济学与历史学相融合的体系,以五篇二十一章的篇幅,论述了封建土地所有制,地租、剥削形式与农民的经济地位,自然经济与商品经济,农业经济的再生产与周期性经济危机,中国封建社会史的分期等问题,从而揭示出中国封建社会的基本经济规律,构筑了一个较为完整而严密的中国封建社会政治经济学的理论体系,对丰富马克思主义史学理论做出了贡献。

胡先生以深厚的马克思主义理论修养,以西欧封建社会历史为参照物,力图在广泛占有资料的基础上,归纳出中国封建社会固有的而不是臆造的或从外国移植过来的客观规律。注意把中国与西欧封建社会进行具体的实事求是的比较,从而指明中国封建社会所特有的民族特点及其形成的特定条件。全书立论精到,创见迭出。地主土地所有制占主导地位是全书理论基础所在。他认为:地主土地所有制"是中国封建社会的主要基础,不论在任何历史阶段,都在全部土地关系中占支配地位。它既决定了中国封建社会的面貌,又对其他土地所有制起主导的制约作用。离开了这个经济基础,就失去了理解中国封建社会形态的最主要的根据和凭借"①。在地主土地所有制占主导地位的情况下,形成了土地买卖与土地兼并等中国封建社会土地制度的根本特点,由此派生出其他很多社会经济特色。关于中央集权形成的原因,众说纷纭。胡先生认为:"中国封建社会从始到终采用中央集权制的根本原因是地主土地所有制和租佃制的特点。……地主对土地的占有是不固定的,对佃农的占有也不稳定,地主本身不能亲自掌握行政权、司法权和军事权。这些权力从土地所有权游离出来以后,必须归专门的官吏掌握,于是在地主经济之外,驾乎整个社会之上,就形成了一套完整而复杂的官僚机构,这种机构体现在地方政权上,就是历代流行的郡县制,也就是贯彻中央集权精神的关键所在。"②诸如此类的创见不胜枚举。最后,胡先生把中国封建社会形态的基本经济规律表述为:"用主要通过买卖方式兼并土地的办法,用剥削依附佃农的办法,来保证地主占有地租和满足其经常增长的寄生性消费。"③

《中国封建社会形态研究》,以恢宏的气魄,运用马克思剖析资本主义的方法,以土地所有制为钥匙,从纵横两个方面对中国封建社会进行全面剖析,融会中西,贯通古今,体系严谨,从而揭示出了中国封建社会的基本经济规律,构筑了一个较为完整的中国封建社会政治经济学的理论体系,对丰富马克思主义史学理论做出了贡献。出版后,在国内外学术界获得极高评价④,被誉为独具特色、富有开创意义的"中国封建社会政治经济学",成为不少大学历史系中国古代史专业学生的必读参考书。昭和五十七年(1982)日本唐代史研究会所编《中国历史学界动向》第十二章载菊池英夫《中国封建社会理论的新进展——胡如雷先生新著评介》,从在研究史上所处的地位、胡如雷先生新著的出发点、构想和理论等方面,以超过全书十分之一的篇幅介绍了《中国封建社会形态研

---

① 胡如雷:《中国封建社会形态研究》,生活·读书·新知三联书店1979年版,第43页。
② 《中国封建社会形态研究》,第151—152页。
③ 同上书,第422—423页。
④ 书评有:田居俭《独辟蹊径,大醇小疵——评介胡如雷〈中国封建社会形态研究〉》,《历史研究》1980年第4期;童超《读〈中国封建社会形态研究〉》,《光明日报》1980年10月21日。介绍性文章,笔者目前看到至少有8种之多。

究》。认为：近代以来中国史研究中缺乏"一个贯通中国史的总括性的理论框架，哪怕是粗线条的也好"；王亚南《中国半封建半殖民地经济形态研究》"这部著作在简明之中贯穿着一条粗大的逻辑主线，有一种将普遍的经济理论彻底中国化的姿态"，而《中国封建社会形态研究》"不论在书名上还是在手法上，这本书都可以说是一部真正继承王亚南先生的著作，追溯前近代史的著作"，"这部著作具有综合的体系性和整合性，在从基础概念出发构筑起完整的理论方面，可谓是一部出色之著"①。1985年，鲁凡之《中国文化发展形态与"亚细亚生产方式"》在《中国史学界近三十年来关于传统土地所有制的争论》中用九页的篇幅介绍了胡先生的主要观点，认为："胡如雷的基本观点，要比王亚南、李亚农再进了一步，并将束世澂等的意见兼收并蓄，从而就'传统中国生产方式'（'亚细亚生产方式'）、'中国发展模式'问题，提出了极有价值的综合性、系统性的理论发展。"② 1987年谷风出版社在台湾发行繁体字本，称为"兼容了史学、政治经济学的特长；而又出入中西（西欧），免去闭门造车之憾"。"在此一研究领域中，别开新局之作。"《中国封建社会形态研究》成为胡先生史学理论、学术成就的代表作。

当然，以现在的眼光来看，《中国封建社会形态研究》难免留有那个时代的痕迹，如封建社会的称谓内涵、历史发展单线论等，还有一些具体错误③，但是胡先生关于中国封建社会形态的理论概括和体系建构无疑具有独创性，其基本理论作为20世纪六七十年代为数不多的历史理论著

---

① ［日］菊池英夫：《中国封建社会理论的新进展——评介胡如雷先生新著》，《中国古史论丛》，河北教育出版社1995年版，第382页。
② 鲁凡之：《中国文化发展形态与"亚细亚生产方式"》，精英出版公司1983年版，第78—86页。
③ 《中国封建社会形态研究》第三章《地主土地所有制的特点》言："早在战国时期，我国就出现了土地买卖的记载。如中牟之人有'弃其田耘、卖田宅'者，赵括曾以国君所赐金帛'日视便利田宅可买者买之。'到商鞅变法时，则干脆肯定了'除井田，民得买卖'的合法性。"（第46页）这段话，时间前后有些颠倒。赵括买田宅在前260年，商鞅变法在前359年，不应当把赵括买田宅排在商鞅变法的前面。再则，"除井田，民得买卖"，是董仲舒的话，《睡虎地秦墓竹简》《张家山汉墓竹简》均证明当时实行授田制，土地还不能随便买卖。其三，"弃其田耘，卖宅圃"，放弃的是田耘，出卖的是住宅、园圃，不能说明是土地买卖的记载。这类具体错误，虽然不影响该书的整体价值，属于史料的时代局限而已，但也属于应当纠正的错误。

述，是经得起历史的考验，是马克思主义史学理论中国化过程中重要的阶段性成果。从学术史的角度来看，很多具有开创性的成果，在做出重要贡献的同时，也不可避免地存在着具体错误，甚至又有内在矛盾，是人类认识史上的一个里程碑，而不是终结真理认识的不可逾越的顶峰。如果其学术成就已经到了所谓完美无缺的程度，恐怕学术探讨真的就要终结了。认同者以胡先生的只言片语作为支持自己观点的根据，"你看，胡如雷都如此说"；批判者也以胡先生的言论作为靶子，以显示自己文章的创新价值，"你看，胡如雷都讲错了"。这些都从不同角度说明了胡先生《中国封建社会形态研究》的贡献和学术地位。

党的十一届三中全会以后，改革开放，解放思想，不仅出现了经济建设欣欣向荣、蓬勃向上的新局面，而且带来了学术界繁荣昌盛百花齐放的新格局，形成了20世纪八九十年代第三次引进国外史学理论、史学方法的高潮。这次引进的是系统论、信息论、控制论等自然科学方法及计量史学、心理史学、社会学等社会科学方法等。已步入老年的胡先生，以开放的心态、超越自我的探索精神，在史学理论研究领域做出了新贡献。

胡先生纵观中国史学的发展，提出了时代赋予历史学家中心使命的问题。指出："每一个历史时代，由于社会政治、经济制度的制约和史学发展规律的作用，客观上必然会向当时历史学家提出发展历史科学的中心任务。"① 如西汉司马迁的《史记》、唐朝杜佑的《通典》、宋朝郑樵的《通志》、明清之际顾炎武的《天下郡国利病书》等。作为现代史学家的中心使命，胡先生认为："自'五四'以来，史学阵地上的中心使命就是运用马克思主义的辩证唯物主义和历史唯物主义的基本理论研究历史，当今的史学工作者应当首先在这方面力争有所作为。"② 同时，他也反思了中国马克思主义史学家所犯的教条主义错误，如移植结论等。强调在坚持马克思主义的同时，要把西方学术思想和方法论中符合唯物主义精神的"合理内核"，"吸收到马克思主义理论体系中来，使辩证唯物主义

---

① 《抛引集》，第41页。
② 同上书，第43页。

和历史唯物主义更加丰富和完善"①。

胡先生阅读了大量翻译的西方文化人类学、社会学、民俗学、社会心理学等方面的著述。发表了《一个值得努力研究的重大史学课题——人类历史上的社会发展效益问题》的论文,指出:"在人类历史上,进行宏观考察时,也能够发现:有的时候,人们付出的代价并不很大,历史发展却比较顺畅;有的时候,人们付出了极大的代价,社会进步却极其有限,甚至毫无进展;有的时候,还出现过历史的暂时倒退。个人感到代价的大小与社会发展的多少快慢之间并不总是呈现正比例的函数关系,其间也存在一个效益问题。"② 并从多方面进行了论述,认为这是"为了今后的具体实践,为了创造历史而总结历史规律和具有规律性的历史经验,在某种意义上说,确实是一个新的重大课题"③。同时,还提出了对社会主义史德、史学危机等问题的看法。

胡先生把有关史学理论、史学方法论等方面的论文,编成《抛引集》,1993年8月由河北教育出版社出版。如果说《中国封建社会形态研究》是胡先生20世纪50年代至70年代史学理论研究的系统总结的话,那么《抛引集》则是胡先生30余年来尤其是20世纪七八十年代史学理论探讨的论文汇编。胡先生晚年计划撰写一部《历史认识论》的专著,已经起草了部分稿件,收集在《抛引集》中的一些文章也可能是《历史认识论》的有机构成部分。但是天不假年,胡先生没能完成《历史认识论》的撰写而撒手人寰,留下了无可弥补的遗憾。

20世纪中国史学家所面临的使命之一,就是如何处理中国传统学术与现代西学的关系,首先是西方学术的冲击,中国学者做出过激的反应,用学术的现代化或西方化来否定本民族学术传统。然后在民族的危机感和自信心的双重作用下,又出现呼吁学术的本土化的趋向④。胡先生执着追求真理,而又适逢20世纪五六十年代和八九十年代两次大规模地从国

---

① 《抛引集》,第209页。
② 同上书,第64—65页。
③ 同上书,第65页。
④ 张国刚:《陈寅恪、唐长孺、胡如雷与20世纪中国学术史》,《河北学刊》2005年第5期。

外引进史学理论，抓住机遇站在史学理论研究的前沿，勤奋学习，善于思考，勇于创新。以开放的胸怀，博采众长，独辟蹊径，提出了一系列独具特色的史学理论创见，构筑了中国封建社会政治经济学的理论体系，为中国史学理论的发展做出了重要贡献。可以说，时代造就了胡先生，胡先生也以其深厚的理论修养和卓越贡献，在中国史学理论发展史上写下了别具特色的一页。

三　隋唐史研究的贡献

胡先生以隋唐史研究为主要研究方向，取得了丰硕成果，有着杰出的贡献。从时间和研究重点来看，可分为两个时期。

一是20世纪50年代中期到60年代中期，十多年的时间里，这是胡先生在艰苦的条件下进行隋唐史研究的开拓时期，研究的重点是隋唐五代社会经济史。围绕着重点他发表了一系列的论文。在土地制度史领域，发表了《唐代均田制研究》《魏晋隋唐时期的封建土地所有制形式》等论文。在财政史研究领域，发表了《唐代租庸调制的作用及意义》《唐代两税法研究》等论文。在物价史研究领域，发表了《论唐代农产品与手工业品的比价及其变动》等论文。在部门经济史研究领域，发表了《唐代的飞钱》《唐代的田庄》等论文。对隋唐社会经济史领域的一系列重大经济问题进行了探讨，提出了自己的看法，在学术界产生了广泛的影响。对此，胡先生说："社会经济史是我最感兴趣的内容。我对农民战争的重视也正是在于它具有推动社会经济发展的作用。至于从总体上把握隋唐五代的历史脉络，则更离不开对经济史的思考。"[①] 基于此，在农民战争史研究领域，发表了《唐末农民战争的历史作用》等论文。注意从前后联系总体上把握隋唐五代社会变迁，发表了《唐宋之际中国封建社会的巨大变革》等论文。这一时期，也正是胡先生的代表作《中国封建社会形态研究》的撰写时期，往往是在隋唐时期发现新问题后，再向前追溯往后延伸从而归纳出规律性认识，因而与隋唐史研究相互促进相得益彰。

[①] 胡如雷：《隋唐五代社会经济史论稿》，中国社会科学出版社1996年版，第393页。

同时，也关注隋唐政治史的研究，发表了《论武周的社会基础》《略论"安史之乱"的性质》等论文。到 20 世纪 90 年代，胡先生把有关社会经济史研究的论文，汇编为《隋唐五代社会经济史论稿》，1996 年 12 月由中国社会科学出版社作为"唐研究基金会丛书"中的一种出版。

二是 20 世纪 70 年代末至 90 年代。近 20 年的时间，在改革开放学术昌盛的环境里，已经步入老年的胡先生，对隋唐史研究达到了炉火纯青的境界，这是胡先生隋唐史研究的收获时期。其研究的重点在隋唐政治史方面。先后于 1979 年 8 月和 1984 年 7 月由中华书局出版了《唐末农民战争》和《李世民传》两部别具特色的著作。围绕着隋唐政治史的重点，在政治历史人物研究领域，发表了《隋文帝评价》《略论李密》《论唐太宗》《魏征——千古流芳的谏臣和一代著名的史臣》等论文。在政治历史事件方面，发表了《周隋之际的"三方之乱"及其平定》《隋朝统一新探》《狄仁杰与"五王政变"》《唐代牛李党争研究》《关于唐代韩柳之争的几个问题》等论文。在政治体制研究领域，发表了《唐"开元之治"时期宰相政治探微》《论唐开元时期对地方吏治的重视与整饬》等论文。在宦官与政治方面，发表了《唐朝的宦官是商贾阶层在政治上的代表者吗？》等论文。同时，胡先生注意把文献史料与敦煌文书、吐鲁番文书等结合起来，继续研究隋唐社会经济史，发表了《两件敦煌出土的判牒文书所反映的社会经济状况》《〈唐天宝二年交河郡市估案〉中的物价史料》等论文。这些论文，有的是对家喻户晓的历史人物、事件，提出了令人耳目一新的观点。有的是对不为人所注意的问题，进行了深入探索。有的则是开拓了新的研究领域，填补了研究的空白。在 20 世纪 90 年代后期，胡先生把有关隋唐政治史的论文，汇编成《隋唐政治史论集》一书，由河北教育出版社 1997 年 6 月出版。

值得一提的是，胡先生为《中国大百科全书·中国历史》卷所撰写的"唐"条目，达六万余字，简明扼要地介绍了唐朝的政治、民族、科技文化、中外关系、唐末农民战争和唐朝的灭亡，可称为唐史纲要。中国大百科全书出版社 2011 年以《唐史》为书名，作为"中国大百科全书名家文库"的一种出版，中国盲文出版社 2015 年再次印行。

以上从纵的方面，回顾了胡先生隋唐史研究的历程及每个时期研究的重点所在，当我们从横的方面来看，则可以看到胡先生隋唐史研究的一些特点。

第一，胡先生隋唐史研究的重点和顺序是社会经济史、政治史。这与经济是基础，政治是经济的集中体现有着逻辑上的密切联系。研究历史的顺序，也应当是先研究社会经济史，再研究政治史，这样才会真正抓住历史变化的关键，而不是仅仅停留在浮层表面。同时，四十余年锲而不舍地在隋唐社会经济史、政治史领域内深入地挖掘研究，细致地开发，逐渐扩大成果，而不任意向其他领域发展，有利于形成完善的知识结构、敏锐地发现问题，从而形成学术优势和学术特色。在某种意义上讲，是胡先生以四十余年的时间，琢磨隋唐社会经济史和政治史的铁棒，终于磨出了别具特色的精巧玲珑之针。这是胡先生取得隋唐史研究成果的原因之一。

第二，断代史研究中具有通史意识。胡先生以隋唐史为主攻方向，并不把眼光仅仅局限于隋唐史一隅，而是站在中国历史发展的角度来看隋唐史，从前后的联系中来研究隋唐史，从而清楚地看到了隋唐五代史的地位和特色。如在《论隋唐五代在历史上的地位》一文中指出：在商品经济方面，"唐朝与魏晋南北朝相比，前者以商品经济的加强为时代特色，后者以自然经济的加强为时代特色，二者呈相反的色调；唐朝与宋朝相比，基本色调相同，只不过后一时期显得更加浓重而已。到明清时期，才迎来了另一个商品经济繁盛的新高潮，在这个高潮中资本主义萌芽问世了"[①]。从社会发展和演变角度看，"隋唐五代这三百多年正是中国封建社会由前期向后期过渡的时代。每一个大的历史阶段，都具有承前启后的性质，对前一个时期均有所因，也有所革。从隋朝建立到'安史之乱'，可以说是对魏晋南北朝以来的社会、政治、文化因多于革的阶段；'安史之乱'以后，发生了显著变化，可以说是革多于因的时代，这些变革为北宋所继承和改进，为整个中国封建社会的后期开了先河"[②]。隋唐五代的历史地位，在于"隋唐五代近四个世纪的历史，一方面结束

[①] 《隋唐五代社会经济史论稿》，第375页。
[②] 同上书，第386页。

了封建社会前期的历史，尤其是对魏晋以来的历史作了总结；另一方面又为中国封建社会后期的发展准备了多方面的条件"①。这种观察研究历史的方法，胡先生称为"瞻前顾后"，前后贯通，从而克服了断代史研究中隔断历史发展脉络的弊病，有助于抓住时代的特点，寻找历史演变的规律。也反映出胡先生视野开阔、气势恢宏的学术风格，这也是胡先生研究隋唐史而成为著名史学家的奥秘所在。②

第三，开拓进取，与时俱进。胡先生善于抓住别人不注意或未曾涉及的问题进行开拓研究。对于建立隋朝、结束南北朝对峙的隋文帝杨坚，一向研究者不多，胡先生撰写了《隋文帝评价》一文，肯定了隋文帝顺应历史发展的趋势，在历史上所起的进步作用。随后又撰写了《北周政局的演变与杨坚的以隋代周》《隋朝统一新探》等一系列论文，从而开拓出一个新的具有潜力的研究领域，推进了隋朝史的研究。胡先生所撰写的《隋唐之际的林士弘起义考释》等论文，是填补空白之作。

胡先生注意开拓新的研究领域，但并不抱残守缺，"不以人蔽己，不以己自蔽"③，不固执己见，不故步自封，而是与时俱进不断地超越自己，及时地修正自己的观点。胡先生在《论武周的社会基础》一文中，认为武则天是地主阶级新兴官僚集团的代表，打击的对象是大官僚贵族集团，其政治作为有进步性。从现象上看也是如此，这个观点被唐史学界很多人所认同。过了38年后，胡先生发表了《关于武则天研究中的几个问题》的论文，认为"武则天思想上存在的实际是一条实用主义原则，只要能为我所用，肯替她效犬马之劳，士族也好，庶族也好，贵

---

① 《隋唐五代社会经济史论稿》，第390页。
② 胡先生在《时代赋予历史学家的中心使命》中指出："运用马列主义研究历史的重要意义，就在于能够发现历史发展的规律。研究生物学如果只把眼光局限于一科一目，甚至一种植物或动物，那就永远也出现不了进化论。达尔文之所以成为达尔文，就因为他发现了生物进化的规律。如是研究历史仅仅局限于考证历史人物的生年、卒年和某些史籍的成书年代，那就必然陷于只见树木、不见森林的境地，永远也解决不了历史发展的规律性问题，正如同青蛙博士、蜻蜓院士永远也不能成为达尔文一样。"研究微观问题，要有宏观意识，要有开阔的视野，才有可能发现前人所未曾发现的问题，发现历史发展的奥秘，归纳出具有规律性的认识。
③ （清）戴震：《戴震集》上编文集卷九《答郑丈用牧书》，上海古籍出版社2009年版，第186页。

族官僚也好，平民百姓也好，都会受到奖拔和重用；她思想上根本没有一条对士族、显贵一律排摈的用人路线"①。其原因在于武则天"不是一个成熟的政治势力的代表，而是单枪匹马地依靠施展阴谋诡计突然地闯入了政治生活，登上了'二圣'的宝座。在此形势下，敌众我寡的力量对比状况必然迫使她要打击很多人，否则难以扫清她通往权力顶峰道路上的障碍。乃一方面，为了改变这种寡不敌众的不利状况，她必须网罗、培植自己的政治羽翼，因而破格用人，发展科举制度等政策应运而生。严格地讲，这种用人路线赤裸裸地带行浓厚的收买色彩。正是由于这两种原因，才形成了她代表庶族地主，中小地主阶层打击大官僚贵族或名门望族阶层的假象，从而蒙住了史学家的眼睛。这两点均来源于其实际需要。并非来源于她的阶级意识"②。政治家不一定都是某种宗教、主义的信徒，实用主义对他们更有用，因为他们的着眼点是夺取政权，谋求扩大或巩固其权势，凡是有利于此的思想、方法、人员、事件等，都会被拿来为其所用。这就比过去认识得更深刻、更接近于历史的真相。这种不囿于成说、不固守己见、与时俱进的精神，使胡先生成为在隋唐史研究领域勇于探索、富于创新的开拓者，从而获得了丰硕成果。

第四，别出心裁，自成一家。史学研究贵在独具慧眼，见微知著，从别人熟视无睹之处发现问题，一针破的，自成一家之言。研究隋末农民起义爆发的原因，往往强调徭役和兵役，胡先生探讨被人忽视的隋政权储粮于官的过头政策，分析了广建巨仓名廪的措施，指出："置仓聚谷不但是激化阶级矛盾的因素，名仓巨廪也成了起义农民夺取的大目标。"③另外，对于众说纷纭的问题，别出心裁，独树一帜。关于"安史之乱"的性质，有人认为是民族矛盾；有人认为是兼有民族矛盾与唐朝统治阶级内部矛盾的性质，以后者为主。胡先生运用列宁的理论，结合史实，从分析安禄山集团的政治身份、阶级地位和推行的政策入手，指出：

---

① 《隋唐政治史论集》，第266页。
② 同上书，第267页。
③ 《隋唐五代社会经济史论稿》，第199页。

"安禄山的起兵,既不包括反对民族压迫的政治目的,也不包括建立民族统治的政治目的,实际上,这是一次统治阶级内部争夺皇权的斗争。宋祁所谓'以臣反君',确实一语道破了'安史之乱'的性质。"① 思路清晰,视角新颖,给人以新的启迪。一般人讲一分为二、对立统一,或合二为一、两者整合为一,实际上更需要一分为三,找到联系对立、包容双方而又自成一体的本质特征,也就是该事物中所有正反因素综合而成的特征,胡先生对于安禄山集团性质的揭示,正是运用了一分为三的思维方式。

第五,尊重前贤,不囿成说。前贤的成果,是后人的起点,亦步亦趋地跟在前贤的后面,不敢越雷池半步,是不会有出息的。反之,不尊重前贤的劳动成果,狂妄自大老子天下第一,也是不可取的。不能踩着前人的脚步走,要登着巨人的肩膀上②。胡先生认为:"充分尊重前辈的史界权威,大胆解放自己的思想。轻率地否定、贬低前人的成就和轻易地妄自菲薄,都是错误的。每一个人的学术道路都应该是由自己走出来的,任何人都不应当模仿权威或跟在先辈的后面亦步亦趋。"③ 胡先生在隋唐史研究中,正确地处理尊重前人成果与批判继承与进一步发展的关系。如陈寅恪是成就卓著的史学大师,胡先生学习他"观察问题目光敏锐,往往能从常人所忽略的细微之处发现能说明重大现象的契机"和"治学严谨,每条史料都经过核诸书方始引用,无一字一句苟且"④ 的方法。认为陈寅恪是"超迈古人的,他不但细致入微地考辨史料和史实,而且由小见大,力求探讨魏晋到隋唐的历史发展的全局性问题"⑤。而对陈寅恪的成果既有继承又有发展。陈寅恪在《唐代政治史述论稿·政治革命及党派分野》中指出:玄武门是武德九年六月四日事变成败的关键,

---

① 《隋唐政治史论集》,第 376 页。
② 据说爱因斯坦的导师明科夫斯基领着爱因斯坦在大马路上走,用劲踩也留不下脚印,而在新铺水泥还未凝固的路上,一下子就留下了深刻的脚印,使爱因斯坦领悟了走新路的意义,说:"踩着别人脚步走路的人,永远不会留下自己的脚印。"胡先生也总是讲,一个新题目你说对了百分之五十,别人要在你的基础上向前走,费的功夫,要比你大得多才行。
③ 胡如雷:《怎样研究隋唐五代史》,《文史知识》1983 年第 7 期。
④ 《抛引集》,第 229 页。
⑤ 同上书,第 232 页。

因当时担任屯守之职的常何曾隶属李建成不以致疑,而唐太宗因之窃发。胡先生根据陈寅恪提供的《常何碑》资料线索,指出:常何只有一次跟从李建成作战,而多次在李世民麾下效力,奉李世民令追入长安布置在玄武门,李建成对此人怎能视为心腹而不加怀疑①。由此论证了李世民是玄武门之变的主动发难者,揭示出事变的真相。这样,既继承了陈寅恪引用《常何碑》的成果,又能弥补其不足。胡先生早年的有些文章是针对一些前贤的不足而撰写,如与马克思主义史学家五老之一的侯外庐商榷土地所有制,与宋史泰斗邓广铭探讨均田制,与史学大家陈寅恪讨论武则天社会基础等,体现了一种武松打虎不杀猪的气派和"弄斧到班门,下棋找高手"②的精神,登上了巨人的肩膀,树起了自己的旗帜。

第六,发挥优势,行守本业。历史是以人类社会为研究对象的学科,上下纵观几百万年,左右涉及社会的方方面面。随着社会的进步,分工的发展,史学研究也在不断分析中深入展开,又在不断综合中系统完善。清末的张之洞早就提出:"史学亦宜专精一种。览虽宜博,欲求精熟,则亦贵专攻,但能精熟一二种足矣。"③当代的社会,已经不允许学者无所不知、无所不能了,只能专攻某个领域,精熟于某个方面,形成学术优势,变成本业特长。同时,把各种知识、方法甚至一个学科群聚焦在这个本业领域,才有可能取得一点成就。胡先生学术重心、特长在政治、经济领域,他研究隋唐史,主要在政治史、经济史领域,而很少涉及其他领域。他撰写《唐末农民战争》,重点放在历史背景和意义与作用上,而对军事问题则没做过多的阐释。而诸葛计根据白天研究唐末农民战争史的遗著《唐末农民战争的战略问题》,结合自己的深入钻研,用很大力气写成的《唐末农民战争战略初探》,则主要在军事战略方面。对此,胡先生深有体会地说:"由于自己是从校门走向校门的书生,一生中从未经历过战争,个人毫无实战经验,因而在分析黄巢起义的战略问题时自必感到力不从心,尤其是不敢妄加发挥,写起来不顺手,写出后不满意。

---

① 胡如雷:《李世民传》,中华书局1984年版,第75页。
② 中国民主同盟中央委员会宣传部编:《华罗庚诗文选·在困难中更要发愤求进》,中国文史出版社1986年版,第288页。
③ 《张之洞全集》卷二七二《輶轩语一》,河北人民出版社1998年版,第9785页。

白天同志受过正规的军事训练，具有很高的军事理论修养，又长期在部队工作，具有丰富的实战经验。由这样的同志来研究唐末农民战争的战略问题，可以说是已经掌握了人体解剖的技术以后再来解剖猴体，自然是得心应手的事。这样，以拙著分析黄巢进军战略部分与诸葛计同志这部著作相比，就不免油然而生后来居上之感。作者用主要力量分析'流寇主义'问题，确实是抓住了要害；《初探》对起义涨潮、退潮时间农民起义的优缺点及其历史作用的分析，是相当精到的。"① 这是胡先生经过自己的治学实践，领悟到的道理，是学者治学应当注意的重要问题。要善于发挥自己的优势，坚守自己的本业，避免自己的短处。不熟悉的事情，需要下大功夫才能入门做好，如果没有天赋，而又下不了大功夫，最好不要去做。与其到处挖坑、浅尝辄止，不如挖好自己一口源泉旺盛的水井。因为很多事情，都不是无优势无特长的外行所能做好的，虽说是无知无畏、初生牛犊不怕虎，但是最终做好那件事情，还是需要转化成为那个行业的专家里手才行。

至于胡先生在隋唐史研究中的其他特点，如视野开阔，重点突出等，以及对隋唐史规律性的概括等，限于篇幅不再赘述，待将来有时间再撰写文章展开论述。

四　一元化与多样性相结合的史学方法

胡先生学术贡献的一个重要方面，就是史学方法的贡献。把史学方法系统地整理成书，近代当以梁启超的《中国历史研究法》为早，至今此类书仍大有市场。胡先生专门写文章谈治学经验，论史学方法，已是年近花甲之后。在不同的场合，对不同的人员讲述过史学方法的不同方面。重温这些论述，联系胡先生的治学经历，我认为胡先生的史学方法，可以概括为一元化与多样性相结合的方法。一元化，即坚持马克思主义的指导地位。多样性，即根据不同时期、不同课题，灵活地综合运用马克思主义的方法、乾嘉考据方法、从西方引进的社会科学与自然科学的

---

① 诸葛计：《唐末农民战争战略初探》，胡如雷序，天津人民出版社1985年版，第4—5页。

方法、瞻前顾后、左顾右盼等方法。

坚持马克思主义的指导地位，运用马克思主义的立场、观点、方法，研究中国历史，这是胡先生史学方法的特色。胡先生是在翦伯赞《历史哲学教程》的影响下而选择历史研究专业的。在清华大学读书时，又以《资本论》的首译者王亚南为师。受他们的影响，胡先生坚信马克思主义，自觉地学习马克思主义。在运用马克思主义研究历史方面，经历了从教条主义的寻章摘句、打语录仗到自觉地运用马克思主义的立场、观点和方法解决历史问题的转变。他认为经典著作中，"有的是具有普遍意义的结论，放之四海而皆准。对这一部分论点当然可以当作理论，加以广泛使用。有的是就某一具体史实所做的理论性概括，这样的结论就不能任意往别处硬套"①。同时，马克思主义理论是个与时俱进的理论体系②，前后有些观点并不相同，对于自己的文章有些修订，因此，即使撰写《卡尔·马克思的〈资本论〉》的杰维尔"尽量逐字逐句地用马克思的话来表达这些论点，那是不够的；把马克思的话同上下文割裂开来，就必然会造成误解或把很多东西弄得不大清楚"③。即使"逐字逐句地复述马克思的概括性的原理，而对这些原理的前提却只是一笔带过。结果把这些原理的意思往往给歪曲了"。"这些原理具有非常明确的界限，在杰维尔的著作中却带有绝对普遍的、因而是不正确的意义。"④"杰维尔在许多地方把马克思的个别论点绝对化了，而马克思提出这些论点时，只是把它们看作相对的，只有在一定的条件下和一定的范围内才是正确的。"⑤因此，胡先生读马列著作并不专门留意记诵其中的结论，而是处处注意马、恩、列对每一个问题进行研究的方法。然后看这种方法在解剖中国

---

① 《抛引集》，第161—162页。
② 邢贲思、林建公主编《革命领袖的与时俱进》第一章《与时俱进的马克思》、第二章《与时俱进的恩格斯》，四川人民出版社2002年版，第12—149页。上海社会科学院邓小平理论研究中心著《与时俱进的马克思主义》，上海社会科学院出版社2002年版，第1—29页。
③ 《马克思恩格斯全集》第36卷《致劳拉·拉法格》，人民出版社1975年版，第66—67页。
④ 《马克思恩格斯全集》第36卷《致卡尔·考茨基》，第83—84页。
⑤ 《马克思恩格斯全集》第39卷《致菲力浦·屠拉梯》，人民出版社1974年版，第79—80页。

封建社会的某些问题上能否适用。思想上每受到启发，就及时捕捉住，日积月累，掌握的方法、观点越来越多，逐渐形成了系统的看法。平时为了使自己的思路跟着经典作家走，经常读经典著作，在潜移默化中提高了理论修养。《中国封建社会形态研究》就是受《资本论》影响而建立起了中国封建社会政治经济学的理论体系。《唐末农民战争》也是学习恩格斯《德国农民战争》的方法所取得的成果，从而为中国农民战争史的研究开辟了一条新的思路。当改革开放后，有些人在坚持马克思主义指导原则上发生动摇时，胡先生发表了《运用马克思主义理论研究历史的点滴体会》等文章，大声疾呼坚持马克思主义的指导地位。认为："马克思主义无疑还是目前世界上最完整、最有权威性的理论体系，无论西方学术界创造出了多少'合理内核'，还没有一个可以与马克思主义相比的理论体系，更不用说有资格来代替这个体系了。"① 同时，"马克思主义从创建开始就是一个开放的理论体系，一贯不拒绝资产阶级学者所发现的真理，那怕是局部真理，并且把它们先后吸收到自己的理论体系中来"②，使辩证唯物主义和历史唯物主义更加丰富和完善。主张要发展马克思主义，认为："从事发展马克思主义基本理论的工作，既有需要，也有可能。"③ 因此，"不能设想等到新的经典作家诞生以后再发展马克思主义，应当承认现在是'人皆可以为尧舜'的时代，当今的工人运动领导者和理论工作者是完全可以做出一定贡献的"④。要改变在理论研究方面，一部分权威人士有发展权，一些理论工作者有注释权，而一般人仅有学习、领会的义务的局面。在真理面前人人平等，理论研究、学术探讨是天下的公器，而不是那一个人的专利品和家私物产。理论工作者人人有责任、义务，面对新问题层出不穷的社会现实，提炼出新的理论，为伟大的时代服务，丰富马列主义的宝库。实践产生、修正理论，又是理论最有权威的裁判员，究竟是谁发现了真理，不是取决于权势大小、名望高低，而是千百万人民群众社会实践的检验。

---

① 《抛引集》，第209页。
② 同上书，第7页。
③ 同上书，第8页。
④ 同上书，第2页。

正确对待和运用新方法研究中国历史，是胡先生不断超越自我的具体体现。面对20世纪八九十年代引进西方研究方法的现实，胡先生主张对三论（控制论、系统论、信息论）等方法，要"采取分析的态度，既不能简单地使用'拿来主义'的做法，也不应不分青红皂白地来一个盲目拒绝"。如果不把这些新的"合理内核"加以吸收和消化，就会使马克思主义显得落后于时代，甚至会使某些人产生马克思主义已经过时的错误看法。但是"在引进西方的'合理内核'时，不能冲淡和丢弃我们的特色；在强调保持和维护我们的特色时，也不能抱残守缺，拒绝吸收、采用资本主义世界的新方法中的合理因素"①。认为运用新方法研究历史的出路，是解决前人所未解决的问题，不是指使用新概念、新名词去证明人们早已了解的事物和道理，也就是新瓶必须装新酒才算解决问题。同时，主张放开眼界引进新方法研究新课题，不仅要引用自然科学的研究方法，而且要"引进血缘关系较近的相邻学科的方法，使用起来要更加方便和有效。据此，引进的目光应该首先投向人文科学和社会科学的领域"②。

胡先生不仅这样说，而且率先垂范。他撰写了《运用"角色"原理研究历史人物的设想》，并用"社会化"原理分析隋文帝佞佛的原因，在于隋文帝第一个社会化阶段是在寺院中同僧尼相处中度过的，所接触的是佛教经论而很少儒家经典，这对他崇奉佛教及"不悦儒术"有一定影响。还用心理史学的方法分析隋文帝的多疑寡信、过度沉猜问题。认为不应当单纯地从隋文帝先天的个人禀赋上寻找答案，应通过杨坚的个人经历加以解释。首先，一个以非常规手段夺取政权的集团和个人，往往对自身的统治是否巩固特别关注，即深恐别人也用同类手段夺走他的权位。其次，杨坚以不正当的手段、违反封建道德的方式，夺得了帝位，但他恐怕也自知难以掩尽天下人的耳目，必然认为对他不心服口服的人很多。最后，杨坚没有经历一般开国皇帝那样长期打天下的艰苦过程，

---

① 《抛引集》，第210页。
② 同上书，第213页。

不可能拥有像汉高祖等所拥有的经过锻炼和考验的班子①。这样不仅对杨坚的沉猜成性有了深刻全面的新解释，而且对理解其他历史人物和现象也有借鉴参考价值。

运用乾嘉考据的方法。胡先生以富于理论修养而著名，但并不拒绝运用乾嘉考据的方法。他认为："所谓'历史学'，是指研究人类社会的发展及其规律的学科。没有理论指导是不行的。""所谓乾嘉学派的治史，无非考证史籍的真伪及其记载是否属实，考证旧典的作者，成书年代及撰写背景，实际上就是考订旧史料，并认定其可信程度和史料价值。"两者的关系是"历史学和史料学的关系，运用辩证唯物主义、历史唯物主义的理论研究和继承乾嘉遗风考订史料的关系是相辅相成的，并不是相反相成的。""那种不考订记载，随意引用史料的学风是不可取的。因此，考证也是历史学家的基本功之一。"② 胡先生不仅这样论述，而且他还撰写了《"玄武门之变"有关史实考辨》等考证文章。在胡先生的很多论著中都可以看到他对史料的考订成果。

瞻前顾后、左顾右盼的方法，这是胡先生归纳的综合性史学方法。胡先生认为："按照辩证法的要求，不能隔断事物的发展，看不到变化，静止地看问题；不能孤立地看待事物，应当看到事物彼此之间的联系。遵循前一个原则，研究历史就应当瞻前顾后；遵循后一个原则，研究历史就应当左顾右盼。"③ 瞻前顾后、左顾右盼的方法，包含着丰富的辩证法思想内容，涵容了多种史学方法。

瞻前顾后的方法，其目的在于克服断代史研究中前不见古人、后不见来者，隔断了历史发展脉络的弊病。搞断代史研究的学者应当上挂下联，尽量扩大研究领域，拓宽学术视野。还可用分工协作的办法做到瞻前顾后。胡先生用这种方法撰写了《魏晋隋唐时期的封建土地所有制形式》《唐宋之际中国封建社会的巨大变革》等论文，上挂下联，道出了人所未曾道及的历史联系，揭示出历史发展的规律，给人以新的启迪。

---

① 《隋唐政治史论集》，第78—79页。
② 《抛引集》，第206—207页。
③ 同上书，第225页。

左顾右盼的方法，包括两方面的含义，一是说不能孤立地研究历史，要把中国史放到世界历史大背景下进行研究。二是说不能只搞社会史、政治史等，也要注意研究有关的学科。要把中国史放在世界历史这个大背景下进行研究，实际上是历史比较法，也就是将不同时间、空间条件下的历史现象进行对比，分析其异同，探讨历史共同规律和各自特点的方法。在进行中外历史比较时，胡先生认为：揭示中国封建社会形态的特点，必须以世界各国、各民族封建主义生产方式所共有的基本规律和特征为基础。首先，是要在广泛的范围内进行，不仅把中国封建社会要同西欧封建社会比较，而且还要同拜占庭、印度、日本、朝鲜等封建社会进行比较。其次，进行中外历史比较，还必须注意历史阶段的选择是否合适。最后，比较各民族、各国相应历史阶段的特点，还应当注意把握基本的事实和主要的趋势①。历史比较法古老而应用范围广泛，不仅可用于中外历史比较，还可用于中国历史上的不同时期及历史人物、典章制度等多方面多层次的比较。左顾右盼方法的另一个内容，是指进行跨学科研究和发挥边缘、交叉学科的杂交优势。历史学家决不能只用简单的叙述来撰写历史，而必须综合地、多方面地观察和认识历史。不仅把其他学科的方法吸收到历史研究领域中来，而且还要研究有关学科的历史，从而深化历史的认识。英国历史学家杰弗里·巴勒克拉夫说："历史学家应当满怀希望地利用这些研究技术带来的可能性，采取这种态度不仅理所当然而且也是有益的。历史学一直借鉴其他学科，正像其他学科也一直在借鉴历史学一样。没有任何理由可以说明历史学为什么不应当利用数学家、统计学家和社会科学家研制的和不断完善的武库。历史学和社会科学都不是自我封闭的体系。经验证明，许多使人最感兴趣和最有创造性的成就，大批出现在各个学科为自己划定的那些界线的边缘和交叉处。"② 胡先生的代表作《中国封建社会形态研究》，可以说是应用瞻前顾后、左顾右盼方法的典范之作。首先，贯通古今，以中国封建社

---

① 《中国封建社会形态研究·序言》，第2—4页。
② ［英］杰弗里·巴勒克拉夫：《当代史学主要趋势》，杨豫译，上海人民出版社1987年版，第141页。

会为研究对象，没有断代史隔断历史发展脉络之弊，并深入分析了各朝代的特点。其次，融合中西，以中国封建社会与西欧封建社会相比较而寻找出其特点。最后，以政治经济学体系与历史学相结合，发挥跨学科研究的优势。

元好问称："鸳鸯绣了从教看，莫把金针度与人。"① 显示出古代士大夫固闭自守的思想，带有教会了徒弟饿死师傅的担忧。胡先生在年近花甲之后撰文介绍论述史学方法，实有金针度人之意。一元化与多样性相结合的史学方法，是胡先生取得学术成就的金针，又是治学方法的总结。体现了胡先生在马克思主义指导下，以开放的胸怀、与时俱进的精神，博取西方学术方法和中国乾嘉考据方法之长于一炉，把创造性的理论思辨与实事求是的实证考据融于一体，根据不同的研究对象而采用不同的方法。学术研究贵在创新，好的方法是打开创新之门的钥匙，从这个角度讲胡先生一元化与多样性相结合的史学方法，是贡献给史学界的珍贵遗产，有着重要的指导和借鉴作用。②

20 世纪过去了，但"文章千古事，得失寸心知"③。作为 20 世纪 50 年代成长起来的史学家胡先生，无论是在坎坷的岁月，还是在多彩的暮年，视学术研究为生命的信念未移，献身历史研究事业的初衷不变。以百折不挠的治学精神、深厚的理论修养、扎实的史学功力、恢宏的大家气度、开阔的学术视野，在史学理论、隋唐史、史学方法等领域做出了卓越的贡献。他的很多论著，促进了史学研究的深入发展；他的许多观点，已被史学界认同；他的思路，给史学作者以新的启迪；他的成就，使他成为《中国大百科全书·中国历史》卷所收录的著名史学家之一。历史学家评论研究千秋青史，社会实践也检验历史学家的成果贡献。同时，"不但古人有历史局限性，地主阶级和资产阶级中的人物有历史局限

---

① 《元好问全集》卷一四《论诗三首》，山西人民出版社 1990 年版，第 428 页。
② 作为史学研究的方法，无所谓先进与落后之分，关键在于你是否掌握得熟练精到，操作得出神入化。具体到个人，不仅历史研究的问题是多样的，而且所使用的方法也是多元的。在选择一定的研究方法时，必须考虑具体的主客观条件之后进行选择，选择适于自己的方法，因为每个人的气质、兴趣、才能、基础、掌握资料程度与客观工作条件都不相同，或长于考证，或长于描述，或长于分析，或长于概括等，只有充分考虑自己的具体情况，才能找到适合的研究方法。
③ 《全唐诗（增订本）》卷二三〇，杜甫《偶题》，第 2509 页。

性，任何时代的人也都具有局限性，概莫能外"。"比前人有创新，比后人有不足，最幸运的人物也只能处于这样的历史地位。"① "无论哪一代人，他们所认识的真理都有相对性，虽然其中都有绝对真理的因素，但任何人也不能穷尽绝对真理。"② 无疑胡先生的学术贡献，既是时代的产物，也就带着时代的局限，也要接受社会实践的检验，同时也是留给历史学界的一份珍贵文化遗产，提高了后来学者研究的起点，作为后学有责任发扬光大，更有义务继承发展。

（原载《河北师范大学学报》2001年第1期，此次做了些增订）

---

① 《隋唐政治史论集》，第198页。
② 胡如雷：《怎样研究隋唐五代史》，《文史知识》1983年第7期。

读胡如雷先生关于敦煌判牒文书研究的随想

中国社会科学院历史研究所　黄正建

胡如雷先生是当代非常著名的历史学家，其视野的开阔、理论素养的厚重，在名家云集的当代史学界占有重要地位。特别是在社会经济领域的研究，成就最大。

最近拜读了胡先生《两件敦煌出土的判牒文书所反映的社会经济状况》一文①（以下简称为《判牒文书》），有些感想，不揣谫陋，说出来就教于各位专家。

敦煌文书是唐史研究的重要资料宝库。这在今日已是常识。但几十年前则未必，很多当时的隋唐史研究者没有去关注这批珍贵资料，致使他们的研究缺少了非常重要的一手资料的证据。

胡如雷先生则不是这样，他以敏锐的眼光看到了敦煌文书中蕴藏的重要价值，在看不到原件、看不到缩微胶卷、看不到图版的情况下，追踪最新录文，从中发现别人忽略的资料，于是有了上述这篇文章。

文章涉及的两件文书是 P. 3813 号《唐（七世纪后半?）判集》与 P. 2979 号《唐开元廿四年九月岐州郿县□勋牒判集》。文书的定名来自池田温先生的《中国古代籍帐研究》。其中前者后来被刘俊文错误定名为

---

① 原载《唐史论丛》第 2 辑（1987 年 1 月），后收入胡先生的论文集《隋唐五代社会经济史论稿》，中国社会科学出版社 1996 年版，第 1—24 页。本文所据即为后者。

《文明判集残卷》，影响直至今日。

胡先生的敏锐处在于：虽然这两件文书都是"判""牒"类文书，一般都从法制史或政治史的角度予以关注，而胡先生却看到了其中包含的丰富的社会经济资料，认为这些资料能补充传世文献的不足，对理解当时社会的实际情况、法令实施的效果等，具有不可替代的重要价值。

胡先生在介绍、分析这两件文书的资料时，选取了 11 个判、牒或曰 11 件典型事例，逐一进行录文考辨、词语解释、内容分析，将其中有价值的地方提示出来，所论直指要害，目的性极强，读后对理解这两件文书有极大的帮助。

从胡先生的分析中可以看出：他的分析站在马克思主义的阶级分析立场上，站在社会经济史的立场上，关注文书中涉及的身份地位、阶级矛盾、民族融合，将经济史分析与社会史分析结合起来，并兼顾法律执行现状，视野宏观，考证细致，文章虽然不长，却包含了十分丰富的内容。

例如以下一些论断，对于唐史研究来说，就是非常重要的。

1. 唐代像淘井一类劳动确实采取了雇佣方式（第 4 页）。

2. 虽然唐前期实行鼓励狭乡农民迁居宽乡的"乐迁"政策，但这种政策实行起来颇为困难，一方面是农民安土重迁，另一方面是官府也顾虑徙民对地方的骚扰（第 5 页）。后一种顾虑，史籍中较少提到。

3. 内迁长安的突厥族成员发生了严重的贫富分化，其中有的经商致富，成了富商（第 7 页）。这对了解内迁突厥族成员后来的发展十分重要。文章还提示说，从突厥人与粟特人比邻而居看，长安的少数族及蕃客可能多聚居一坊或数坊（第 7 页）。粟特人喜聚居，已为其他文书所证明，看来他们在长安，可能是与突厥人住在一处的。

4. 虽然从法令上看，各种徭役的征发都有明文规定，但民间执行情况不明。文书告诉我们，实际情况非常复杂，每次征发都会引起众人争议，一般里正做到处事公允是很不容易的事（第 13 页）。

5. 在府兵的兵役中，戍边重于番上；防丁最沉重的负担不是麦饭、横刀等，而是衣服。民间自助为府兵备衣，后来演变成对府兵亲邻的课敛，府兵制已经难以维持下去了（第 15 页）。

6. 唐代地方上存在"阖门尽为老吏"的世代为吏的家族。这些家族武断乡曲，为非作歹，即使官府也不放在眼里（第17页）。

7. 在逃避兵役徭役的人员中，有的是有"告身"的官吏。他们"寄田"在邻县，藏匿在别人家，纠集朋徒，殴打来追逃的里正。这些活生生的资料是史籍中所缺乏的（第18页）。

8. 户税在盛唐时期的地位和影响，不容忽视（第22页）。

这些论断，都是唐史研究中需要重视的重要论断。此外，文章还指出，P.2979号《牒判集》，实际是一份供人们学习写判、牒，即为供学习而将有关判、牒编集在一起的文书。这一认识，对理解该文书的性质十分重要，也是较早提出相关论断的文章之一①。

毋庸讳言，《牒判文书》一文也有明显的时代烙印，即对所看到的资料过多地进行了阶级分析，对统治者采取批判的立场，将所有矛盾冲突都视为阶级斗争。这在一定程度上限制了对当时社会状况进行符合实际的分析。

例如一个判例说隋末一家兄弟三人，分别当兵在甘州、西州、幽州，而老母在扬州，不能团聚，问如何处理。《牒判文书》分析说，这家"原贯扬州，肯定属于地主，所以在农民起义风起云涌之际被打得四散奔逃，幽州、甘州均非阶级斗争剧烈的地区，因而成了他们的藏身之处"（第10页）。这一分析似乎根据不足。何以知他们是地主，又何以知他们是被隋末农民战争打散的？而且，他们如果真是被打得四处逃散，也未必要去幽州、甘州，因为这两个地方在隋末其实并非好的藏身之处，而是战争的前线。何况他们是在那里当兵，而并非去躲藏或隐居的。

再如前述收留并隐藏逃来的、有告身的官员的一个豪强，纠合徒党殴打来追逃的里正一事，《牒判文书》分析道：这"反映课役与反课役的斗争远远超过了庶族地主同官府的斗争，也包括了劳动人民同官府的斗争……因此类似的事件中有一些肯定属于阶级斗争范畴。"（第18页）。

---

① 唐耕耦、陆宏基编著的《敦煌社会经济文献真迹释录》（全国图书馆文献缩微复制中心1990年版）仍将其收入"法律文书"类。刘俊文则未收入其《敦煌吐鲁番唐代法制文书考释》（中华书局1989年版）中。

类似的分析还有一些。这就是只要看到对征发徭役的反抗，就一定要在其中找到阶级斗争的性质。实际上，这就是横行乡里的豪强在聚众闹事，未必有阶级反抗的正义性。如果对任何现存秩序的反抗都视为正义的阶级斗争，社会就无法正常存在和发展。

　　胡先生其实在做这样的分析时，有时也有犹豫，即从理论要求上需要从阶级斗争的角度分析，但从事实上又很难这样定性。于是我们看到，在分析了州县征发徭役是"人间难务"，并认为"其中实际具有阶级斗争的内容"之后，又说："既然情况这样复杂，一般里正做到处事公允是很不容易的事"（第13页）；在上述一例中说：其中"有一些肯定属于阶级斗争范畴"，然后却又说：这种"关于聚众闹事、殴打里正，以逃避课役的记载"，"史料价值很高，反映了一些我们不易知道的社会现象"（第19页）。这样我们就看到，这些事件中的阶级斗争内容，都是想象出来的，是推测的，是没有实际内容的；而征发徭役的不易，以及殴打里正等现象则是明文写到的，是实际存在的。观点和史实出现了矛盾，于是才有了胡先生游移不定的不同说法。

　　其实P. 2979号文书的作者即鄘县县尉，屡屡说自己的县是"破县"，百姓很苦，徭役很重，并屡次向上申诉完不成上面交给的课税任务，实际是尽可能地为本县百姓说话，且对横行乡曲的豪强、无理闹事的胥吏予以严厉打击。这些正反映了唐代基层社会管理的一个重要侧面。对此如果仅用阶级斗争的理论进行分析，恐怕会流于教条化和表面化。

　　难能可贵的是，胡先生在文章中两次对自己以前的观点予以反思，体现了一个史学家的优秀品质。

　　其中一个反思，是他认为以前对"户税"在盛唐时的地位认定有误（第22页），此不多言；而另一处反思则与阶级分析有关。他说："农民和小地主因逃避课役而转化成逃户，在有势力的地主隐庇下同里正和州县斗争，看来这种斗争的性质是复杂的，既有阶级斗争的性质，也有统治阶级内部斗争的性质。我过去把逃户现象单纯地看作阶级斗争的低级形式，是过于简单化了。"（第21页）胡先生看到了逃户问题的复杂性，反思自己以往的认识过于简单化。这种对自己的直接批评，是一般人做不到的，也是让我们深为敬佩的。

总之，通过拜读《牒判文书》一文，不仅让我们知道了文书中蕴藏的丰富的社会经济史料，而且通过胡先生的分析，对这些史料的价值有了深刻认识。胡先生对文书资料的重视，以及他对问题性质的真切把握和分析问题的宏观视野，都值得我们认真学习。我们今天有比胡先生当年优越得多的阅读、利用敦煌文书的条件，我们应该学习胡先生对一手资料的重视，对新材料的重视，更加积极地运用敦煌文书提供给我们的珍贵资料，在史料上争取竭泽而渔。同时更重要的，是胡先生具备的深厚理论素养，是他在分析任何问题时自觉地运用所掌握的理论武器来从事分析，尽管他的分析有时可能偏于简单化，但这种重视理论，自觉运用理论来分析历史事实的做法是当今十分缺乏的，值得我们以及更年轻的史学工作者认真学习。这就是我拜读了胡先生这篇大作后得出的点滴感想。

中国古代的虚岁与周岁[1]

北京师范大学历史学院　张荣强

我们现在常用计算年龄的方法有两种：周岁是以出生时为零岁，每过一次公历生日增一岁；虚岁是出生当年为一岁，每过一个农历新年即我们通常说的春节就增加一岁。由于计龄方法不同，周岁与虚岁往往差一到两个年头[2]。在现行法律制度下，无论户籍档案还是官方文书中，理论上民众登录的都是周岁[3]；但在民间尤其是农村，虚岁使用的场合更为普遍。因此谈到中国人的年龄问题时，不仅外国人如堕雾里云里，中国

---

[1] 关于中国古代官方计算年龄的方式，笔者在《从"岁尽增年"到"岁初增年"——中国中古官方计龄方式的演变》（《历史研究》2015年第2期）一文有过讨论。考虑到今日的文献学界仍有人提"古人周岁纪年"的说法，故有必要对此问题做一集中性论述。

[2] 民国十九年（1930），教育部下令各级学校的学生年龄必须改成周岁，为此专门下发了一份《就旧历虚岁推算国历实足年龄用表》，其推算方法就是虚岁减去两岁，再根据推算时的阳历月份及被推算者的阴历生月，加上与之相对应的0—22个月，就是周岁。见《浙江省教育行政周刊》1930年第36期，第1页。

事实上，虚岁与周岁没有严格的对应关系；就同个人来说，在一年的不同时段里，其虚岁与周岁的对应关系是在不断变动的。春节前后出生的人在个别时段下，甚至会出现虚岁与周岁相同或者虚岁比周岁大3岁的现象。如2012年1月23日、2013年2月10日、2014年1月31日分别是阴历的春节，如果某人2012年1月23日出生，始虚岁即为一岁，至2013年1月23日时周岁为一岁，而这时还未到2013年的春节，虚岁仍为一岁。所以此人在2013年1月23日至2月9日这几天里，虚岁与周岁是相同的。同样，如果某人2013年2月9日出生，经过2013年春节（2月10日），到2014年春节（1月31日）时，按虚岁算，已经3岁了。但按照周岁，这时距他的第一个生日还差九天。则此人在2014年1月31日至2月9日这几天里，虚岁比周岁大3岁。

[3] 实际上，据《中国国家天文》记者的调查，现在有25%左右的人在身份证上写的是农历生日。《他们的生日怎么过》，《中国国家天文》2013年第2期。

人自己往往也大伤脑筋。①

现在的"周岁"以公历生日为增年标准,自然是近代公历传入中国之后的产物。但"周岁"这个词不是舶来品,至迟在南北朝时期就出现了。例如,《魏书》卷二十一《献文六王·北海王传》元详向孝文帝上疏中,就有"谨寻夺禄事条班已周岁"一语;同书卷五十九《刘昶传》记载刘辉与兰陵长公主离婚后,"公主在宫中周岁"云云。在唐代的诗词中,我们也可以见到"二周岁""三周岁""五周岁"此类的说法。当然,这些例子说的"周岁"是指纯粹的时间长度,即从一个时间点到来年同一时间点的天数,并不是用来指称年龄的。但我们知道,年龄本身也是一种时间标尺,既然古代已经开始用周岁度量时间,会不会在计算年龄时也采用以农历生日为增年标准的周岁方式呢?关于这个问题,清代的学者就开始有激烈的争论。如钱大昕②、俞樾③以贾逵所载孔子享年为例,认为古代有周岁计年的现象;但近人钱穆质疑钱大昕的说法,并举多例说明古人是以"相距之年"也就是我们说的虚岁计年④;吕思勉则折中两说,认为在上古时代流行周岁计年的现象,"历法通行后稍弃之,皆以相距之年计矣"⑤。现代学者如周国林、高敏等人也支持古人有周岁计年的说法。⑥

---

① 张培瑜专文讨论过今人计龄的问题,见《关于历史年代计数的规范化问题》,《历史研究》1991年第4期。根据百度搜索的结果,网上有成千上万个帖子在讨论诸如"周岁与虚岁的区别""周岁、虚岁怎么算"等问题。
② 陈文和、孙显军校点:《十驾斋养新录》卷2"绛县人七十三岁"条、"孔子生年月日"条,江苏古籍出版社2000年校点本,第37、43页。
③ (清)俞樾:《九九消夏录》卷9"孔子生年"条,中华书局1995年整理本,第94页。
④ 见钱穆《先秦诸子系年》卷1《孔子卒年考》,中华书局1985年版,第58—59页。
⑤ 《吕思勉读史札记》甲帙"先秦·古人周岁增年"条,上海古籍出版社1981年版,第226—269页。
⑥ 周国林:《古代记岁法略说》,《历史档案》1988年第4期;王佳伟:《古人年龄都是以虚岁算的?》,《阅读与写作》2011年第1期。一些治中国古代史尤其秦汉史的学者也认同当时有周岁计年的做法,如睡虎地秦墓竹简整理小组根据云梦秦简《编年记》"今元年,喜傅"的记载,指出"据简文,本年喜十七周岁"。参见睡虎地秦墓竹简整理小组《睡虎地秦墓竹简·编年记》,文物出版社1990年版,(释文·注释)第9页。而高敏、黄今言推测喜傅籍时的年龄是十五周岁。参见高敏《关于秦时服役者年龄问题的探讨——读〈云梦秦简〉札记》,收入《云梦秦简初探(增订本)》,河南人民出版社1981年版,第16—25页;黄今言:《秦代租赋徭役制度初探》,《秦汉史论丛》第1辑,陕西人民出版社1981年版,第61—82页。

归纳一下，主张古代存在周岁计年的学者所举例证主要有四，我们下面对此逐一做些分析。

1. 绛县人疑年的故事。钱大昕（1728—1804）《十驾斋养新录》卷2"绛县人七十三岁"条：

> 绛县人生于文公十一年，至襄公三十年，当为七十四年。而传称七十三年者，古人以周一岁为一年。绛县人生正月甲子朔，于周正为三月，至是年周正二月癸未，尚未及夏正月朔故也。①

"绛县老人"的典故出自《春秋左传·襄公三十年》。传称绛县人"不知纪年"，只知自己"生之岁，正月甲子朔，四百有四十五甲子矣，其季于今三之一"。师旷推算出他生于"鲁叔仲惠伯会郤成子于承匡之岁"即文公十一年（前616），时年七十三岁。我们注意到，绛县老人出生的日期比较特殊，他的生日是"正月甲子朔"即夏正的岁首。这样，周岁、虚岁的增年标准在同一天；但在计龄上，周岁因为不算出生的这一年，就比虚岁少一年。到鲁襄公三十年（前543）二月，表面上看已经过了岁首和绛县老人的生日；但当时行的是周正，三十年二月即夏正的二十九年十二月，实际上距岁首和绛县老人的生日还差几天。所以按照周岁算，绛县老人只有72岁；师旷说的73实际上正是虚岁即加上出生那一年的算法②。

---

① 《十驾斋养新录》卷2"绛县人七十三岁"条。
② 北周时期的数学家甄鸾对绛县老人的年龄做过详细的推算，《五经算术》卷下《推绛县老人生经四百四十五甲子法》（收入钱宝琮校点：《算经十书》，中华书局1963年校点本，第479页）记载其算法：

"四百四十五甲子，其季于今三之一"者，计四百四十五甲子有二万六千七百日。其季三之一者，谓不满四百四十五甲子。于未满一甲子六十日之中，三分取一，谓去四十，止留二十日也。是以注云三分六甲之一得甲子、甲戌尽癸未，谓止有四百四十四甲子，奇二十日，合二万六千六百六十……术曰：置积日二万六千六百六十，以四乘之，得十万六千六百四十日为实。又置周天三百六十五日四分日之一，以四乘之，内子一，得一千四百六十一，为一岁之日法。以除实，得七十二岁，余一千四百四十八，少十三分不满法。计四分为一日，更少三日，不终季年。算法，半法以上收成一，为七十三年。据多而言也。甄鸾用数学方法推算年龄，算出的只能是周岁；而其又以四舍五入法来弥合"七十二岁"和"七十三岁"的差异，更不合常识。

2. 孔子享年问题。钱大昕《十驾斋养新录》上条接着说：

> 仲尼生于襄廿一年，至哀十六年卒，亦是七十四年，而贾逵《注》云"七十三年"，正以未周岁故，与绛县人记年一例。

同书卷2《孔子生年月日》条又说："自襄廿一年至哀十六年实七十四岁，而贾云年'七十三'者，古人以周岁始增年也。"孔子的生年有两说，《春秋公羊传》《春秋穀梁传》谓生于襄公二十一年（前552），《史记·孔子世家》的记载晚一年。目前学术界更倾向于司马迁的说法①，谓孔子生于襄公二十二年（前551），则至哀公十六年（前479）卒，也正好是虚岁73。

3. 曹丕的年龄。魏文帝曹丕曾提到自己的早年经历，《魏志·文帝纪》注引曹丕《典论·自叙》说：建安二年（197），张绣反叛，"时余年十岁，乘马得脱"。徐绍桢《三国志质疑》卷2曰："据本纪，文帝生于中平四年冬，而张绣既降复反，事在建安二年春，上距中平四年已十一年，而《典论》自云十岁者，盖自中平四年之冬距至建安二年之冬，始实周十岁也。"②但张绣反叛的时间是在春季，没有到曹丕的十月生日，其说的十岁显然不是指的周岁。

4. 刘秀享年。《东观汉纪》卷1《光武帝纪》记载刘秀生于建平元年（前6）十二月甲子，建武中元二年（57）二月戊戌"崩于南宫前殿，在位三十三年，时年六十二"。根据刘秀的生、卒年推算，其享年应该是虚岁63。吕思勉怀疑史籍记载的62指的是周岁③。但刘秀死时差十个月才到生日，按周岁算应该是61，也不是62。

看来，以上四例都无法证实古代有周岁计年的做法。相反，根据我们对中国古代制度的了解，却可以得出否定的结论。一个明显的事实就

---

① 现在将孔子的生日定于公历9月28日，就是根据孔子生于襄公二十二年十月庚子推算出来的。但也有学者坚持孔子生于襄公二十一年的说法，见毕宝魁《孔子生年生日详考》，《辽宁大学学报》2011年第2期。

② 收入张舜徽编《二十五史三编》第4册，岳麓书社1994年版，第945页。

③ 见《吕思勉读史札记》甲帙"先秦·古人周岁增年"条。

是，从秦始皇十六年（前231）"令男子书年"，官府开始掌握民众年龄时起，到清朝宣统三年（1911）颁布《户籍法》之前，官府的户籍和档案只记载民众的生年或年龄，不记出生的月和日，①所以从制度上说，中国古代二千多年里官府不可能用周岁计年。

官方层面如此，民间习俗又怎样呢？使用周岁计年的前提是民众普遍有了生日的概念和重视生日的意识。古人大概很早就有重视自己出生日期的传统②，但并不意味着他们因此就有了生日的概念。我们知道，中国古代由于天文历法不发达，最早从商代开始使用的是干支纪日而非数字纪日。而干支纪日不利于产生生日的概念。这是因为：一方面，传统历法中一个历月有29天或30天，而一甲子却有60年，这就可能导致连续多年某月没有某个干支日期的情形（也就是说一个人可能会连续多年过不了生日）；另一方面，普通民众不掌握历法知识，而历年又有平、闰之别，民众即使知道自己出生当天的所有时间信息（年、月及干支日），也无法按照六十一周期的简单算法算出自己每年的生日。上举绛县老人的例子中，老人的生日就是岁首，他清楚自己经历的甲子数，却算不出自己的年龄，原因是他不知道何时过岁首也就是自己的生日。绛县老人忘了出生的年代，但还是记住了自己出生的月份；但我们知道，在用干支纪日的时代，民众对具体日期的记忆，更普遍的情况却是仅仅能选择性地记住这天的干支。清咸丰二年（1852）浙江余姚县出土的《三老碑》，碑文有云：

（1）三老讳通，字小父，庚午忌日。祖母失讳，字宗君，癸未忌日。

（2）掾讳忽，字子仪，建武十七年，岁在辛丑。四月五日辛卯忌日。母讳捐，字谒君，建武廿八年，岁在壬子，五月十日甲戌忌日。③

该碑是一个名叫邯的人所立，内容主要记其祖、父名字与忌日。就

---

① 侯旭东对此也有说明，见《秦汉六朝的生日记忆与生日称庆》，《中华文史论丛》2011年第4期。

② 屈原在《离骚》中说"摄提贞于孟陬兮，惟庚寅吾以降"，这大概是我们知道的古人有关自己出生日期的最早记载。

③ 此碑又名《三老讳字忌日记》，录文见高文《汉碑集释》，河南大学出版社1997年版，第1页。

碑文反映的问题，清人俞樾有一番详细的分析：

> 碑云："三老讳通，字小父，庚午忌日。祖母失讳，字宗君，癸未忌日。"但云庚午、癸未，不载年月，余始讥其疏略。既而思之，其于父既备载年月，何于祖父祖母，遂疏略如此？此必有故也。窃疑古人以干支纪日，不以初一、初二纪日。其家相传，三老于庚午日死，祖母于癸未日死，相传既久，忘其年月。民间不知历术，安能推知为某年某月某日乎？于是子孙遇庚午、癸未日，则以为忌日。盖古人忌日之制，本是如此。试以子卯疾日证之，子有二说，郑司农以为五行子卯相刑，此固不必问其何月也。贾逵云榦以乙卯日死，纣以甲子日亡，则有日无月，似不可通。乃郑康成、何劭公等翕然宗之，无异词者，盖援忌日之例，止论干支，不问为某月第几日。知纣以甲子亡，以《三统术》推之，为武王十一年二月五日，至次年二月五日，乃上年纣亡之日，在今人必以此为疾日矣，古人不然，二月五日不值甲子，即非疾日；而凡遇甲子，即为疾日。一年有六甲子，是有六疾日也。疾日、忌日，其例并同。①

干支纪日与数字纪日相比，前者有个明显的劣势，就是民众主要关注该日的干支，而过滤掉其他日期信息。忌日是这样，生日亦当如此。随着天文知识的发展，汉代的民众开始逐渐用数字纪日代替干支纪日②，这就为生日的产生提供了前提。到南北朝后期，受到佛诞故事的影响，民间出现了庆祝生日的现象③；唐代中期尤其是唐玄宗之后，朝野上下生日做寿的风气流行开来。按道理说，随着生日祝寿的流行，民间也应该出现生日增岁的观念。但事实上，唐宋以后的民众通常是将生日作为个人的节日，在这一天庆生祝贺，并没有把生日作为计年的标准。④ 即使在做寿

---

① 方霁点校：《春在堂随笔》卷7，江苏古籍出版社2000年点校本，第105—106页。
② 关于汉代何时行用数字纪日，学界有不同观点，早者认为是汉武帝时期，晚者认为是西汉末年、东汉初年。
③ 有关古人过生日的问题，古今学者已有充分的论述，最新研究成果见前揭侯旭东一文。
④ 今天在占据绝大多数人口的农村中仍是如此。

风气最盛的明清时期，学者们都否认当时社会上存在着生日增岁的习惯。如明末清初著名学者顾炎武就说，"今人以岁初之日而增年"。时代稍后的陈澧甚至专门讨论过生日祝寿和周岁计年的关系，其在《东塾集》卷4《与人论祝寿书》中说：

> 自唐以来，以生日祝寿，澧尝推其故，当由尔时人之纪年以生日为增一岁，故于是日行此礼。今人既不以生日增一岁，则此礼不必于生日行之。今京官多择日为亲寿者，不知起自何时？近者平定张穆为《亭林年谱》，考亭林之母六月二十六日生日，而称觞乃在五月朔，盖即生日不受贺之义。然则亭林固已择日为母寿矣。①

陈澧字兰甫，是清代中后期的著名学者。按照他的说法，清代的人没有生日计岁的习惯，甚至当时存在着择日祝寿的现象。这种说法也和顾炎武的说法相呼应。但是陈澧不清楚唐代为什么兴起生日做寿，怀疑是由当时生日计岁的做法导致的。我们知道，唐代中期之所以流行生日祝寿，主要是受了唐玄宗设立诞节的影响；从逻辑上说，生日计岁也只能是在民众有了生日祝寿的活动后出现的，不可能相反。事实上，唐代官方或民间的记载中也见不到生日计岁的做法。所以，同时代的文廷式对陈澧的说法提出质疑：

> 陈兰甫师《东塾文集与人论祝寿》一篇……云自唐以来以生日祝寿，澧推其故，当由尔时人之纪年以生日为增一岁，则恐未然也。《魏志·朱建平传》云夏侯威为兖州刺史，年四十九，十二月上旬得疾，念建平之言，自分必死。至下旬转差，垂以平复，三十日日昃，请纪纲大吏设酒，曰"吾所苦渐平，明日鸡鸣，年便五十，建平之戒，真必过矣"。疾动，夜半遂卒，是古人岁尽增年之证。白香山《七年元日对酒诗》云："众老忧添岁，余衰喜入春，年闻第七秩，屈指几多人。"元微之《除夜酬乐天》云："莫道明朝始添岁，今年

---

① 黄国声主编：《陈澧集［壹］》，上海古籍出版社2008年版，第158页。

春在岁前三"。是唐人亦以岁尽增年也。①

文廷式举的朱建平例子,见于《三国志》卷29《方技·朱建平传》。传称朱建平预言夏侯威四十九岁有劫,但如果能顺利度过这一年,就可以活到70岁;结果夏侯威死在了四十九岁最后一天(即十二月三十日的半夜),最终没能熬到50岁(即第二天元旦鸡鸣时分,相当于凌晨1—3点)。这是三国时期的例子。元稹、白居易的酬唱诗进一步表明,唐代后期的人也是以元日作为增年的标准。

看来,无论是生日祝寿开始流行的唐代,还是做寿风气大盛的明清时期,一般民众并没有因此转用生日增岁的做法。所以,1930年民国教育部下发的《就旧历虚岁推算国历实足年龄用表》中,开头第一句话就是"我国旧习,计算年岁,都用旧历,所以所说的年岁,都是虚的,不是实足的"②。

但是,我们如果就此提出中国古代根本不存在周岁计年的结论,也不合事实。与现代社会更重视为老人祝寿不同,古代生日的起源是和刚

---

① 《纯常子枝语》卷3,收入《续修四库全书》,上海古籍出版社2002年影印本,第1165册,第75页。
② 《浙江省教育行政周刊》1930年第36期,第1页。20世纪50年代,姜亮夫修订的《历代人物年里碑传综表》收录上古至1919年以来12000人,其在《订补历代人物年里碑传综表序例》中也指出,"碑传书年及生卒常例都用虚数,生的那年即算一岁"(见《历代人物年里碑传综表》,中华书局1959年版,第6页)。即使他举出的一些特例,如认为冯守信、何中立、吴隧、张瑶、赵芳、赵瑜、蒋陈锡、李汉臣、颜颐仲、阎丘观、吉台彻尔、钱肃范等12人享年与虚岁计年不合,怀疑这些人用的是"实岁"即周岁的说法,亦恐与事实不符。我们知道,包括行状、碑刻、正史等史料在内,在记载人物的生、卒及享年时往往互有出入;如果仅据其中的一、二条材料就认定这些人的年数不符,显然有失轻率。所以姜书出版后,许多学者做过订补工作,如:郑骞《宋人生卒考示例》(台北:华世出版社1977年版)、来新夏《〈历代人物年里碑传综表〉清人部分校记》(收入《结网录》,南开大学出版社1984年版,第209—226页)、陈鸿森《清代学者疑年考——姜亮夫〈历代人物年里碑传综表〉订讹》(《中华文史论丛》2007年第4期,第155—199页)。即如姜氏所举冯守信、何中立、吴隧、李汉臣以及颜颐仲这5个宋代人,昌彼德、王德毅等著《宋人传记数据索引》一书就综合了多种史料,得出:冯守信生于956年,卒于1021年,享年66;何中立生于1004年,卒于1057年,享年54;李汉臣生于1061年,卒于1101年,享年47(应为"41"之误);颜颐仲生于1188年,卒于1262年,享年75;吴隧生于1200年,卒于1264年,享年65的结论。这些人享年全部用的是虚岁。以上所列人物生、卒、享年,依次见于昌彼德、王德毅、程元敏、侯俊德:《宋人传记数据索引》,(台北)鼎文书局1984年版,第4册第2753页、第2册第1272页、第2册第1045页、第5册第4213页以及第2册第1128页。

满岁的小孩联系在一起的。根据颜之推《颜氏家训》卷2《风操》记载，南朝时民间已经有父母在小孩满岁时，举行"试儿"的风俗；①唐宋之际，这一风俗流行大江南北，俗称"试周"。②在此前后，民间就出现了称满岁的小孩为"周岁"的说法。这时的周岁大概还是特定的概念，但到明清时期我们发现了在"周岁"之前冠以一以上的数词来称呼不同年龄段的小孩的例子。如15世纪初刊印的《普济方》卷373《婴孩惊风门》提到乳麝丸的用量时，说"三周岁以下小儿一饼，一周岁下半之"③。明朝晚期用"周岁"的记载就多一些，如：邓原岳给门人舒孺立的信中写道"儿生已十二周岁，顽钝懒散，酷似其父"④。冯梦龙讲的《杨八老越国奇逢》故事，说杨八老入赘檗家，"二月檗氏怀孕，期年之后生下一个孩儿，……不觉住了三年，孩儿也两周岁了。"⑤清代有个明显例子，戴钧衡为其女儿撰写的墓志铭中，写道"女以道光二十年十二月除夕生，以二十八年二月五日卒，计年周七岁耳"⑥。

可以说，我们目前见到古籍中用"周岁"的场合指称的都是小孩。民间之所以出现儿童用周岁计龄的事例，我想，除了受"抓周"之类风俗的影响外，恐怕也和他们正处于快速生长阶段，虚岁难以反映其个体生理、心智水平的实际差异有关。随着年龄的增长，这种差异越来越小，人们就又回到用虚岁计龄的习惯上来了。现在的河北、河南等农村，人们称三四周岁以内的小孩也经常用周岁，过了这个年龄就不再说了。

如果对古人是否以周岁计年的问题做一个简短结论的话，就是在唐宋之前，无论官方还是民间都没有周岁计年的方式；唐宋之后尤其在明

---

① 王利器集解：《颜氏家训集解（增补本）》卷2《风操》，中华书局1993年版，第115页。
② 叶寘撰，孔凡礼点校：《爱日斋丛抄》卷1，中华书局2010年点校本，第25页。
③ 参见朱橚等编《普济方》，人民卫生出版社1958年版，第446页。但奇怪的是，《普济方》卷358—408记载的是小孩常见病症及药方，唯上引乳麝丸的用量时提到周岁，其他药方剂量注明的都是"两岁""三岁"等，未见"周岁"的提法。
④ 《西楼全集》卷18《尺牍及门人舒孺立编修》，明崇祯元年（1628）邓庆采刻本，第183页。
⑤ 《古今小说》卷18，人民文学出版社1958年标点本，第258页。
⑥ 《味经山馆文抄》卷4《女有圹志铭》，清咸丰三年（1853）刻本，第43页。

清时期，民间偶见周岁计年的现象指称的也都是小孩。

不过，随着中唐以后生日祝寿之风的兴起，民间在遵用岁首增年的同时，也出现了将生日视为新增一岁的迹象。如宋朝诗人苏辙在《壬辰生日儿侄诸孙有诗所言皆过记胸中所怀亦自作》中就说，"生日今朝是，匆匆又一年"①。一些文人也喜欢将生日称为"初度"，这个词不仅指生日，也兼具一岁之始的含义。但是受到民间习惯兼或官方制度的影响，当时社会上流行的做法仍是以虚岁而不是按生日计算年龄。如上引苏辙生日诗中有以生日增岁之意，但他在《除日二首》中又说"七十四年明日是"②。最典型的例子就是顾炎武。顾炎武生于明万历四十一年（1613），他在康熙元年（1662）生日时作有《五十初度时在昌平》一诗；但他前面又说"今人以岁初之日而增年"，他自己就不认为生日意味着增年，所以他的"五十初度"仍是按虚岁而非周岁算。③ 真正在户籍中采用周岁计年，已经是清末民初的事，④ 而这主要是借鉴了世界各国的做法，未必和民间习俗有太大关系。

---

① 曾枣庄、马德富校点：《栾城集·栾城第三集》卷3，上海古籍出版社2009年校点本，第1510页。

② 《栾城三集》，第1510页。

③ 马斗全指出，古人说的"初度"都是指虚岁，见《说"初度"》，《厦门晚报》2007年5月27日。

④ 宣统三年（1911）颁布的《户籍法》中，规定"其记（出生）年月日时及年岁之数目字须用一二十大写字样"，未明确说是记周岁；但民国四年（1915）八月二十日颁布的《警察厅户口调查规则》第十二条，规定了在编造户口清册时，要统计"年满六周岁至十三岁之学童"。相关户籍法规，参见张庆五辑《旧中国户籍法规史料》（清朝末期至中华民国），中国人民公安大学、包头市公安局编印，第6、109页。

汉魏北朝海河流域的自然环境[*]

中国人民大学历史学院　牛润珍

一　气候之推证

汉魏北朝海河流域的气候状况如何？古代史籍并无这方面的直接记录。然气候状况不明，则很难弄清楚海河流域的自然环境。因此，不得不借助于旁证资料、间接记录进行推证，以求其大概。气候直接影响着动植物的存活与生长、人类的生存与活动。气候的变化所造成的水、旱、霜、冻等灾害现象，不仅危害动、植物，造成物种变异，而且还危及人类社会，农业荒歉、饥馑、贫穷、掳掠、战争、人口流徙等大多由自然灾害引起。西汉以来，五德终始下的封建政治十分重视"天人之际"，将天象与气候的变化原因归结为人君治政的优劣，致使历史学家甚为注重天象变化与自然灾害的记录，这些记录不仅反映在正史的本纪、列传中，还大量地被保留在志内，尤其是《五行志》《灵征志》等，可谓是较有系统地记录。其次，自然经济下的农业耕种几乎完全依赖于天，庄稼的丰歉主要取决于是否风调雨顺、寒暑均衡。《尚书·尧典》曰："乃命羲和，钦若昊天，历象日月星辰，敬授人时。"又曰："咨汝羲及和，期三百有六旬有六日，以闰月定四时成岁，允厘百工，庶绩咸熙。"不违农时，根据寒暑季节的变化安排农事播种耕作与收获，积累了丰富的农事经验，

---

[*] 本成果受到中国人民大学"统筹推进世界一流大学和一流学科建设"专项经费的支持（项目批准号：15XNL003）。

西汉氾胜之据此撰《氾胜之书》，东汉崔寔写《四民月令》，北朝贾思勰著《齐民要术》，等等。这些农书也是推证海河流域气候的重要材料。再次，汉魏北朝大量诗赋流传至今，这些诗赋触景生情，咏槐吟柳，悲寒赋暑，等等，也反映了当时季节气候的变化情况，对于古代气候的研究同样具有重要价值。再次，古代地理书不仅记及地域地理、山川、水系等，也有关于海河流域气候气象材料的间接记录，诸如北魏郦道元《水经注》，唐李吉甫《元和郡县图志》等，还有大量原书散佚但有残篇断句被其他类书、杂著摘引而被后人所知的"地记""图经"，如东汉卢植《冀州风土记》、李恂《幽州山川屯田聚落》、三国魏卢毓《冀州论》、何晏《冀州论》、西晋裴秀《冀州记》、荀绰《冀州记》、张曜《中山记》、北齐李公绪《赵记》等。隋唐二代，规定州县三年一造图经，《冀州图经》《幽州图经》《上谷郡图经》《固安图经》等，还有李吉甫《河北险要图》、佚氏《魏博相卫贝澶六州图》等，也都有一些值得重视的信息。此外，碑刻文物与考古资料，如北齐《西门豹祠堂碑》《高叡定国寺碑》等，由碑刻所叙史事，亦能推证其周围自然环境及气候之状况；文集、杂著中也有一些相关的材料，但泛漫零落，隐约不彰，求之犹如大海捞针。正史、农书、诗赋、地理书、碑刻文物、文集杂著等文献所保存的相关材料，虽非气候之专门记录，但能从侧面反映出汉魏六朝海河流域气候的点滴情况。欲究明整个流域气候波动变化的大体情状，须按时代先后，逐条排比相关资料，分析、开掘，以揭明史实。

已有的研究成果并无专就汉魏六朝海河流域之气候进行研究，多是在一个较大的地域范围和一个相当长的时段内，考察气候的变化，对海河流域有所涉及。如竺可桢《中国近五千年来气候变迁的初步研究》（刊《考古学报》1972年第1期），邹逸麟主编《黄淮海平原历史地理》（安徽教育出版社1997年版）等。这些论著根据古代史书、农书"物候"资料，对历史上气候的变化做了大体的论证。《黄淮海平原历史地理》第一章论述了仰韶时期至清末之历史气候变化，其变化轨迹大致为：仰韶温暖期—西周至西汉降温期—魏晋至五代寒冷期—北宋至元中叶温暖期—元后期至清末寒冷期。仰韶温暖期，"黄淮海平原植被类型要比现代具有更多的南方成分……当时气候要比现代更温暖和湿润。""仰韶温暖期亚热带北界最北迁移至京津地区附近，但大部分时期，北界仅停留在山东丘陵这一带。""距今 5000 年左右，黄淮海平原有气候波动，形成一个低温事件。""在公元前 14 至 11 世纪时，黄淮海平原中部的气候区比今天更温暖。如以犀牛和象的成群活动作为亚热带北界的标志，则当时亚热带北界至少在安阳一线。"根据是"殷墟出土的动物群中，属于亚热带成分的动物是安阳及附近地区的原产"。"在仰韶温暖期整个黄淮海平原降水量要比现在多，整个平原显示出比较湿润的景象，湖泊扩大，生活在浅水环境中的水蕨等水生物可分布到平原的北部地区。但黄淮海平原在淮河以北地区仍维持着春旱夏雨的降水年分配格局，每年雨水变化颇大，降水主要集中在夏季，而春季缺水，易形成农业上的干旱。"西周至两汉降温期，西周寒冷气候是全新世温暖气候结束后的第一个寒冷时段，气候变化最主要的特点是动物界的南迁，犀牛和野象成群活动退出黄河流域。"西周的寒冷气候对黄淮海平原一万年以来气候变化来说是一个非常重要的标志，标志着全新世中期温暖气候的终结。以后气候回暖再也没有达到仰韶温暖期的水平。目前气候要素的基本特征，以及与此相关的动植物分布特征都是在这次寒冷变化以后逐渐形成的。"气候由暖变冷，距今 3000 年是一个明显的分界线。"西周至两汉期间，黄淮海平原气候的基本特征是温度不断地下降，当然这种降温的特征是随着气候本身的波动而体现的。""从大的尺度来看，这个时期有二次寒冷与二次温暖的交替。"西周寒冷气候到了春秋时逐渐变暖，形成春秋时期的温暖气候，而且比现代温暖。战国时，气候向寒冷方向波动，又出现战国至西汉初期的寒冷气候。西汉中叶，气候再次回暖，直到东汉末，又构成一个温暖期。"东汉后期的气候与现代相差很少，亦是处在相对温暖的时期。"魏晋至五代时期黄淮海平原气候的基本特征是寒冷，第一个寒冷低值时期出现在 3 世纪 70 年代至 4 世纪的第一个 10 年，时间长约 40 年。第二个寒冷时期至少在北魏初年已有迹象，寒冷过程大致延续到 6 世纪 20 年代。此后黄淮海平原气候略为偏暖，直到唐中叶。唐天宝以后，黄淮海平原转入新的寒冷阶段。五代至北宋之际黄淮海平原气候又向温暖方向转变，形成北宋至元中叶温暖期，元后期至清末又进入寒冷期。这些已有的研究成果对于考察 3—6 世纪海河流域的气候变化很有启发，不仅在思路和方法上为推证历史气候开启了门径，而且也为认识3—6世纪海河流域气候的变化在宏观把握方面提供了方便。重新检核汉魏晋南北朝史料，从史料引出的结论尽管在某些方面与现有的成果不完全吻合，然已有成果的参考价值仍是不容低估的。

自新莽始建国三年（公元11），"河决魏郡"①，即由"濮阳西北之长寿津决而东去"②，至东汉明帝永平十二年（公元69）王景率数十万士卒修治河堤，于次年竣工，黄河安流，经濮阳、聊城、禹城、临邑等，在今利津附近入海。黄河东决安流，引起了河北平原水系的变化，即海河水系的形成。西汉以来，清河河道不断延伸，由邺东故大河到屯氏别河故渎，再到以后的黄河故道，在河北平原形成一条源远流长的大川。东汉建安年间即公元三世纪初，"曹操经略河北，南遏淇水入白沟，而白沟自菀口上伸至枋头，北凿平虏渠而清河下游自滹沱河下展至泒水。此前泒水已东展至泉州县东南今天津市与沽水合流，清即入泒，清泒合口以下亦号清河，所以《水经注·淇水篇》作清河东北过漂榆邑入于海，《沽水篇》作沽河东南至泉州县与清河合，东入于海。清河者，泒河尾也……此前北来的沽河与西来的泒水会合，而㶟水即《汉志》治水已在雍奴县境入沽，泒水已在中游汇合了易、滱等水，至是清河又汇合了漳水、滹沱河南来与泒、沽会合，沽、泒、清三河汇合了河北平原上大部分水道，包括近代所谓海河水系北运（沽）、永定（㶟）、大清（泒）、子牙（滹沱）、南运（清）五大河，毕会于泉州县东南即今天津市区，然后东流入海，海河水系宣告形成，时间是东汉建安十一年即公元206年"③。

水系的变化影响了海河流域的地理环境，过境水量减少，湿地面积萎缩，气候逐渐向干燥、炎热方面变化。东汉建安年间，夏季的炎热气候使人无法忍耐，这在曹丕、曹植、王粲、徐干、刘桢、阮瑀、陈琳等

---

① 《汉书·王莽传》。
② 谭其骧：《海河水系的形成与发展》，刊《历史地理》第4辑，上海人民出版社1986年版。
③ 同上。

人的诗文中有生动的描述。《初学记》卷3《夏》载："魏文帝《典论》曰：'大驾都许，使光禄大夫刘松北镇袁绍军，与绍子弟日共宴饮，常以三伏之际，昼夜酣饮，极醉，至于无知，云以避一时之暑，故河朔有避暑饮。'"河朔地区三伏天气，非常炎热，以至通过沉醉的方式避暑，经常沉醉对身体有害，古人当然也明白这样的道理，然酷暑难耐，所以才不得不选择这样的苦肉方法。

后汉繁钦撰《暑赋》曰："景暑方往，时惟六月，林钟纪度，祝融司节，大火飚光，炎风酷烈，沉阳腾射，滞暑散越，区寓郁烟，物焦人渴，煌煌野火，愤薄中原，翕翕盛热，蒸我层轩，温风湴涩，动静增烦"①。繁钦（？—218），字休伯，颍川（今河南许昌市东）人，以文才机辨，少得名于汝、颍。擅长于书记、诗赋。建安中，入邺，曹操用为丞相主簿，建安二十三年（208）卒于邺，其《暑赋》《槐树诗》等都是其邺下作品，其《暑赋》所描写炎热气候正是邺地夏季炎景。

对于邺及河北地区夏暑季节的炽热气候，建安诗赋中多有反映。曹植《大暑赋》曰："炎帝掌节，祝融司方。维扶桑之高燉，炽九日之重光"。陈琳《大暑赋》曰："土润溽以敲烝，时湴涩以溷浊。温风郁其彤彤，譬炎火之陶烛。"② 王粲在邺也作有《槐赋》和《大暑赋》，描述了邺地酷暑。

酷暑难耐，曹操建造邺城时，筑冰井台藏冰以备夏暑，历后赵、东魏、北齐沿承不变。陆翙《邺中记》曰："石季龙于冰井台藏冰，三伏之日，以冰赐大臣"③。

曹丕、曹植与王粲等建安诸子尝在邺宫东阁避暑高会，留下许多诗作。太子丕作《戒盈赋序》曰："避暑东阁，延宾高会，酒酣作乐，怅然怀盈满之戒，乃作斯赋。"④《夏日诗》曰："夏日饶温（《诗乘》作清）和，避暑就清凉。比（《御览》作北）坐高阁下，延宾作名倡。弦歌随风厉，吐羽含征商。嘉肴重叠来，珍果在一傍。棋局纵横陈，博奕合双扬。

---

① （唐）徐坚等：《初学记》卷三《夏》，中华书局1962年版。
② 《初学记》卷三《夏》。
③ 引自《初学记》卷三《夏》。
④ 《艺文类聚》卷二三《鉴诫》。

巧拙更胜负，欢美乐人肠。从朝至日夕，安知夏节长。"① 王粲《公宴会诗》曰："昊天降丰泽，百卉挺葳蕤。凉风彻蒸暑，青云却炎晖。高会君子堂，并坐阴华榱。嘉肴充圆方，旨酒盈金罍。常闻诗人语，不醉且无归。"② 他们还曾在文昌殿前大槐树下消暑纳凉，赋诗颂槐。曹丕《槐赋》曰："文昌殿中槐树，盛暑之时，余数游其下，美而赋之。王粲直登贤门小阁外，亦有槐树，乃就使赋焉。有大邦之美树，惟令质之可佳。托灵根于丰壤，被日月之光华。周长廊而开趾，夹通门而骈罗。承文昌之邃宇，望迎风之曲阿。修干纷其灌错，绿叶萋而重阴。上幽蔼而云覆，下茎立而擢心。伊暮春之既替，即首夏之初期。鸿雁游而送节，凯风翔而迎时。天清和而温润，气恬淡以安志。违隆暑而适体，谁谓此之不怡。"曹植《槐赋》曰："凭文昌之华殿，森列峙乎端门，观朱榱以振条，据文陛而结根，扬沉阴以博覆，似明后之垂恩，在季春以初茂，践朱夏而乃繁，覆阳精之炎景，散流耀以增鲜。"③ 曹植还作有《娱宾赋》曰："感夏日之炎景兮，游曲观之清凉。"④ 曹丕《与吴质书》："浮甘瓜于清泉，沉朱李于寒冰。"⑤ 以此消暑降温。

炎热天气多出现在暑夏，持续时间有限，很难说明当时的全年气候比现代温暖。曹魏时，邺城铜爵园种植有桔树，曹植作《桔赋》，曰："播万里而遥植，列铜爵之园庭。背江州之暖气，处玄朔之肃清。邦换壤别，爰用丧生。处彼不凋，在此先零。朱实不凋，焉得素荣。惜寒暑之不均，嗟华实之永乖。仰凯风以倾叶，冀炎气之可怀。飚鸣条以流响，睎越鸟之来栖。夫灵德之所感，物无微而不和。神盖幽而易激，信天道之不讹。既萌根而弗干，谅结叶而不华。渐玄化而不变，非彰德于邦家。拊微条以叹息，哀草本之难化。"⑥ 从铜爵园桔树的生长情况看，海河流域夏季炎热，冬天寒冷，春秋温和的气候，并不适合桔树的栽培与生长，

---

① 逯钦立辑校：《先秦汉魏晋南北朝诗》上，中华书局1984年版，第404页。
② 《艺文类聚》卷三九《燕会》。
③ 《艺文类聚》卷八八《槐》。
④ 《初学记》卷一〇《王》。
⑤ 《初学记》卷三《夏》。
⑥ 《初学记》卷二八《桔》。

桔树种植仅具观赏价值，无经济价值。

夏侯湛《大暑赋》："惟青春之谢兮，接朱明之季月，何太阳之赫曦，乃郁陶以兴热。于是大吕统律，祝融纪节，蒸泽外熙，太阴内闭，若乃三伏相仍，徂暑彤彤，上无纤云，下无微风。"但这样的炎热天气一般不会持续很长时间。傅咸作《感凉赋序》曰："盛夏月困于炎热，热甚不过旬日，而复自凉。"① 此也正是河北地区实际情形。

夏日炎热气候自汉魏至东魏北齐并没有多大变化，北齐李德林《夏日诗》曰："夏景多烦蒸，山水暂追凉。桐枝覆玉槛，荷叶满银塘。轻扇摇明月，珍簟拂流黄。壶盛仙客酒，瓶贮帝台浆。才人下铜雀，侍妓出明光。歌声越齐市，舞曲冠平阳。微风动罗带，薄汗染红妆。共欣陪宴赏，千秋乐未央。"② 描写邺宫中消夏避暑情景。

另据《晋书·慕容熙载记》：后燕慕容熙据辽西，都龙城，大兴土木，"凿曲光海、清凉池。夏季盛暑，士卒不得休息，暍死太半"。龙城不在海河流域，但这条史料可作旁证，以推测海河流域气候。然此条史料也许反映的是一个特殊年份，或许作者有夸大成分，以显慕容熙之不顾士卒生命。无论如何，均可说明当时的夏季炎热程度不会低于今日。

东汉以来，官吏士人通过"避暑饮"、诗会高阁、食用藏冰、浮甘瓜于清泉、沉朱李于寒冰等各种解暑方式以度盛夏。盛夏三伏天气，气温高，空气湿度大，闷热烦躁，使人难以忍耐，逼使人们才想出各种各样的避暑方式，特别是"避暑饮"，利用麻醉身体，使无知觉，以躲过难耐的暑热，人除非到了无法忍受的地步，否则何至如此。而且人对于这种酷暑的忍受是有限的，气温超过人的体温，人就会感觉难受，如果到了特别难受以致无法忍受时，气温起码在 39 摄氏度以上，而且地表水、湿地较之今日为多为大，潮湿闷热亦必甚于今日。三伏酷暑是一年之中最为炎热的时节，推证古代气候宜求其气温最高时段作观察，然后再与今日作比较，寻其古今变化差异。

三伏之后，进入秋天，天气渐渐变凉。曹丕《感离赋》曰："秋风动

---

① 《初学记》卷三《夏》。
② 同上。

兮天气凉，居常不快兮中心伤。"① 曹植《秋思赋》曰："四时更王兮秋风悲，高云静兮露凝衣。"② 赋中所反映的秋天气候属于正常情况。

海河流域的秋天时间较短，冷暖变化较大，气候不稳定，这在史书中多有反映。《晋书·五行志》："咸宁三年（277）八月，平原、安平、上党、泰山四郡霜，害三豆。是月，河间等地，大风拔树，暴寒且冰，郡国五陨霜伤谷。"河间位于海河流域中东部，农历八月水结冰，这一现象十分罕见。寒冰当由大风侵袭，气温骤降而形成，属异常现象，此很难说明当时气候比今天冷，但可说明当时的气候变化很大。由于气温变化大，海河流域亦时有早霜现象发生。据《魏书·五行志》："太祖天赐五年（408）七月，冀州陨霜。""世祖太延元年（435）七月庚辰，大陨霜，杀草木。"这次陨霜的地理范围当在京师平城一带。"肃宗熙平元年（516）七月，河南、北十一州霜。"农历七、八月霜、冰，属于异常现象，不能证明魏晋地北朝时期海河流域的气温较今日偏低。

汉魏北朝海河流域既有早秋霜冻现象，也有"秋伏"和暖冬现象。刘向、班固以冬无冰及霜为不杀草之应。京房《易传》曰："夏暑杀人，冬则物华实。"《魏书·五行志》载秋冬"桃李花"现象，曰：

世祖真君五年（444）八月，华林园诸果尽花。
高祖延兴五年（475）八月，中山桃李花。
承明元年（476）九月，幽州民齐渊家杜树结实既成，一朝尽落，花叶复生，七日之中，蔚如春状。
世宗景明四年（503）十一月，齐州东清河郡桃李花。

农历八月以后，果实采摘，枝叶枯黄，这是正常的自然现象。只有气温升高，温暖湿润，才会出现"桃李花"现象，尤其是冬天出现"桃李花"，就更不正常了。至于幽州民齐渊家杜树二次开花，有可能是病虫害所致。

---

① 《艺文类聚》卷三〇《别下》。
② 《初学记》卷三《秋》。

暖冬时季，气温变化大，一旦出现寒冷与暖湿气流交侵，温度骤降，先雨后冰，附着于树木枝干的雨水冻结成凌，形成木冰现象。史书《五行志》也多有关于"木冰"的记载。如《隋书·五行志》，曰：

> 东魏武定四年（546）冬，天雨木冰。
> 后齐天保二年（551），雨木冰三日。
> 武平元年（570）冬，雨木冰；明年二月，又木冰。
> 六年、七年（575、576），频岁春冬木冰。

按照《洪范·五行传》的解释："阴之盛而凝滞也。木者少阳，贵臣象也。将有害，则阴气胁木，木先寒，故得雨而冰袭也。木冰一名介，介者，兵之象也。"用阴阳寒暑解释木冰的成因，还有几分道理，如果将木视为贵臣之象，木冰为大臣披戴介胄之兆，则毫无根据。

气候温暖潮湿则适合各种菌类生长。《隋书·五行志》"白眚白祥"条曰："齐河清元年（562）九月，沧州及长城之下，地多生毛，或白或黑，长四五寸，近白祥也。"这些黑、白毛当是菌一类的生物。另据《隋书·五行志》，太行山区的上党还有野生人参的发现。曰："（隋）高祖时，上党有人，宅后每夜有人呼声，求之不得。去宅一里所，但见人参一本，枝叶峻茂，因掘去之，其根五尺余，具体人状，呼声遂绝。"人参根长五尺余，当有数十年的生长过程。漳水上游的太行山地有野生人参生长，当属事实，而关于这株巨大野生参的发现，其故事情节当是附会编造的。人参生长宜潮湿，肥沃之地，上党山区发现人参，说明当时的气候环境较之今日湿润。

北齐邢邵《冬日伤志诗》曰："折花赠淇水，抚瑟望丛台。"淇水在邺南，冬日折花，抛入淇水，似为暖冬。

邢邵还撰有《酬魏收冬夜直史馆诗》，曰："况乃冬之夜，霜气有余酸。风音响北牖，月影度南端。"魏收撰《腊节诗》，云："凝寒迫清祀，有酒宴嘉平。"腊节即农历十二月初八，正处"大寒"节气，气候寒冷。邢邵、魏收诗所描写的冬夜及腊节气候当是冬日的正常情况。腊月是一年中最为寒冷的月份，与今天相比，并无二致。

春节之后，天气转暖。《三国志》卷1《武帝纪》："建安十年（205）春正月，攻谭，破之。"又曰："初讨谭时，民亡椎冰。"裴注曰："臣松之以为讨谭时，川渠水冻，使民椎冰以通船，民惮役而亡。"是时，袁谭守南皮（今河北南皮东北）地处清河东岸。春正月，天气转暖，利于出征，河水开始融解，椎之不会再很快结冰，方利漕运，昼夜气温当在摄氏零下5度至零上5度，属于正常情况偏暖。

关于春天的气候，曹丕、曹植等人于建安年间在邺城所作登台、登城之赋，也能反映大概情况。曹丕《登城赋》作于建安十七年春，言称："草木郁其相连。"《登城赋》曰："孟春之月，惟岁权舆。和风初畅，有穆其舒……平原博敞，中田辟除。嘉麦被垄，缘路带衢。流茎散叶，列绮相扶。水幡幡其长流，鱼裔裔而东驰。风飘飘而既臻，日掩暧而西移。"曹植《登台赋》曰："临漳水之长流兮，望果园之滋荣。仰春风之和穆兮，听百鸟之悲鸣。"北齐邢劭撰《三月三日华林园公宴诗》，曰："芳春时欲遽，览物惜将移。新萍已冒沼，余花尚满枝。草滋径芜没，林长山蔽亏。"这些描述均属正常情况，与今天气候大致相同。另据《初学记》卷28《李》引陆翙《邺中记》："华林园有春李，冬华（花）春熟。"春李于今已绝迹。

春天的气候波动较大，经常出现异常现象，或冷或热，甚至形成灾害天气。据《晋书·五行志》：太康六年（285）三月戊辰，河间、易城等六县，高阳、北新城等四县陨霜，伤桑麦。《魏书·五行志》载有：高宗和平六年（465）四月乙丑，陨霜。高祖太和七年（483）三月，肆州风霜，杀菽。永平元年（508）三月己丑，并州陨霜。二年（509）四月辛亥，武州镇陨霜。空气潮湿，气温低，昼夜温差大，才会形成霜。海河流域的春天，气候较为干燥，多风，很少发生霜灾现象。春天陨霜说明魏晋北朝海河流域空气湿润，若遇气温偏低年份，则凝聚为霜。

《隋书·五行志》曰："后齐武平之年，槐花而不结实。"这可能是春天天气不正常，出现"倒春寒"情况所致。

春天也时有大寒天气。据《隋书·五行志》。东魏武定四年（546）二月，"大雪，人畜冻死，道路相望"。"后齐河清二年（563）二月，大雪连雨，南北千余里，平地数尺，繁霜昼下。"

自农历四月上旬，天气逐渐热起来，五、六、七月是海河流域一年当中天气炎热多雨的季节。但在汉魏北朝时期，霜寒也时有发生在这些月份。据《晋书·五行志》：咸宁五年（279）六月庚戌，汲郡、广平、陈留、荥阳雨雹。丙辰，又雨雹，陨霜，伤秋麦千三百余顷，坏屋百二十余间。《魏书·五行志》：太平真君八年（447）五月，北镇寒雪，人畜冻死。高祖太和九年（485）六月，洛、肆、相三州及司州灵丘、广昌镇陨霜。陨霜范围包括今山西、河北及河南省的西北部，这是十分罕见的自然现象。宣武正始元年（504）五月壬戌，武川镇大雨雪并陨霜。六月辛卯，怀朔镇陨霜。二年（505）五月壬申，恒、汾三州陨霜杀稼。七月戊戌，恒州陨霜。三年（506）六月丙申，安州陨霜。孝明帝正光二年（521）四月，柔玄镇大雪。农历八、九月，气候转凉，正常年份不至于出现冰、雪，但若遇强冷气流，则会形成雨雪寒冰现象。如西晋咸宁八年（277）八月，河间等地大风，暴寒且冰①。北魏太和四年（480）九月甲子朔，平城大风，雨雪三尺。正始四年（507）九月壬申，大雪②。

此外，春天也偶有炎热气候现象。据《北齐书》卷 4《文宣纪》："（天保）八年春三月，大热，人或暍死。"这也属于不正常的情况。

另据《魏书》卷 12《孝静纪》："元象元年春正月，有巨象自至砀郡陂中，南兖州获送于邺。"《资治通鉴》卷 158 梁纪大同四年（538）春正月，"东魏砀郡获巨象，送邺。丁卯，大赦，改元元象。"胡三省注曰："魏收《志》，孝昌二年，置砀郡，治下邑城，属徐州。"正月在砀郡获巨象，砀郡在淮河流域，巨象应为野生，长于温暖潮湿环境，说明公元 6 世纪气候、环境较今天温和、湿润，仍然有野生大象栖息生存，但数量很少，否则不会当成珍稀动物送至邺都。

正史所记载的夏秋陨霜，或许某条史料与史实不符，但反复出现相关记载，就很难否定它的真实性。这些自然现象都是作为异常情况被记载下来的，虽不能直接反映当时正常情况下的气候气温，但通过这些史料分析，可以得出这样的认识：第一，汉魏北朝海河流域气候波动变化

---

① 《晋书》卷 29《五行志》下。
② 《魏书》卷 112 上《灵征志》。

幅度相当大，既有暖冬、春季炎热的现象，又有春、夏、秋霜冻雨雪的寒冷天气。寒流的侵袭与暖湿气流的影响是造成气候变动的主要因素，而地理地貌形成了流域内不同区域的气候差异。霜、寒、雪以西部山区和西北部高原地区发生较早较多，东部平原地区相对较少，特别是夏季出现霜、雪，更是十分罕见。第二，空气的湿度与今天相比，较为湿润，春季阴霜，而且形成灾害，这样的自然现象频繁地出现，并被载入史书，足以说明了这一点。第三，当时的湿地面积远大于今日，纵横交错的河流水量丰富，而且长年不断，地下水位浅，太行、燕山山区及山麓地区许多地方泉流遍布，由于水资源充沛，孕育了海河流域良好的植被和森林，所有这些，都改善了空气的质量，增加了空气的湿度。

二　地貌与环境

地貌与环境二者不可分割，汉魏北朝海河流域地貌与环境的变化，较为明显的是东汉后期海河水系的形成所带来的影响。这样的影响对于山区及山麓丘陵地带较小，而对于平原地区的地貌与环境影响较大。无论是海河水系形成前的两汉，还是之后的魏晋北朝，由于时限较短，地壳运动造成的地貌变化不明显，虽然史书不断有关于这一时期地震、山崩的记载，但它们的影响仅限于某一地点，并不能撼及整个海河流域，能够影响这一流域地貌与环境发生变化的重要因素主要是河流。由于北方季风气候，夏秋多雨，冬春干旱，加上太行、燕山山区地质构造与特殊的地理地势，每逢雨季到来，经常有山洪暴发，河水夹杂着大量泥沙，聚积成巨大的能量，将山麓丘陵切成一道道鸿沟深涧，并顺沟、涧冲泄平原。平原土壤松软，主要是黄土、沙地，经河水长期冲刷、切割、淤积、改道，形成河汊纵横、凹凸不平的地貌，再经风吹雨蚀之交互作用，使平原地区由西向东，顺河流水势出现沙丘、土岗、堤梁、台地、湖泊、陂池、洼淀、沼泽、坑塘、沟壑等。两汉时期，河北平原地表水、过境水比较充沛，河水冲淤量大，地貌变化较快，海河水系形成后，水量减少，河道迁徙频率下降，地貌变化放缓。所以，3—6世纪海河流域自然环境的面貌正是在这样的地理环境下出现的。

海河水系的发育经历了一个长期的过程，其扇状水系形成的原因，大致有如下几个方面：第一是海河流域的地质构造；第二是地貌；第三是海浸；第四是气候与自然环境的变化；第五是黄河的改道；第六是人为的因素，如运河的开凿等。

海河水系的支流大都发源于由南到北的太行山脉和由西南到东北的燕山山脉，分别由西南、西、西北、东北，流经河北平原，汇于天津注入渤海。这种扇状漏斗形状的水系是经过长期的各种自然力量相互碰撞而形成，地壳的运动，地貌的发育与形成，气候和生态环境的变化，河道的迁徙，人为的改造，等等。而导致其形成之最后直接的原因是海浸和黄河北移。海浸使汹涌澎湃的潮水淹没了天津—黄骅—任丘一带的大片陆地，使这一带的地貌由原来裸露地面沉降于海底，避免了河水冲刷淤积。相对来说，海浸使这一带地势更加低下。尽管海浸在逐渐退落过程中形成了一道道贝壳堤，而对其地势的影响并不大。再者，黄河北移，长期的泥沙淤积，自西南向东北形成了一道堤墙，把海河上游各支流拦阻起来，而导致各支流集中在昔日海浸地带泄入大海，形成了扇状漏斗状水系。海浸形成的贝壳堤与黄河北移流沙淤积所形成的堤墙，对后来的海河流域城镇布局起了十分重要的影响，天津、黄骅等城镇大多兴建于贝壳堤地带。山麓平原、洪积平原与滨海平原由西向东叠相排列的地貌单元，其发育、形成，原因也在于河流冲淤与海浸退落。

魏晋北朝海河流域的地貌构成主要是山地、丘陵、平原。太行山、燕山地质构造坚固，河床稳定，地貌变化甚小。东部平原土质松散，经河水冲淤，丘壑、湖泊等，参错星布，又由于自然力量的造化与人力的拓殖，沧海桑田，丘湖陵夷，地貌变化较大。兹依据史料，将主要丘、湖、陂、泽等地貌现象与变化列述如下：

沙丘 在今河北广宗县西北，俗称大平台。沙丘的形成主要是河水冲淤与风力作用，根据《竹书纪年》和《史记·殷本纪》的记载，其形成年代不会晚于先商。殷纣王曾于此筑台苑，战国赵武灵王建行宫，秦沿承赵。秦始皇三十七年（前210），东巡，病死于沙丘行宫。两汉以后，平台宫苑荒废。魏晋北朝时期，河水改道，农田垦殖，沙丘有所萎缩。

大陆泽 又称巨鹿泽、广阿泽，在今河北隆尧、巨鹿、任县三县之间。《禹贡》云："恒、卫既从，大陆既作。"《吕氏春秋·有始览》列大陆泽为"九薮"之一。其形成实为太行山诸水与南来大河之水相互作用所致，湖泽轮廓南北长，东西狭，略向东北倾斜。两汉时，水面宽阔，魏晋南北朝时，不断萎缩。大陆泽泉流遍布，既有地表水流入泽内，也有地下水涌出。其水面南北四十里，东西二十里，这是北魏时期的情况。按《元和郡县图志》卷15《河东道·邢州·巨鹿县》："泽东西二十里，南北三十里，葭芦茭莲鱼蟹之类，充牣其中。泽畔又有咸泉，煮而成盐，百姓资之。"到了唐中期，大陆泽湿地南北萎缩了十里，即四分之一。北魏皇兴年间，拓跋氏以广阿泽在定、冀、相三州之界，土广民稀，为义民聚保出没之地，于是置广阿镇，以韩均为广阿镇大将，加都督三州诸军事。均精心谋略，广设耳目，赵郡屠各，西山丁零等诸支义民军相继被镇压。不久，冀、定、相诸州民复相聚，大起义。

玄武陂 又称玄武池。在邺西北，东汉建安十三年（208）开凿，为一人工湖。据邺城西北一带地理推测，玄武陂东西四五里，南北二三里，东沿靠近邺城西北隅之三台，西岸在紫陌东，陂南岸即邺城西门外大道，北边邻近漳水。后赵时，陂池面积缩小，到了东魏、北齐时，成为低洼地。唐宋以后逐渐消失。

鸬鹚陂 在邺城东北，方圆数里。明嘉靖《彰德府志·地理》载，高洋杀元善见于邺东，弃尸万金渠，渠通鸬鹚陂，市鱼者于鱼腹中得爪甲碎骨，不忍食，号曰元郎鱼。故事似为附会，元郎鱼当是鸬鹚陂所产一鱼类品种。《元和郡县图志》卷16《河北道》曰陂在洹水县西南五里。"周回八十里，蒲鱼之利，州境所资。"

五桥泽 在今河北临漳县西北。后燕二年（385）四月，慕容垂率军反击刘牢之，大破晋兵于五桥泽。

清渊 在今河北馆陶县东北。渊连接清河，旁有清渊城。西晋永嘉元年（307）八月，苟晞大破汲桑于东武阳，桑退保清渊，因河、渊地势，故结保于此。

薄洛津 在河北鸡泽县北，河岔高地，漳河上一渡口。东汉初平四年（193）三月，袁绍为防御公孙瓒进攻，驻屯于此。

唐湖 又名唐池，在中山城北。《水经注》卷11《滱水》："（唐县城西又有一水，导源县西北平地，泉涌而出，俗亦谓之唐水也。东流至唐城西北隅，竭而为湖，俗谓之唐池。莲荷被水，嬉游多萃其上。"北魏太和五年（481），孝文帝讲武于唐水之阳，即在唐湖。太和十八年（494）十月，孝文帝自平城至中山，驻唐湖。唐湖建有北魏行宫。唐水竭而为湖，唐湖似一人工湖。

阳城淀　在望都东南。《水经注》卷11《滱水》："博水又东南，迳谷梁亭南。又东迳阳城县，散为泽渚。渚水潴涨，方广数里。匪直蒲笋是丰美，亦偏饶菱藕。至若变童卯角，弱年崽子，或单舟采菱，或叠舸折芰。长歌阳春，爱深绿水。掇拾者不言疲，谣咏者自流响。于时，行旅过瞩，亦有慰于羁望矣。世谓之阳城淀。"《元和郡县图志》卷18《河北道·望都县》："阳城淀，县东南七里。周回三十里，莞蒲菱芡，靡所不生。"

鸡泽　《元和郡县图志》卷15《河东道·永年县》："在县西南十里。《左传》'诸侯同盟于鸡泽'，今其泽鱼鳖菱芡，州境所资。"

衡漳故渎　《元和郡县图志》卷15"洺水县"；"俗名阿难渠，在县西二百步。盖魏将李阿难所导，故名。"

黄塘陂　即黄塘泉，又名董塘渊。《水经注·洺水》："洺水东北流，经广平县故城东，水积于大泽之中，为登泉……亦谓黄塘泉。"据《十六国春秋》，东晋太元十一年（385）四月，刘牢之援救前秦苻丕，率兵追慕容垂于董塘渊。董塘渊即黄塘陂。《元和郡县图志》卷15洺水县："在县西北十五里，晋龙骧将军刘牢之救苻丕，追慕容垂大军于黄塘泉，即此陂也。"

绛水枯渎　《元和郡县图志》卷17《河北道·南宫县》："绛水枯渎，在县东南六里。"

康台泽　《元和郡县图志》卷15平恩县："在县东五里。"

沙麓　《元和郡县图志》卷16《河北道·元城县》："在县东十二里"。

陶丘　《元和郡县图志》卷16《河北道·馆陶县》："在县西北七里。"

萨摩陂　《元和郡县图志》卷18《河北道·长芦县》："萨摩陂，在县北十五里。周回五十里，有蒲鱼之利。"

武强湖 《元和郡县图志》卷17《河北道·南宫县》："在县北三十二里。"

百陵冈 《元和郡县图志》卷17《河北道·赞皇县》："在县东十里，即赵郡李氏之别业于此冈下也。冈上亦有李氏茔冢甚多。"

天井泽 《元和郡县图志》卷18《河北道·安喜县》："天井泽，在县东南四十七里。周回六十二里。"

仪台 《元和郡县图志》卷18《河北道·新乐县》："仪台，县西南十三里。《后燕录》曰：'慕容麟与道武战于仪台，燕师败绩。'"

黄丘 在今河北辛集市境。冉魏永兴二年（351）三月，姚襄及石琨分别自滠头、信都各引兵救襄国。冉闵遣车骑将军胡睦拒襄于长芦（今沧州西），将军孙威拒琨于黄丘，皆败还。

此外，3—6世纪海河流域一些地名也能反映出当时的地貌情况，如滏口、井陉、滠头、长芦、清梁、鲁口、合口、临渠、历口、观津、斥丘、中丘、鄡、壶关、天井关、沙亭、五鹿、台壁、广川、海渚、深泽、河间、勃海、平原、上谷、白涧、中山、阜城、交津、阳平、漳北曲、紫陌、土门关、贝丘、金台、清渊、赤桥、草桥、界桥，等等。这些地名或见于两汉之前，或见于魏晋北朝，被史书记载下来，流传至今，有些地名至今仍在沿用。它们的产生大多缘于当时地理地貌特征，上游山区及山麓台地沿水系多有"关""山"之地名；冲积、洪积平原多"台""泽""湖""丘"之地名；洪积平原东缘至滨海平原多"津""桥""梁"之地名。虽然一些地方的地貌变化甚大（主要是平原地区），但从沿承不变的地名上仍能推测出当时地貌的大致情形。如果将海河流域所有古地名按水系逐一排列，通过地名所标地理方位，观察整个海河流域的地理形势，可以发现今日海河流域地理形势与3—6世纪的情况大体一致，西高东低，南部地块由西南向东北倾斜，北部地块由西北向东南倾斜，正是由于这样的地理形势，才造就了海河流域扇状水系。东部平原由于长期冲淤、开垦，治沙治水，河道逐渐稳定，地貌发生较大变化，但从总体上讲，其高下地理形势并未改变。

地形地貌是影响海河流域自然环境变化重要因素，特别是山间盆地、河流两岸的平缓峡谷地带，山麓近水台地、河岔、河曲、两河之间，河池沼泽之傍丘岗，近海贝壳堤地带等，其环境适宜人类生聚、活动，于是在这些地方形成居民点，并发展成城邑，甚至成为繁华都市。古书上并没有关于3至6世纪海河流域自然环境的明确记载，但古人在诗赋文字中所描述的自然景色能为我们认识当时的环境提供证据，他们所描写的景物都是亲眼所见，其真实性是不容置疑的，然他们所写的都是局部具体的景物，又是瞬间一时的景物，并不能反映整个海河流域数百年间的变化。考察3—6世纪海河流城自然环境及变化情况，只能靠这些零星的材料，以一斑观全豹，寻绎其演变历程。

关于漳水上游及邺城周围的自然环境，在曹丕、曹植、王粲、刘桢、枣据、庾信等人赋文中，多有表现。曹丕《登台赋序》曰："建安十七年春，游西园，登铜雀台，命余兄弟并作。其词曰：登高台以骋望，好灵雀之丽娴。飞阁崛其特起，层楼俨以承天。步逍遥以容与，聊游目于西山。溪谷纡以交错，草木郁其相连。风飘飘而吹衣，鸟飞鸣而过前。申踌躇以周览，临城隅之通川。"《赋》中所描述的自然环境优美，风光秀丽。今之邺西虽仍有绵延西山，而附近之溪谷交错、草木郁连，城隅通川长流，早已不复存在。

其《登城赋》又曰："孟春之月，惟岁权与。和风初畅，有穆其舒。驾言东道，陟彼城楼。逍遥远望，乃欣以娱。平原博敞，中田辟除。嘉麦被垄，缘路带衢。流茎散叶，列倚相扶。水幡幡其长流，鱼裔裔而东驰。风飘飘而既臻，日掩暧而西移。望旧馆而言旋，永优游而无为。"这是登邺城东垣所看到的情景，此情景早已消失。

《三国志》卷19《陈思王植传》："邺铜雀台新成，太祖悉将诸子登台，使各为赋。植援笔立成，可观，太祖甚异之。"其《登赋》曰："从明后而嬉游兮，登层台以娱情。见太府之广开兮，观圣德之所营。建高门之嵯峨兮，浮双阙乎太清。立中天之华观兮，连飞阁乎西城。临漳水之长流兮，望果园之滋荣。仰春风之和穆兮，听百鸟之悲鸣。天云垣其既立兮，家愿得而获逞。扬仁化于宇内，尽肃恭于上京。唯桓文之盛兮，岂足方乎圣明！优兮美兮！惠泽远扬。翼佐我皇家兮，宁彼四方。同天地之规量兮，齐日月之辉光。永尊贵而无极兮，等年寿而东皇。"其中"望果园之滋荣"，"仰春风之和穆"，"听百鸟之悲鸣"，描写的是春天的景色。这与曹丕《登台赋》"鸟飞鸣而过前",是同时描述的同一情景。

曹植《节游赋》所描写的邺宫丽景及周围自然环境。曰:"览宫宇之显丽,实大人之攸居。建三台于前处,飘飞陛以凌虚。连云阁以远径,营观榭于城隅。亢高轩以回眺,缘云霓而结疏。仰西岳之崧岭,临漳滏之清渠……于是仲春之月,百卉丛生,萋萋蔼蔼,翠叶朱茎,竹木青葱,珍果含荣。凯风发而时鸟欢,微波动而水虫鸣。感气运之和润,乐时泽之有成。"

邺城西园芙蓉池夏秋情景。曹丕《芙蓉池诗》曰:"双渠相灌溉,嘉木绕通川。卑枝拂羽盖,修条摩苍天。丹霞夹明月,华星出云间。"曹植《诗》云:"逍遥芙蓉池,翩翩戏轻舟。南阳栖双鹄,北柳有鸣鸠。"

王粲《杂诗》:"日暮游西园,冀写忧思情。曲池扬素波,列树敷丹荣。上有特栖鸟,怀春向我鸣。""吉日简清时,从君出西园。方轨策良马,并驱厉中原。北临清漳渚,西看柏杨山。回翔游广囿,逍遥波水间。""列车息众驾,相伴绿水湄。幽兰吐芳烈,芙蓉发红晖。百鸟何缤翻,振翼群相追。投网引潜鲤,强弩下高飞。白日已西迈,欢乐勿忘归。"

曹植《公宴诗》:"清夜游西园,飞盖相追随。明月澄清景,列宿正参差。秋兰被长坂,朱华冒绿池。潜鱼跃清波,好鸟鸣高枝。"

刘桢《公宴诗》:"月出照园中,珍树郁苍苍。清川过石渠,流波为鱼防。芙蓉散其花,菡萏溢金塘。珍鸟宿水裔,仁獸游飞梁。"

曹丕于玄武陂作诗,写邺城西一带初秋的景色与环境,曰:"野田广开辟,川渠互相经。黍稷何郁郁,流波激悲声。菱芡覆绿水,芙蓉发丹荣。柳垂重荫绿,向我池边生。乘渚望长洲,群鸟欢譁鸣。萍藻泛滥浮,澹澹随风倾。"完全是一派水乡风景画面。

北周庾信《西门豹庙诗》也描述了邺西的秋日景色,曰:"菊花随酒馥,槐影向窗临。鹤飞疑逐舞,鱼惊似听琴。漳流鸣磴石,铜爵影秋林。"

曹魏王粲《登楼赋》所述邺城地理环境,曰:"览斯宇之所处,实显敞而寡仇。接清漳之通浦,倚曲阻之长洲。北弥陶牧,西接昭丘。"西晋枣据《登楼赋》所描写邺城自然环境,曰:"感斯州之厥域,寔帝王之旧疆。挹呼沱之浊河,怀通川之清漳。原隰开辟,荡臻夷薮。桑麻被野,黍稷盈亩。礼仪既度,民繁财阜。"①

东魏祖鸿勋与阳休之书,记述了涿郡范阳西山自然环境。《北齐书》卷45《文苑·祖鸿勋传》曰:"祖鸿勋,涿郡范阳人也。"曾任元魏司徒法曹参军事、廷尉正等官职。"后去官归乡里,与阳休之书曰:'阳生大弟:吾比以家贫亲老,时还故乡。在本县之西界有雕山焉。其处闲远,水石清丽,高岩四匝,良田数顷,家先有野舍于斯,而遭乱荒废,今复经始。即石成基,凭林起栋。萝生映宇,泉流绕阶。月松风草,绿庭绮合。日华云实,傍沼星罗。檐下流烟,共霄气而舒卷;园中桃李,杂椿柏而葱蒨。时一褰裳涉涧,负杖登峰,心悠悠以孤上,身飘飘而将逝,杳然不复自知在天地间矣。若此者久之,乃还住所。孤坐危石,抚琴对水,独咏山阿,举酒望月,听风声以兴思,闻鹤唳以动怀。企庄生之逍遥,慕尚子之清旷。首戴萌蒲,身衣缦被,出艺粱稻,归奉慈亲,缓步当车,无事为贵,斯已适矣,岂必抚尘哉。'"

地貌与环境都与水有关系,俗言云:"人往高处走,水往低处流。"人类生活、生产离不开水,总是根据水的情况选择适宜地区筑城建宅。还沿河谷、河流开凿交通道路,又利用陂、池、沼、泽、井、泉,灌溉、耕种、采集、渔猎。3—6世纪海河流域地貌与环境的变化大都因缘于水。东汉建安年间,曹操在邺城周围开挖了一系列水利工程,邺地水量丰泽,自然环境优美。西晋末,由于战乱,水利工程失修,环境质量下降。后赵迁都邺城后,修复传统水利工程,又筑苑造陂,环境有了很大改善,这样的局面维持到前秦,又陷入衰落,直到高欢迁都邺城,开凿水渠,引漳引洹,又斩池修苑,使自然环境又发生了重大变化。史书屡屡记载黄龙见,涸井涌水,平地冒泉。地表水利工程修复,地下水位提升,水资源丰富,改善了邺都周围环境,环境的改善既有自然的因素,也有人的因素。公元4世纪末,平城一带水量较充沛,牧草丰美,故拓跋氏建都于此。到了5世纪中期,这里经常连年干旱,风沙严重。神瑞二年

---

① 《艺文类聚》卷六三《观》。

（415），北魏朝廷因平城干旱，秋谷不登，民饥，曾议迁都邺城。① 由于政治与军事的考量，迁都之议未果，然干旱缺粮时常困扰平城京。以后，孝文帝迁都洛阳，虽有民族与政治的动因，然平城自然环境的恶化也事实上的原因。从东汉末到北齐，海河流域水量总趋势是减少，环境与气候的变化趋于干燥，这是海河水系形成后引起的变化。

三　植被与物种

　　两汉时期海河流域大部分地区仍处于原始的状态，森林与植被很少受到人为的破坏，尽管西汉在海河流域设置了许多郡、国、县，户口数虽有较大增长，但人口数量仍然有限，就一县户数讲，多者二三万，少者仅数百，户数过三万者也只有曲逆一县而已。人口数量少，其生活、生产活动不足以对森林植被及自然生态构成破坏。除了人为因素外，植被与生态的破坏主要来自自然灾害，如干旱、洪涝、风沙、地震、山崩、海浸等。东汉以前，黄河由河北黄骅至天津一带入海，海河独立水系还未形成，渤海大面积海浸还未完全退落，海河流域地表水、地下水均较充足，湿地面积与未垦土地面积远大于开垦的面积，这样的自然条件利于植被保护与物种多样性。再者，史书关于两汉海河流域自然灾害的记载，相对于魏晋北朝来说要少得多，这有几种可能：一是海河流域的自然灾害特别是较大灾害确实不多；二是古代史书漏载、缺载；三是因年代久远，有关记载散佚。无论哪一种可能，都不能否定这样一个史实：即两汉海河流域的植被与物种资源优于魏晋北朝时期。即使有较大自然灾害发生，对森林植被造成一定程度的破坏，然由于水土条件较好，若干年后植被又会重新恢复，其再生的机制与能力很强。

　　东汉明帝以后，黄河改由今山东省境入海，海河流域地表水量减少，大河故道干涸，河床裸露于地表，荒沙漫漫，土丘绵延，土壤逐渐沙化，植被受到破坏，湿地呈现萎缩趋势，物种也有所变化，尤其是水生动植物，数量逐渐下降，直到魏晋北朝，海河流域植被与物种的变化并没有

---

①　见《魏书》卷三五《崔浩传》。

脱离这样的总体态势。植被与物种的变化与许多自然因素有关，诸如气候、气温、水、土壤、物种种群等。气候气温前已推证，物种种群史料有限，很难究明，暂且搁置。兹仅就水与土壤，推证大概。3—6世纪海河流域地表水量不断减少。东汉建安九年（204），曹操"遏淇水入白沟以通粮道"。建安十一年（206），将北征乌桓，"凿渠自呼泡入泒水，名平虏渠"。"又从泃河口凿入潞河，名泉州渠"①。建安十八年（213），又凿渠引漳水入白沟以通漕，曰利漕渠。"引漳处在斥章县（治今曲周县东南）南，注白沟处在馆陶县西南。"② "在魏明帝太和年间，白马王彪又凿渠上承滹沱河于饶阳县（治今县东北）西南，东流经县南，至下博县（治今深县东南）界入漳水，史称白马渠。"③ 明帝景初二年（238），司马懿征公孙渊，"凿滹沱入泒水以运粮"。④ 据谭其骧先生考证，司马懿所凿之漕渠即滹沱新河，即由饶阳县西南导滹沱水东北流，经县北与泒水合。这一系列水利工程都是围绕漕运实施的，"有了利漕渠，则漕运从白沟上游来，可经由此渠折入漳水，或溯流西入邺都，或顺流而下指向东北。有了白马渠在饶阳西南沟通滹沱与漳水，这就为废弃滹沱河旧经饶阳南会漳一段，使改道经饶阳北入泒准备了条件。所以到景初二年（238）司马懿在饶阳凿滹沱入泒水时，这一工程的意义已不仅是利用滹沱泒水运粮而已，实际是在清河运道之西，另辟一条纵贯冀中平原的南北运道。

这条运道取道漳水自西南而东北，到下博折而西北，由白马渠至饶阳西南，折而东北经由滹沱新河经县北入泒水，循泒水东北直达今天津。"⑤ 人工运河的开凿使海河水系汇流至今天津入海，其开凿年代均在曹魏，一些工程沿用故河道补充水量，滹沱河亦因人工渠改道，说明当时的水量并不大。西晋以后，这些水利工程逐渐失去效益，河道经常不通航，只有后赵石虎时，造船万艘，由河道通过海道，运谷一千一百万

---

① 《三国志》卷一《武帝记》。
② 谭其骧：《海河水系的形成与发展》，刊《历史地理》1984年第4辑。
③ 同上书。
④ （唐）李吉甫：《元和郡县图志》卷一七河北道·深州饶阳县。
⑤ 谭其骧：《海河水系的形成与发展》。

斛于乐安城（今河北乐亭县），准备攻击前燕，时在建武六年，即公元340年。以后前燕攻后赵，进军路线主要是沿太行山东麓南下，河道运输见于史书记载者很少。北魏孝文帝时，备战南朝，于冀、定、相三州造船，并未记及漕运。从史书反映的情况看，曹魏之后，海河水系水量不足，漕渠时通时断，工程效益不能持久。

　　水量不断减少的趋势，自然会引起植被的退化，特别是在河道两侧，土地的沙化主要是从这里引发的，如果遇上连年干旱，空气干燥，风沙严重，沙尘随着风力四处弥漫、堆积，沙化土地向河床两旁台地扩展，形成沿河道沙化地带。魏晋北朝海河流域沙化土地主要分布在河北平原中部淤积带上，面积最大，地带最长者应属西汉长达300多公里的大河故渎，自西南向东北延伸由顿丘、阴安、昌乐、元城、清渊、绎幕、鬲、安陵、南皮到浮阳、章武直至渤海，沙带最宽处达百余里；其次为沿漳河、清河、滹沱河、瓜水、滱水、㶟水等沙化地带，最宽处约有数十里，狭窄处仅有数里。根据各水主干河道的长度，与沙带大致平均宽度粗略计算，沙化土地约有1.2万平方公里。此外，在㶟水上游的平城盆地，干旱与土壤沙化的速度于北魏后期明显加快，如果加上这些山间盆地、高原的沙化土地面积，海河流域至少有2万平方公里的土地已经沙漠化，占全流域总面积近十分之一。①

　　由于海河流域位于北半球季风气候带上，冬春干旱，夏秋多雨，河流季节性很强。在雨季行洪、泄洪过程中，沿水系低洼处形成大小不等的湖泽、陂、池，对河流水量起着天然的调控作用，有益于河床稳定、安流，如果遇上较大自然灾害或人为改造，引起河道变迁，这些湖泽湿地就会因水源断绝而逐渐干涸，形成斥卤盐碱。3—6世纪海河流域的邺城、斥丘、肥乡、列人、斥章、曲梁、南和、任、广宗、南宫、堂阳、广川、河间、束州、灌津、东光、高城、盐山、章武、泉州等地，分布

---

① 根据吴忱主编《华北平原四万年来自然环境演变》（中国科学技术出版社1992年版）和《华北平原古河道研究》（中国科学技术出版社1991年版），华北平原地面古河道面积4.77万平方公里。平原浅埋古河道中心带面积5.6万平方公里，浅埋河道边缘带面积4.07万平方公里。海河水系大多是沙河，水退河涸即变成沙漠带。由此推证、估算，海河流域沙漠化土地面积当不少于2万平方公里。

有面积不等的盐碱地。此外，大陆泽等地还有咸泉涌出，泉水携带盐碱等矿物质注入淀泊，增加了水的咸度，并影响了周围土壤成分。盐碱土地基本呈一片一片的状态，大多随水分潮湿不断扩展，无论洼地还是高丘，都会出现盐碱的现象，严重的地方盐渍白茫茫一片，往往是寸草不生，土壤的改良与治理难度相当大，这样的盐碱土地面积也是随着海河流域水量减少，湿地面积萎缩而不断扩展的。据《魏书》卷110《食货志》，东魏"自迁邺后，于沧、瀛、幽、青四州之境，傍海煮盐。沧州置灶一千四百八十四，瀛州置灶四百五十二，幽州置灶一百八十，青州置灶五百四十六，又于邯郸置灶四。计终岁合收盐二十万九千七百二斛四升，军国所资，得以周赡"。沧、瀛、幽、青四州邻接勃海，置灶煮海水为盐，邯郸深居陆地，距海甚远，亦置灶煮盐，所取用的原料当为本地的盐土。《魏书》所记载灶均为官府所置，民间当也有灶。用水将盐土中的盐溶解，然后再煮水为盐，这在内陆地区是较为普遍的制盐方法。从史书有关置灶煮盐的记载看，海河流域分布大面积的盐碱地尤其是环渤海滩土，基本上都是这种盐碱土壤，总面积约有数千平方公里，综合文献记载与明清以来的实际状况，数千平方公里的估算面积当不会过分。这些地方不但不适宜农作物生长，甚至连杂草也无法存活，植被状况较差。

除了荒沙与盐碱土壤外，在太行山、燕山山麓丘陵地带及西北部高原地区，地表多砂石、砂砺，每遇大风，飞沙走石，干旱缺水，水土流失严重，土壤水分涵养能力差，植被稀疏，地表多生长杂草，还有一些灌木丛和零落不成林的低矮树木，生态脆弱，这种干旱半荒漠化的土地面积在海河流域也占有相当的比重。魏晋北朝时期，由于人口数量较少，这些地方大多是荒无人烟，除自然灾害因素外，人为破坏的程度很小。

3—6世纪海河流域森林、植被与物种资源保持较好的地方是山间盆地、河道两岸、山凹、河谷、沟涧、水土蓄养较好的山坡（大多在背阴）等处，平原地区以黄土地与褐色黏土地为最佳，还有湖、泽、陂、池、泉、渊周围及沟渠两旁，植物茂盛，林木郁郁葱葱，水生物与飞禽走兽大多聚集生长在这些地方。

太行、燕山深处分布有面积不等的原始森林。森林资源较丰富的地方有漳水上游的上党地区，滹沱河上游地区，中山西北滱水、泒水上游，范阳西部易水、拒马河上游、灅水上游沿岸，燕山鲍丘水、沽水河谷地带，包括渔阳、密云、安乐、白檀等地。上党自秦汉以来即为富庶之地，东汉建安年间，袁绍领冀州牧，据守邺城，邺之军民粮储多仰给上党，并在邺与上党之间，置兵守护粮道，使之畅通无阻。建安九年（204），曹操攻邺，亲率兵切断邺与上党之间的交通。攻克邺城后，曹魏于此置王都，大规模兴建邺宫，宫殿木材用料全部取用上党山林，为保证木材运输，还沿途置兵屯田，长年驻守，将建筑用材一站一站递运至邺。从邺城建筑规模和当时的运输情况看，上党山林大材采伐量很大，至少不下于数百万立方米，邺宫文昌殿、听政殿巨大木柱都是由独根树干制成，这样的大树，其树龄至少也应在百余年至数百年间。如此巨大的树木与木材量，均说明上党森林面积不在小数。这样的森林，经过历代砍伐，几将殆尽，只有漳水沿岸一小片原始森林被保留下来，这是海河流域保留至今的唯一的一块原始森林，由这块原始森林也能推想到汉魏时上党山林之茂盛。另据《隋书·五行志》，开皇年间，上党还发现有巨株野生人参。人参、森林、巨木都能从一些方面表明这一带的林木、植被和物种情况之优良。人参生长于森林，森林没有了，野生人参也就绝种了。

滹沱河上游的林木主要分布在各水系两侧，以蒲吾、井陉面积较大。蒲吾城以西，山高林密，每遇雨季，山洪暴发，常有巨木被冲拔而起，随洪水沿河流漂浮至下游。据《晋书》卷105《石勒载记》，"大雨霖，中山、常山尤甚。滹沱泛溢，冲陷山谷。巨松僵拔，浮于滹沱，东至勃海，原隰之间，皆如山积"。《晋书》卷6记这次洪水在大兴三年，即后赵二年，公元320年。这次洪水发生在海河流域的中部，雨量主要集中在中山、常山，滹沱上游河道窄，行洪能力有限，所以洪水冲陷山谷，携带巨木奔泻平原。洪水过后，自平原至渤海，到处是堆积如山的树木。从这次洪水看，至少向我们昭示了两点情况：一是滹沱上游森林资源丰富，植被良好，而且绝大部分地区仍然保持着原始的状态，特别是巨大松木的生长；二是这次洪水对滹沱河上游局部的植被、物种和生态的破坏，是毁灭性的，整个山谷被冲陷，"皮之不存，毛将焉附"，若要恢复到其原来的状态，恐需数十年以至于上百年的时间。正是由于这样的自然灾害,加上后来的人为破坏,滹沱河上游的森林资源逐渐消失,今天已难见到巨松。而且,这次洪水为石勒建造襄国宫殿送来了木料,《晋书·石勒载记》云:"勒下令曰:'去年水出巨材,所在山积,将皇天欲孤缮修宫宇也,其拟洛阳之太极起建德殿。'遣从事中郎任汪帅工匠五千采木以供之。"

中山(今河北定州市)西北山区也生长有大面积的森林。《晋书·石勒载记》曰:"大雨霖,中山西北暴水,漂流巨木百余万根,集于堂阳。勒大悦,谓公卿曰:'诸卿知不?此非为灾也,天意欲吾营邺都耳。'于是令少府任汪、都水使者张渐等监营邺宫,勒亲授规模。"据《十六国春秋·后赵录》,这次洪水发生在建平二年(331)夏。滱水、恒水、泒水均发源于中山西北,诸水沿岸林木茂密,暴水所冲漂巨木悉来自这里的原始森林。巨木一直被冲至堂阳,堂阳在今河北新河县西北,位于漳水之南。这一洪水当由泒水泄入滹沱河,在滹沱河南岸决口,洪水漫过漳水,涌入堂阳县城以东一带低洼处,巨木也被漂集至此。这又为石勒营建邺宫提供了木材,都水使者张渐率众将这些巨木由漳水运至邺城。到了前秦时,唐河(即滱水)也曾因洪水泛涨,漂流巨木至安熹,直到后燕初,这些木材仍被弃置在这里。以后逐渐被风沙淹埋,形成高阜,北魏筑安熹县城,其城角即被筑于高阜上。《水经注》卷11《滱水》曰:"秦氏建元中,唐水泛涨,高岸崩颓,(安熹)城角之下有积木交横,如梁柱焉。后燕之初,此木尚在,未知所从。余考记稽疑,盖城地当初山水奔荡,漂沦巨栿,阜积于斯。沙息壤加,渐以成地。板筑既兴,物固能久矣。"据郎蔚之《隋州郡图经》《水经注·滱水》所云建元中唐河洪水,实即前秦建元元年(368)。北魏以后,太行山山区森林资源逐渐受到人类的破坏。据《魏书》卷58《杨椿传》,杨椿任定州刺史时,"在州,因治黑山道,余功伐木,私造佛寺,役使兵力,为御史所劾,除名,为庶人"。黑山,《后汉书·袁绍传》章怀太子注曰:"常山、赵郡、中山、上党、河内诸山谷相通,号曰黑山。"杨椿在州,治黑山道。黑山道为定州境内太行山区一条道路,他利用修道机会,役使州兵砍伐巨木,私建佛寺,被御史劾而丢官。其所砍伐的巨木都是在太行山区生长百余年甚至数百年的大树,这种人为的破坏自北魏以后愈益加剧,森林面积不断减少，并趋于消失。

在㶟水上游各支系河谷地带也有茂盛的树林，植被生长良好，自战国以后，虽然受到人为的破坏，但程度并不严重，直到北魏初，大部分地区仍然保持着原始的自然生态。拓跋氏建平城京，其木材部分采自外地，还有部分取自雁北山林。《水经注》也有关于这一带的山水林木的记载，本书卷13《㶟水》云："（武周川）水又东南流，水侧有石祇洹舍并诸窟室，比丘尼所居也。其水又东转，径灵岩南。凿石开山，因岩结构。真容鉅壮，世法所希。山堂水殿，烟寺相望。林渊锦镜，缀目新眺。"又云："羊水又东注如浑水，又南至灵泉池，枝津东南注池。池东西一百步，南北二百步，池渚旧名白杨泉，泉上出白杨树，因以名焉，其犹长杨、五柞之流称矣。""（如浑水）又南，远出郊郭，弱柳荫街，丝杨被浦，公私引裂，用周园溉。长塘曲池，所在布濩。"到了北魏中、后期，平城京畿及周边的植被和生态受到严重破坏。

北魏建都平城，划定京畿范围，"东至代郡，西及善无，南极阴馆，北尽参合，为畿内之田"①。为了开发畿内田亩，道武帝拓跋珪多次大规模移民雁北，迁入人口约有156万②。其中大部分人"计口授田"，垦辟荒野，从事农耕；少数人为百工伎巧，从事手工业生产。同时，北魏又离散部落，将游牧部落安置在较为肥沃的良田上，定居垦殖。这么多的人口进入雁北代地，广事农垦，农业生产粗放原始，虽然粮食数量有所增加，但大面积植被遭到毁坏。北方游牧部落虽离散后，在经营农业的同时，仍然保持着游牧的习俗，尔朱氏部落放牧北秀容川方圆三百里，世代为业，至孝文帝时："牛羊驼马，色别为群，谷量而已。"③这么多的牲畜被放牧，其对植被的破坏程度也能想见之严重。正因为人类这种原始、粗放的开发，使得代地日益干旱、沙漠化，人类的生存、居住条件与环境越来越恶劣，青、齐徙民纷纷离去，平城的都城优势越来越弱，加上民族与政治环境的变化，故有迁都之议，最终迫使孝文帝下决心迁

---

① 《魏书》卷一一〇《食货志》。
② 参见李凭《北魏平城时代》，社会科学文献出版社2000年版，第353页。
③ 《魏书》卷七《尔朱荣传》。

都洛阳。

魏晋北朝海河流域常见的物种，农作物品种有黍、稷、稻、麦、谷、豆等。水稻品种有粳、秫，还有"三更稻"等。由于史料缺载，"三更稻"种植情况如何？其品性特征、产量如何？现在很难弄清楚。经济作物有桑、柘、麻、纻等。蔬菜有姜、芋等。林木品种主要有榆、柳、槐、杨、橡等落叶阔叶树种及以松为主的针叶树种。果木业树种有桃、杏、梨、李、胡桃、柿、栗、枣等，魏郡的杏、常山的梨、安平的枣等，都是有名的果品。水生植物有蒲、苇、莲、菱、芡实、萍等，动物有鱼、虾、蟹、鳖、龟、蛤、蚌、蛙等。山林野生动物有虎、豹、熊、鹿、狼、狐、兔、狍等，畜养动物有马、牛、羊、猪、狗、猫、鸡、鸭、鹅等。飞禽有鹰、雁、鹤、雉、鹰、秃鹫等。

史书也有关于海河流域土特稀有物种的记载，如真定梨。何晏《九州论》："安平好枣，真定好梨。"

《广志》曰："有常山真定、山阳巨野黎……巨鹿枣梨……又真定御梨，大若拳，甘若密，脆若凌，可以解烦释。"

史书也有关于海河流域土特稀有物种的记载，如真定梨。何晏《九州论》："安平好枣，真定好梨。"

《广志》曰："有常山真定、山阳巨野黎……巨鹿枣梨……又真定御梨，大若拳，甘若密，脆若凌，可以解烦释。"

史书也有关于海河流域土特稀有物种的记载，如真定梨。何晏《九州论》："安平好枣，真定好梨。"

《广志》曰："有常山真定、山阳巨野黎……巨鹿枣梨……又真定御梨，大若拳，甘若密，脆若凌，可以解烦释。"

魏文帝《诏》曰："真定梨，大如拳，甘如密。"

春李　陆翙《邺中记》曰："华林园有春李，冬华春熟。"①

勾鼻桃　《邺中记》曰："石虎苑中有勾鼻桃，重二斤半。"②

---

① 《初学记》卷二八《李》。
② 《初学记》卷二八《桃》。

羊角枣　《邺中记》曰:"石季龙园有羊角枣,三子一尺。"①

迷迭　曹丕《迷迭赋》:"坐中堂以游观兮,览芳草之树庭。"迷迭为西域一种药香草。《广志》曰:"迷迭出西域。"②

蜀葵　虞繁《蜀葵赋》:"绕铜雀而疏植"。至西晋,铜雀园仍有蜀葵栽培。晋陆机有《园葵诗》,曰:"种葵北园中。"③

芙蓉　邺宫西园有芙蓉池,曹植等人作有《芙蓉赋》。

灵芝　曹魏邺城郊有灵芝池。《魏略》曰:"魏文帝,神龟出于灵芝池。"

菱芡　曹丕《于玄武陂作诗》:"菱芡覆绿水,芙蓉发丹荣。"湖、陂、池、沼水中还生长着大量萍藻等水生植物。

蕙草　《广志》云:"蕙草,绿叶紫花,魏武帝以为香焚之。"似为一种香草,曹操用这种野生草熏洁宫房。

人参　《隋书·五行志》:"(隋)高祖时,上党有人,宅后每夜有人呼声,求之不得。去宅一里所,但见人参一本,枝叶峻茂,因掘去之,其根五尺余,具体人状,呼声遂绝。"从史书反映的情况看,太行山地有野生人参生长,而关于这株巨大人参被发现的故事,则是人们编造的。据《唐六典》户部,唐代潞州贡品有人参。山西长治地区考古发掘东汉墓葬,随葬品中也有"上党人参"。上党人参是太行山地著名特产。

安石榴　《邺中记》曰:"石虎苑中有安石榴,子大如椀盏,其味不酸。"④ 按:安石榴出西域。《博物志》曰:"张骞使西域还,得安石榴,胡桃,蒲桃。"

古柏　《周官》:"冀州,其利松柏。"邺墟有一古柏,故老相传是曹操拴马的地方,树冠至今仍郁郁葱葱。邺地多柏,北齐魏收有《庭柏诗》,曰:"古松图偃盖,新柏写庐峰。凌寒翠不夺,迎暄绿更浓。茹叶轻泥体,咀实化衰容。将使中台麝,违山能见从。"

槐　曹魏邺宫庭植槐,曹丕、曹植、王粲等作《槐赋》,赞美槐树。

---

① 《初学记》卷二八《枣》。
② 《艺文类聚》卷八一《迷迭》。
③ 《艺文类聚》卷八二《葵》。
④ 《初学记》卷二八《石榴》。

《春秋说题辞》云："槐木者，虚星之精也。元命苞曰：树槐而听讼其下者，槐之言归也，情见归实。"① 繁钦《槐树赋》："嘉树吐翠叶，列在双阙涯。旖旎随风动，柔色纷陆离。"

白鹤　曹植有《白鹤赋》，写邺宫苑之白鹤。

井陉鹰　《初学记》卷30《鹰》载孙楚《鹰赋》，曰："有金刚之俊鸟，生井陉之岩阻，擒狡兔于平原，截鹄鸢于河渚。"

鲛鱼　《山海经》曰："燕山，漳水出焉，其中多鲛鱼。"

蚕　《广志》曰："蚕者出渤海东光以供官。"

雁　曹植《离缴雁赋序》："余游玄武陂中，有雁离缴。"

麕　曹丕校猎邺城东郊，赋诗曰："弯弓忽高驰，一发连双麕。"

秃鹙　《宋书·五行志》："汉献帝建安二十三年，秃鹙鸟集邺宫文昌殿后池。"

黄龙　《三国志》卷20《武文世王公传》：黄初三年，"黄龙见于邺西漳水。"所言"黄龙"，当是一种形状似娃娃鱼的水生物。

白雁　后赵建武十年（344）正月，白雁百余集于邺都太武殿前马道之南。

另据《晋书·五行志》《魏书·灵征志》《隋书·五行志》等，海河流域还生存有麟、白龟、大龟、毛龟、白狐、九尾狐、白鹿、白麂、独角鹿、白麈、三足鸟、四足鸟、白鸟、白鸟鷃、赤乌、苍乌、白鹊、白兔、白燕、白雀、白鸠、白雉、黄龙、青龙等，史书关于这些生物的记载或许有背史实，或许指鹿为麟。这些不常见的生物或许是物种变异，无论是哪种情况，都不能否认这样一个事实：即3—6世纪海河流域的物种多样性优于现代，史书记载的动植物有许多品种在今天已不存在了。

物种不仅具有多样性，而且种群数量也相当可观。《魏书》曰："太祖（曹操）于南皮一日射雉，获三十六头也。"② 曹丕狩猎邺东郊，一箭射中双麕。《晋书》卷104《石勒载记》上曰："（勒）尝佣于武安临水，为游军所囚。会有群鹿旁过，军人竞逐之，勒乃获免。"武安临水即今河

---

① 《初学记》卷二八《槐》。
② 《初学记》卷九《总叙·帝王》。

北磁县磁州镇，西晋末，这里人烟稀少，鹿群游食栖息，石勒因旁过鹿群，趁晋兵逐鹿之机逃脱。

由于野生动物种群数量较多，它们也时常光顾人类生活区。东汉建安二十三年（218），秃鹜集邺宫文昌殿后池。后赵建武十年（344）正月，白雁集邺宫太武殿前马道南。东魏"孝静天平二年（535）三月，雉雊飞入尚书省，殿中获之"。"元象元年（538）正月，有狼入（邺）城。""武定五年（547）十二月，北城铜爵台上获豹一。"①"武定三年（545）九月，豹入邺南城，格杀之。五年八月，豹又见铜爵台。""后齐孝昭帝，即位之后，有雉飞上御座。""武平七年（576），有鹳巢太极殿。"② 以后，随着物种种群数量的减少，这些现象早已不复存在。

自两汉至魏晋南北朝，由于地理环境的变迁，一些物种种群数量逐渐减少，特别是水生物和野生动物，又由于人类过度渔猎，自然繁殖程度降低，物种生态不平衡愈益严重。到了北齐时，这样的问题就相当突出了，所以政府不得不制定一些保护措施。天保八年（557）"夏四月庚午，（高洋）诏诸取虾蟹蚬蛤之类，悉令停断，唯听捕鱼。乙酉，诏公私鹰鹞亦禁绝"。九年（558）二月"己丑，诏限仲冬一月燎野，不得他时行火，损昆虫草木"③。北齐后主高纬天统五年（569）二月，"诏禁网捕鹰鹞及畜养笼放之物"④。这些措施对于保持物种种群是有益的，但施行效果如何，无史料可稽。北齐以前，这样的禁令不多见。北齐时，屡次颁布这样的禁令，说明物种种群数量减少，才不得不采取保护物种的措施。从这些措施看，古人已经从现实生活中体悟到人与自然环境、生态、资源的关系，这与现代可持续发展理论相较，在道理上是相通的。

---

① 《魏书》卷一一二《灵征志》。
② 《隋书》卷二二《五行志》上。
③ 《北齐书》卷四《文宣纪》。
④ 《北齐书》卷八《后主纪》。

湖南长沙走马楼三国吴简性质新探

清华大学人文学院历史系　侯旭东

湖南长沙走马楼三国吴简自 1996 年 10 月发现，迄今已 20 年。2015 年 11 月统计，整理出版的吴简已达 48028 枚，占预计刊布简牍 76552 枚的 62.7%。国内外发表吴简研究的论文 600 余篇，出版专著、论文集 23 部，博士学位论文 7 篇，硕士学位论文 30 余篇[①]。到 2016 年 8 月，论著的数量当然会更多。研究亦已从早期单纯的读简释词与格式归纳、发掘简牍与传世文献的对应关系为主，发展到利用揭剥图、盆号等考古信息以及笔迹等复原或集成册书的新阶段。最近，有学者更上层楼，开始关注吴简中的文书行政，试图恢复不同册书之间的关系[②]，向更高层次上恢复吴简原貌迈进。这是吴简研究深入所必不可少的步骤，当然，要想达到最终复原出吴简所见文书行政的完整过程，还有相当漫长的路要走。

总体上看，国内外的研究以走向细密与深入为主，关注的焦点日益

[①] 论著统计据长沙简牍博物馆编《嘉禾一井传天下——走马楼吴简的发现保护整理研究与利用》，岳麓书社 2016 年版，第 105 页。

[②] 如凌文超《走马楼吴简举私学簿整理与研究——兼论孙吴的占募》，《文史》2014 年第 2 辑，第 37—72 页；沈刚《吴简所见孙吴县级草刺类文书处置问题考论》，《文史》2016 年第 1 辑，第 51—68 页；徐畅《三国孙吴基层文书行政研究——以长沙走马楼简牍为中心》，博士后出站报告，北京师范大学历史学院，2016 年 7 月 28 日。

集中于具体问题，众多细部问题取得长足进展，结果是树木日见清晰，森林反趋模糊；与吴简有关的一些大问题有意无意受到忽略，妨碍了吴简研究整体上的推进。

　　关于吴简性质，最近若干年，就少有学者专门讨论。学界似乎多默认属于临湘侯国的档案①，但往往泛泛而言，深论不多。究竟是侯国中哪个机构或哪些机构的档案，仅有个别学者涉及。对于此问题，早期的看法多有分歧，最早多认为是长沙郡下诸曹的文书②，或认为"属于吴长沙郡府、临湘县及临湘侯国的文书"③，具体说来，缴纳赋税的"合同"（即通常所说的"田家莂"）是长沙郡的文书档案，还有一些出现"府""府君"及太守姓名的文书亦属于此类④。2004 年，王素撰文认为这批档案属临湘侯国，可成定论，但亦指出包含长沙郡的档案亦应属定论⑤。更多学者认为是侯国的文书⑥，罗新推测文书出自侯国某一机构⑦，具体则有关尾史郎认为是临湘侯国田户曹的各种文书⑧。问题集中在作为临湘侯

---

① 如凌文超指出"（吴简）内容主要是孙吴嘉禾年间临湘侯国的行政'簿书'"，"走马楼吴简作为孙吴县一级（临湘侯国）官文书集群"，见所著《走马楼吴简采集簿书整理与研究》，广西师范大学出版社 2015 年版，第 1、16 页；亦有少数学者视吴简为"孙吴时期地方政府的档案"，见沈刚《长沙走马楼三国竹简研究》，社会科学文献出版社 2013 年版，第 1—2、5 页。

② 如胡平生《细说长沙走马楼简牍》（上、下），《人民日报》（海外版）1997 年 3 月 20 日、3 月 22 日第 3 版。

③ 长沙市文物工作队、长沙市文物考古研究所：《长沙走马楼 J22 发掘简报》，《文物》1999 年第 5 期，第 24 页；王素、宋少华、罗新：《长沙走马楼简牍整理的新收获》，《文物》1999 年第 5 期，第 42 页。《长沙走马楼二十二号井发掘报告》，收入长沙市文物考古研究所、中国文物研究所、北京大学历史学系走马楼简牍整理组编著《长沙走马楼三国吴简·嘉禾吏民田家莂》上册，文物出版社 1999 年版，第 42 页。邓玮光亦认为是"长沙郡与临湘县的地方文书档案"，见所著《走马楼吴简采集簿书的复原与研究》，博士学位论文，南京大学历史系，2012 年，第 2 页。

④ 王素、宋少华、罗新：《长沙走马楼简牍整理的新收获》，《文物》1999 年第 5 期，第 42 页。

⑤ 王素：《长沙走马楼三国吴简研究的回顾与展望》，《吴简研究》第一辑，崇文书局 2004 年版，第 15—16 页。

⑥ 最新的分析见徐畅《三国孙吴基层文书行政研究》，第 39—40 页。

⑦ 罗新：《走马楼吴简整理工作的新进展》，《北大史学》2000 年第 7 辑，第 338 页。

⑧ 见关尾史郎《史料群としての長沙吳簡·試論》，初刊《木簡研究》第 27 号（2005 年 11 月），后收入《長沙走馬樓出土吳簡に関する比較史料学の研究とそのデータベース化》（平成 16 年度—平成 18 年度科学研究費補助金〈基盤研究 B〉研究成果報告書），2007 年 3 月，第 61 页。

国的文书，如何看待其中发现的郡及外县文书？是否包括长沙郡的档案？以及属于临湘侯国哪个机构的文书？

要解决此问题，从今人角度对吴简进行分类归纳是不够的，需要立足于当时文书本身，且不能限于对个别文书的复原，需要分析各类文书处理过程，以及参与文书编制与处理的各类官吏，在此基础上，再对文书分类，或许才有可能对吴简的性质做出较接近原貌的推测。

笔者利用数幅揭剥图：揭剥图五（Ib①简牍，简4.982—4.1038）、揭剥图六（Ib②简牍简4.1039—4.1054）、揭剥图九（Ic1②简牍，简4.2262—4.2451）、揭剥图十三（Ic2①简牍简，4.3120—4.3193）及揭剥图十五（Ic2③简牍，简4.3845—4.3863）五坨，及相关资料，在关尾史郎研究的基础上，探讨了集中见于《竹简肆》的"嘉禾元年十一月三州仓吏谷汉受米莂"册的构造与编制，并考察了这一莂册与相应月旦簿的关系，特别是其中的各种记号的书写者。指出受米莂册由仓吏编制，然后上呈右仓曹史，仓曹史拘校后（体现为受米莂册"右入"简端的"·"以及月旦簿上"其"与"右"字简上的"·"）再次上呈，月旦簿中数字上施加的朱色笔迹，可能是期会掾或录事掾所书，主簿与主记史或是在簿书的签牌上添加朱笔①。

一

上述分析，已将受米莂册、月旦簿和通常所说的"君教简"联系起来。君教简为竹木牍，更准确的称呼应是"牍"，姑且沿用习称。据徐畅统计，已刊18枚，还有一些残简②，未刊的还有不少。相关研究亦已不少，详见徐畅的综述③，限于篇幅，仅讨论与本文相关者。

---

① 以上参见侯旭东《湖南长沙走马楼三国吴简性质新探——从〈竹简肆〉中的涉米簿书的复原说起》，《长沙简帛研究国际学术研讨会论文集》，中西书局2017年版，第60—73页。
② 见徐畅《走马楼吴简竹木牍的刊布及相关问题研究述评》，《魏晋南北朝隋唐史资料》2015年第31辑，第41—47页。
③ 徐畅：《走马楼吴简竹木牍的刊布及相关问题研究述评》，第41—42页；《释长沙吴简"君教"文书牍中的"掾某如曹"》，《简帛研究2015秋冬卷》，第224—228页。

关于"君教简"的性质，关尾史郎认为是"县廷日常业务的记录"，王振华认为是县政务处理完毕后的记录，作为摘要呈给侯相批示，属上行文书。李均明对于吴简"君教"简的研究，认为其与东汉的简一脉相承，但程序有别，不认为存在合议①。凌文超与徐畅则据其上出现的"期会掾"，认为此类竹木牍展现的是临湘侯国期会的行政过程，其中出现的"白"字之前的时间为期会（约期聚会）的日期，其上出现的官吏则是参与集议的小吏②；李均明研究五一广场东汉简中的此类简，认为是"专为合议草稿设置的批件牍，如公文的批件页"，并将其与汉代合议制度联系起来③，与后说有同有异。按照后说，此牍反映的是一次官吏的集体会议。杨芬则在认同其为期会时呈长官批复的，更接近上行文书④。

根据对受米莂册及月旦簿等的分析，笔者更赞同关尾史郎、王振华与李均明的看法。其上出现的"（年）×月×日白"实际是某曹史向上级呈送文书的用语，简7.2124（1）·128（1）中出现的"嘉禾三年正月十五日白"的作者应是右仓曹史，具体所指，就是上呈"嘉禾二年起四月一日讫闰月卅日襍米旦簿草"，其中现存不少内容就见于《竹简柒》中揭剥图十五（简7.1978—2206），实际就是三个月"旦簿"的初稿，同时上呈的应该还有州中仓吏黄讳、潘虑相关月份的原始受米莂册。"君教"牍上注明的校、重校、已核，亦如上文所考证，均是不同簿书之间的比照、筹算与标记一类文书作业，由不同的吏分别完成，直接体现在簿书的各种记号上，基本不存在"集体会议"。

实际秦汉官文书中大量存在的"会×月×日"的说法，乃是对文书

---

① 李均明：《走马楼吴简"君教"批件解析》还提供了《竹简六》中八枚简，《长沙简帛研究国际学术研讨会论文集》，第236—246页。
② 详见凌文超《走马楼吴简举私学簿整理与研究》，第57—61页；徐畅《释长沙吴简"君教"文书牍中的"掾某如曹"》，第231—236页，又见《三国孙吴基层文书行政研究》，第38—39、93—97页。
③ 李均明：《东汉简牍所见合议批件》，《简帛研究2016春夏卷》，第256—264页。
④ 杨芬：《"君教"文书牍再论》，《长沙简帛研究国际学术研讨会论文集》，第247—256页。

或事务完成期限的限定，并非需要官吏在该日集会。当时下级官吏应召到上级官府（诣廷言、诣府对），是并不常见的情况，绝大多数工作是依靠文书的上传下达来实现的。进言之，"君教"简中涉及的事务基本都是县级官府日常面临的定期事务或经常出现的事务，大多有先例、故事或律科可因循，无须众官吏集会来讨论处理，只需要检查文书对工作进行得如何进行监督和核验①。

再进一步观察，结合《竹简柒》中多见的"×曹言"简，君教简应该是在×曹通过"白"文书、"谨列言"等将其初步处理或核校过的文书、簿册上呈后才开始书写的，书写者可能就是"×曹言"文书上承担"封"任务的书佐。

相对于数量众多的"×曹言"简，已刊及未刊的"君教"简数量不多，很可能并非所有事务都需要像君教简上注明那样经过几次文书上的审核，最终还要候相签署意见，大量的常见事务，如不断出现的某人被病事、某人物故事之类，直接由相关曹吏处置完毕，无须将相关文书上呈，只是将文书摘要，即以"×曹言×事　×年×月×日书佐×封"形式，定期汇总上报备案即可。书写完整的年月日，且用"封"字，表明

---

① 长沙五一广场东汉简出土的"君教"简中多提到丞×掾×"议请"云云的，如CWJ1③：305（例25）、CWJ1③：325-1-103（例45）、CWJ1③：325-2-9（例46）、CWJ1③：325-5-21（例47）、CWJ1③：143（例136）、CWJ1③：165（例138）等（以上均见长沙市文物考古研究所等编《长沙五一广场东汉简牍选释》，中西书局2015年版），当时有过丞与掾面对面的商议，仅CWJ1③：165提到"丞优诣府对"，其余应是两人商议后提出处理书面建议（"请"）。从已刊资料看，五一广场简基本是与司法有关的文书，或是原属贼曹上呈的文书，涉及案件复杂多样，为律令所难以规范，依事商议处理办法，亦属正常。此种议确如李均明先生所言，与两汉朝廷中各种形式的集议类似，针对疑难问题而发，最终亦要形成文字报请丞相或皇帝决断，详参永田英正《漢代の集議について》、《东方学报》第43册（1972年），第97—136页；廖伯源《秦汉朝廷之论议制度》，收入所著《秦汉史论丛》，台北：五南图书出版公司2003年版，第155—200页。高村武幸则注意到地方官府决策过程中属吏"议"的作用，并指出西汉后期则其所谓的"公文书的书信"使用渐多，替代了口头的"议"。见所著《秦・漢时代地方行政における意思决定過程》，收入所著《秦汉简牍史料研究》，汲古书院2015年版，第201—209页。从五一广场简看，东汉中期，临湘县在司法裁判上，"议"还是相当频繁。即便如此，"议"与集会依然不同，"君教"简记录的仍是文书处理过程。例45右侧上下1/3处有契口，抄写上亦留空，确如陈松长、周海锋所言，原先是与其他简编连在一起的，见所著《「君教诸」考论》，收入《长沙五一广场东汉简牍选释》，第325—330页。文书的抄写格式上亦与孙吴不同，未出现主簿，抑或属于不同类型的"君教"？两者之间的关系还需更多的研究。徐畅小姐提示笔者注意此问题，谨谢。

事务已处理完毕，并将围绕该事务的文书封存，加上签牌。《湖湘简牍书法选集》中公布了一枚吴简中的签牌：

1. 船曹　吏赵德所送榆船衡①

恐怕就是一例。长沙五一广场出土的东汉简中亦有不少木楬，标明"××本事"，性质亦与此相类②。

唯有一些重要的定期簿册（米、钱、布、皮等物资的月度、季度与年度出入账目），以及特殊的事务（有疑问的人员身份变动，如私学等），或郡府需要的文书，才需要再由期会掾、核事掾与主簿等几方核查，亦才需要准备"君教简"。参与官吏的工作是查对相关簿书的数据是否准确，特殊事务的处理是否妥当，起草的回复是否合适等，工作完成后都会在文书或簿册末尾事先编入的简上签名，如"期会掾烝若录事掾陈旷校"（4.1305）、"☐兼主簿尹桓省☐"（3.4056）③，后简上下皆残，但上道编绳痕迹犹可见。简4.1274中"刘恒"两字均是别笔书写，"刘"字墨色尤其浓重。简4.4213"兼主记史栩综省"，简基本完整，上下编绳可见，"兼"字为上道编绳所压，释文漏释，"综"为另笔签署。简3.5668基本完整，作"主簿　省"，无署名，却有编痕，则是预先写好等待主簿"省"后签字的简。简7.67"主簿郭　宋省"，上道编绳压在"主"字上，可证此简乃写好后编入简册。简7.2647"兼录事掾潘琬校"，"琬"乃二次书写，简端尚有一"·"④。

---

① 张春龙、宋少华、郑曙斌主编：《湖湘简牍书法选集》，湖南美术出版社2012年版，第289页。关于"船曹"及其曹吏的一般情况，可参徐畅《走马楼吴简所见孙吴临湘县廷列曹设置及曹吏》，《吴简研究》第3辑，中华书局2011年版，第345—346页。
② 具体例子见《长沙五一广场东汉简牍选释》图版38、39、40、82、83、84、121、122、123、165—167，第72、73、88、101—102、116—118页。
③ "兼"字释文原作"傅"，据图版改。初稿写定后检凌文超《走马楼吴简举私学簿整理与研究》，第59页，亦已先于笔者指出此点。
④ 相关资料可参关尾史郎《从出土史料看〈教〉——自长沙吴简到吐鲁番文书》，"魏晋南北朝史研究的新探索"中国魏晋南北朝史学会第十一届年会暨国际学术研讨会论文，北京，2014年10月，第5—6页的收集与分析；徐畅《走马楼吴简竹木牍的刊布及相关问题研究述评》，第46—47页。

"君教简"一方面汇总了上述诸吏的工作；另一方面，亦为侯相最终批示提供了载体。可以说"君教简"属于县廷门下官吏审查诸曹上呈的一些重要事务的转单（李均明先生则称为"公文的批件页"），功能至少有三：一是记录事务梗概（时间与内容）；二是提示门下审查事务的程序；三是预备侯相批示。这三项功能实际构成一套通用的规矩，各类需如此处理的事务均要遵循，且据长沙五一广场东汉简，至晚东汉中期便已行用。

　　"君教简"不是孤立存在，应附在记载相关事务的文书或簿册之后，当与这些文书或簿册编连①，前引《竹简柒》2124（1）便是如此②。

　　需准备"君教"简的事务在"×曹言"简上亦有所体现，即其中左下注明"×月×日×曹白"类的简，这类数量不多。如下例：

　　2. 倉曹言邸閣馬維倉吏武河遺（？）玉（？）官印從科俗（？）□□罪法事

　　　　　　　　　　　　　　　　四月四日倉曹史吳王白　7.1441

　　3. 户曹言□遣私學謝達本正户民不應□遺脱□□事

　　　　　　　　　　　　　　　　□月八日領户曹……白　7.1464

　　4. □曹言私學郡吏子弟……事

　　　　　　　　　　　　　　　　□月廿七日右賊曹史郭邁白　7.1624

---

① 长沙五一广场东汉简中的"君教"简便是如此，研究见前引陈松长、周海锋《「君教诺」考论》，第329—330页。吴简的"君教"简中有一些左下角仅书写"（×年）×月×日干支白"，亦因要与文书编连在一起，才会如此扼要书写。另，君教简上下1/3处各有一道划痕（如宋少华主编《湖南长沙三国吴简（五）》，重庆出版社2010年版，第28页的两枚），应是书写前刻好，为编绳预留的空间。这些均可为证。谷口建速亦已注意到简2.257、2.6871、2.6921与2.2056这些"君教"简上存在横线及编缀痕，见所著《穀物搬出記録とその周邊》，收入《长沙吴简研究报告2008年度特刊》（2009年3月），第57—58、60页。

② 陈荣杰对这批简有所整理，见所著《试论走马楼吴简"粢田"及相关问题》，《首届丝绸之路（敦煌）国际文化博览会系列活动——简牍学国际学术研讨会论文集》，兰州，2016年8月17—18日，第524—528页；李均明亦注意到此点，见《走马楼"君教"批件解析》，第243页。

前人对"×曹言"简已有研究，亦曾注意其中左下署名官吏、时间标注及用语差别①，但解释上未及此类，故略作补充。

附带指出，临湘侯国政务处理的分工，亦可据已刊资料做一初步归纳：诸曹是各类具体事务的直接处理机构，各乡劝农掾与承办具体事务的吏，如仓吏、库吏、都市吏，以及处理许迪盗米案这种临时事务的各种小吏，都需要将有关文书或簿册呈送给相关的"曹"，所以我们见到的很多木牍（叩头死罪白文书）上都会在左侧第二行下部要注明"诣×曹"②，实际就是指明此文书要送达的机构。很多事务在各曹就可以处理完毕，无须继续上报。这些已经办完事务，亦要书写事务摘要，并将相关文书整理成册，交由门下书佐，摘要将汇总后定期上呈门下备案，文书则按事务封存（形成"×曹言"类的简）。乡与承办具体事务的小吏不能直接将文书送到门下，必须先送到诸曹，所以我们只见到的"×曹言"，而没有看到"×乡言"的摘要。换言之，诸曹乃是临湘侯国事务处理的第一层机构，所有事务都要先送到相关的"曹"来处置（有时可能是两个，甚至更多的曹，如审核吏民田家莂，就是由田曹史、户曹史一起来校，五年"校"时则还增加了经用曹史），诸曹本身亦可以下发命令："敕"，徐畅收集的"叩头死罪白"文书中几乎开头都提到"被曹敕"，只有一例称"被督邮敕"，即是其证③。

其中部分事务诸曹无法自行决断，或按律令科条要求，需要由门下及侯相审核的则在诸曹审核后继续上呈，同样会写摘要，不过要采用"×曹白"的形式结尾，亦将文书、簿册一并呈送门下，由掾、主簿等再校与省，校与省之后则要将文书、簿册呈给侯相（批示、画诺）。有些是根据郡府下发的文书产生的工作，则还要准备进一步的回复。"草言府"类简便是由诸曹拟定的回复文书初稿（当时或称为"列言"？）的摘要，

---

① 如徐畅《走马楼吴简所见孙吴临湘县廷列曹设置及曹吏》，第296—299页；沈刚《吴简所见孙吴县级草刺类文书处置问题考论》，第54—56页。

② 此类木牍不少，如J22-2695起首："南乡劝农掾番琬叩头死罪白"，最末为"诣功曹十二月十五日庚午白"；4.4550①："都市掾潘祎叩头死罪白"，最后为"诣户曹 十一月十五日辛丑白"，其他例子详见徐畅《走马楼吴简竹木牍的刊布及相关问题研究述评》，第31—38页。

③ 详见徐畅《走马楼吴简竹木牍的刊布及相关问题研究述评》，第31—38页。

亦是要呈送门下乃至侯相审订,已刊的"草言"简中个别的带有钩校符号,如下简:

5. 草言湘府吏張裕……□□無所發遣□□□所發遣……事　已　五月二日保質曹史□□ 白　3.496（23）①

"已"便是浓墨书写的钩校符号,位置在简中部偏左。又如:

6. 草言府移上下關馬張清公下都□□ 不 詣鄉吏潘 茡乞 五囊宋蔡 婁

茡九百一十斤合一千四百一十四 觔 事　已　嘉禾五年十二月□ ☑ 3.3563（29）

此简两行小字书写,"已"字在左边一行下部,亦浓墨所写。这两枚简上的"已"字恐是"草"经过审核,誊录了正本,且已发送后的记号。为何"草言"简上见到的记号甚少,尚不清楚。最终形成的正本文书均已发送,现在保留下来的几乎都是各类"草"。因为诸曹掌握相关事务的处理详情,所以由曹吏来草拟给郡府的答复(如录事掾潘琬的一份上白文书便说"乞曹列言府",J22—2540 中则又说"乞曹重列言府",所指便是请曹起草给府的汇报)。按照秦汉文书行政的规则,下级给上级的文书要由主官(具体到县是令长或丞)发出②,所以会将这些草稿由诸曹送到门下。"草言府"之类简上见不到编绳痕迹,但出土时亦多见成坨存在的,或是按时间、事务编排保存的,似乎与其所概括的文书或簿册放在

---

① "保"字《竹简叁》释文未释,据凌文超《长沙走马楼孙吴"保质"简考释》补,《文物》2015 年第 6 期,第 52 页,感谢徐畅小姐示知此文。
② 藤田胜久:《里耶秦简所见秦代郡县的文书传递》,《简帛》第 8 辑（2013 年）,第 189—193 页。秦代如此,汉代亦如此。徐畅亦有类似看法,见《走马楼吴简所见孙吴临湘县廷列曹设置及曹吏》,第 299 页。

一起①。

除了自行下达"敕",诸曹亦应负责起草侯相下发全境的文书"记""告"。"草言"类简中除了常见的"草言府"之外,还有一些以"草记告"一类开头的简,就是此类"草"的提要。如下简:

  7. 草記②告典田掾蔡 忠 等出柏船…… 事 ……　7. 1228

  8. 草記③告鄉吏……有入…… ☐ 7. 1480

  9. 草記告諸鄉……船師詣柏所事十月廿日船 曹掾潘椎 白7. 2896

  10. 草調諸鄉出 禮撐杖 事　嘉禾五年…… 白 7. 3018

  11. 草言部吏…… 吏 …… 主☐罰☐遣☐☐ 各 (?) 李 問 (?)

草　八月一日兼金曹史李昧白7. 3097

  12. 草記④告倉吏潘慮出米八十二斛貸吏陳曠等十七人爲取頭年四月食日食六升吏區單☐　7. 4431

  13. 草告府諸縣倉 吏 邱閣所 領 襥摘 起訖 米事 十一月 十五日兼倉曹史☐☐白7. 4496

这些简几无一完整,图版亦颇为模糊,推究其语气与用语,属于下行文书无疑。徐畅曾注意到其中多数简,认为诸曹制作下行县吏、乡吏的文书,并以诸曹名义发出,但又说经过"草刺","诸曹并不具备独立的发文权"。在所绘临湘侯国公文运转流程图(图2—1)中,又将"草告""草记告"的发出方置于"侯国诸曹"⑤。其看法前后矛盾且不确切。实

---

  ① 参见沈刚《吴简所见孙吴县级草刺类文书处置问题考论》,第61—64页。
  ② "記"原释作"乞",徐畅改释,见《三国孙吴基层文书行政研究》,第69页注释6。审图版,可从。
  ③ "記"原释作"言",徐畅改释,见《三国孙吴基层文书行政研究》,第70页注释1。审图版,可从。
  ④ "記"原释作"乞",徐畅改释,见《三国孙吴基层文书行政研究》,第70页注释2。审图版,可从。
  ⑤ 见徐畅《三国孙吴基层文书行政研究》,第69—70页。

际这些均是诸曹为侯相起草的下行文书，最终要由侯相认可后，以侯相名义下发。

概括而言，诸曹乃是临湘侯国日常事务处理的实际中心，而名义上的枢纽依然是以侯相为核心的门下，两者存在事务与职责上的分工与合作。前者分工处理日常事务，很多事务在诸曹便可处理完毕，同时亦负责替侯相起草对上、对平行机构文书与下行文书（记、告），对下亦可自行发布命令（曹敕）；后者抓大放小，核查重要簿册，处置疑难事务，审核诸曹拟定的上行、平行与下行文书草稿，制作正本文书，并统一负责与上级及平行机构的文书收发往来。"君教"简显示了门下与侯相的作用，而"×曹言"以及大量的文书簿册显示了诸曹繁重的日常工作，"草言府"则揭示了郡府与侯国之间的职责与事务分工。因为这些小吏均为侯国属吏，属于一个官府，其间的关系比较亲密，所以上行文书均使用"白"①。

二

根据以上分析，笔者以为长沙走马楼 J22 所出土的吴简是临湘侯国主簿与主记史所保管的若干年中经手与处理的部分文书及簿册（其原先保存文书的地点或许就是所谓的"记室"）。析言之，大致包含如下七类：

一、数量最多的是仓曹上呈的由三州仓吏、州中仓吏与库吏定期编制的各种收受物（各类米、布、钱、皮等）的月旦簿、一时簿、四时簿及要簿，还有作为这些出入账目基础的原始受物莉册（以及附在这些簿书上的签牌），乃至相关的田地簿（如与粢租有关的粢田簿：7.3123、诸乡枯无波长深顷亩簿：3.7204、7241）、贷民种粮的

---

① 徐畅亦有类似的看法，但论证角度不同，见《三国孙吴基层文书行政研究》，第67—72页。

人名簿（如 4.3904①①）、黄讳史陈嗣谨列前后所贷嘉禾米付授人名斛数簿（4.4305）等等，以及编在这些簿书后面的相关簿书直接制作者及初次审核者的×曹吏的上呈文书（具体例子可见凌文超整理复原的"隐核波田簿"②）。

二、数量之次的是户曹上呈的因各种目的定期或不定期编制的吏民人名年纪口食簿（及相应的签牌），基本是由里魁及乡吏一道编制的，有些是涵盖全部吏民的，有些只针对部分特定人群（吏、吏子弟、私学、新占民）。目的有的是为征发徭役或户调、户钱（如 2.8256：☑□□谨 以 所领户出钱上中下品人名为簿③）。征收户调与户钱的簿书亦可能是上呈仓曹的，这还需更多的研究。

三、诸曹处理过的事务的摘要（×曹言类简中以"年月日及书佐×封"结尾的简）④。

四、诸曹不能处理的事务的文书（×曹言中以"月日及×曹白"结尾的简及所指的文书和相应的簿册），以所谓"叩头死罪白"木牍文书（或许应称为"诸曹列言文书"）及附在前面的簿册为主⑤。这些文书原本是呈送给诸曹的，因其无法处理或按规定要由侯相裁决，而继续上呈给门下。其中亦包括临时事务的文书，如审理许迪案的诸多相关文书（涉案的数枚"叩头死罪白"文书木牍及简

---

① 关于此簿的研究，见熊曲、宋少华《走马楼吴简中的种粮给贷簿研究》，《简帛》第十二辑（2016 年 5 月），第 253—268 页。

② 凌文超：《走马楼吴简采集简簿书整理与研究》第八章"二、三"，第 428—454 页。

③ 相关研究见安部聪一郎《典田掾、劝农掾的职掌与乡——对长沙吴简中所见"户品出钱"简的分析》，中译本，收入《简帛研究 2015 秋冬卷》，广西师范大学出版社 2016 年版，第 238—256 页。

④ 亦有个别事务，虽已完成，还需列言郡府，如徐畅所注意到，简 7.3164"言府三品调吏民出铜一万四百斤事七月廿七日兵曹掾番栋白"与 7.2579"兵曹言部吏壬□□□户品限吏民上中下品出铜斤数要簿事嘉禾四年七月廿一日书佐吕承封"时间相接，应为一事，见所著《三国孙吴基层文书行政研究》，第 23—24 页。兵曹将出铜斤数的"要簿"上呈门下后事务实际就结束了，故由书佐将"要簿"封存，但因此事源出郡府的命令，故在实际上缴了 1.04 万斤铜的同时，还要向郡汇报一下征调情况，由兵曹提供，故有了简 7.3164。

⑤ 关于叩头死罪白文书作为上行文书兼作内容概要、送达文书，与其前的文书或簿书编连的研究，见伊藤敏雄《長沙吳簡中の「叩頭死罪白」文書木牘》，收入《湖南出土簡牘とその社会》，第 35—59 页。具体实例见凌文超《走马楼吴简举私学簿整理与研究》，第 37—72 页。

8. 4002——4321，还有不少零星散简）。

五、门下要处理的事务的转单（君教简）及附在其前的，记录与处理这些事务的文书簿册，即上举除三以外的各类。

六、诸曹草拟的对郡府回复文书、下行及给平行机构的文书（草言府所摘要记录的文书以及吴简中以"临湘"开头的很多文书与"×年×月×日临湘侯相君、丞×叩头死罪敢言之"、"侯相君丞×告/谓×"一类的简①）、书佐为主簿起草的文书（如4.1267"嘉禾三年十一月癸巳朔日主簿羊君叩頭死罪敢言之"），有时这些"草"要附呈相关的簿册，即上举第一、二类中的相关簿册，这些因需要经主簿及侯相、丞等的审核而送至此，在正本文书形成且发出后留作底本保存，过一段时间后被丢弃。

七、其他，如私人信件、名刺、封检等。

吏民田家莂属于第一类，是田曹史、户曹史，有时还有经用曹史共同校对之后上呈给主簿的都莂。"吏民田家莂"按乡呈送，应由各乡制作，甚至是里魁②，编制完成后送到田曹、户曹以及经用曹来审核，曹史校过后上呈门下，按照关尾的看法，有君教简的内容和田家莂有关③。发现时位

---

① 如简 1.5701、1.6919、2.7200、3.5724、3.6513、4.1476、4.3568、4.3951、4.4548、4.5020、4.5313、4.5442、7.3143、7.3193、7.4095、8.4218、8.4239、8.4248、8.5407。这些文书中出现的"君"均为起草文书的属吏在草稿上使用的尊称，并非侯相的真实名字。徐畅亦指出此点，见《三国孙吴基层文书行政研究》，第20页。查图版，上述简中常见一笔书写，但"丞"字下留空的情况，如4.1476，或整个简一笔书写，"丞"下不留空，亦无署名，如4.3568、4.3951、4.5442；下行文书见4.5020、4.5413、7.3143、7.4095、8.4218、8.4248。两种形式或表明有些草稿需要丞过目（留空类），有些则不需要（不留空类）。

② 王飒将字迹清晰的四年田家莂的笔迹细分为9类，加上不清晰的，认为书手可能有15人，五年的区分为15类，全部书手可能有20人，两年的书手有20人左右，并根据不同字迹的莂上户人的丘与属乡对照，认为是县制作的，又在邢义田文基础上分析莂末尾田户曹史校的签署，进一步认定为县里制作，见所著《嘉禾吏民田家莂字迹及相关问题研究》第二、三章，硕士论文，崎川隆指导，吉林大学，2014年，第53、86、92、99页。作者研究中忽略了"乡"下"里"的存在，以及同丘居民常常分属不同里的情况。侯国田曹与户曹史仅区区数人，何人当值，亦不难为乡里所了解，抄写田家莂中根据实情写上校者的职位与姓，并不困难。此点仍不足以确定田家莂制作于县。

③ 见宋少华主编《湖南长沙三国吴简（五）》，重庆出版社2010年版，第28页图1；说见关尾史郎《从出土史料看〈教〉——自长沙吴简到吐鲁番文书》，第2页、第7—8页注释7。

于简牍最上层，恐怕是最后放入井中的文书。其事务与"桑樂二鄉謹列嘉禾四年租税襈米已入未畢要簿"（7.2990）亦有联系，前者是按乡—里—户的方式归集排列的，后者是按乡的分类统计，内容相对应，统计口径有别。

吴简中亦发现少量不属于临湘侯国的文书或簿书。最为集中的是"兵曹徒作部工师簿"（即过去习称的"师佐籍"），据研究是保存在郡府的长沙郡中部各县徒作部工师簿，出现于此的原因，则释为"长沙郡、临湘侯国、作部的治所皆设置在一地"①，此说成立的可能性很低。笔者以为，更可能的原因是，征发中部诸县的工师需要到临湘集中，一齐送往前线，为此将本簿放在临湘侯国处作为清点的依据。如江苏尹湾汉简5号木牍正面所示，西汉末年很多需要郡完成的工作便交由属县实际承办，像送罚戍到上谷、输钱都内之类，在属县发现郡的相关文书簿册很正常。此事或又是一例。

此外，在州中仓的"月旦簿"一类的簿书中出现一些外县的吏民或仓入米或出米的记录，如简4.4610（十斛付醴陵瀧浦仓吏周进）、4612、4615，又4663、8.2863；4.4037（永新尉陈崇备黄龙二年税米）、又4742、又4790、4806、4755、5078以及1.1783、4.3664，并不奇怪。上述乃是因为不知何故，永新尉陈崇多次将不同名目的米交到了临湘的州中仓，又如，"受米莂"中还有临湘居民向永新仓等交纳米的情况②。为对账，需要对方机构移来相应的账目，进行核验，所以吴简中会出现如下简：

14. 永新倉吏□ 阿謹列 所領 黃 ☐ 4.207

15. 永新倉吏區善（？）謹列所領☐ 4.923

---

① 见凌文超《走马楼吴简采集簿书整理与研究》，第170—282页，特别是第270、272—274页。

② 见宋少华主编《湖南长沙三国吴简（六）》，第24页图1。

醴陵漉浦仓的情况相同，只是已刊简中尚未见到醴陵漉浦仓移来的账目。过去学者研究过的"烝口仓"，《竹简壹》以外还见于简2.7614、3.43、3.67、3.2057、4.4919①、7.2016、8.2900、3092、3283、3405、3410、5646等，几乎都是出现在月旦簿中，记录的是东部烝口仓吏孙陵备某种米，7.2016与最后四简所记似属同一纳入事件）亦是如此②。概言之，涉及外县仓的文书均应属于此类情形。临湘并非孤立的存在，它不断与上级、周边平行的机构及属下诸乡发生文书与人员、物资往来，在临湘留下相应的文书稀松平常。就如同在秦代迁陵县档案库发现朝廷、洞庭郡及周边诸县的文书一样。若没有发现此类文书反而令人称奇③。

如果将吴简视为田户曹的文书，上举三—六类文书，特别是第三类中田户曹以外的"×曹言"简的出现，第四类中其他曹的"叩头死罪白"文书以及第六类中与田户曹无关的"草言府"简，连同诸多的临湘侯相有关的文书底本/草稿，就都变得难以解释了。

总之，长沙走马楼22号井保存的只是主簿与主记史经手与处理过的部分文书簿册，涉及诸曹的，则以仓曹、户曹与田曹上呈的簿册为多，其他诸曹基本只见文书摘要，实际文书不多，因此，并非主簿与主记史经手的全部文书，更远非当时临湘侯国文书的全部。对于吴简中是否存在户籍的争论，亦可根据吴简的性质做出一判断。吴简中发现的名籍类簿册，是诸曹因具体事务而上呈的，多数是定期的，少数是临时性的。

---

① 释文作"東鄉"，误，当作"東部"。
② 关尾史郎注意到受米莂中有为永新仓一类外县仓纳米的情况，他将此和师佐籍联系起来，认为受米莂（作者使用的是"赋税纳入木简"）不只是临湘侯国的，见所著《「湖南长沙三国吴简」の赋税納入木简について》，《長沙吴简研究报告2010年度刊》（2011年12月），第64—71页，新近研究指出这类受物莂或使用木简，又见所著《魏晋简牍のすがた—長沙吴简を例として—》，第224—226页。这等于对其吴简为临湘侯国田户曹文书说提出了挑战，实际并无扞格，解释如上所言。戴卫红据右仓曹史烝堂汇报的×月旦簿不仅包括州中仓、三州仓，还有刘阳仓、吴昌仓、醴陵仓、永新仓等，认为烝堂是郡吏，见所著《长沙走马楼吴简所见孙吴时间的仓》，《史学月刊》2014年第11期，第100—106页，徐畅已从仓库制度上加以辨析，论证此说不确，见《三国孙吴基层文书行政研究》，第40—41页。孤立地举例论证仓的隶属及和烝堂的关系是不够的，相关簿书的复原是厘清此问题的基础。
③ 类似看法见徐畅《三国孙吴基层文书行政研究》，第40页。

最初的簿书是为完成某些具体工作而由乡里吏编制的，并非户籍。实际此井亦不应发现户籍。原因很简单，户籍应该保存在户曹与诸乡，而非主簿处。吴简所发现的各类名籍基本是依据户籍抄录的，但本身并非户籍。

《续汉书·百官志一》"太尉"条讲到属吏时说："黄阁主簿録省眾事""記室令史主上章表報書記"，《百官志五》"郡太守"条云"主记室史，主录记书，催期会"，县则是"诸曹略如郡员"。关于主簿，前人研究涉及不多①，吴简中的主记史有学者作过整理与分析②，但主簿与主记史实际如何工作仍不清楚，吴简可以说是主簿与主记史日常工作具体而微的展示，为了解其职掌提供了宝贵的案例。

三

以上基于受米莂册与月旦簿，将"君教"简放入文书过程中，对其性质加以探讨。认为其制作于门下收到诸曹上白时，是针对需要门下审核的事务而制作的事务处理流程的"转单"，与编入文书或簿册尾部，注明"期会掾×录事掾×校""主簿×省"等竹简相配合。诸曹是临湘侯国实际事务处理的中心，大量事务由其直接处理完成，少量则要继续上呈门下。诸曹负责起草以侯相名义发出的上行、平行与下行文书，诸曹自己亦可下发"敕"，门下则是名义上的枢纽，审核诸曹上呈簿书及文书草稿，并负责以侯相名义制定的正式文书的审定与发送。最后对长沙走马楼 22 号井出土吴简的性质做出进一步的推定，认为是临湘侯国主簿与主记史所保管的部分文书簿册（以仓曹、户曹上呈者为主，兼有少量田曹

---

① 关于主簿的研究，见顾炎武《日知录》卷二四"主簿"，岳麓书社 1994 年版，第 858—859 页；严耕望《中国地方行政制度史 秦汉地方行政制度》，第四版，台北："中央研究院"历史语言研究所 1990 年版，第 124—126、226 页；张玉兴《唐代县主簿初探》，《史学月刊》2005 年第 3 期，第 40—41 页；李迎春《秦汉郡县属吏制度演变考》，博士论文，王子今指导，北京师范大学历史学院，2009 年，第 64—72 页。关于吴简中的主簿，仅见凌文超及李均明略有涉猎，分见所著《走马楼吴简举私学簿整理与研究》，第 58—59 页；《走马楼吴简"君教"批件解析》，第 192—193 页，北京吴简讨论班，2014 年 9 月 14 日。

② 王振华：《孙吴临湘侯国主记史研究》，讨论稿。

上呈的文书，其他曹文书则甚少）。其中不乏大胆的推论，是耶非耶，期待读者的教正。

　　本文写作修改过程中得到徐畅小姐、凌文超与关尾史郎先生的诸多帮助，谨此致谢！

2016 年 6—7 月初稿
9 月修订

高演高湛"兄终弟及"中的领军将军*

陕西师范大学历史文化学院　黄寿成

有关领军将军的执掌，《隋书》卷二十七《百官志》云：在北齐政权中"掌禁卫宫掖。朱华阁外，凡禁卫官，皆主之。舆驾出入，督摄仗卫。"是禁军的长官，而有关此时领军府领军将军的问题张金龙在《魏晋南北朝禁卫武官制度研究》一书中多有论述，特别是张先生注意到领军将军在高演高湛二王与杨愔之争、琅琊王高俨叛乱中所起的作用，甚至还注意到高演与高湛的政争中领军将军这一禁军统帅所起的作用，其中不乏真知灼见。① 但是，张金龙却过于强调领军将军在所谓高演高湛"兄终弟及"事中所起的作用，而实际上领军将军到底在这场宫廷政变中到底起到什么作用这还要细加考述。下面就此问题略作疏说，以拾遗补阙。

一

在弄清楚领军将军在高演、高湛"兄终弟及"事中所起的作用，就必须弄清楚高演、高湛之间权力交替到底是"兄终弟及"，还是一场宫廷

---

* 基金项目：国家社会科学基金项目"北朝时期民族认同及区域文化研究"（项目编号：13BZS086）相关研究成果。

① 见张金龙《魏晋南北朝禁卫武官制度研究》，中华书局 2004 年版，第 825—856 页。

政变。而据《北齐书》卷七《武成帝纪》说：

> ［皇建］二年，孝昭崩，遗诏征帝入统大位。及晋阳宫，发丧于崇德殿。皇太后令所司宣遗诏。左丞相斛律金率百僚敦劝，三奏，乃许之。
>
> 大宁元年冬十一月癸丑，皇帝即位于南宫，大赦，改皇建二年为大宁。乙卯，以司徒平秦王归彦为太傅，以尚书右仆射赵郡王叡为尚书令，以太尉尉粲为太保，以尚书令段韶为大司马，以丰州刺史娄叡为司空，以太傅平阳王淹为太宰，以太保彭城王浟为太师录尚书事，以冀州刺史博陵王济为太尉，以中书监任城王湝为尚书左仆射，以并州刺史斛律光为右仆射，封孝昭皇帝太子百年为乐陵郡王。

还有卷六《孝昭帝纪》也说：

> ［皇建二年］十一月甲辰，诏曰："朕婴此暴疾，奄忽无逮。今嗣子冲眇，未闲政术，社稷业重，理归上德。右丞相长广王湛研机测化，体道居宗，人雄之望，海内瞻仰，同胞共气，家国所凭，可遣尚书左仆射赵郡王叡喻旨，征王统兹大宝，其丧纪之礼一同汉文，三十六日悉从公除，山陵施用，务从俭约。"先是帝不豫而无阙听览，是月，崩于晋阳宫，时年二十七。

从以上两处记载来看，这次王位继承似乎是一次兄终弟及的禅让，但是其中"先是帝不豫而无阙听览"这句话让人感觉是画蛇添足，连标点者也觉得为难，只得一逗到底，因此这句话更有点让人感觉是此地无银三百两。还有此前皇建元年（560）十一月孝昭帝高演即立"世子百年为皇太子"①那么既然立了自己的儿子为太子，而且立太子时似乎是得到其母

---

① 见《北齐书》卷六《孝昭帝纪》，中华书局1972年版。

皇太后娄氏同意的，① 可是第二年十一月留遗诏之前又没有废掉太子，为什么要让自己的弟弟继承皇位？因此说这份遗诏很是可疑。另外有关所谓高演传位于高湛的记载还有"帝临崩，遗诏传位于武成，并有手书，其末曰：'百年无罪，汝可以乐处置之，勿学前人。'"② 这又与《孝昭帝纪》记载略有不同，虽然《高百年传》所记载的多少有点交代后事之意，而《孝昭帝纪》则是临终遗诏，可是当时高演已病入膏肓，《高百年传》却说"遗诏传位于武成，并有手书"，《孝昭帝纪》中也有大致相同的记载，这怎么可能？而且这份手写诏书多少有些像武明皇后娄氏的口气，并且是事后所作，记载中还要强调手书，而史书中少有强调手写诏书，这明显的与史传的惯例不符，有些欲盖弥彰，因此这份所谓的高演手书实在让人感到可疑。另外根据《北齐书》卷十四《上洛王思宗附子元海传》以及《资治通鉴》卷一六八陈文帝天嘉二年十一月条记载，都说明孝昭帝高演死后高湛即位一事并非"兄终弟及"的所谓"禅让"，而是一场有预谋的皇位之争，就是一场宫廷政变。③

二

那么在这场宫廷政变中领军将军到底起到何等作用，是否如张金龙所提说的在二王与杨愔之争、琅琊王高俨叛乱中所起的那种至关重要的作用？那还要再仔细阅读史书中有关那场宫廷政变中的记载，《北齐书》卷十四《上洛王思宗附子元海传》说：

---

① 《北齐书》卷十二《孝昭六王乐陵王百年传》说，高演即位之初，"群臣请建中宫及太子，帝谦未许，都下百僚又请，乃称太后令立为皇太子"。似乎立太子并非出自高演个人意愿，而是来自群臣的压力。"乃称太后令立为皇太子"亦颇堪玩味，因为这"称太后令"未必真是太后的命令，或许是打着娄氏的旗号而已，但太后对于皇帝的影响力可见一斑，其中亦看出高演与太后之间在立高百年为太子一事上似乎有某种默契，可是从《北齐书》中有关高湛即位事件的记载来看这并非出自娄氏意愿，也许是出于无奈，因为高演立高百年为太子，高湛自然就失去了皇位的继承权，而日后高百年一旦即位，娄氏就将被尊为有名无实的太皇太后，这对于权力欲极强的娄氏是绝不能容忍的。

② 见《北齐书》卷十二《孝昭六王乐陵王百年传》，中华书局1972年版。

③ 详见拙作《北齐高演高湛兄终弟及事考释》，刊于《北大史学》第15辑，第100—111页，北京大学出版社2010年版。

初孝昭之诛杨愔等，谓武成云"事成以尔为皇太弟"。及践祚，乃使武成在邺主兵，立子百年为皇太子，武成甚不平。先是，恒留济南于邺，除领军库狄伏连为幽州刺史，以斛律丰乐为领军，以分武成之权。武成留伏连而不听丰乐视事。乃与河南王孝瑜伪猎，谋于野，暗乃归。先是童谣云："中兴寺内白凫翁，四方侧听声雍雍，道人闻之夜打钟。"时丞相府在北城中，即旧中兴寺也。凫翁，谓雄鸡，盖指武成小字步落稽也。道人，济南王小名。打钟，言将被击也。既而太史奏言北城有天子气。昭帝以为济南应之，乃使平秦王归彦之邺，迎济南赴并州。武成先咨元海，并问自安之计。元海曰："皇太后万福，至尊孝性非常，殿下不须别虑。"武成曰："岂我推诚之意耶？"元海乞还省一夜思之。武成即留元海后堂。元海达旦不眠，唯绕床徐步。夜漏未曙，武成遽出，曰："神算如何？"答云："夜中得三策，恐不堪用耳。"因说梁孝王惧诛入关事，请乘数骑入晋阳，先见太后求哀，后见主上，请去兵权，以死为限，求不干朝政，必保太山之安。此上策也。若不然，当具表，云："威权大盛，恐取谤众口"，请青、齐二州刺史。沉静自居，必不招物议。此中策也。"更问下策。曰："发言即恐族诛。"因逼之，答曰："济南世嫡，主上假太后令而夺之。今集文武，示以此敕，执丰乐，斩归彦，尊济南，号令天下，以顺讨逆。此万世一时也。"武成大悦，狐疑，竟未能用。乃使郑道谦卜之，皆曰："不利举事，静则吉。"又召曹魏祖，问之国事。对曰："当有大凶。"又时有林虑令姓潘，知占候，密谓武成曰："官车当晏驾，殿下为天下主。"武成拘之于内以候之。又令巫觋卜之，多云不须举兵，自有大庆。武成乃奉诏，令数百骑送济南于晋阳。

从高湛指使领军将军库狄伏连拒绝出任幽州刺史向斛律丰乐交出兵权来看，领军将军应该是相当重要的角色。此外《通鉴》对于这场事变还有补充，详见其书卷一六八陈文帝天嘉二年（561）：

十一月，甲辰，诏以嗣子冲眇，可遣尚书右仆射赵郡王叡谕旨，征长广王湛统兹大宝。又与湛书曰："百年无罪，汝可以乐处置之，勿效前人也。"是日，殂于晋阳宫。……赵郡王叡先使黄门侍郎王松年驰至邺，宣肃宗遗命。湛犹疑其诈，使所亲先诣殡所，发而视之。使者复命，湛喜，驰赴晋阳，使河南王孝瑜先入宫，改易禁卫。癸丑，世祖即皇帝位于南宫，大赦，改元太宁。

在中间也没有提到领军将军库狄伏连在这场事变中所起到的作用，还有前文所引《北齐书》卷七《武成帝纪》记载这次权力更替事件以及事后的论功行赏名单中都没有领军将军库狄伏连。相反《通鉴》却说当时高湛是派高孝瑜入宫，"改易禁卫"，而这种重新改组禁卫军的重大事件竟然没有领军将军库狄伏连参与，不是很让人生疑，由此只能得出一个结论，就是领军将军库狄伏连在这场事变中并没有起到重大的作用。

三

那么参与这场事变者是否与禁军有着密切的关系，可以不通过领军将军库狄伏连直接控制禁军？从有关史书记载来看，这场事变的参与者主要有高湛、库狄伏连、斛律金、高孝瑜、高元海、高叡等人，那么这些人为什么能纠集在一起，则要对他们的出身及所处的地位加以分析。

高湛，是这场事变的主谋之一，也是最大的获利者。《北齐书》卷七本纪说他是"神武皇帝第九子，孝昭皇帝之母弟也。仪表瑰杰，神武尤所钟爱。""元象中，封长广郡公。天保初，晋爵为王，拜尚书令，寻兼司徒，迁太尉。乾明初，杨愔等密相疏忌，以帝为大司马，领并州刺史。帝既与孝昭谋诛诸执政，迁太傅录尚书事，领京畿大都督。皇建初，进位右丞相。孝昭幸晋阳，帝以懿亲居守邺，政事咸见委托。"结合前文所考，其时高湛留守邺城，与领军将军库狄伏连有勾结，并且指使库狄伏连向新任的领军将军斛律丰乐交出禁军的指挥权，应该说他是与禁军与间接联系的人物。

库狄伏连，《北齐书》卷二十本传说他是代人，"少以武干事尔朱荣，至直阁将军。""世宗辅政，迁武卫将军。天保初，仪同三司。四年，除郑州刺史，寻加开府。伏连质朴，勤于公事，直卫官阙，晓夕不离帝所，以此见知。"本传并没有他任领军将军，可是《北齐书》卷十四《上洛王思宗附子元海传》中明确说他在政变之前任掌禁军的领军将军，可是史书中除了在这里记载他连拒绝孝昭帝高演下令出任幽州刺史向新任的斛律丰乐领军将军交出兵权外，再没有他参与这场宫廷政变的其他记载，甚至《武成帝纪》中事后论功行赏的名单中都没有他，由此可推测他在这场宫廷政变中所起的作用不是很大。

斛律金，《北齐书》卷十七本传说他"字阿六敦，朔州敕勒部人也。""及尔朱兆等逆乱，高祖密怀匡复之计，金与娄昭、库狄干等赞成大谋，仍从举义。高祖南攻邺，留金守信都，领恒、云、燕、朔、显、蔚六州大都督，委以后事。""世宗嗣事，侯景据颍川降于西魏，诏遣金帅潘乐、薛孤延等固守河阳以备。""显祖受禅，封咸阳郡王，刺史如故。其年冬，朝晋阳宫。金病，帝幸其宅临视，赐以医药，中使不绝。病愈还州。三年，就除太师。""进位右丞相，食齐州干，迁左丞相。肃宗践阼，纳其孙女为皇太子妃。""世祖登极，礼遇弥重，又纳其孙女为太子妃。"而让斛律金放弃自己的孙女婿太子高百年，转而向高湛劝进这确实是一个让人意想不到的事，可是《北齐书·武成帝纪》却明文记载"左丞相斛律金率百僚敦劝"，但是再看了前文"皇太后令所司宣遗诏"后就明白其中有许多不得已，或者这中间还有一些政治交易，因为此后高湛则又聘斛律金的另一个孙女为他的太子高纬的妃子，直至后来成为后主高纬的皇后。这些都说明他的家族在东魏北齐政权中有着相当大的实力，可是他与禁军却没有关系，相反他的一个儿子就是被拒绝接任领军将军的斛律丰乐。

高孝瑜，《北齐书》卷十一本传说他"字正德，文襄长子也。初封河南郡公，齐受禅，晋爵为王。历位中书令、司州牧。初，孝瑜养于神武宫中，与武成同年相爱。将诛杨愔等，孝瑜预其谋。及武成即位，礼遇特隆"。可见高孝瑜身为追封为文襄帝高澄长子，与高湛一直关系密切，事变前还曾假借打猎和高湛密谋，他又曾任中书令和控制京畿的司州牧，因此说他虽然权高位重，可是史书中既没有担任过领军将军，也没有他与禁军有关系的记载。

高元海，《北齐书》卷十四本传说他是上洛王思宗之子，"累迁散骑常侍"。"又除领军""皇建末，孝昭幸晋阳，武成居守，元海以散骑常侍留典机密。""武成即位，除元海侍中开府仪同三司太子詹事"。可见他是在邺城"留典机密"的重要人物，但是史书中也没有他在政变之时与禁军有关联的记载。

高叡，《北齐书》卷十三本传说他是赵郡王高琛之子，是高欢之侄，幼年父母双亡，"高祖令常山王共卧起，日夜说喻之。""武定末，除太子庶子。显祖受禅，进封爵为赵郡王，邑一千二百户，迁散骑常侍。""出为定州刺史，加抚军将军六州大都督，时年十七。""七年，诏以本官都督沧瀛幽安平东燕六州诸军事、沧州刺史。八年，征叡赴邺，仍除北朔州刺史，都督北燕北蔚北恒三州及库推以西黄河以东长城诸镇诸军事。""十年，转仪同三司，侍中将军长史王如故。寻加开府仪同三司骠骑大将军太子太保。皇建初，行并州事。孝昭临崩，预受顾托，奉迎世祖于邺，以功拜尚书令，别封浮阳郡公，监太史，太子太傅，议律令。"高叡即使高齐的宗室，又在东魏北齐政权中拥有实权，可是他的背景比较复杂，幼年就与高演一起起居，说明他们关系颇佳。本传虽然说他"十岁丧母，高祖亲送叡至领军府，为叡发丧"，可是却没有其他与禁军有关系的记载，因此说高叡在领军府发丧只是其伯父高欢在宫中随意找了个发丧的地方而已，并不能说明他与禁军有何关系。

再看那些在这场宫廷政变中获利者，即太宁元年（561）冬十一月乙卯日封官与爵者高归彦、尉粲、段韶、娄叡、高淹、高浟、高济、斛律光，而高淹、高浟、高济因为是高湛的兄弟，当只是陪衬，在此姑且不论。

高归彦，《北齐书》卷十四本传说他"字仁英，神武族弟也"。"少质朴，后更改节，放纵好声色，朝夕酣歌。""天保元年，封平秦王。""以讨侯景功，别封长乐郡公，除领军大将军。""乾明初，拜司徒，仍总知禁卫。初济南自晋阳之邺，杨愔宣敕，留从驾五千兵于西中，阴备非常。至邺数日，归彦乃知之，由是阴怨杨、燕。杨、燕等欲去二王，问计于归彦。归彦诈喜，请共元海量之。""长广于是诛杨、燕等。孝昭将入云龙门，都督成休宁列拒而不内，归彦谕之，然后得入，进向柏阁、永巷亦如之。孝昭践祚，以此弥见优重，每入常在平原王段韶上。以为司空，兼尚书令。""孝昭崩，归彦从晋阳迎武成于邺。及武成即位，进位太傅，领司徒。"可见高归彦曾任领军大将军，与禁军确实有关系。另外，他还号称"六军百万众悉由臣手"，可是高湛"改易禁卫"是派的高孝瑜，并没有他参与其事的记载。这些都说明他当时可能已经离开禁军，只是因为他曾经是禁军的高级指挥官，为了保证新政权的稳定，所以在事后也将他由司徒晋升为太傅。

尉粲，《北齐书》卷十五本传说他是尉景之子，其母是高欢姐，"少历显职，性粗武"。高洋"追封［尉］景长乐王。粲袭爵。位司徒、太傅"。由于尉粲是高欢的外甥这层关系，他在东魏北齐政权中颇有权势，但是他与禁军没有关系。

段韶，《北齐书》卷十六本传说他是段荣之子，"字孝先，小名铁伐。少工骑射，有将领才略。高祖以武明皇后姊子，益器爱之，常置左右，以为心腹。建义初，领亲信都督。中兴元年，从高祖拒尔朱兆，战于广阿"。"遂与兆战，兆军溃。攻刘诞于邺。及韩陵之战，韶督率所部，先锋陷阵。""加龙骧将军谏议大夫，累迁武卫将军。""兴和四年，从高祖御周文帝于邙山。高祖身在行间，为西魏将贺拔胜所识，率锐来逼。韶从傍驰马引弓反射，一箭毙其前驱，追骑慑惮，莫敢前者。""高祖疾甚，顾命世宗曰：'段孝先忠亮仁厚，智勇兼备，亲戚之中，唯有此子，军旅大事，宜共筹之。'""天保三年。为冀州刺史六州大都督。有惠政，得吏民之心。""皇建元年，领太子太师。太宁二年（562），除并州刺史。高归彦作乱冀州，诏与东安王娄叡率众讨平之。"段韶是东魏北齐的名将，屡立战功，再加上他是武明皇后娄氏的外甥，故此深受高欢父子的信任，高欢临终时甚至嘱咐接班人高澄军旅大事多与段韶协商。这些都说明段韶在东魏北齐政权中的地位显赫，可是史书中也没有他与禁军有关系的记载。

娄叡，《北齐书》卷十五本传说他是娄昭之侄，"字佛仁，父拔，魏南部尚书。叡幼孤，被叔父昭所养。为神武帐内部督，封掖县子，累迁光州刺史""齐受禅,得除领军将军,别封安定侯。""为瀛洲刺史。""皇建初,封东安王。太宁元年(561),进位司空。"可知他曾在北齐建立之初担任过统领禁军的领军将军,而北齐建立之初的天保初年到这场宫廷政变发生的皇建二年(561)已有十年左右,另外,早在高演即位之前他已经外放至瀛洲任刺史,由此推断在那场政变发生是他已与禁军没有太深的联系了。

斛律光,《北齐书》卷十七本传说他是斛律金之子,"字明月,少工骑射,以武艺知名,魏末,从金西征,周文帝长史莫孝晖时在行间,光驰马射中之,因擒于阵,光时年十七。高祖嘉之,即擢为都督。世宗为世子,引为亲信都督,稍迁征虏将军,累加卫将军"。"齐受禅,加开府仪同三司,别封西安县子。天保三年,从征出塞,光先驱破敌,多斩首虏,并获杂畜。还,除晋州刺史。""皇建元年,进爵钜鹿郡公。""太宁元年,除尚书右仆射,食中山郡干。二年,除太子太保。"可见史书中也没有他与禁军有关系的记载。

可见这些政变的参与者在东魏北齐政权中颇有权势,但是他们大多与禁军没有联系,个别曾任领军将军、领军大将军者在政变发生之时已离开领军将军、领军大将军的职位,有的甚至离职时间久远。而且从高湛是派高孝瑜这个与禁军没有什么关系的亲信去"改易禁卫",而没有派那些曾任领军将军、领军大将军者去改组禁军来看,这些曾任领军将军、领军大将军者当时对于禁军的影响力实在有限。因此说在这场宫廷政变中起决定作用的是斛律金、斛律光、段韶、尉粲等北齐重臣以及高齐皇族的高孝瑜、高元海、高叡等人,也就是说这些显赫家族的政治取向才是政变的成败与否的关键所在。

综上所述,领军将军、领军大将军虽然是东魏北齐政权的禁军统帅,但是通过对于高演高湛兄弟所谓"兄终弟及"的这场宫廷政变过程分析,以及对于参与者和事后封官进爵者与禁军之间的关系的考释,可以看出领军将军等禁军的统帅在这场宫廷政变中非但没有起着决定性的作用,而且他们对于宫廷政变的成败所起的作用甚微,相反在这场宫廷政变中起决定作用的是北齐政权中的一些显赫家族,他们的政治取向决定了政变的成败与否。因此说领军将军等禁军的统帅至少在这场宫廷政变中所起的作用实在有限，更不好说北齐政权时期领军将军一定在宫廷政变中起着重要作用，并决定着政变的成败。

关于丝绸之路经济与汉唐边疆稳定发展的思考

中国社会科学院历史研究所　李锦绣

古代中国陆疆包括东北、北方、西北和西南四部分。

秦始皇统一中国后，北方疆域基本上以长城为界，长城内是黄河、长江、珠江三大河流域的汉族、百越、西南夷等诸民族居住的农业区；环绕在长城之外的，是东北、蒙古、天山以北的草原和青藏高原等地区生活的东胡、匈奴、西羌等民族的游牧区。东北、北方、西北边疆多在农耕与游牧经济区的交接带上，自然环境、地理位置、生态环境、气候条件和民族构成等方面，都与中原和江南迥然不同。汉以后，随着国力强弱、朝代兴衰，古代边疆区域范围有所变化，但边疆地区地广人稀，经济发展缓慢的状况依然存在。充实边疆，开发边疆，成为历代中原王朝进行边疆经济建设的首要任务。

秦汉以来，中原王朝多积极致力于边疆地区经济开发。丝绸之路为边疆经济发展带来新的机遇和挑战。边疆经济开发，保证了丝绸之路的畅通，也促进了丝绸之路经济贸易的繁荣。汉唐边疆经济发展，驻防军队衣食充足，不但加强了边防力量，而且奠定了开拓丝绸之路的经济基础，推进了丝绸之路向外延伸得更为深远。

一　汉唐边疆经济开发与丝绸之路

根据自然、土壤和气候特点，边疆地区经济开发的目标是提高生产力水平,将边疆建成农牧业生产基地。因此,边疆地区经济发展,首先是发展农业和畜牧业。其措施主要可概括为移民实边、兴修水利、劝课农桑、屯田和农牧兼营五种。

通过开发边疆,中原与边疆地区商贸联系建立起来,促进了经济的繁荣,加强了边疆与中原的联系。一份敦煌文书记录了唐与西北边疆的经济往来:总章二年(669)七月,沙州的传马坊派出传驴 36 头,"给送帛练使司马杜雄充使往伊州",而伊州则"送蒲桃酒来";同月,沙州还派马驴"差送铁器往伊州",并派传马驴 81 头,"送庭州帛练使杜雄"。① "帛练使司马杜雄"来自中原,其帛练也是从中原运到敦煌,之后运送到伊州,甚至远到北庭。送到伊州的铁器,也来自中原,可能是农具。西域向中原运送的则有葡萄酒。敦煌作为中原与西域的枢纽,承担了来往使者及东西货物的运输任务。敦煌文书记录的帛练、铁器和葡萄酒,只是中原和西域物资交流的几个片段,从中不难推见唐代中原与边疆的交往之密切。

边疆地区农业的发展,不仅使荒原上大片荒地被开垦,而且也通过移民、屯田的经济活动,中原地区先进的农业生产技术、种子、作物和生产力都传播到边疆。汉代大力推广代田,"又教边郡及居延城。是后边城、河东、弘农、三辅、太常民皆便代田"。② 代田法也远播到西域绿洲屯田中。曹魏时,敦煌百姓不了解正确耕作方法,"又不晓作耧犁",太守皇甫隆到任,"教作耧犁",节省劳力,并提高了农产量。③ 前凉时,张骏(324—346 年在位)从秦陇向河西移植楸、槐、柏、漆树,西凉武昭王建初(405—417)年间,酒泉已有槐树生长。④ 移植作物改变了边疆面貌。屯田地区,更直接得到中原的种子、畜类和技术支持。汉武帝"始开三边,徙民屯田,皆与犁牛"。⑤ 唐代经营屯田时,国家要提供屯田劳

---

① 敦煌伯 3714 背唐总章二年传马坊文书第 1、3、89、129 行,录文及考释见卢向前:《伯希和三七一四号背面传马坊文书研究》,《敦煌吐鲁番文书文献研究论集》,中华书局 1982 年版,第 660—686 页。
② 《汉书》卷二四上《食货志》,中华书局点校本,第 1139 页。
③ 《三国志》卷一六《仓慈传》注引《魏略》,中华书局点校本,第 513 页。
④ 《晋书》卷八七《凉武昭王李玄盛传》,中华书局点校本,第 2267 页。
⑤ 《汉书》卷七《昭帝纪》元凤三年正月条应劭注,第 229 页。

作者口粮，同时还要支给屯田所需种子、牲畜、农具等。吐鲁番文书记载，西州某县"给白水屯种子支供讫"①；营田使下西州牒文，要求"天山屯车、牛、农具，差人领"②。可见唐边疆屯田区的铁器农具、种子、畜力都与中原接轨，故而能够精耕细作，提高生产力水平。铁制工具的使用、水利工程的兴修、灌溉网络的建立，带动了边疆经济发展和社会进步，③加速了边疆地区的建设，也改变了边疆的经济和社会面貌。以唐伊州为例，贞观十四年（640），伊吾内附不久，"远在藩碛，民非夏人，地多沙卤"④，自然条件恶劣。但开元七年（719），唐玄宗下敕："伊州岁贡年支米一万石宜停。"⑤这表明此前伊州每年要进贡米一万石。几十年间，伊州从"沙卤"之地，变为自给自足并向朝廷进贡优质米的粮食基地，可见唐在西域经济开发成效之显著。

中国古代屯田的目的，主要为解决军士和戍防人员粮食，并供给过往行人。随着屯田的展开，农村和城镇的新兴农业区在屯田之地发展起来。边疆地区的屯田营田不仅保证了边防驻军兵马的浩大食粮支出，供给国家行政、交通的基本需要，满足丝绸之路商旅的食宿需要，而且一部分积存的粮食向其他地区输送，将中原与边疆经济连成一体。天宝八载（749），天下屯田收入191万多石，其中关内道56万多石，河北道40多万石，河东道24万多石，河西道26万多石，陇右道44万石。⑥成为国家重要的粮食收入。

吐鲁番出土一件记录长行坊草料支出账单的文书，具体展现了屯田在国家经济和丝绸之路上的作用。文书云：

---

① 《吐鲁番出土文书》第7册载"唐西州某县事目"，文物出版社1986年版，第345页。
② 大谷3473号文书，此为唐开元十九年（731）正月至三月西州天山县印历残卷的第15行，见池田温《中国古代籍账研究》，东京大学东洋文化研究所1979年版，第359页。
③ 参见殷晴《丝绸之路与西域经济——十二世纪前新疆开发史稿》，中华书局2007年版，第74—78页。
④ 《贞观政要集校》卷九《议安边第三十六》，（唐）吴兢撰，谢保成集校，中华书局2003年版，第504页。
⑤ 《册府元龟》卷一六八《帝王部·却贡献》，中华书局影印1960年版，第2025页。
⑥ 《通典》卷二《屯田》，王文锦等点校，中华书局1988年版，第44—45页。

1. 蒲昌县界长行小作　　状□
2. 当县界应营易田粟总两顷，共收得□□叁阡贰伯肆拾壹束。（每粟壹束准草壹束。）
9. 以前都计当草叁阡贰伯肆拾壹束，具破用、见在如后。
10. 壹阡束奉县牒，令支付供萧大夫下进马食讫，县城作。
11. 玖伯束奉　都督判命，令给维磨界游奕马食，山北作。①

蒲昌县界的长行坊开拓营田2顷，粮草兼收。其中收获草3241束，供给萧大夫下进马和维磨戍游弈马吃草，两者占了长行坊收获的三分之二，剩下的由长行坊马支用。需要说明的是，进马是从西域买马，上供皇帝；游弈是军事力量，长行坊是西域交通机构。长行坊的草供给了丝绸之路上的贸易往来、军事防御力量和交通机构支用，生动地展现了边疆经济发展和丝绸之路经贸往来的互动。

边疆地区农业开发和畜牧业发展，使不毛之地变成农牧业基地，为开拓丝绸之路，提供了坚实的物质基础。唐玄宗时，"中国无斥候警者几四十年。轮台、伊吾屯田，禾菽弥望"②，边疆经济开发硕果累累。开元二十一年（733），庭州百姓蒋化明受北庭子将郭琳雇佣"使往伊州纳和籴"③，正是因为庭州农业发达，才有了郭琳、蒋化明等人到伊州贩运粮食的贸易活动。

随着丝绸之路的开拓，丝绸之路沿线国家的农牧作物和农牧技术交互影响。西来作物对边疆农牧业影响较大。汉武帝积极开疆拓土，"故能睹犀布、瑇瑁则建珠崖七郡，感枸酱、竹杖则开牂柯、越巂，闻天马、蒲陶则通大宛、安息。自是之后，明珠、文甲、通犀、翠羽之珍盈于后宫，蒲梢、龙文、鱼目、汗血之马充于黄门，巨象、师子、猛犬、

---

① 《吐鲁番出土文书》第10册载"唐上元二年蒲昌县界长行小作具收支饲草数请处分状"，文物出版社1991年版，第252—253页。
② 《新唐书》卷二一六下《吐蕃传》，中华书局点校本，第6107页。
③ 《吐鲁番出土文书》第9册载"唐开元二十一年西州都督府案卷为勘给过所事"文书，文物出版社1990年版，第62—63页。

大雀之群食于外囿。殊方异物，四面而至"①。两汉以后，葡萄、苜蓿、石榴、胡麻、胡桃、胡豆、胡瓜、胡荽、胡蒜、胡萝卜、胡葱、胡椒、橄榄等从西域传入中原，②棉花从印度引进到西域和西北边疆。这些随着丝绸之路发展从中亚或印度传来的作物，成为边疆农牧业的主要作物。

丝绸之路对边疆经济发展的影响，还体现在丝路经济方式，成为开发边疆的手段。借丝路的东风，引入商品经济因素，促进了边疆的开发和发展。汉代在屯田之外，还与西域土著政权以丝织品换取谷物，在屯田的同时，开展积谷贸易，不但刺激当地商品经济的发展，而且通过屯田积谷，提升综合实力，增强西域诸国的向心力，保障西域经济发展。③曹魏时凉州刺史、护羌校尉徐邈更新了河西地区经济模式。史载"河右少雨，常苦乏谷。邈上修武威、酒泉盐池以收虏谷，又广开水田，募贫民佃之，家家丰足，仓库盈溢。乃支度州界军用之余，以市金帛犬马，通供中国之费……西域流通，荒戎入贡，皆邈勋也"。④徐邈用盐与北方部族贸易，用盐交换谷物；兴修水利，开垦土地，发展农业，使仓廪丰实。此后，卖余谷买中原绢帛；以绢帛向西域买马，将丝绸销往西域。徐邈耕耘与贸易并重，保证粮食供给；以粮易绢，开展绢马贸易，这些都是丝绸之路经贸方式。徐邈充分发挥敦煌处于中原、西域贸易枢纽的地位优势，以丝路经济手段开发敦煌，农商并重，不但使敦煌经济蓬勃发展，而且也加强了中原与丝路交通，促进了丝绸之路的繁荣。丝绸之路带动边疆经济增长，徐邈为之提供了一个成功的案例。

随着丝绸之路的兴盛，丝路商人更广泛地加入了边疆经济开发的队

---

① 《汉书》卷九六下《西域传》，第3928页。
② 陈竺同：《两汉和西域等地的经济文化交流》，上海人民出版社1957年版，第10—11页。
③ 李艳玲：《"屯田"与"积谷"——西汉在西域的农业活动拾遗》，《丝瓷之路：古代中外关系关系史研究》第4辑，第133—154页。
④ 《三国志》卷二七《徐邈传》，第739—740页。

伍。唐代在西北边实行和籴政策，①"贞观、开元后，边土西举高昌、龟兹、焉耆、小勃律，北抵薛延陀故地，缘边数十州戍重兵，营田及地租不足以供军，于是初有和籴"。② 唐代和籴规模巨大，"自开元中及于天宝，开拓边境，多立功勋，每岁军用日增。其费籴米粟则三百六十万匹段"，其中"朔方、河西各八十万，陇右百万，伊西、北庭八万，安西十二万，河东节度及群牧使各四十万"③。和籴主要施行于北方及西北边区。天宝八载（749），和籴米约为114万石。④ 敦煌出土了大量和籴文书。天宝四载（745），河西豆卢军从武威郡领到两万匹段绢帛，用以和籴。⑤ 敦煌县百姓"相学鹤望和籴"⑥，和籴成为日常生活依托。据敦煌文书可知，除惠及百姓的和籴外，西北边郡还实行了更为获利的交籴制度。⑦ 与边军进行交籴的多为行客，交籴数额较大。如天宝六载（747）十二月，行客任哲子请求向豆卢军交籴粟108石6斗，行客宋无暇请交籴粟100石，行客李庭金请纳交籴粟200石。⑧ 行客是羁旅中的游客或未附籍的浮客，这里的任哲子、宋无暇、李庭金都为从事粮食贸易的商人。用和籴、交籴方式解决边军军食，也是丝绸之路贸易与边疆开发相互影响、促进的结果。

古代边疆地区的经济开发，与中原王朝的强弱、边疆开拓力度和中

---

① 对唐代和籴研究，参见陈寅恪《隋唐制度渊源略论稿》，上海古籍出版社1982年版，第145—154页；卢向前《从敦煌吐鲁番文书出土的几件文书看唐前期和籴的一些特点》，《敦煌吐鲁番文书文献研究论集》第5辑，北京大学出版社1990年版，第307—337页；并参其著《唐代政治经济史综论：甘露之变研究及其他》，商务印书馆2012年版，第87—181页。

② 《新唐书》卷五三《食货志》，第1373页。

③ 《通典》卷六《赋税下》，第111页。

④ 《通典》卷一二《轻重》，第291页。

⑤ 敦煌伯3348背"唐天宝四载河西豆卢军和籴会计牒"，录文见［日］池田温《中国古代籍帐研究》，第463—466页。

⑥ 大谷2836号"周长安三年敦煌县录事董文彻牒"，录文见［日］池田温《中国古代籍帐研究》，第343页。

⑦ 详见杨际平《天宝四载河西豆卢军和籴会计文书研究》，《中国社会经济史研究》1992年第3期；王永兴《伯三三四八背文书研究》，载《敦煌吐鲁番学研究论文集》，汉语大词典出版社1990年版，第157—173页；李锦绣《唐代财政史稿》（上卷），北京大学出版社1995年版，第747—753页。

⑧ 敦煌伯3348背文书，见［日］池田温《中国古代籍帐研究》，第468、469页。

原经济发展水平成正比。边疆的开发要结合内地经济水平，注意平衡，打造边疆内地经济一体化。边疆建设，开发边疆，不能成为国家的负担。秦、隋无休止的征役，导致政权灭亡。这是古代边疆开发的历史教训。

此外，开发边疆，需注意边疆地区自然环境，要统筹兼顾，全面发展，综合开发；不能单一经济，过度开发。如由于过度开发和河道变迁，绿洲城镇楼兰水源枯竭，不得不在4世纪废弃；[①] 因人类不合理的开发，自然环境恶化等原因，西域南道逐渐冷落，南道的繁盛也转瞬即逝。[②] 这些失败的教训，均可为边疆经济发展提供借鉴。

二 丝绸之路经济与汉唐边疆稳定关系例证

汉唐边疆地区的稳定无疑有利于丝绸之路的通畅，反过来丝绸之路的通畅亦直接推动边疆地区以至整个国家经济发展，有利于边疆地区的稳定。

中国古代边疆稳定需要的内外部因素。如汉代的西域，东有中国中原王朝，西有安息、大秦，北有匈奴、乌孙等游牧部族，南有贵霜等印度诸王朝。西域的稳定需要各方势力的平衡。以上各方势力中，对西域稳定最有影响的是北方游牧部族和东方中原王朝，后者的影响力又超过前者。历代中原王朝对西域政策及其得失成败、历代中原王朝本身势力的消长对西域都有直接影响。

加强经贸联系，发展生产，是维持西域稳定的重要举措。西域以绿洲农牧业为主的自然经济及地理环境和气候条件，都需要丝绸之路顺畅而带来的经济利益，西域的过境贸易和贡赐贸易等，都是维系稳定的内部因素。因此汉唐边疆稳定与丝绸之路经济发展构成了互利共赢的互动

[①] 殷晴：《古代新疆农垦事业的发展》，载殷晴主编《新疆经济开发史研究》（上册），新疆人民出版社1992年版，第5—42页，esp. 18。

[②] 《古代新疆商业的发展和商人的活动》，载殷晴主编《新疆经济开发史研究》（上册），新疆人民出版社1992年版，第191—218页，esp. 199—200。

关系。

（一）丝绸之路通畅，带来边疆地区经济发展

唐代经略西域，开发丝绸之路，以河西陇右为基地。河西陇右处于西北边疆，北临突厥铁勒部落，南有吐谷浑、吐蕃等强大势力，战争不断，是经略西域的前沿阵地。关于丝绸之路对边疆地区经济的影响，本文以唐代的河西陇右为例，进行说明。

隋代河陇地广人稀。《资治通鉴》卷一七六长城公至德二载（584）条云：

> 帝以陇西频被寇掠，而俗不设村坞，命子干勒民为堡，仍营田积谷。子干上书曰："陇右河西，土旷民稀，边境未宁，不可广佃。比见屯田之所，获少费多，虚役人功，卒逢践暴。屯田疏远者，请皆废省。但陇右之人，以畜牧为事，若更屯聚，弥不自安。但使镇戍连接，烽堠相望，民虽散居，必谓无虑。"帝从之，以子干晓习边事，丁巳，以为榆关总管。①

隋初，河西陇右人烟稀少，主要从事畜牧业，不设坞堡、没有营田。开皇十九年（599），凉州总管王世积和亲信谈到河西，有"河西天下精兵处""凉州土旷人希"句。② 可见开皇年间，河西陇右经济仍不发达。

唐代开发丝绸之路之前，河西陇右仍然萧条。贞观四年（630），凉州都督李大亮上疏指出："然河西氓庶，积御蕃夷，州县萧条，户口鲜少，加因隋乱，减耗尤多。突厥未平之前，尚不安业，匈奴微弱已来，始就农亩。若即劳役，恐致妨损。"③ 唐平定东突厥后，河西陇右经济才开始起步。贞观十四年（640），唐平高昌，置西州后，褚遂良进谏，他

---

① 《资治通鉴》，中华书局1956年版，第5473—5474页。
② 《资治通鉴》卷一七八开皇十九年六月条，第5565页。
③ 《旧唐书》卷六二《李大亮传》，中华书局点校本，第2388页。

提到高昌一役对河西的影响:"……陛下诛灭高昌,威加西域,收其鲸鲵,以为州县……然则王师初发之岁,河西供役之年,飞刍挽粟,十室九空,数郡萧然,五年不复。"① 可见,进军高昌,严重削弱了河陇力量,这种损失五年之内都无法恢复。开西域,军粮及运输、大军经过,都要河陇供给。经营西域,要有河陇的经济、军事力量为支撑。

魏徵的进谏更能说明问题。《贞观政要集校》卷九《议安边第三十六》记载云:

> 魏徵曰:……以为州县,常须千余人镇守……十年之后,陇右空虚。②

千人镇守高昌,需要河西陇右地区经济及军事两方面支持。魏徵之所以强调连续十年镇守,足以令陇右空虚,正体现了陇右是西域的经济、军事后盾。在贞观十四年(640),区区千余人镇戍高昌,对陇右经济的影响已超乎魏徵的想象,可见西域征伐镇戍确实对国家影响重大,太宗力排众议,需要强大的勇气和魄力。另外,也可以看到当时陇右经济的薄弱,这正与贞观四年(630),麴文泰从高昌经过陇右至长安,"见秦、陇之北,城邑萧条,非复有隋之比"③的景象相符合。加紧开发河陇,发展河陇,已是迫在眉睫的问题。

唐平高昌后,开始开发丝绸之路。丝绸之路的兴盛,促进了河陇经济发展,使萧条的河陇面目一新。

张籍《凉州词三首》之一:

> 边城暮雨雁飞低,芦笋初生渐欲齐。无数铃声遥过碛,应驮白练到安。④

---

① 《贞观政要集校》卷九《议安边第三十六》,中华书局2003年版,第506—508页,参《唐会要》卷九五《高昌》、《册府元龟》卷一〇〇〇、《旧唐书》卷一九八《高昌传》。
② 《贞观政要集校》,中华书局2003年版,第506—508页,参《唐会要》卷九五《高昌》。
③ 《旧唐书》卷一九八《高昌传》,第5293页。
④ 《全唐诗》卷三八六,第4357页。

从东运输到西的白练，并不是直接运送到安西，而是要先运到河西，并储存在河西。"唐仪凤三年度支奏抄"（A′8—14 行）云：

> 每年伊州贮物叁万段，瓜州贮物壹万段。剑南诸州庸调送至凉府日，请委府司，各准数差官典部领，并给传递往瓜、伊二州。

瓜州、伊州的绢帛，要由剑南道运输到凉州，再由凉州向西域运输。敦煌文书伯三三四八背"唐天宝四载豆卢军上河西支度使和籴正帐牒"记载了敦煌郡（沙州）和籴匹段的支付情况，其中几行云：

> 2. 合当年天宝四载和籴，准旨支贰万段，出武
> 3. 威郡，准估折请得絁绢练绵等总壹万
> 4. 肆阡陆伯柒拾捌屯叁丈伍尺肆寸壹拾铢。
> 17. 伍阡陆伯匹大生绢，（匹估四百六十五文），计
> 18. 贰阡陆伯肆贯文。
> 19. 伍伯伍拾匹河南府絁，（匹估六百廿十文，）
> 20. 计叁伯肆拾壹贯文。
> 27. 以前匹段，准估都计当钱阡贰伯陆
> 28. 拾陆贯柒伯伍拾玖文，计籴得斛斗
> 29. 壹万壹伯壹拾伍硕陆斗玖胜壹合。

沙州的和籴匹段也来自武威郡（凉州）。凉州成为丝绸之路上的绢帛丝绸集散地，丝织品的转输贸易，带动了河西陇右经济的发展。

随着丝绸之路的兴盛，河西陇右从支撑千人镇戍高昌已近崩溃边缘，到支持三万西域戍兵仍游刃有余，河陇地区终于在开元天宝年间搭上丝绸之路快车，完成了经济腾飞，达到了西域基地的目的。

《开天传信记》记载：

> 开元初，上励精理道，铲革讹弊，不六七年，天下大治，河清

海晏，物殷俗阜。安西诸国，悉平为郡县。自开远门西行，亘地万余里，入河、湟之赋税，满右藏，东纳河北诸道租庸，充满左藏。财物山积，不可胜较。四方丰稔，百姓殷富，管户一千余万，米一斗三四文，丁壮之人，不识兵器。路不拾遗，行者不囊粮。奇瑞叠应，重译麇至，人情欣欣然，感登岱告成之事。上犹惕厉不已，为让者数四焉。①

"河、湟之赋税，满右藏"，即丝绸之路带动河陇的结果。正因为有"河、湟之赋税，满右藏"，才能够"安西诸国，悉平为郡县"。"河、湟之赋税"反过来成为唐代经略西域的关键。有了对河陇的经营，入安西诸国，才能"行者不囊粮"。

随着丝绸之路的兴盛，开元年间，河陇大量垦荒，农业生产欣欣向荣。"今原田弥望，畎浍连属，繇来榛棘之所，遍为秔稻之川。仓庾有京坻之饶，关辅致请亩畬之润。"② 河陇以东经济得到空前发展。安史乱爆发时，逃亡中的唐玄宗与随从讨论离京后去向，中官骆休详请幸陇西，说："姑臧一部曾王五凉，土厚地殷，实堪巡幸。"③ 可见天宝末河陇成了全国最富裕的地区之一。

丝绸之路的畅通，使河西陇右地区长期稳定，经济发展突飞猛进，不仅加强了西北边境的军事力量，而且成为唐西北军事格局的核心，经营西域的后方总部。从萧条之地变为富裕地区，丝绸之路的引领作用，显而易见。

（二）丝路经济发展，奠定了边疆稳定的基础

开拓丝路，切断外部势力对丝路沿线地区的强取豪夺，也从经济上切断周边游牧国家的经济供给，兹以汉代为例说明。

经营西域为了国家边疆稳定，长治久安。班勇上书更明确指出："昔

---

① （唐）郑綮著，吴企明点校：《教坊记：外三种》，中华书局2012年版，第79页。
② 《册府元龟》卷四九七《邦计部·河渠门》开元八年九月诏，第5951页。参《册府元龟》卷六七三《牧守部·褒宠二》，第8042页；卷六七八《牧守部·兴利》，第8102页。
③ 《开元天宝遗事·安禄山事迹》，中华书局2006年版，第105页。

者孝武皇帝患匈奴强盛，兼总百蛮，以逼障塞。于是开通西域，离其党与，诸论者以为夺匈奴府藏，断其右臂。遭王莽篡盗，征求无厌，胡夷忿毒，遂以背叛。光武中兴，未遑外事，故匈奴负强，驱率诸国。及至永平，再攻敦煌、河西诸郡，城门昼闭。孝明皇帝深惟庙策，乃命武臣，出征西域，故匈奴远遁，边境得安。"①

"断匈奴右臂"包括两重含义：一是在军事、政治上隔断匈奴和西域的联系；二是从经济上削弱匈奴。西域绿洲国是匈奴游牧经济的重要补充，诸国地处丝绸之路要道，国家富庶。汉控制西域，则防止匈奴在西域诸国财富的支持下，如虎添翼，发动大规模战争。因而，两汉经营西域，含有"夺匈奴府藏，断其右臂"两重目的。②

而"制匈奴"、突厥，限制其深入西域，限制其活动范围，起到了保证北部边疆安宁的作用。

发展丝路经济，是维护边疆稳定的经济保障。

丝路经济发展，为边疆地区稳定提供了财政支持。西域是丝绸之路的枢纽，位于东西交流的孔道。粟特、波斯、大食及罗马帝国等商人在西域来往贸易，格外活跃。唐开元中，在西域增设外商税。《新唐书》卷二二一上《西域传·焉耆国》条云：

> 开元七年，龙懒突死，焉吐拂延立。于是十姓可汗请居碎叶，安西节度使汤嘉惠表以焉耆备四镇。诏焉耆、龟兹、疏勒、于阗征西域贾，各食其征，由北道者，轮台征之。③

至此，西域南北两道外商征税体制建立起来。

四镇从唐朝之命，向西域外商征税，一方面表明唐对西域的主权；另一方面，也体现了唐对外贸易的兴盛和外贸法律制度的完善。在四镇和轮台征收外商税，是唐独创的新生事物，具有政治、军事、经济方面

---

① 《后汉书》卷四七《班勇传》，中华书局点校本，第1587—1589页。
② 参见李锦绣《汉唐经营西域目的比较》，《史林》2014年第4期，第50—57页。
③ 《新唐书》卷二二一《西域传·焉耆国》，第6230页。

的多重意义，是唐经营西域的成果之一。外商税之多少，史籍无载。从当时国际大势和丝路贸易看，不论南道四镇还是北道轮台，外商税数额应颇为可观。外商税可能没有上贡中央，而是留作四镇和伊西庭的军费支出，成为唐代西域军事费用的重要支柱。在西域征收商税，商税用于军事支出，以商税养军队，维持了边疆稳定。

安史之乱后，唐西北边军撤出西域，安西、北庭都护府成为孤岛。面对吐蕃的进攻，安西、北庭孤军奋战，为唐坚守，自筹经费，苦苦支撑，至贞元十九年（803）于阗仍用唐纪年。安史之乱后，沙州、西域坚持那么久，就是因为有经济基础为根底，能够自筹经费。

开拓丝路，增强丝路沿线民族国家对中原王朝的向心力。

《新唐书》卷二二一《西域传》云：

> 西曹者，隋时曹也，南接史及波览，治瑟底痕城。天宝元年，王哥逻仆罗遣使者献方物，诏封怀德王，即上言："祖考以来，奉天可汗，愿同唐人受调发，佐天子征讨。"

同书《吐火罗传》云：

> 乾元初，与西域九国发兵为天子讨贼，肃宗诏隶朔方行营。

《个失蜜传》云：

> 开元初，遣使者朝。八年，诏册其王真陀罗秘利为王；间献胡药。天木死，弟木多笔立，遣使者物理多来朝，且言："有国以来，并臣天可汗，受调发。国有象、马、步三种兵，臣身与中天竺王陁吐蕃五大道，禁出入，战辄胜。有如天可汗兵至勃律者，虽众二十万，能输粮以助。又国有摩诃波多磨龙池，愿为天可汗营祠。"

丝路沿线的曹国、吐火罗、个失蜜心向唐朝，正是丝绸之路经贸发展，唐国力强盛的影响。唐代经营西域，"不以远物为珍，匪求遐方之贡"，而是为了"亦存声教",即汉文化进入西域,西域成为唐之一部分。如此,既免于汉武帝"疲内而事外,终得少而失多"之弊,又能"绥静蒸人",保证天下之长治久安。

汉唐控制西域,保证了丝绸之路的畅通,西域政局稳定,经济文化得以发展,汉唐居于当时世界强大国家的前列。汉与大秦、安息、贵霜成为四大最强者。公元250年前后出使南海的吴国使臣康泰撰写的《外国传》记载:"外国称天下有三众:中国为人众,大秦为宝众,月氏为马众。"这种归类欧亚大陆四种文明的"四天子"说,可能产生于印度。但以中国为"人众",作为农业文明的代表,和汉代经营西域、声誉远播有关。唐的繁荣强大,《通典》卷一九三何国条记载:

> 国城楼北壁画华夏天子,西壁则画波斯、拂菻诸国王,东壁则画突厥、婆罗门诸国王。

《新唐书·西域传下》作:"城左有重楼,北绘中华古帝,东突厥、婆罗门、西波斯、拂菻等诸王,其君旦诣拜则退。"① 当与《通典》同一史料来源。唐代开发丝绸之路,也使唐成为与波斯、拂菻、突厥、婆罗门并列的世界强国。

(三)边疆稳定,促进丝绸之路兴盛

对丝绸之路上的商贸活动而言,路线畅通、沿途沿线稳定的社会环境,都至关重要。

割据政权的阻隔、垄断丝绸贸易,游牧部族的劫掠骚扰,沿线地区的战乱和欺夺,都对商旅活动造成致命威胁。曹魏时,西域杂胡要来华朝贡,敦煌地区"诸豪族多逆断绝",阻隔其到洛阳;在与商胡贸易时,这些豪族又"欺诈侮易",商胡"多不得分明","常怨望"。这种强取豪夺,隔绝了中原和西域的往来,严重影响了丝路贸易。仓慈任敦煌太守时,建立了稳定的社会秩序,发展敦煌地区的农业生产,并采取一系列

---

① 《新唐书·西域传下》,第6247页。

措施保护外商。对要去洛阳朝贡贸易的西域商旅，仓慈"为封过所"，提供便利；对返回西域的商旅，与之平价贸易，并"使吏民护送道路"。因此，"民夷翕然称其德惠"，保证了丝路畅通并促进了丝路商贸的繁荣。仓慈去世后，西域诸胡"以刀画面，以明血诚，又为立祠，遥共祠之"。[①] 可见丝路发展，需要稳定安宁的边疆环境。仓慈为西域商旅提供了这样的环境，因而受到当地百姓和外商的衷心爱戴。

《新唐书》卷二二一《西域传》安国条：

> 贞观初，献方物，太宗厚尉其使曰："西突厥已降，商旅可行矣。"诸胡大悦。

唐太宗经略西域，积极维护边疆稳定，鼓励商旅往来，促进了丝绸之路的兴盛。贞观中，丝绸之路上，伊吾之右（西），波斯以东，"职贡不绝，商旅相继"[②]。唐平高昌，建立安西都护府后，丝路畅通，边疆稳定，来自波斯以西的西亚及地中海世界的使团和商旅也更加频繁地出现在丝绸之路上。

丝绸之路的兴衰与中原王朝国力强盛、边疆稳定与否直接相关。贞观十二年（638），疏勒、朱俱波、甘棠遣使贡方物。太宗对群臣说："向使中国不安，日南、西域朝贡使亦何缘而至？朕何德以堪之！睹此翻怀危惧。"[③] 可见唐太宗深切地意识到：中国安，则西域可治；反之西域不保。故太宗纳谏求安，以德威远。贞观五年（631），唐破东突厥后，大亮上疏曰："臣闻欲绥远者，必先安近……自陛下君临区宇，深根固本，人逸兵强，九州殷盛，四夷自服。"[④] 正因为中国强大，才能够让"四夷自服"；国家强盛，则边疆安宁。

---

① 《三国志》卷一六，《仓慈传》，第 512—513 页。
② 《册府元龟》卷九八五，《外臣部·征讨四》贞观十三年十二月条，中华书局影印 1960 年版，第 11567 页。
③ 《贞观政要集校》卷八，《论贡献第三十三》，中华书局 2003 年版，第 458 页。
④ 《旧唐书》卷六二，《李大亮传》，第 2388—2389 页。参《贞观政要》卷九，《议安边第三十六》，第 503—504 页，《册府元龟》卷四〇七，《唐会要》卷七三《安北都护府》。

太宗曾对群臣说："朕始即位，或言天子欲耀兵，振伏四夷，惟魏徵劝我修文德，安中夏；中夏安，远人伏矣。今天下大安，四夷君长皆来献，此徵力也。"①"中夏安，远人伏"，正是中原王朝与边疆治乱相连关系的概括，边疆稳定系于国家内部之平安，丝绸之路繁荣昌盛，也以边疆稳定为基础。丝绸之路的开发演变历程，正是边疆与中原休戚与共的证明。

陈寅恪先生指出：

中国无论何代，即当坚持闭关政策之时，而实际终难免不与其他民族接触。李唐一代其与外族和平及战争互相接触之频繁，尤甚于以前诸朝，故其所受外族影响之深且巨，自不待言。②

唐代在西域与外族战争之频繁，也远远超过以前诸朝。唐代为维护边疆稳定与发展，倾权力经营西域，开拓丝绸之路，这是唐丝绸之路繁荣昌盛的保证。

（四）丝绸之路衰落，影响边疆稳定

《后汉书》卷四七《班勇传》云：

于是从勇议，复敦煌郡营兵三百人，置西域副校尉居敦煌。虽复羁縻西域，然亦未能出屯。其后匈奴果数与车师共入寇钞，河西大被其害。③

《后汉书·西域传》延光二年（123）尚书陈忠上疏中有一段话，最能说明这一点：

---

① 《新唐书》卷二二一上，《西域上·罽宾》，第6241页。
② 陈寅恪：《唐代政治史述论稿》，上海古籍出版社1981年版，第152页。
③ 《后汉书》卷四七《班勇传》，第1589页。

> 西域内附日久，区区东望扣关者数矣，此其不乐匈奴慕汉之效也。今北虏已破车师，势必南攻鄯善，弃而不救，则诸国从矣。若然，则虏财贿益增，胆势益殖，威临南羌，与之交连。如此，河西四郡危矣。河西既危，不得不救，则百倍之役兴，不訾之费发矣。议者但念西域绝远，恤之烦费，不见先世苦心勤劳之意也。

放弃西域，河西危矣。

边疆稳定靠贸易推动。西域如果不稳定，大国掠夺小国，中原不能控制，内部发生战争，不利于丝绸之路。而丝绸之路断，边疆也因之动荡。

《白居易集》卷四《新乐府·西凉伎》云：

> 自从天宝兵戈起，犬戎日夜吞西鄙。凉州陷来四十年，河陇侵将七千里。平时安西万里疆，今日边防在凤翔。缘边空屯十万卒，饱食温衣闲过日。遗民肠断在凉州，将卒相看无意收；天子每思长痛惜，将军欲说合惭羞。①

在这里，白居易严厉谴责了封疆之臣，也展现了朝野上下盼望收复河陇的急切心情。安史之乱，成为唐经营西域的转折点，唐国力从强变衰，最终导致了"安西万里疆"的丧失。

丝绸之路与中原王朝的国力强弱、政治清浊直接相关。当汉唐国力强盛时，边疆稳定，丝绸之路畅通，中西经济文化交流兴盛；反之则边疆动乱，甚至脱离中原王朝，更谈不上发展丝绸之路了。王莽时期政治混乱，导致了汉丧失对西域的控制，边疆也动荡不安；唐安史之乱后国家由盛转衰，也是中国古代丝绸之路的转折点，唐丧失了"安西万里疆"，陆路丝绸之路也因之断绝。②

---

① 《白居易集》，顾学颉校点，中华书局1979年版，第75—76页。
② 参见李锦绣《安西更向西：七至九世纪的安西之策》，《中国社会科学报》2015年1月28日第698期。

（附记：胡如雷先生是汉唐历史及中国古代经济史研究大家，其成果屹立学林，嘉惠后世。笔者学习如雷先生著作多年，深受教益。今将对古代丝绸之路与边疆关系的几点意见草成小文，惜已不能呈先生指教了。谨此纪念如雷先生九十年冥诞。）

墓志书写的模式

——唐朝国家权力的支配性作用

中央民族大学历史文化学院 李鸿宾

作为对逝者生前主要经历和事迹的描述，墓志原本属于私人空间或领域的内容。但在隋唐（尤其后者）时代，它的记载和表达则被纳入朝廷规章制度的规范之内。虽然典章文本中的规定针对的是具有品级的官方（在朝）人士，然而在一个行政权力十分发达并有能力控制整个社会的王朝之内，[1] 非官方抑或私人性质的墓志所载能够逃避或不受这个规制的影响，殊非易事，更何况民间社会自身就有紧随朝廷摆动的传统风尚。本文以唐人安师和康达两人的墓志书写为例，讨论的要旨是：墓志记述的内容规范及其映现的模式，[2] 是怎样受到官方权力通过主流的意识形态支配和影响的。

---

[1] 包括唐朝在内的中国古代王朝一向被学者誉为在世界范围内以具有管理能力或国家权力雄强而著称，比较典型的表述可参阅［英］芬纳《统治史》第2卷《中世纪的帝国统治和代议制的兴起——从拜占庭到威尼斯》，王震译，华东师范大学出版社2014年版，第145—208页；［美］弗朗西斯·福山《政治秩序的起源：从前人类时代到法国大革命》，毛俊杰译，广西师范大学出版社2012年版，第121—145、286—298页。

[2] 参见程章灿《墓志铭的结构与名目》，氏著《石学论丛》，大安出版社1999年版，第13—20页。

一

龙朔075·唐故蜀王府队正安君墓志铭（《安师墓志》）：①

原夫玉关之右，金城之外，逾狼望而北走，越龙堆而西指，随水引弓之人，著土脾刀之域，俱立君长，并建王侯，控赏罚之权，执杀生之柄。天孙出降，侍子入朝，日磾（䃅）隆于汉辰，由余重于秦代，求之往古，备在缣缃。君讳师，字文则，河南洛阳人也。十六代祖西华国君，东汉永平中，遣子仰入侍，求为属国，乃以仰为并州刺史，因家洛阳焉。曾祖哲，齐任武贲郎将；祖仁，隋任右武卫鹰扬；父豹，隋任骁果校尉；并勇冠褰旗，力逾扛鼎，至如逢蒙射法，越女剑端，减灶削树之奇，塞井飞灰之术，莫不得之天性，闇合囊篇。君克嗣嘉声，仰隆堂构，编名蜀府，誉重城都，文武兼资，名行双美，以斯厚德，宜享大年。彼仓②不仁，奸良奄及，以显庆二年正月十日构疾，终于洛阳之嘉善里第，春秋五十有七。夫人康氏，隋三川府鹰扬邢州都督康府君之女。兆谐鸣凤，作合游龙；是曰潘杨，有符秦晋。刚柔之际，譬彼松萝，婉嫕③之欢，同兹琴瑟。爰诞令胤，并擅声芳，游艺依仁，登朝入仕，皆由徙里之训，咸资段织之恩。以龙朔三年八月廿一日终于洛阳之嘉善里第，春秋五十有四。即以其年九月廿日合葬于北邙之坂，呜呼哀哉！永言人事，悲凉天道，小年隋④朝露共尽，大夜与厚地俱深。著嫔风于冥

---

① 周绍良主编：《唐代墓志汇编》上册，上海古籍出版社1992年版，第384—385页。该墓志拓本亦被其他文献多方收录，具体情况参见［日］氣賀澤保規編《新版唐代墓誌所在總合目錄》（增訂版），番号：930，東京：汲古書院2009年版，第35—36页。

② 《康达墓志》作"苍"，即"苍天"之意，似确。周绍良主编：《唐代墓志汇编》上册，上海古籍出版社1992年版，第503页。

③ "嫕"，吴钢主编《全唐文补遗》（第六辑）作"嫕"，似确，见该书第295页，三秦出版社1999年版。

④ 《康达墓志》作"随"，似确。周绍良主编：《唐代墓志汇编》上册，上海古籍出版社1992年版，第503页。

漠，纪懿范于沈阴，譬银河之不晦，同璧月而长临。其词曰：

　　日碑仕汉，由余宦秦，美哉祖德，望古为邻。笃生懿范，道润松筠，爰有华族，来仪作嫔。四德无爽，六行纷纶，诞兹令胤，时乃日新。奄捐①朱景，遽委黄尘，泉扃一闭，春非我春。

　　龙朔三年岁次癸亥九月辛亥朔廿日庚午制。

总章033·唐故上骑都尉康君墓志铭并序（《康达墓志》）：②

　　原夫玉关之右，金城之外，逾狼望□□走，越龙堆而□指，随水引弓之人，著土脾刀之域，□□君长，并建王侯，控赏罚之权，执煞生之标。天孙外降，侍子入朝，日䃅隆于汉辰，由余重于秦代，求之往古，□在缥缃。君讳达，自文则，③河南伊阙人也。十六代祖西华国君，东汉永平中遣子仰入侍，求为属国，□以□为并州刺史，因家河□焉。曾祖勖，齐任上柱国；祖逺，齐任雁门郡上仪同；父洛，隋任许州通远府鹰击郎将；并勇冠褰旗，力逾扛鼎。至如逢蒙射法，越女剑端，减灶削树之奇，塞井飞灰之术，莫不得之天性，闇合囊篇。君克嗣嘉声，仰隆堂构，编名勋校，举④重成（城）都，文武兼资，名行双美。以斯厚德，宜享大年。彼苍不仁，歼良奄及。以总章二年六月廿二日构疾一旬，终于河南思顺里之第，春秋六十有二。即以其年七月八日葬于北邙之坂，呜呼哀哉！永言人事，悲□天道，小年随朝露共尽，大夜与厚地俱深。著嫔风于冥漠，纪懿范于□阴，譬银河之不晦，同璧月而长临。其词曰：

　　日碑仕汉，由余宦秦，美□祖德，望古为邻。笃生懿范，道润

---

① 《康达墓志》作"尔"，似确。周绍良主编：《唐代墓志汇编》上册，上海古籍出版社1992年版，第503页。

② 该墓志拓本和录文亦被其他文献多方收录，具体情况参见［日］氣賀澤保規編《新版唐代墓誌所在總合目錄》（增訂版），番号：1189，東京：汲古書院2009年版，第45—46页。

③ "自"应为"字"。原书录文"文则"后不空，逗号系我所加。

④ 《安师墓志》作"誉"。从文意看，"誉"为确。周绍良主编：《唐代墓志汇编》上册，上海古籍出版社1992年版，第384—385页。

松筠,爰有华族,来仪作嫔。四德无爽,六行纷纶,诞兹令胤,时乃日新,奄尔朱景,遽委黄尘,泉扃一闭,春非我春。

上述两方墓志,就其书写的内容、格式、词语等而言,① 除了具体人物情节差异之外,完全是一个版本,属于特定的套路。墓志中出现的个别字体差异,要么就是刊刻的错讹,要么就是拓本或录文致误,并不影响书写的基本格局。按其内容,大体可从以下几个层面考察其套路。

第一,指明墓主家族之渊源。两方墓志的开头是"原夫玉关之右,金城之外,逾狼望而北走,越龙堆而西指,随水引弓之人,著土脾刀之域,俱立君长,并建王侯,控赏罚之权,执杀生之柄",文中抽象地点名了其家族西域腹地的渊源所在,这在粟特或昭武九姓人的其他墓志中亦多有体现。②

第二,"天孙出降,侍子入朝,日䃅隆于汉辰,由余重于秦代,求之往古,备在缣缃",说明墓主家族已迁徙东来,并进入汉地王朝之辖内。由余、金日䃅作为外来使者投奔的典范,早已为人所熟知,这在粟特人或其他外族入唐者的墓志叙述中时有所见。安师、康达墓志文中此二人的再度出场,亦可证明墓主的外来出身,明确且彰显。

第三,"十六代祖西华国君,东汉永平中,遣子仰入侍,求为属国,乃以仰为并州刺史,因家洛阳焉",这更在前述基础上将其西域或河中地域的外来者提升至当地的"王""首"为标志的社会上层。如此作为,乃系因应于汉地社会中充斥的攀附或依违世家大族的风习。汉地依托旧族的墓志,据学者们的研究,其冒牌的比例高达令人惊讶的程度。③ 东迁的粟特人亦依据其家族在汉地的地位而攀附或杜撰其家族在西域腹地的相应位置,结果常常以更高的"王""公侯"一类的职位作为家

---

① 有关墓志的上述内容,可参阅赵超《古代墓志通论》,紫禁城出版社2003年版。
② 参见拙文《唐代墓志中的昭武九姓粟特人》,《文献》1997年第1期。
③ 参见郭锋《唐代士族个案研究——以吴郡、清河、范阳、敦煌张氏为中心》,厦门大学出版社1999年版,第199—200页。

世的渊源，这在官员阶层的粟特人中非属个别。①

第四，"并勇冠褰旗，力逾扛鼎，至如逢蒙射法，越女剑端，减灶削树之奇，塞井飞灰之术，莫不得之天性，闇合囊篇。君克嗣嘉声，仰隆堂构，编名蜀府，誉重成（城）都，文武兼资，名行双美，以斯厚德，宜享大年"。② 这段话语用以描述安师、康达两个原本毫无关联的人物，缺少具体事迹，空泛而抽象，表现出明显的格式化倾向。这种套路的设定，除了墓志规制自身的因素之外（下文将会讨论），很有可能就建立在二人生前"平淡生活"的根基之上。于是，问题的关键是否就表现在这里：当一个生前平淡无奇的人物，在他死后的墓志中倘若能够超脱平凡而将境界升高的唯一手段，就是采纳空泛而套路化的描写以遮盖无法言喻的普通？从二人墓志书写的章法中，至少让我产生如此的想法。

第五，"其词曰：日殚仕汉，由余宦秦，美哉祖德，望古为邻。笃生懿范，道润松筠，爰有华族，来仪作嫔。四德无爽，六行纷纶，诞兹令胤，时乃日新。奄尔朱景，遽委黄尘，泉扃一闭，春非我春。""词曰"是墓志对主人一生志业描述后的评论，更具有抽象性和概括性。这份评论包括了墓主外（西）来的身份、家世的荣显、个人品德的高尚和对死者的悼念四个部分，作为涵括宽泛的评语，描写的内容雷同，亦属墓志的一般特性。这与前述四点略有差异。

现在的问题是：为什么会出现如此雷同以至于完全一样的现象？这似乎可以解释为：墓志的撰述已成为一项职业，撰述者为满足业主的需求，将各类人等按照当时所处的社会地位而分成不同的种类，每个种类则有固定或相同搭配的内容、规格组合等套路。就现象而言，这应当理解成为"市场需求"，展现的是供求关系。不论是作为社会中的职业，还是家族内部的事务，类型化、模式化已成为墓志书写的一种常态。就

---

① 譬如另一个较有影响的粟特后裔何文哲，墓志将他描述为西域"何国王丕之五代孙，前祖以永徽初，款塞来质，附于王庭"，从而将汉地的何文哲与何国王族结合在一起。参见魏光《何文哲墓志考略》，《西北史地》1984 年第 3 期；卢兆荫《何文哲墓志考释——兼谈隋唐时期在中国的中亚何国人》，《考古》1986 年第 9 期。

② 前文《康达墓志》个别之处有差异，似属录文歧误。

性质而言，它所呈现的，是具体的家庭为其死去的成员举行追悼以示纪念的乡里城坊为核心的地方性和社会性行为。如果这种理解不误，我们要追问的则是：这种社会性的雷同，是社会本身具有的内在属性为其最终的根源，还是其背后隐藏着更起支配作用的其他因素？在我们看待唐代中国的时候，社会自身所能承纳的空间并非宽广甚至十分有限。这就涉及我们如何理解唐代中国的两极特性，即国家与社会的关系。

二

国家与社会是王朝政治体结构中的两个极端（或曰层面）。在这个结构里，社会是以王朝建构的基础面貌而呈现的，国家则通过政权的建设坐落在社会之上，它的任务就是以权利（力）控制并经管社会。二者之间的关系采用相辅相成加以描述再合适不过了。但国家与社会毕竟是两个不同的面相，它们都有自己特定的概念和属性，有各自的独特范围。在东汉解体至隋唐建构的370余年中，除了西晋短暂的统一之外，国家（政权）对社会的控制能力下降，留给后者自我活动以更大的空间和广泛的游移性。

为什么会出现这种现象呢？东汉一统化王朝的解体，显然是一个足有说服力的解释。王朝的解体，意味着它对社会控制力的削弱和丧失，这给社会自身势力的积聚和活动创造了条件。东汉后期皇权（或国家权力）随着王朝解体导致的空缺很快就由浮出的地方乡里大族、门阀势力填补了，这意味着大族势力走向了权力结构的上层。[①] 值得指出的是，大族势力通过与皇族的结合虽然掌控了国家权力，但他们并未放弃起家的乡村社会，那里同样处在具有盘根错节的大族权势的网络之中。[②] 换言之，大族或士族不仅在朝廷上下施加影响，他们还保持了乡里社会的浓厚根系而带动地方社会的走向。在这种情况下，国家（政权）对社会的

---

① 典型的朝代是东晋，参见田余庆《东晋门阀政治》，北京大学出版社1989年版。
② 日本学者将这个时代冠以"贵族制社会"。参见川胜义雄《六朝贵族社会的成立》，夏日新译，刘俊文主编：《日本学者研究中国史论著选译》第四卷《六朝隋唐》，中华书局1992年版，第1—35页。

控制，则只能通过士族作为媒介而实现了。① 这样的概括，似乎更能清楚地体认魏晋南北朝这个"特殊"时段的本质。

但这种情形随着隋唐一统化王朝的重新崛起，又发生了新的变化。当然，其变化某些层面比较快速，有些则属循序渐进。王朝重新崛起的最本质特征，就是国家对社会的干预和控制重新走上了将后者置于（完全）支配性的地位。② 而隋唐国家恢复对社会的控制，亦是以削弱大族势力为代价的。其控制的方式大体可以如此描述如下：

隋唐王朝（这里主要聚焦于后者）的建构，是由陈寅恪所总结的关陇集团出身的李渊及其追随者组成的新型势力，利用隋朝末年的动荡局势，通过组建统治（或曰核心）集团的武装夺权，建立了以关中为本位、宰制山东、江南等区域形成的一统化政权。③ 继汉地征服之后，唐廷旋即又向周边拓展，经过高祖、太宗、高宗、武则天等数代经营，终于形成了中原腹地与周边四维构建的疆土与汉人—非汉人合成的新型帝国。④ 与此同时，唐朝职官、法律、经济（田地、税赋等）、科举考试等制度（或曰典章制度）的设置，便成为国家政权维系和稳固的必要手段而加以强化，⑤ 它是构成王朝合法性地位的必要条件；确立以经典构成的儒家学说作为统治的意识形态，则是合法性建立的思想（理论）基础。唐朝建国后在各个层面所做的工作和努力，都是围绕王朝合法地位的确立而进行

---

① 西晋至唐前期，地方社会的主宰落到大族的掌控之中，国家与社会的关系在很大程度上对应的是地方大族势力。在毛汉光看来，王朝国家的特性，使得它必须依托于大族以掌握社会，后者乃是其依托的社会基础。参见《中古统治阶层之社会基础》，氏著《中国中古社会史论》，上海书店出版社 2002 年版，第 3—32 页。

② 中国大陆史学界在讨论这一问题时，关注的焦点集中在中央集权体制的强化，尤其表现在职官制度的建设方面。此类研究甚多，此处仅参考吴宗国主编《中国古代官僚政治制度研究》，北京大学出版社 2004 年版，第 133—221 页（此部分系刘后滨撰写）。

③ 参见拙文《王朝国家体系的构建与变更——以隋唐为例》，孙家洲、刘后滨主编：《汉唐盛世的历史解读——汉唐盛世学术研讨会论文集》，中国人民大学出版社 2009 年版，第 165—175 页；《唐朝北部疆域的变迁——兼论疆域问题的本质与属性》，《中国边疆史地研究》2014 年第 2 期。

④ 参见拙文《唐朝的南北兼跨及其限域》，《中国边疆史地研究》2016 年第 2 期。

⑤ 参见［英］崔瑞德编《剑桥中国隋唐史（589—960 年）》，中国社会科学院历史研究所西方汉学研究课题组译，中国社会科学出版社 1990 年版，第 209—218 页。

的。这诚如政治社会学所强调的那样：国家的形成一方面是强制手段的集中，另一方面则是政治权力合法化的日益强化的程序特征。① 那么，上文列举的两合雷同的墓志铭文与我们描述的朝廷合法地位的确立之间又是什么关系呢？

三

我们可以从以下三个层面理解。

第一，墓志的撰述，受朝廷书写规制的约束。

其中最明显的就是《唐六典》的记载。这部李林甫奉敕编纂的典制类书写，最能表达国家的意志。著作局的职能体现在"著作郎掌修撰碑志、祝文、祭文，与佐郎分判局事"，② 这意味着墓志的撰写权利已被官府所垄断。譬如《唐令》之《丧葬令》明确地规定官员去世后，"诸碑碣，其文须实录，不得烂有褒饰"，③ 要求据实记载，批评"烂有褒饰"，这说明墓志的撰述已脱离了私人权域转而被朝廷所控制。胡宝国在论述汉唐间史学发展与演变的问题时，表达了一个基本思路：他以魏晋南北朝的史学为例，其特点主要表现在这个时期史学已脱离羁绊走向了独立，尤体现在私人修史的兴盛之上。所谓独立，是超脱了汉代的经学笼罩及其背后的国家权力的支配。但是到了隋唐，国家通过禁止私人修史，又重新攫取了书写权。他将这种关系解释为"专制皇权强弱与私人修史多寡这两个方面存在着明显的关联"。④ 换言之，修史与国家权力二者之间维系的是支配与反支配的关系。这里起决定作用的是国家，国家支配它

---

① ［意］小安东尼·帕隆博、［奥］艾伦·斯科特：《韦伯、涂尔干和现代国家的社会学》，［美］特伦斯·鲍尔、［英］理查德·贝米拉主编：《剑桥二十世纪政治思想史》，任军锋、徐卫翔译，商务印书馆2016年版，第331页。
② 《唐六典》卷十《秘书省》，陈仲夫点校，中华书局1992年版，第302页。
③ ［日］仁井田陞：《唐令拾遗》卷三二《丧葬令》，栗劲等编译，长春出版社1989年版，第766页。
④ 胡宝国：《汉唐间史学的发展》，商务印书馆2003年版，第234页。

的目的是维护自身的法统。① 墓志碑刻（包括其他书写文本）如何撰写和描述，都要符合国家的意旨，这点在唐人李华的《著作郎壁记》亦有所展露，即"化成天下，莫尚乎文。文之大司，是为国史。职在褒贬惩劝，区别昏明。"② 包括上文提及的《丧葬令》中的规制，李华的这番话极尽表明书写的目的必须符合一定的要求，所谓"文须实录""褒贬惩劝，区别昏明"这些冠冕堂皇的"正义"之举，蕴藏的就是书写的被制约和受控制的意涵，而决定这个书写的权力，就是朝廷。就像孔子编纂《春秋》那样，将史书承载的意义从对事实的记述和对世事进行评论转入规定的道德判断之中，这正是国家所极力追求的。③ 当我们理解到这个地方的时候，我们对唐太宗为什么要将天下的史学家、记述者纠聚到长安城内专门设置史馆以安其位的现象就能够充分理解了：④ 唐太宗的目的就是将历史的书写权控制在朝廷之手，包括史学在内的书写就这样成为朝廷意志的体现了。⑤

第二，书写权的背后是国家对社会控制强化的展示。

书写权的归属，直接反映的是归属者的意图和诉求。这在唐朝收归

---

① 史学受政治的支配，从隋朝就开始了，唐朝则进一步强化。参见台静农《论碑传文及传奇文》，原载《传记文学》（台北）第四卷第三期，此据唐代学会编《唐代研究论集》第二辑，台北：新文丰出版公司1992年版，第59—65页。

② （唐）李华：《著作郎壁记》，《文苑英华》卷七九九《厅壁三》，中华书局1966年版，第4226页。

③ 对唐朝官方控制修史经典而系统的研究，首推英人杜希德（又译"崔瑞德"）的《唐代官修史籍考》一书。他撰写此书的目的就是"描画出有关官方历史撰写的制度设施的清晰图像，并探索历史编纂既作为官方举措，又是政治运作的各种寓意。它尽其可能地为这样一个遥远的时代勾勒出这一制度加诸唐代史学家的种种限制与压力"。见该书《序言》第2页，黄宝华译，上海古籍出版社2010年版。

④ 有关史馆及其制度的描述，参见邱添生《唐代设馆修史制度探微》，原载《"国立"师范大学历史学报》（台北）第十四期1986年6月；雷家骥《唐前期国史官修体制的演变——兼论馆院学派的史学批评及其影响》，原载《东吴文史学报》（台北）第七号，1989年3月。此二文据唐代学会编《唐代研究论集》第二辑，台北：新文丰出版公司1992年版，第227—277、279—345页。

⑤ 除了宣示合法性之外，唐朝统治集团重视历史的书写，还在于鉴古知今、吸取历史的经验和教训，为其当下的政治服务。这个特性同样很明显，司马光主编的《资治通鉴》为其范例。参见牛致功《唐代的史学与政治》，此据氏著《唐代史学与墓志研究》，三秦出版社2006年版，第56—79页。

史官为我所用的事例中得以明确地展现。另一个例子则是英国中世纪《大宪章》的书写。1215年诞生的《大宪章》被誉为西方乃至世界政治史上具有里程碑意义的法律文书。它通过将自由、平等等内容以契约的形式限制王权，以"王在法下"的赋予宣告了国君不受法律限制的人治政权模式的终结。① 它的意义就在于贵族阶层对以君主为代表的国家权力提出制约，而制约的持续乃在于契约的签署和制度的设定，因而《大宪章》的确立与唐朝典章制度虽然都属于法律体系的创设，但性质却迥然有别。《大宪章》的支配力量是与国王对立的贵族，它反映的是贵族的意愿和要求。由于此前从未出现过这种举动，所以限制最高统治者权力的规定就有了"人在法下"的意涵。自由、民主、分权，这些词语是针对君主集权和专制而言的，它预示着新制度的出现和旧体系的崩解。就此而论，《大宪章》对君主权职的规约，突破了此前的传统，因而具有革命性的意义。

与此对应，唐朝对包括墓志书写权的重新垄断，则意味着此前社会结构中的朝廷权职下滑现象的终止，再度回复到了秦汉一统化王朝的控制格局。但经过中间的震荡，唐朝重新积聚的力量随着技术手段的提升，使得朝廷的控制力进一步上升，以至于设置专门性机构控制书写，这种情形超过了以往。墓志书写（诸如基本格式、规范的型制、内容的选择等等）均在国家控制力上升的过程中从私人的领域转到了国家手里。它首先表现的就是国家控制力的加强。这种行为，应当与秦始皇周游四方到处刊写碑刻以彰显皇权和国家的意旨有继承关系，它向社会展示的是国家法统地位的确立与皇权的伟大。②

然而我们也不能不注意到，墓志书写由国家掌控的范围，就目前的材料提供的支撑而言，主要限于朝廷官员，上面的法令条文就是最好的证明。然而这两方墓志的主人公却告诉我们：他们并非是这个队伍的成员，虽然他们的父辈曾历任过不同的职务。安师和康达的墓志在记载他

---

① 陈国华：《宪法之祖〈大宪章〉——800年后的回顾与解读》；王振民、屠凯：《大宪章的现代法政价值》，二文收陈国华译《大宪章》，商务印书馆2016年版，第1—20、58—77页。

② 参见马丁·科恩《来自山岳的诏告——论秦始皇石刻》，王秀君译，[德]穆启乐、闵道安主编：《构想帝国：古代中国与古罗马比较研究》，复旦大学出版社2013年版，第198—219页。

们本人的事迹时采用的都是"君克嗣嘉声,仰隆堂构,编名蜀府,誉重成(城)都,文武兼资,名行双美,以斯厚德,宜享大年。彼仓(苍)不仁,歼良奄及"这样的词句,没有任何涉及他们担任职务和具体事迹的信息,显然,两位粟特后裔的墓主并非朝廷命官,然而他们的墓志书写同样秉承的是国家规制的格式和套路,这是否也属于朝廷直接主宰和控制的对象呢?

我们还不能做这样的结论,因为缺少相关的文献记载。这两方墓志墓主的非官员身份,在出土的唐朝墓志中,他们应属于为数不少的"处士"一类。这些人的特点是:有较悠久而具备仕途的家族传统,有一定实力的经济条件,本人受到了良好的教育,一生表现不俗。既然这些人墓志的基本套路与有职位官员的墓志无甚差别而他们墓志的撰写又不在官府的规制之内,那我们就有理由推测:非官员(或处士一类的人等)墓志书写的规范性行为,就应当是国家的规制施加于社会产生影响的间接结果。这又回到了上文言及的国家与社会二者相互关系的问题上了。

在此有必要举出《大宪章》的问题做一烘托。就国家与社会的关系而论,《大宪章》与唐朝控制墓志书写的规定,虽然都属于社会上层内部的利益较量,但《大宪章》所体现的贵族及其代表的力量,并非国王为首的国家统治势力而属于社会性力量,因此它反映的亦是社会的意愿。对国王权力的限制就意味着社会自我决定权幅度的扩大,这明显反映出社会势力的上升和国王权利的下降。但唐廷宰制书写规定的颁布,反映的则是国家·皇权的扩张和社会力量相应的萎缩。包弼德在谈到唐宋二者差异的问题时说到,唐朝法统地位的确立,与上古以来的传统直接承续,将二者有机连接在一起的就是经孔子编订的儒家经典,通过学习这些经典去体认上古的传统,并在朝廷的礼仪制定与施行、资助学术并加以弘扬等方面的活动中,表明唐帝国与周代楷模之间的前后关联以宣示自身法统的正当性。然而从北宋开始,这套用以维护朝廷法统地位的说法便开始遭受质疑,他们用以驳斥的理据就是学习经典所施行的王权法统并不意味着他们同样掌握了更能体现合法性的"道统",而后者只有那些谙熟"圣人"之学的理学家们才能获得。①

按照这个解释,至少宋朝(尤其南宋)皇帝的法统与道统二者并非固守一体,后者则转成了士人即理学家的分内之务。宋代社会士人与本土社会的密切结合形塑了新型的地方社会网络,这是中国王朝演替进程中的新事物,其特点是国家—社会结构中后者活动空间的扩展。从这个角度再回窥唐朝,朝廷通过法统、道统的合一从而确立合法性地位的同时触及到了社会的深处,后者的空间便不断遭到挤压而萎缩。如果说《大宪章》所体现的贵族权益与两宋道统独立于皇权法统二者之间有什么相近之处,那无疑就是扩大了社会自我活动的余地,他们努力的结果不是扩展皇(王)权和相关的国家权力,而是地方社会及其权益;所不同的则是一个从此走向了法制化建设的道路,一个则囿限于思想家的话语之中。

第三,如此看来,安师、康达墓志展现的非官员墓志书写的规制,是国家权力浸透社会的结果。

我们将其理解为国家(规定书写等)权力施加于社会的产物,它并非官府的直接规范,而是国家权力冲击社会产生的间接影响。书写背后体现的国家法律的特点就在于,它前后贯穿着国家的强制性意志,这种意志能将统治集团的命令转化为有约束力的行为标准,②安师、康达墓志撰写的规则就是这套标准的体现。论述至此,还有一个问题需要回应,即作为书写文本的墓志,自有其内在历史的演变理路及其规范。陆扬曾从史学与文学两个角度讨论过这一问题。他将前者置放在南北朝以来文体观念的演变及其文化价值观的框架下,将墓志的书写归咎于社会各阶层、各族裔人士因应时代风气而寻求的自我塑造;作为一种社会性的文学活动,墓志的写作与文学本身乃至社会的密切关系,亦足以帮助后人

---

① [美]包弼德:《历史上的理学》,[新加坡]王昌伟译,浙江大学出版社2010年版,第52—54、116—117、122—123页。

② [英]梅利莎·莱恩:《实证主义:反动与发展》,[美]特伦斯·鲍尔、[英]理查德·贝米拉主编:《剑桥二十世纪政治思想史》,任军锋、徐卫翔译,商务印书馆2016年版,第290页。

窥探那个时代的基本特质。① 这种思路着眼于墓志书写的纵向演变与横向的功能，就文本书写而论，墓志与其他任何书写一样，不论什么性质、由何人掌控，一旦成为书写方式，必然受自身的规则左右和制约。作为记述死者生前业绩的墓志，在中国古代自有其起源、发展和演变的过程，也历经书写艺术发展变迁的涤荡，但这些内容与本文的论旨并非矛盾，它们属于不同的论述层面，这正是国家、社会的多面向与墓志承载的多内容相互结合的映现。本文的主旨如前所述，针对墓志书写与国家政治（权力）之间发生的关联进行讨论，如果非要衡量这二者孰轻孰重，考虑到中古时代王朝治理能力掘升的特定角度，尤其基于当时世界诸多国家这方面相互衬托的情景，我认为唐朝中央权力突破旧有框架深入并主导民间社会进而影响非官员和平民墓志书写规制的能力，可能更为突出。这便是本文的结论。

---

① 参见陆扬《从墓志的史料分析走向墓志的史学分析——以〈新出魏晋南北朝墓志疏证〉为中心》，氏著《清流文化与唐帝国》，北京大学出版社2016年版，第305—332页。

唐朝盛世与武则天

河北师范大学历史文化学院　宁志新

唐朝盛世是中国古代三大盛世之一，是中华民族最引以为自豪的一个历史时期。而中国历史上唯一的女皇帝武则天恰恰就生活在这个时期。因此，探讨武则天与唐朝盛世的关系，就显得很有意义了。

一　唐朝盛世的起止时间

唐朝盛世究竟起于何时，又止于何时，这是一个必须首先弄清楚的问题。关于这个问题，目前学术界主要有以下四种观点。

其一，认为始于"贞观之治"，终于"开元之治"，即从贞观元年（627）——天宝元年（742），历时约115年。范文澜先生认为："唐玄宗在开元年间，是励精求治的皇帝"，又认为"因为战祸的爆发在天宝年间，按惯例，仍以七四二年（天宝元年）作为唐中期的开始"。[①] 显然，他是将唐朝盛世的终点定在天宝元年（742）。持此观点的学者还有不少，如近年来专门研究盛世问题的孙家洲先生就认为大唐盛世的时间就是从"贞观之治"到"开元盛世"；[②] 王曰美女士还提出"唐贞观——开元盛

[①] 见范文澜著《中国通史》第三册，人民出版社1978年第二版，第145页、第153页。
[②] 见孙家洲《论中国古代的盛衰巨变》，《光明日报》2003年6月24日版。

世"的概念;① 姚有志、李元鹏、钟少异等人也认为唐朝盛世就是：从"贞观之治"发展到"开元全盛"。② 实际上，凡赞同将唐朝历史划分为三个时期（前期、中期、晚期）的学者多持这种观点。

其二，认为始于"贞观之治"，终于"安史之乱"爆发，即从贞观元年（627）——天宝十四载（755），历时约130年。大凡将唐朝历史划分为两个时期（前期、后期）的学者多持这种观点，其代表人物为郭沫若和翦伯赞等人。韩国磐先生也认为："玄宗统治的开元年间，旧史溢美为'开元之治'，或者进一步夸大，包括天宝年间，粉饰为'开天盛世'。在这段时间内，封建经济和文化确是发达和繁荣的。"③ 而经济、文化的发达和繁荣，确是盛世的突出表现。

其三，认为唐朝盛世特指"贞观之治"，从贞观元年（627）到贞观二十三年（649），历时约23年。如占红沣、李蕾二人就认为：所谓"三大盛世，是指中国历史上社会环境较为安定，人民生活相对富足，最为后人称道的三个时期，即西汉的文景之治、唐代的贞观之治和清代的康乾盛世"。④ 持此观点的人很少，笔者仅见他们二人。

其四，认为唐朝盛世分为"贞观之治"和"开元之治"两个不同时期，这两个时期是断开的，不连贯的。刘炬先生即持此观点，他认为：唐朝贞观四年（630），步入了盛世，"自武则天称帝后，国势渐衰，至开元之前，唐朝早已是内外交困，危机四伏了。然而，玄宗即位之后，励精图治，又是不过十年，便将唐朝推向第二个鼎盛期"。⑤ 吉彦波先生也认为唐朝的盛世是"贞观之治和开元盛世"。⑥ 大凡对武则天持否定或基

---

① 见王曰美《论中国封建社会盛世及其规律》，《青岛大学师范学院学报》第2005年第1期，2005年3月。
② 见姚有志、李元鹏、钟少异《中国历史上三大盛世的理性审视》，《军事历史》2005年第1期。
③ 韩国磐：《隋唐五代史纲》第148页，人民出版社1979年5月版。
④ 占红沣、李蕾：《和谐社会视角下的"三大盛世"》，《湖北日报》2005年10月21日版。
⑤ 刘炬：《宽容政策及其对社会发展的推动作用——试探唐朝两度迅速步入盛世的深层原因》，《社会科学研究》2000年第2期。
⑥ 吉彦波：《盛世的标准与加强党的执政能力建设》，《西南师范大学学报》（人文社会科学版）2005年7月第31卷第4期。

本否定态度的学者多持这种观点。

以上四种观点可以划分为两种类型，前两种观点属于肯定或基本肯定武则天类型的，后两种观点属于否定或基本否定武则天类型的。笔者赞同第二种观点，即唐朝盛世是从"贞观之治"一直延续到"开元盛世"，历时约 130 年之久。

二 武则天在唐朝盛世中的地拉和作用

武则天的政治生涯大致可以分为三个阶段。

第一阶段始于永徽六年（655）她被立为皇后，终于弘道元年（683）唐高宗死，历时约 29 年，是武则天与唐高宗共同执政的时期。当时高宗称天皇，她称天后，"群臣朝，四方奏章，皆曰'二圣'。每视朝，殿中垂帘，帝与后偶坐，生杀赏罚惟所命"①。

第二阶段始于嗣圣元年（684），终于载初元年（689），历时约 6 年，是武则天临朝称制的时期。当时，她以太后的身份废中宗李显为庐陵王，改立李旦为帝（睿宗），但"政事决于太后，居睿宗于别殿，不得有所预"②。

第三阶段始于天授元年（690），终于神龙元年（705），历时约 15 年，是武则天改唐为周，以女主称帝的时期。当时，她从后台走到前台，直接君临天下。

由以上史实可以看出，武则天在唐朝的政治舞台上实际活动了整整 50 年。也就是说，在唐朝近 130 年之久的盛世当中，武则天从政的时间就占去了 50 年，比"贞观之治"的 23 年、"开元盛世"的 44 年还要长，其历史地位绝对不可低估。

那么，武则天在唐朝盛世的延续和发展过程中究竟起了什么作用呢？郭沫若先生 1962 年秋在四川省广元市皇泽寺所题楹联："政启开元治宏贞观，芳流剑阁光被利州"，精辟地解答了这个问题。胡戟先生所

---

① 《新唐书》卷七六《后妃上·则天武皇后传》，中华书局 1975 年版，第 3476 页。
② 《资治通鉴》卷二○三，光宅元年（684）正月条，中华书局 1956 年版，第 6418 页。

云:"讨论武周或则天朝的政绩,乃至整个武则天从政四十余年治国的政绩,应着眼于贞观开元之间的历史性过渡,确如郭沫若院长指出的,她起到了承上启下的积极作用。"① 这段话可以认为是对郭老"政启开元治宏贞观"一语的最佳诠释。

说武则天"治宏贞观",绝非空穴来风,而是有史实为据的。这主要表现在以下几个方面。

(一) 改革科举制,大力选拔人才

太宗时的科举制度尚不健全,不仅科目少,录取人数少,而且常有"不贡举"的情况发生。武则天执政期间,则大力发展科举制:第一,坚持每年开科取士,从而使"常举"制度化,并扩大录取人数。第二,缩短制举开考间隔时间,由以前的数年一次改为基本每年一次。增加制举科目和录取人数。第三,首创"殿试",由皇帝在殿廷上亲自考问贡士。第四,开"南选",专门吸引南方偏远地区的贡士参加科举考试。第五,开武举,专门选拔军事人才。第六,重点发展以考察文才能力为主的进士科,以选拔真学实才。由于采取了这一系列措施,使得科举制度更加完善,对人才的吸引力也越来越强。选人也由原来的"每年不越数千"增至"每岁常至五万"。② 考生多了,选择余地大了,"真学实才"就容易脱颖而出。

(二) 广开言路

太宗时仿前代旧制,于西朝堂设登闻鼓,东朝堂设肺石,以供人申冤告急之用,但因派人防守,一般人难以靠前。武则天为革除此弊,于垂拱元年(685)二月特别下制:"朝堂所置登闻鼓及肺石,不须防守,有挝鼓立石者,令御史受状以闻。"③ 次年元月,又令作铜匦四枚,分别为青、红、白、黑四色,共为一室,列于朝堂,以收臣民书奏。青匦在

---

① 胡戟:《武则天本传》,三秦出版社1986年版,第129页。
② 《朝野佥载》卷一,中华书局1979年版,第6页。
③ 《资治通鉴》卷二〇四,垂拱元年二月条,第6433页。

东,"有能告朕以养人及劝农之事者,可投书于青匦,名之曰延恩匦"。红(丹)匦在南,"有能正谏论时政之得失者,可投书于丹匦,名之曰招谏匦"。白(素)匦在西,"有欲自陈屈抑者,可投书于素匦,名之曰申冤匦"。黑(玄)匦在北,"有能告朕以谋智者,可投书于玄匦,名之曰通玄匦。"令朝臣充使管理,"每日所有投书,至暮并进"。① 铜匦的设置,使武则天足不出宫,即知悉很多人间情况。

(三) 改革官制,提高行政效能

武则天在官制方面的改革主要有如下几项:第一,在门下省中加置左补阙二人、左拾遗二人,在中书省中加置右补阙二人,右拾遗二人。补阙、拾遗的职能为"掌供奉讽谏,扈从乘舆,凡发令举事有不便于时、不合于道,大则廷议,小则上封。若贤良之遗滞于下,忠孝之不闻于上,则条其事状而荐言之"。② 这就加强了言官、谏官的力量,有利于朝政的清明和决策的正确。第二,创立试官制度,就是让求官者先暂时担任某一职务,以观察他们的能力,锻炼他们的才干。长寿元年(692)一月,武则天"引见存抚使所举人,无问贤愚,悉加擢用,高者试凤阁舍人、给事中,次试员外郎、侍御史、补阙、拾遗、校书郎",若发现不称职者,"寻亦黜之,或加刑诛。"③ 第三,发展使职差遣制,以提高办事效率。唐初的官制存在几个部门共管一种事务的现象,从而造成事权过于分散,不利于进行集中统一的管理。随着社会经济的发展,这个问题日见显露出来。比如,唐朝的屯田、营田事务原由工部下属的屯田司和司农寺共同管理,随着历史的发展,唐朝屯田、营田的数量越来越多,分布范围越来越广,这时单靠屯田司和司农寺的少数官员去管理,是根本不行的。于是,武则天于如意元年(692)正式设置营田使,主抓营田事务。再比如唐朝的马政原由工部下的驾部司、殿中省下的尚乘局、太仆寺等部门共同管理。然而,随着陇右牧场的不

---

① 《唐会要》卷五五《匦》,上海古籍出版社1991年版,第1122—1123页。
② 《唐六典》卷八《门下省》,日本广池本,第184页。
③ 《资治通鉴》卷二〇五,长寿元年一月条,第6477—6478页。

断扩大，上述管理模式已不能胜任，于是才有监牧使、群牧使等使职的设置，时在高宗、武则天统治时期。营田使的设置，对唐朝的营田事业的发展起了很好的作用。而各类牧使的设置，则促进了唐朝养马业的兴盛。

这里所述，只是武则天"治宏贞观"的几个方面。此外，她在发展农业、巩固边防方面也是有所建树的。这使得唐朝在"贞观之治"的基础上，又向前迈进了一步。户口的增长可以说明这一点。据《唐会要》卷八四《户口数》记载，永徽三年（652），全国计户380万，至神龙元年（755）增至6156141户，平均年增长率为0.9%，这表明当时的社会是稳定的，经济是在向前发展的。武则天统治的数十年间，全国没有发生一次农民暴动，这也表明当时的社会是稳定的，人民的生活是有保障的。

武则天的上述改革措施，大多为唐玄宗继承和发扬，在促成"开元之治"中发挥了重要作用。"政启开元"也由此得到体现。当然，武则天也有不少消极面，如任用酷吏、放手招官、大肆崇佛等，备受后世诟病。但总的来说，她的积极方面还是主要的，她在唐朝盛世的延续和发展过程中所起的促进作用是不可磨灭的。

转轮王"化谓四天下"与武周时期的天枢、九鼎制造

武汉大学历史学院　吕博

一　引言：《大云经神皇授记义疏》《宝雨经》与武周皇帝的尊号

在《明堂建设与武周的皇帝像——从"圣母神皇"到"转轮王"》一文中，笔者曾指出，从皇后到天后，再到圣母神皇、圣神皇帝、金轮圣神皇帝、越古金轮圣神皇帝、慈氏越古金轮圣神皇帝、天册金轮圣神皇帝，武则天尊号的每一次变化，都浓缩地反映了她在政治上前进的每一步轨迹。与此同时，宫殿核心区以明堂为代表的建筑群不断地被建设、诠释。明堂不仅是圣母神皇百世继周、复古情怀的象征，还被诠释成弥勒所造的化城、道教圣君的仙宫、转轮王的七宝台。通过对明堂的分析，也重新探讨了《大云经神皇授记义疏》的性质，与此前陈寅恪、富安敦、矢吹庆辉、古正美等先生关于《大云经神皇授记义疏》与武周政权关系的论述不同的是，[①] 拙文指出，《大云经神皇授记义疏》撰作的目的，就

[①] 在敦煌文书中共发现两个抄本《大云经疏》，分别为 S.2658 和 S.6502，参见黄永武主编《敦煌宝藏》第二十二册（第 45—54 页）、第四十七册（第 498—506 页），台北：新文丰出版公司 1982 年版。两个抄本内容大致相同，残缺程度有别，S.6502 号保存相对完整。不知何故，学界普遍认为《大云经疏》论证了武则天将以女身称帝，比如金滢坤、刘永海最近的研究还承袭这样的看法，参见氏著《敦煌本〈大云经疏〉新论——以武则天称帝为中心》，《文史》2009 年第 4 辑。我想，就敦煌本《大云经疏》来说，尽管充满了武氏的僭越之词，但通篇还是承认李家天下的，没有一句明说武则天将称帝，武则天的身份在疏中的身份仅是圣母神皇而已。

是为了解释垂拱四年（688）至载初元年（690）武则天称"圣母神皇"以来的历史，没有迹象表明武则天将以女身称帝。《大云经神皇授记义疏》（以下简称《义疏》）既没有说明武则天是转轮王，也没有说明武则天是弥勒下生。认为《义疏》表达的理念是：弥勒下生之时，武则天为南阎浮提主。南阎浮提主只是得到转轮王四分之一的土地（即为须弥山四方的四洲之一），还没有成为真正的转轮王。① 这点在《义疏》中是屡次标明的，有必要再次重申。②

不过，我们都知道武则天后来获得了一个称号"金轮圣神皇帝"，那么武则天是如何从南阎浮提主转变成佛教转轮王的呢？这就要把目光转向另一部佛教经典——《宝雨经》。众所周知，在菩提流志等人翻译《宝雨经》之前，此经已有两种译本存在：一种是由梁扶南三藏曼陀罗仙译《宝云经》八卷；另外一种是梁扶南三藏曼陀罗仙共僧干婆罗译《大乘宝云经》。俞正燮、汤用彤等学者对此经曾有过研究。③ 近来孙英刚先生围绕《宝雨经》中的"庆山"祥瑞，有过细致的分析。④ *Antonino Forte*（富安敦）曾对比三种译本，发现由薛怀义、菩提流志等所翻译的《宝雨经》窜入的片段主要集中在卷一。⑤

正像《宝雨经》篡改片段阐释的那样，武则天在长寿二年（693）九月乙未，突破女身障碍，正式以尊号的形式标明自己的转轮王身份。而且，按照《宝雨经》的设计，也没有说武则天自己就是弥勒或者弥勒的化身。《经》文同样出现慈氏一词，但阐述的是武则天在成为转轮王之后，当供养慈氏（弥勒）菩萨。标明慈氏的称号，同时也在说明武则天

---

① 参拙撰《明堂建设与武周的皇帝像——从"圣母神皇"到"转轮王"》，《世界宗教研究》2015年第1期，第48—49页。

② 参见林世田《〈大云经疏〉结构分析》，郑炳林、花平甯主编《麦积山石窟艺术文化论集》下册，兰州大学出版社2004年版，第80、184—185、189页。

③ 俞正燮：《癸巳存稿》卷十二《宝雨经》，辽宁教育出版社2003年版，第347—348页。汤用彤：《隋唐佛教史稿》，中华书局1982年版，第35—36页。

④ 参见孙英刚《庆山还是祇闍崛山：重释〈宝雨经〉与武周政权之关系》，《兰州学刊》2013年第11期，第1—11页。

⑤ AntoninonForte, Political Propaganda and Ideology in China at the End of the Seventh Century, Naples, 1976, pp. 125 – 136.

在遵照《宝雨经》的文本指导,将"诣睹史多(兜率)天宫,供养承事慈氏菩萨"。

《宝雨经》政治、宗教理念的设计,可能正是薛怀义于证圣元年(695)在明堂北部建设大佛像的最初依据。尊号"慈氏越古金轮圣神皇帝"所显示的政治理念,又将体现在明堂及其周边建筑上。

证圣元年(695)正月十六日夜,明堂、功德堂发生火灾,意味着转轮王供奉弥勒的剧目,无果而终。《宝雨经》的政治、宗教理念开始破产。二月,武则天删除尊号中"慈氏越古"一词,正对应明堂景观中大佛像的消失。①

不管武则天在长寿二年(693)之后如何改变尊号,她始终保持着金轮王的称号。在《大云经神皇授记义疏》的叙述里,转轮王统领的是"四天下"(即南阎浮提、东胜神洲、西牛贺洲、北俱芦洲)。而统领四天下的现实表现则是诸蕃慕化来朝。诸蕃慕义、万国来朝的政治象征,集中体现在另一个巨型建筑——天枢之上。沿着明堂中轴线所修建的大佛像、天枢、九鼎等仪式性景观,亦是武则天模仿转轮王供奉弥勒、化谓四方的体现。开元新政,这些景观的拆除,意味着某种视觉政治的重建。

不过,囿于篇幅,《明堂建设与武周的皇帝像》未能就有关天枢、九鼎的建造及其相关问题展开论述;也未能就这些武周政治景观的拆除过程,进行进一步的说明。下文想就此二问题进行进一步的研讨。

二 天枢、九鼎及其象征意义

据《河南志》"从善坊"条载:"唐长寿中(692—694)以蕃胡慕义,请立天枢。武太后析洛阳、永昌二县,置来庭县廨于此坊,以领四方蕃客。后蕃客隶鸿胪寺,县遂令人户。神龙元年(705)省。"②

可以明确,在当时的洛阳城中,设立过诸蕃胡人的聚居区,设立的

---

① 《资治通鉴》卷二〇五,则天后天册万岁元年条,中华书局,第6502页。
② 清徐松辑、高敏点校:《河南志》,中华书局1994年版,第20页。徐松按语,改"户"为"居"。按《新唐书》卷三八《地理志二》河南府条云:"天授三年,析洛阳、永昌置来庭县。"与《河南志》所记稍异,中华书局1975年版,第982页。

契机就和天枢的建立相关。另据《大唐新语》记载，天枢的地理位置、建造时间、形制如下：

> 长寿三年，则天征天下铜五十万余斤，铁三百三十余万，钱两万七千贯，于定鼎门内铸八棱铜柱，高九十尺，径一丈二尺，题曰"大周万国述德天枢"，纪革命之功，贬皇家之德。天枢下置铁山，铜龙负载，狮子、麒麟围绕，上有云盖，盖上施盘龙以托火珠，珠高一丈，围三丈，金彩荧煌，光侔日月。①

清人徐松曾据以上记载认为，天枢处于定鼎门。但关于天枢的位置另有一记载，即为东都端门。当代学者郭绍林先生经过辨析认为，端门的说法更为可靠。② 笔者也认为郭绍林的考订更有道理。另据《泉献诚墓志》记载，铜铁原料的准备，可能在天授二年二月就已开始进行。③ 至长寿三年（694），武则天已经征"天下铜五十万余斤，铁三百三十余万，钱两万七千贯"。据《资治通鉴》记载，为建造天枢，诸胡聚钱已达百万亿，但所买铜铁尚不能供足天枢耗费。于是，武则天又派差科于民间，加收农具，才得以将材料准备充分。武周长寿三年（694）五月改元延载，五月戊寅之后武三思率领四夷酋长请铸铜铁为天枢。④

天枢制造与明堂失火的先后顺序，通过《旧唐书》卷八九《姚璹传》可知：

> 时武三思率蕃夷酋长，请造天枢于端门外，刻字纪功，以颂周德，璹为督作使。证圣初，璹加秋官尚书、同平章事。是岁，明堂灾，则天欲责躬避正殿，璹奏曰："此实人火，非日天灾。至如成周

---

① 刘肃撰、许德楠、李鼎霞点校：《大唐新语》卷八《文章》，中华书局1974年版，第126页。
② 详参郭邵林《大周万国颂德天枢考释》，《洛阳师范学院学报》2001年第6期，第75页。
③ 墓志录文见周绍良主编《唐代墓志汇编》大足○○一，上海古籍出版社1992年版，第984页。
④ 《资治通鉴》卷二〇五，则天后延载元年条，第6496页。

宣榭，卜代愈隆；汉武建章，盛德弥永。臣又见《弥勒下生经》云，当弥勒成佛之时，七宝台须臾散坏。睹此无常之相，便成正觉之因。故知圣人之道，随缘示化，方便之利，博济良多。可使由之，义存于此。况今明堂，乃是布政之所，非宗庙之地，陛下若避正殿，于礼未为得也。左拾遗刘承庆廷奏云：'明堂宗祀之所，今既被焚，陛下宜辍朝思过。'璹又持前议以争之，则天乃依璹奏。先令璹监造天枢，至是以功当赐爵一等。"①

天枢的建造在明堂被毁之前，与明堂（七宝台）配合，可以进一步论证武则天的转轮王身份。但未等天枢建成，明堂、佛像就毁于大火。至天册万岁元年（695）夏四月，天枢建毕。具体形制，《资治通鉴》所记与《大唐新语》略有差别：

夏，四月，天枢成，高一百五尺，径十二尺，八面，各径五尺。下为铁山，周百七十尺，以铜为蟠龙麒麟萦绕之；上为腾云承露盘，径三丈，四龙人立捧火珠，高一丈。工人毛婆罗造模，武三思为文，刻百官及四夷酋长名，太后自书其榜曰"大周万国颂德天枢"。②

在《大周故镇军大将军高君墓志铭并序》中，有关天枢的描述如下：

证圣元年（695），造天枢成，悦豫子来，彫镌乃就。干青霄而直上，表皇王而自得。明珠吐耀，将日月而连辉；祥龙□游，凭烟云而矫首。壮矣哉邈乎！斯时也。③

这种描述差异，可能因为不同文本的作者视角、根据不同。但《大唐新语》《资治通鉴》都提到了天枢上的重要铭文"大周万国颂（述）

---

① 《旧唐书》，中华书局1975年版，第2902—2903页。
② 《资治通鉴》卷二〇五，则天后天册万岁元年条，中华书局2009年版，第6502—6503页。
③ 周绍良主编：《唐代墓志汇编续集》万岁通天〇〇三，上海古籍出版社2001年版，第348—349页。

德天枢"。"万国颂德天枢"可能正是表明武则天作为转轮王"化谓四天下",从而致使万国称德。万国称德的表现,就是天枢上刻满了百官及四夷酋长的名字,带有"策名委质"的性质。

　　四夷、胡人捐助建造天枢的历史,不禁让人认为天枢是源自西方的工艺,并进而联想起类似罗马方尖碑(obeliskos)一样的纪功建筑。① 张乃翥先生指出,天枢类似于阿育王石柱或图拉真圆柱。② 孙英刚先生也从天枢上的狮子、九龙灌顶、九龙吐水等造型,进一步指出天枢可能是在模仿阿育王石柱,以证明武则天同阿育王一样,是佛教学说中的转轮王。③ 这样的景观,在理念层面彻底突破了《大云经神皇授记义疏》有关南阎浮提主的阐述,意在宣示武则天是统领四天下的转轮王。端门的万国颂德天枢拔地而起,意味着政治与宗教的理想,被转化成为巨大物质符号。可以说,在经过明堂大火之后,天枢的及时建成,在某种程度上,缓解了武则天遇到的政治合法性论证危机。

　　此处更需要注意的是,天枢建造的目的在于"纪革命之功,贬皇家之德""铭记功德、黜唐颂周"。我想,这样的一颂一黜,应从李氏皇帝的"大唐之国"与武氏转轮王的"大周之国"的差异角度来理解。前揭《义疏》云:

　　　　1. 经曰"得转轮王所统领处四分之一"者,今神皇王南阎浮提一天下也。若比轮王,即四分之一是也。
　　　　2. 言"有一小国"者,前言得转轮王所统领处四分之一,转轮王化谓四天下,大唐之国统阎浮提比四天下,即小国也。

　　武则天在尚未成为转轮王之前,曾经获得过圣母神皇、圣神皇帝两

---

① 有关胡人与天枢制造的论述,可参罗香林《景教徒阿罗撼为武则天皇后营造颂德天枢考》,《唐元二代之景教》,香港,1996 年。同参荣新江《胡人对武周政权之态度——吐鲁番出土〈武周康居士写经功德记碑〉校考》,《中古中国与外来文明》,第 215—217 页。
② 参见张乃翥《武周万国天枢与西域文明》,《洛阳大学学报》1995 年第 1 期,第 48—50 页。
③ 参见孙英刚《动物异象与中古政治——评陈怀宇〈动物与中古政治宗教秩序〉》,《神文时代——谶纬、术数与中古政治研究》(上海古籍出版社,第 410—411 页),作者的这种提示很敏锐,期待进一步的研究。

个尊号。圣母神皇意在说明武则天以李唐皇帝母亲的身份,"王南阎浮提",辅佐李唐帝业,可使皇基永泰。① 在当时《大云经神皇授记义疏》的阐说中,李唐统治的"阎浮提"比起转轮王统治的四大詹部洲来说,只是后者的四分之一,要小很多,故被称作小国。天授元年(690)武则天称帝,改国号为周,获得"圣神皇帝"的尊号,她所获得统治疆域只是从李唐移交过来而已,并没有什么突破。直到长寿二年(693)九月乙未,武则天按照《宝雨经》的指导,正式晋身转轮王,成为大周国的"金轮圣神皇帝"。② 而转轮王的一个重要功业就是"化谓四天下",即统治佛教世界观中的四大部洲。李唐之国只统领南阎浮提,自然是无法相比。而长寿三年(694)开始建造的"万国颂德天枢",正是以物质符号的形式在标明这种对比。所以说天枢建造的目的在于"黜唐颂周"(见图1)。

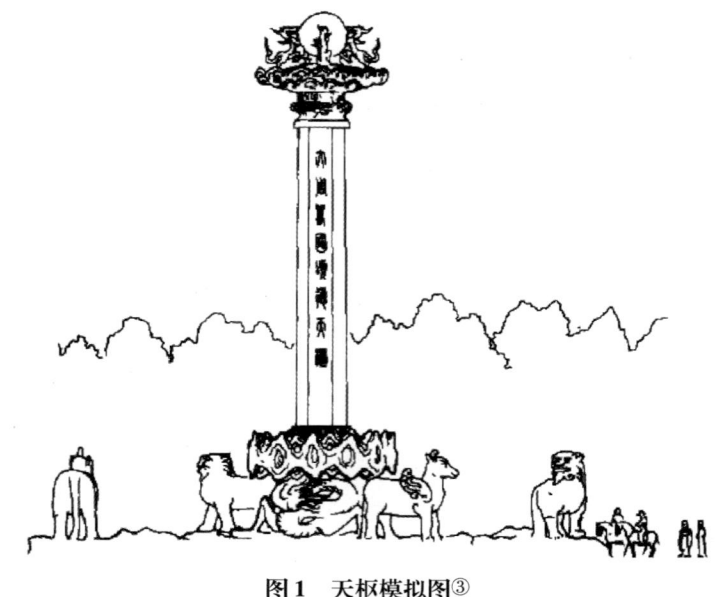

图1 天枢模拟图③

---

① 详参拙撰《明堂建设与武周的皇帝像——从"圣母神皇"到"转轮王"》,第44—48页。
② 同上书,第50—52页。
③ 此复原图引自李松《天枢——倭国古代一种纪念碑样式》,《美术》1985年第4期,第42页。

延载元年（694）九月，武则天合祭天地于南郊，改元天册万岁。与此同时，武则天又改尊号"天册金轮圣神皇帝"。"天册"似乎表明武则天重新认定天命所在。在获得"天册金轮圣神皇帝"的尊号后，转轮王"化谓匹方"的情形也体现在针对四夷来华的待遇上，武则天在同年九月五日下达诏令："蕃国使入朝，其粮料各分等第给：南天竺、北天竺、波斯、大食等国使，宜给六个月粮；尸利佛誓、真腊、诃陵等国使，给五个月粮；林邑国使，给三个月粮。"① 十月之时，突厥可汗默啜遣使来朝，被封为"归国公"。②

在天枢建成之后，明堂所在中轴线又出现了形制巨大的建筑。在万岁通天元年（696）四月，武则天又建成九鼎，标题九州，依据东南西北，置于明堂庭中。其中蔡州鼎最高，达一丈八尺，容积达一千八百石。其他八州鼎各高一丈四尺，容积达一千二百石，依次是：冀州鼎武兴，雍州鼎长安，兖州鼎日观，青州鼎少阳，徐州鼎东原，扬州鼎江都，荆州鼎江陵，梁州鼎成都。九鼎制成，共享铜五十六万七百一十二斤，花费巨大。本来武则天还打算在九鼎上镀上金色，但最后在纳言姚璹的进谏下，未能实施。铸鼎象物，鼎上各记地域山川物产，令著作郎贾应福、殿中丞薛昌容、凤阁主事李元振、司农录事锺绍京等分题之，左尚令曹元廓画。

Richad Fracasso 有一个有趣的解释，他认为 695 年明堂大火之后，武则天急于确立自身统治的合法性，因此采取了重建九鼎的方法。此前是佛教的意识形态，武则天通过复古到夏商周三代，迎合民族主义者和反佛者的口味。③ 不过，更准确地说，明堂大火后武则天也并未完全放弃佛教的宣传方式，从"天册金轮圣神皇帝"的尊号来看，她肯定还在坚持着转轮王的身份。

天册万岁二年（696）三月，明堂再次建成，号曰通天神宫。武则天

---

① 《唐会要》卷一〇〇《杂录》，上海古籍出版社 2006 年版，第 2136 页。
② 《资治通鉴》卷二〇五，则天后天册万岁元年条，第 6503 页。
③ 参 Fracasso, Riccrado. "The Nine Tripods of Empress Wu", in Antonnino Forte ed, Tang China and Beyond, Kyoto: IstitutoItaliano di CulturaScuola di studisull' Asia Orientale, 1988, pp. 95 – 96。

依然亲自举行大享之礼,在通过大赦传递相关信息之后,改元万岁通天。通天神宫的名称、万岁通天的年号,不禁让人想到《宝雨经》的内容,其中讲到月净光天子在"彼时住寿无量,后当往诣覩史多天宫,供养承事慈氏菩萨,乃至慈氏成佛之时,复当与汝授阿耨多罗三藐三菩提记"。①"住寿无量"对应着"天册万岁","诣史多天宫"对应着"万岁通天"。事实上,明堂大火之后,武则天依旧没有放弃明堂后的大佛像及功德堂的建造,只是"制度卑狭于前"。② 功德堂又被称作天堂,疑即"兜率(史多)天宫"的比拟。从这些隐约的迹象看,武则天似乎仍然没有放弃"转轮王供奉弥勒"的想法。

但毕竟《宝雨经》中转轮王供奉弥勒的剧目,因源自明堂的大火曾经演砸。所以武则天也不得不重新考虑利用多元化的政治资源,进行政治合法性的论证。九鼎的象征意义就再次被她想起。

在中国传统的政治学说里,九鼎只是在圣人存在的时代才会出现,所谓"遭圣而兴"。《史记·封禅书》云:"禹收九牧之金,铸九鼎。皆尝亨鬺上帝鬼神。遭圣则兴,鼎迁于夏商。周德衰,宋之社亡,鼎乃沦没,伏而不见。"③

在蔡州鼎的铭文中,也叙述了九鼎在以往出现的时机:

  犧、农首出,轩、昊膺期。唐虞继踵,汤禹乘时。天下光宅,域内雍熙。上玄降鉴,方建隆基。④

九鼎"重现"可能也意味着圣人再出,周德再昌。因九鼎形制巨大,武则天竟然动用南北宿卫禁军10万余人,加以大牛、白象才将九鼎从玄武门外拖入。据载,武则天曾亲自"制曳鼎歌词,令曳者唱和",10万余人共同唱和,不知是怎样的气势。

---

① 《佛说宝雨经》,《大正藏》第十六册,东京:东京大正一切刊经行会,1924—1934年,第284页。
② 《通典》卷四四《大享明堂》,第1228页。
③ 《史记》卷二八《封禅书》,中华书局1959年版,第1392页。
④ 《通典》卷四四《大享明堂》,第1229页。

九鼎在中国古代是特殊的符瑞、权力符号。在《唐六典》规定的诸种祥瑞中，"神鼎"位于大瑞中。① 在相关的瑞应图中，神鼎出，象征着王者兴。

《开元占经》引《瑞应图》说："神鼎者，质文之精也，知凶知吉，知存知亡，能重能轻，能不炊而沸，不汲而满，中生五味。黄帝作三鼎，象三辰。大禹治水，收天下美铜以为九鼎，象九州。王者兴则出，衰则去。"②

《开元占经》引《晋中兴征祥说》则云："王者盛则神鼎见。神鼎者，仁器也，不炊而沸，不汲而满，烟煴之气自然而生，世乱则藏于深山，文明则应运而至，故禹铸宝鼎以拟之。"③

据韩愈《三器论》可知，在唐人意识里，天下太平的表现形式即：

> 天子坐于明堂，执传国玺，列九鼎，使万方之来者，惕然知天下之人意有所归，而太平之阶具矣。④

坐于明堂、执传国玺、证明万方之来的天枢，各种物质符号均已具备。传统的中国皇帝与佛教所述的转轮王的理念，都被外化在这些物质符号上。不过，武则天再也没有完成过"转轮王"供奉弥勒的剧目。根据《通典》的记载，明堂后新建佛像，在中宗即位之后还没有建成。中宗为完成武后的遗志，乃"断象令短，建圣善寺阁以居之"。⑤ 上文已指出，圣善寺阁在洛阳的章善坊，已经远离了洛河北岸的宫殿核心区。

---

① 《唐六典》卷四《尚书礼部》，第114页。
② 《开元占经》卷一〇四《器服咎徵城邑宫殿怪异占》，九州出版社2012年版，第1080页。
③ 《开元占经》卷一〇四《器服咎徵城邑宫殿怪异占》，第1080页。
④ 《全唐文》卷五五七《三器论》，中华书局1983年版，第5640页。
⑤ 《通典》卷四四《大享明堂》第1228页。

三 武周政治景观的销毁与
开元新秩序的建立

长安五年（705）正月壬午朔，改元神龙元年。《册府元龟》谓："是月甲戌，则天归政于中宗。"① 说是归政于中宗，但实际上，在是年二月四日之前，国号仍然是武周年号。正月二十二日，神龙政变发生。正月二十三日武则天下令太子监武周之国。正月二十四日，武则天下制传位给太子。翌日，太子即武周国皇帝之位。正月二十七日武则天被迫改称"则天大圣皇帝"。二月四日，国号才由周变为唐。不过，即便国号改称，当时的朝局仍然是"唐皇帝"与"则天大圣皇帝"二帝并称。

中宗复位伊始，逐渐推行了若干拨乱反正的举措，但由于武氏家族的势力尚且存在，明堂、天枢等象征武周政治的建筑，并没有被销毁。同时，明堂又恢复了儒家祭祀建筑的性质，祭祀规则遵循"乾封故事"，显然是放弃了"明堂为转轮王七宝台"的佛教学说：

> 中宗即位，神龙元年九月，亲享明堂，合祭天地，以高宗配。季秋大享，复就圜丘行事，迄于睿宗之代。（神龙元年，享昊天上帝于东都明堂，以高宗天皇大帝崇配。其仪亦依干封故事。）②

直至神龙元年十一月"壬寅（二十六日），则天崩于上阳宫……遗制：'去帝号，称则天大圣皇后。'"③ 才意味着神龙年间短暂的二帝并称的时代复归一帝。不过，中宗也未因此获得绝对的权威。因外戚顺天皇后韦氏的权势强大，在天枢之北又出现了象征韦后权威的政治景观——颂台。《资治通鉴》卷二一一玄宗开元二年（714）条云："毁天枢，发匠镕其铁钱，历月不尽。先是，韦后亦于天街作石台，高数丈，

---

① 《册府元龟》卷十五《帝王部·年号》，第165页。
② 《通典》卷四四《大享明堂》，第1228页。
③ 《资治通鉴》卷二〇八，中宗神龙元年条，第6596页。

以颂功德，至是并毁之。"以往胡三省未征引相关唐代史料，主观认为石台处于长安朱雀大街，可能有误。《大唐新语》云："天枢之北，韦庶人继造一台……"①

据此可知，石台位于天枢之北，依然矗立在洛阳宫殿的核心区。

建筑的格局体现着现实政治的构成。武周政权随着神龙政变，又改头换面，重归李唐。五王登台的同时，武家势力也呈现衰颓之势。神龙元年（705）至景龙元年（707），朝廷中再封建的举动与议题，集中反映了当时几股政治势力瓜分权力的诉求。先是，神龙元年（707）二月十四日，中宗有追封后父韦玄贞为上洛郡王的举动。尽管遭到左拾遗贾虚己的反对，但中宗的意志不可动摇。与追封事件相关的，是韦后报复宁承基兄弟，在礼仪层面改葬、分封家族等一系列接续的事件。②通过对封建的要求，也宣示了后族势力的重振。神龙、景龙政局中，韦后、安乐公主成了一种不可忽视的势力，她们与皇权有离心力，但皇帝因情感、实力等复杂因素，又不得不依赖她们。

景龙元年（707）七月，李重俊发动兵变，武三思、武崇训死于格杀，武家势力大为衰颓。此时，武延秀是武家势力尚在延续的代表人物。次年，武延秀复娶安乐公主，得宠于韦后，权势彰于一时。当时也出现

---

① 《资治通鉴》卷二一一，玄宗开元二年条云："毁天枢，发匠镕其铁钱，历月不尽。先是，韦后亦于天街作石台，高数丈，以颂功德，至是并毁之。"石台位于天枢之北，以往胡三省德注释认为处于长安朱雀大街，可能有误。《大唐新语》，第126页。

② 《朝野佥载》辑佚自《通鉴》："韦氏遭则天废庐陵之后，后父韦玄贞与妻女等并流岭南，被首领宁氏大族逼夺其女，不伏，遂杀贞夫妻，七娘等并夺去。及孝和即位，韦后当途，广州都督周仁轨将兵诛宁氏，走入南海。轨追，杀掠并尽。韦后隔帘拜，以父事之，用为并州长史。后阿韦作逆，轨以党与诛。"第171页。《册府元龟》卷三〇三《外戚部》："韦玄贞，中宗皇后父也，为豫州刺史。卒，神龙元年追赠上雒郡王，左拾遗贾虚己谏之，疏不纳。九月诏令改葬玄贞，其仪准太后父太原王故事。初，帝迁于房陵，玄贞坐配流钦州，死。后母崔氏为钦州首领苔承基兄弟所杀。玄贞有四子洵、浩、洞、泚等时亦死于容州。至是，制遣使迎玄贞及崔氏丧柩，归于京师。赠赙甚厚。又遣广州都督周仁轨率兵二万，斩讨苔承基兄弟，以其首祭于崔氏墓。又追赠洵吏部尚书，汝南郡王，浩太常卿，武陵郡王，洞卫尉、淮阳郡王，泚太仆卿、上蔡郡王，亦遣使迎其丧柩归葬于京师。及将至，帝与后幸长乐宫望丧而泣。……二年四月，又改赠玄贞为酆王，仍号庙曰褒德，陵曰荣光，仍各置官员，并给户一百人守卫洒扫。五月再追赠玄贞为太师、雍州牧、并益州大都督。伯父赠太常卿，玄俨为特进、荆州大都督，封鲁国公，追封从祖伯父十余人皆为上州刺史，仍赠爵郡公。"（第3572—3573页）

了所谓"黑衣神孙"的谶言,① 预兆着武周有再兴之望。有关黑衣的政治预言,实源自《大云经疏》,与佛教中所谓"黑河"有关。武则天幼时即穿着这种服装。《疏》云:"黑水成姓,即表黑衣,与《孔子谶》相符,名黑河也。伏承神皇幼小时已披缁服,故惟黑衣之义也。"② 此时有关服装的语谶再次兴起,和武延秀的政治动向有关。武延秀在当时着装"皂襆子",熟知黑色服装"隐喻"的人,一定能通过这样微小的细节"观察"到他的权力诉求。而且,在景龙二年(708)的朝堂上,的确也有过"周唐一统,符命同归"的暧昧政治意见。③

李重俊政变后,围绕韦皇后天命展开的祥瑞、谶纬歌谣造作纷至沓来:

> 春,二月,庚寅,宫中言皇后衣笥裙上有五色云起,上令图以示百官,韦巨源请布之天下,从之,仍赦天下。④

> 迦叶志忠奏:"昔神尧皇帝未受命,天下歌桃李子;文武皇帝未受命,天下歌秦王破阵乐;天皇大帝未受命,天下歌堂堂;则天皇后未受命,天下歌妪媚娘;应天皇帝未受命,天下歌英王石顺天皇后未受命,天下歌桑条韦,盖天意以为顺天皇后宜为国母,主蚕桑之事,谨上桑韦歌十二篇,请编之乐府,皇后祀先蚕则奏之。"⑤

在躲过李重俊兵变之后,韦后的革命之心也越发明显。有趣的是,在服饰上伪造祥瑞,也成为她的政治宣传方式。据《通鉴》记载,景

---

① 《旧唐书》卷一八三《武延秀传》,第4734页。《新唐书》卷二〇六《武延秀传》记事略同:"三思死,韦后复私延秀,故延秀益自肆。主府仓曹参军何凤说曰:'今天下系心武家,庶几再兴。且谶曰"黑衣神孙被天裳",神孙非公尚谁哉?'因劝服皂衣惑众。"(第5839页)
② 林世田:《〈大云经疏〉结构分析》,郑炳林等编:《麦积山石窟艺术文化论文集》,兰州大学出版社2004年版,第185页。
③ 《资治通鉴》卷二〇九,中宗景龙二年条,第6620页。
④ 同上书,第6619页。
⑤ 同上书,第6619—6620页。

龙二年（708）春二月，皇宫中传言皇后衣笥裙上有"五色云"腾起。①按照《册府元龟》的说法，这次祥瑞是韦后亲自所言，韦巨源附和，认为这是难得的佳瑞，进而图示百僚，需要以大赦的形式颁布天下。②裙上的五色云和当时兴起的"桑条韦"歌谣，应均与韦后此时的政治动向相关。

韦后"颂台"也正是在这样的政治背景下出现的。

至李隆基即位之后，这些矗立洛阳的纪念碑建筑才被或改或拆。在时人的记述里，以往为武周政治制造舆论的宗教空间——白马寺佛像头落，预示着玄宗上台后一系列抑制佛教的新动向：

> 神武皇帝七月即位，东都白马寺铁像头无故自落于殿门外。自后捉搦僧尼严急，令拜父母等，未成者并停革，后出者科决，还俗者十八九焉。③

沙汰僧尼、令拜父母等，④均是玄宗在开元初期建立统治秩序的措施。与此同时，道教偶像老子在开元二年（714）三月的祭祀地位又再次被提高，在祠庙系统中再次宣示着道教的国教地位：

> 开元二年三月，亲祠玄元皇帝庙，追尊玄元皇帝父周上御史大夫敬，追尊为先天太皇，仍于谯郡置庙，岁余一祀以上，准先天太

---

① 《资治通鉴》卷二〇九，中宗景龙二年条，第6619页。
② 《新唐书》卷七六《韦皇后传》云："五色云起后衣笥。"（第3486页）。《旧唐书》卷五一《中宗韦庶人传》亦载："宫中希旨，妄称后衣箱中有五色云出……"（第2172页）两《唐书》皆未言"裙上"。按《册府元龟》卷八〇《帝王部·庆赐》："（景龙）二年二月，皇后言衣箱中裙上有五色云起，久而方歇。帝令画工图其状，以示百寮。"（中华书局1960年版，第928页）同书卷八四《帝王部·赦宥》："（景龙）二年二月庚寅，顺天皇后言衣箱中裙上有五色云起，久而方歇。帝令画工图其状，以示百寮。"（第996页）同书卷三三九《幸辅部·邪佞》："韦巨源，中宗时为尚书左仆射。韦皇后衣箱中裙上有五色云起，久而方歇。巨源以为非尝嘉瑞，请布告天下，许之。"（第4005—4006页）三处均提及"裙上"，一般认为《册府元龟》的史料来自唐实录、国史，较两《唐书》更为原始。故此处取《册府》的说法。
③ 张鷟撰，赵守俨点校：《朝野佥载》卷一，第13页。
④ 《通典》卷六八《僧尼不受父母拜及立位》，第1893页。

后庙例。①

开元初期，象征韦后功德的颂台，以及象征着武周革命之功的天枢也被销毁，意图在视觉层面宣告新秩序的建立。②

天枢是武周革命的象征，但随着武周政权不在，在睿宗景云年间就出现了"一条麻线挽天枢"的歌谣，③ 预兆着天枢不能经久。李隆基即位之后，就下令扑倒天枢。不过，因为天枢规模巨大，玄宗"发卒销烁"，所以历经月余也没有完全将其完全熔化。据洛阳尉李休烈诗歌记述，为拆毁天枢，玄宗曾于两县之内调发民夫。天枢所用铜料全部被收回尚方。政治核心区的景观变动，在当时引起了一定的轰动，以至于士庶赋诗讽咏。④ 天枢的拆毁，在开元初年，从景观层面宣告了武周遗绪的结束，李唐政权的再次回归。

与天枢相比，九鼎的命运就有所不同，依然被保留在宫廷当中。开元二年（714）八月，太子宾客薛谦光献上九鼎铭文。其中蔡州鼎铭文为武后亲自所制，本来意图是要说明自己像伏羲、神农、轩辕、太昊、尧、舜、禹、汤历代圣王一样，致使九鼎再现。但由于铭文上的"隆基"二字与玄宗名讳正相对应，所以于此时又被当作祥瑞，宣付史馆。当时协助玄宗建立开元新政的姚崇等人上奏："圣人启运，休兆必彰"。利用九鼎上的铭文，玄宗也同样希望再建圣人新像。⑤

开元五年（717）初，玄宗在太庙四室毁坏的情况下，执意前往东都洛阳。玄宗本打算在明堂举行大享之礼，但是诸礼官却持有不同意见：

> 太常博士冯宗等奏议："武太后建天枢太仪，乾元遗趾，兴重阁层楼。人斯告劳，天实贻诫。煨烬甫尔，遽加修立。今请削彼明堂，

---

① 《通典》卷五三《老君祠》，第1478页。
② 《新唐书》卷五《玄宗本纪》载毁天枢的时间为开元元年七月："开元元年正月辛巳，皇后亲蚕。……（七月）甲戌，毁天枢。"（第122页）
③ 《朝野佥载》卷一，第10页。
④ 参《大唐新语》卷八《文章》，第126页。
⑤ 《通典》卷四四《大享明堂》，第1229页。

复乾元殿,则当宁无偏,人识其旧矣。"诏令所司,详议奏闻。刑部尚书王志愔等议,咸以此堂所置,有乖典制,请改拆,依旧造乾元殿。从之。①

他们的核心态度是"此堂所置,有乖典制",希望恢复到明堂的前身乾元殿。但是,我想复归乾元殿的根本原因还在于明堂是武周政治的重要象征。《通典》言:"遂拆,依旧造乾元殿。"② 此后,这座景观的功能也有所改变,只是成了布政之用的宫殿。在元日、冬至的时候,皇帝于乾元殿受百官朝贺。祭天之礼,则被要求在长安的圜丘举行。

同年拆毁的不仅仅是乾元殿,纪念武则天受命的拜洛坛与拜洛碑、显圣侯庙也被拆毁:

> 开元五年,左补阙卢履冰上言曰:"则天皇后拜洛受图坛及碑文,云垂拱四年唐同泰得石,文云'圣母临人,永昌帝业'之所建。因改元为永昌,仍置永昌县。县既寻废,同泰亦已贬官,唯碑坛独立。准天枢、颂台之例,不可更留。"始令所司毁之,其显圣侯庙亦寻毁拆。③

开元五年(717),玄宗亲自前往东都,他在洛阳北岸的景观改造,意图在削除武周统治的印迹。削除旧印迹的同时,新的统治理念、政治秩序也在重新被塑造。

四 仪式性景观——明堂
中轴线上的建筑群

在以往的研究中,我们曾使用"纪念碑性"这一概念阐述了明堂的

---

① 《通典》卷四四《大享明堂》,第1228页。
② 同上书。
③ 《旧唐书》卷二四《礼仪志四》,第925页。

政治、宗教功能。不过，我们对于明堂、天枢、九鼎这类建筑的"仪式性"，又有一些新的思考。

通过对神都明堂、天枢、九鼎等建筑的分析，我们发现这些礼制建筑被视作复古、圣人兴建、盛世循环的物质符号，具有"历史记忆""历史复制"等特殊的功能。由于历史理念早已沉淀，此类建筑在建造过程中本身就具备很强的仪式展示性。建成之后也是政治仪式展演的重要场所或空间。因此，谁能再建历史经典建筑，可能比这些建筑建成之后更具塑造君主形象的意义。这类建筑、景观的最初目标，乃是用于区分"我者"与"他者"，从而制造出身份差别。它不仅是供人"看"的以及"用"的，最主要的，它是由人"建"的，也就是说，其最重要的意义，不在于建成之后，而在于"建"的过程之中。谁人建、怎样建、建的过程如何，在政治过程中，可能才是最重要的。从这样的角度来讲，明堂、天枢、九鼎等纪念碑式建筑、景观被称作仪式性建筑（ceremonial monuments）、仪式景观（ritual landscapes），或许更为适合。①

明堂是当时宫殿群的核心建筑，不仅是儒家神圣理念的祭天之所、布政之宫，在佛教意识形态的塑造下，它还是转轮王的七宝台。围绕着明堂中轴线，一系列建筑拔地而起。

端门外的天枢，象征着转轮王化谓四方，带有整合不同人群的意味。明堂庭内的九鼎，则昭示着大周再建，圣人再出，九州朝服。

相关的宗教、政治理念，不断地以景观的形式出现在宫殿核心区。"皇帝——臣民"的帝国秩序构造，不断地吸收"宗教偶像——信众"的支配方法，因而宗教偶像身上的"神化"因素，不断地为世俗帝王所吸收。从臣民的角度来讲，他们在长期的宗教体验信仰当中，似乎也很容易接受这样的宣传、支配方式。而这一系列变化，在国家的都城都曾以政治景观的形式展示过。明乎此，才能对7世纪前后皇权变化的若干历

---

① 仪式性建筑、仪式景观的概念蒙鲁西奇先生提示、启发，笔者觉得鲁先生提示的这些概念可能比"纪念碑性建筑"更适合描述这些政治景观。故更改采用，特此致谢！

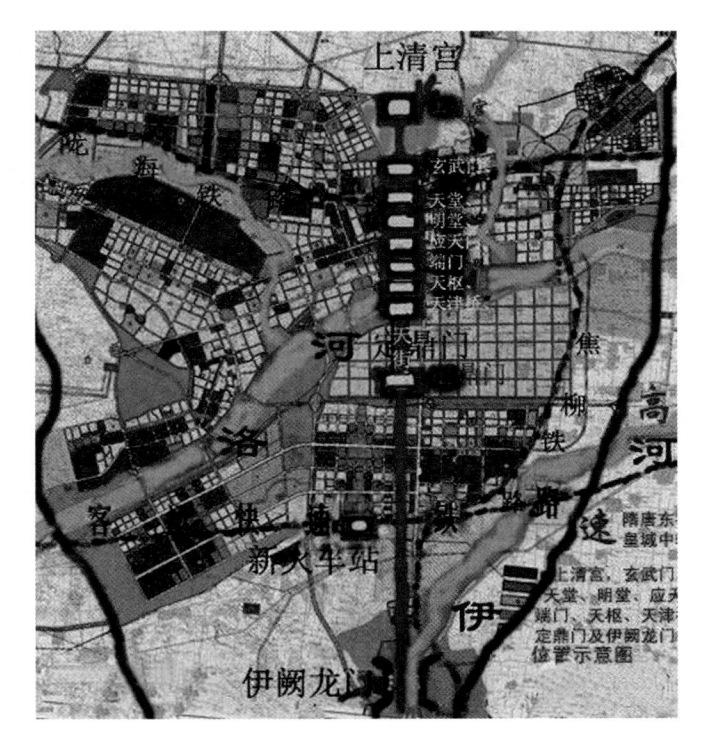

图 2　武周洛阳明堂中轴线上的建筑群

史现象有更深刻的认识。①

"仪式性景观"的树立固然与统治者的意识形态密切相关，但也须有一定程度的社会认同基础。佛教、道教及其思想因素的发展，以及诸种人群混合融会的结果，已经改变了秦汉政治文化的基本诉求与格局，至少自孝文帝以来，西魏—北周—隋、唐前期，一直在寻找一种因素，特别是文化因素，可以将分属不同人群、由不同地域及其文化组成的帝国，整合在一起。这就像君士坦丁大帝希冀用基督教整合罗马帝国时所面临的局面一样。北魏孝文帝、隋文帝、唐太宗都在寻求这种可能，高宗、武则天也一直在进行这种努力。我们在这些武周明堂、天枢、九鼎

---

① 孙英刚先生将君主具备"天子"和"转轮王"双重身份现象，命名为"双重天命"。此论甚允。可参氏著《转轮王与皇帝：佛教对中古君主概念的影响》，《社会科学战线》2013 年第 4 期，第 78—88 页。

等"仪式性建筑、景观"上读到的正是"多元文化"的图景,这种图景上不仅有儒释道三教的思想痕迹,也有东方西方不同人群参与帝国建设的身影。① 而此种多元文化的发展,也正是武则天时期诸种政治文化建设的基础和背景。换句话说,没有这种多元背景,也就不可能有武周革命。

李隆基上台之后,屡次改造洛河北岸的建筑景观。明堂作为重要的礼制建筑,除开元五年(717)的改造之外,此后在开元十年(722),开元二十七年(739)又被改造两次。这与明堂是武周政权的政治象征不无关联。尽管代表武周政治顶峰的景观消失,政治中心重回长安,但是中国历史向东的趋势,却不因此而改变。②

附记:本文原刊《魏晋南北朝隋唐史资料》第三十一辑,此次收录多有修订。后学谨献拙文,向胡如雷先生致敬!

---

① 胡人参与武周政治的状况,可参见荣新江《胡人对武周政权之态度——吐鲁番出土〈武周康居士写经功德记碑〉校考》,《中古中国与外来文明》,生活·读书·新知三联书店 2001 年版。
② "武曌则以关陇集团外之山东寒族,一旦攫取政权,久居洛阳,转移全国重心于山东,重进士词科之选举,拔取人才,遂破南北朝之贵族阶级,运输东南之财赋,以充实国防之力量诸端,皆吾国社会经济史上重大之举措,而开启后数百年以至千年后之世局者也。"参见陈寅恪《记唐代之李武韦杨婚姻集团》,《金明馆丛稿初编》,第 279 页。

"文学政事"
——元稹、白居易二拾遗在元和初期的政治作为

南开大学历史学院　胡宝华

元稹、白居易是中晚唐时期的一对文坛挚友，也是宪宗元和初期的两位左拾遗。他们不仅在文学史上留下了传世佳作，也在朝政建设方面做出了可圈可点的政绩。用唐代"文学政事"的观念概括他们的人生，应该是合适的。这篇小文试图通过元、白二人任职左拾遗前后的一段经历，对二位谏官在宪宗朝政治舞台上所扮演的角色做一粗浅的剖析，希望借此能加深对唐代君主政治基本表征的认识与理解。

一　"制举"考场上的两位考生

顺宗永贞元年（805）八月，唐宪宗即位于宣政殿。次年正月改元，开启元和新政。史称：

> 宪宗嗣位之初，读列圣实录，见贞观、开元故事，竦慕不能释卷，顾谓丞相曰："太宗之创业如此，玄宗之致理如此，既览国史，乃知万倍不如先圣。当先圣之代，犹须宰执臣僚同心辅助，岂朕今日独能为理哉！"自是延英议政，昼漏率不五六刻方退。……由是中外咸理，纪律再张，果能剪削乱阶，诛除群盗。睿谋英断，近古罕

俦，唐室中兴，章武（宪宗）而已。①

宪宗是唐后期颇有成就的一位君主。元和元年（806）四月，宪宗举行"才识兼茂明于体用策"制举考，各路青年才俊齐聚长安，元稹、白居易是为其中二人。这一年，元稹27岁，白居易35岁。

关于元稹、白居易入仕之初的经历，可参看以下两段史料：
《新唐书》卷一七四《元稹传》：

> 元稹，字微之，河南河内人。……九岁工属文，十五擢明经，判入等，

元和元年（806）举制科，对策第一，拜左拾遗。性明锐，遇事辄举。

《旧唐书》卷一六六《白居易传》：

> 白居易，字乐天，太原人。……居易幼聪慧绝人，襟怀宏放。……贞元十四年，始以进士就试，礼部侍郎高郢擢升甲科，吏部判入等，授秘书省校书郎。元和元年四月，宪宗策试制举人，应才识兼茂明于体用科，策入第四等，授盩厔县尉、集贤校理。

这场以宪宗名义举行的制举考试，问卷要点如下：

> 朕观古之王者，受命君人，兢兢业业，承天顺地，靡不思贤能以济其理，求谠直以闻其过。故禹拜昌言而嘉猷罔伏，汉征极谏而文学稍进。匡时济俗，罔不率由。厥后相循，有名无实，而又设以科条，增求茂异，舍斥己之至谏，进无用之虚文，指切著明，罕称于代。兹朕所以叹息郁悼，思索其真，是用发恻之诚，咨体用之要，庶乎言之可行，行之不倦。上获其益，下输其情，君臣之间，

---

① 《旧唐书》卷一五下《宪宗纪》，中华书局1979年版，第472页。

欢然相与，子大夫得不勉思朕言而发明之。我国家光宅四海，年将二百……周汉已还，莫斯为盛。自祸阶漏坏，兵宿中原，生人困竭，耗其太半。农战非古，衣食罕储，念兹疲氓，遂乖富庶。督耕殖之业，而人无恋本之心；峻榷酤之科，而下有重敛之困。举何方而可以复其盛？用何道而可以济其艰？既往之失，何者宜惩？将来之虞，何者当戒？……元帝优游于儒学，盛业竟衰；光武责课于公卿，峻政非美。二途取舍，未获所从。余心浩然，益所疑惑。子大夫熟究其旨，属之于篇，兴自朕躬，无悼后害。①

针对这张考卷，元、白二人做出了怎样的回答？下面先看元稹的长篇答卷。限于篇幅，仅择其主要部分移录如下：

  且臣闻之，古者以言赋纳，岂虚美哉？盖用之也。……洎汉文帝羞不若尧舜，始以策求士，乃天下郡国有贤良之贡入焉，塞诏者晁错而已。至武帝时，董仲舒出，然而卒不能选用条对施之天下。……若此，则徒设试言之科，而不得用言之实矣。降及魏晋，朝成而暮败之不暇，又恶足言其策哉？我唐列圣君临，策天下之士者多矣。……今陛下肇临海内，务切黎元，求斥已之至言，责著明之确论，实命说代言之盛意也，微臣何足以奉之。然臣所以上愚对，皆以指病陈术而为典要，不以举凡体论而饰文词。……伏愿陛下以臣此策，委之有司，苟或可观，施之天下，使天下之人曰："惜哉汉文，虽以策求士，迨我明天子，然后能以策济人。"则臣始终之愿毕矣。……昔我高祖武皇帝拨去乱政，我太宗文皇帝韔櫜干戈，被之以仁风，润之以膏露，戢天下之役而天下之人安，省天下之刑而天下之人寿，通天下之志而天下之气和，总天下之贤而天下之众理，……明皇即位，实号中兴，方其任姚、宋而右贤能也，虽禹汤文武之俗，不能过焉。四十年间，刑罚不试，人用滋植，四海大和。……天宝之后，徭戍渐兴，气盛而微，理固然也。曩时之乳哺

---

① 《元稹集》卷二八《策》"才识兼茂明于体用策"，中华书局1982年版，第330—331页。

> 而有之者，一朝为兵歼之。兵兴以来，至今为梗。兵兴则户减，户减则地荒，地荒则赋重，赋重则人贫，人贫则逋役逃征之罪多，而权管权宜之法用矣。今陛下躬亲本务，首问群儒，念礼乐之不兴，虑升平之未复，斯诚天下之人将绝复完之日也，微臣何幸而对扬之。微臣以为将欲兴礼乐，必在富黎人；将欲富黎人，必在息兵革。息兵之术，臣请两（一作略）言之。夫古所谓销兵革者，非谓幅裂其旗章，铄炼其锋刃而已也。盖诚信著于上，则忠孝行于下；福寿（一作敬让）立于内，则夷狄和于外；夷狄和则边鄙之兵息；……争夺之患销，则和顺之心作，和顺之心作而礼乐之道兴矣。此先王修政、辑兵、兴礼乐、富黎人之大略也。①

元稹从历史的角度指出了"以言赋纳""以策取士"的重要意义，总结了汉魏以来的成败经验。元稹认为：唐初高祖拨乱反正，太宗诚信治国，政绩堪比尧舜；玄宗任用贤相姚崇、宋璟，四十年间天下和平，社会治理远胜禹汤时期。其间以策举士频频，君臣道合国家强盛。安史乱后，兵兴以来，国家徭役频发，户口锐减。户减则地荒，地荒则赋重，逃避赋税者也随之日益增多。欲改变这种状态，当务之急是息兵戈。若能上行诚信，下行忠孝，国内敬让成风尚，边疆之患则自销。礼乐兴，社会安定，人民必然富庶。

关于如何恢复振兴唐朝经济与社会秩序？元稹提出了以下对策：

> 夫食力之不充，虽神农设教天下，不能无馁殍之人矣。是以古之不农而食之者，四而已矣。吏有断察（一作狱）之明则食之，军有临敌之勇则食之，工有便人之巧则食之，商有通物之智则食之。……今之事则不然，吏理无考课之明，卒伍废简稽之实，百货极淫巧之工，列肆尽并兼之贾。加以依浮图者，无去华绝俗之真，而有抗役逃刑之宠；假戎服者，无超乘挽强之勇，而有横击诟吏之骄。是以十天下之人，九为游食，蠢朴愚谨不能自迁者，而后依于

---

① 《元稹集》卷二八《策》"才识兼茂明于体用策"，第330—338页。

农。……今陛下诚能明考课之法,减冗食之徒,绝雕虫不急之工,罢商贾并兼之业,洁浮图之行,峻简稽之书,薄农桑之征,兴耕战之术,则游堕之户尽归,而恋本之心固矣恋本之心固矣。恋本之心固,则富庶之教兴,而贞观、开元之盛复矣。臣伏读圣策,……以汉元尚学而衰盛业,谓光武课吏职而昧通方,以臣思之皆不然也。夫委之于下,而用其情,盖考绩之科废,而清浊之流滥也。尚儒术而衰盛业,盖章句之学兴而经纬之文丧也。课吏职而昧通方,盖苛察之法行而会计之期速也。……至于考绩之科废,章句之学兴,经纬之道丧,会计之期速,皆当今之极弊也。幸陛下反汉元、光武之事,臣遽数以终之。今国家之所谓兴儒术者,岂不以有通经文字之科乎?其所谓通经者,又不过于覆射数字,明义者才至于辨析章条,是以中第者岁盈百数,而通经之士蔑然,以是为通经,通经固若是乎哉?至于工文自试者,又不过于雕词镂句之才,搜摘绝离之学,苟或出于此者,则公卿可坐至,郎署可俯求,崇树风声,不由殿最。连科者进速,累捷者位高,摈嘿因循者为清流,行法莅官者为俗吏,以是为儒术,儒术又若是乎哉?其所谓课吏职者,岂不以朝廷有迁次进拔之用乎?臣窃观今之备朝选而不由文字者,百无一二焉。……陛下诚能使礼部以两科求士,凡自《唐礼》《六典》《律令》凡(一作及)国之制度之书者用;至于九经、历代史能专其一者,悉得谓之学士。以鐶贯大义而与道合符者为上第,口习文理者次之。其诗、赋、判、论,以文自试者,皆得谓之文士。以经纬今古、理中是非为上第,藻绩雅丽者次之。凡自布衣达于未隶在朝者,悉得以两科求仕,礼部第其高下,归之吏部而宠秩之。若此,则儒术之道兴,而经纬之文盛矣。吏部罢书判身言之选,设三式以任人:一曰校能之式,每岁以朝右崇重者一人,与吏部郎校天下群吏之理最在第一至第三者,校定日据其功状而登进之,牧宰字人之官藉之为理者,则上赏行焉。若此,则迁次之道明,而迟速之分定矣。二曰记功之式，① 每岁群吏之理最在第四者，籍而书之。满岁，吏部会集而授署之。若此者，殿最之道存，而清浊之流异矣。三曰任贤之式，② 每岁内自仆射至于群有司之正长，外至于廉问节制者，各举备朝选者一人。外自牧守，内至于百执事之立于朝者，各举吏郡县者一人。因其所举而授任之，辨其考绩而赏罚之。不举贤为不精，举不贤为不察，不精与不察之罪同。若此，保任之法行，而贤不肖之位殊矣。四曰叙常之式，③ 其有业不通于学，才不应于文，政不登于最，行不加（一作知）于人，则限以停年课资之格而役任之。若此，则叙用之式恒，而尺寸之才无所弃矣。……诚以国家兵兴以来，天下之人惨怛悲愁五十年矣。自陛下陟位之后，戴白之老，莫不泣血而话开元之政。臣恐此辈不及见陛下功成理定之化，而先饮恨于穷泉，此臣之所以汲汲于私心也，陛下能不怜察其意乎？谨对。④

元稹的上述精彩对策，可以概括为以下几个方面。

一、解决农业人口锐减的问题。元稹认为古代只有四种人可以不事农业，即吏、军、工、商。安史乱后，不仅从事这四种职业的不能恪守本业，而且出现了依附寺庙，逃避赋役乃至刑法者；还有虽无"超乘挽强之勇"，却混充军士者。其结果，十人之中，九人为游食，只有淳朴忠厚不能迁移者，留在本土从事农业。元稹认为解决上述问题，必须实施鼓励农耕，保护农业的薄农桑之赋税政策，让百姓恋土思归，做到这些，社会就能走向富庶，光复贞观、开元之治的繁盛局面将为时不远。

二、对于"以汉元尚学而衰盛业，谓光武课吏职而昧通方"的问题，元稹认为汉元帝时期儒学衰败原因在于"章句之学兴而经纬之文丧"；本

---

① 《元稹集》卷二八《策》"才识兼茂明于体用策"，第342页，注65云："'二曰记功之式'，马本、丛刊本、《英华》、《全唐文》均无。"
② 《元稹集》卷二八《策》"才识兼茂明与体用策"，第342页，注66云："三，以上诸本均作'二'。"
③ 《元稹集》卷二八《策》"才识兼茂明与体用策"，第342页，注69云："四，以上诸本均作'三'。"
④ 《元稹集》卷二八《策》"才识兼茂明与体用策"，第330—338页。

来，儒术者必须通经，而元帝时期所谓通经者，不过是猜测经文中寥寥数字，辨析一些章条而已。如此理解、掌握经学是荒谬的。而那些攻文学于考试者，也不过知道些雕词镂句而已。尽管这样，凡应试及第者"公卿可坐至，郎署可俯求……以是为儒术，儒术又若是乎哉？"至于光武帝时期"课吏职而昧通方"的现象，则是因为中央缺乏督责之术使然。

三、如何通过科举选拔真正的人才？元稹建议礼部分学士、文士两科取士。任用那些通晓《唐礼》、《六典》、《律令》及国家典章制度者为国家官员；精通九经、历代史之一者，称之为学士。诗、赋、判、论考试者，称之为文士。凡欲入仕者皆须参加两科考试，礼部判其高下，吏部决定其职位。果尔，"则儒术之道兴，而经纬之文盛矣"。

四、关于官员任用与管理方面，元稹主张将以往吏部根据身、言、书、判四个环节的考核任官过程改为"设三式（应作四式）以任人"。四式分别为：校能之式、记功之式、任贤之式、叙常之式。即从能力、功业、廉洁、叙阶四个方面对官员进行考核任用，特别强调了举贤者所承担的义务与责任，凡不举贤与所举非贤者，皆问罪。

综上所述，元稹的对策除去第一个问题涉及农业经济以外，其他三个方面均与如何选拔人才、如何任用以及管理人才等问题相关。很明显，在元稹的意识中，实现国家治理、恢复社会安定、经济繁荣无不与人才有关，而培养、选拔、考课是确保人才进入仕途的几个重要环节。

接下来，看白居易答卷的主要内容：

> 臣闻疲病之作有因缘焉，救疗之方有次第焉。臣请为陛下究因缘陈次第而言之。臣闻太宗以神武之姿，拨天下之乱。玄宗以圣文之德，致天下之肥。当二宗之时，利无不兴，弊无不革，远无不服，近无不和。贞观之功既成，而大乐作焉；虽六代之尽美，无不举也。开元之理既定，而盛礼兴焉。……礼行，故上下辑睦；乐达，故内外和平。所以兵偃而万邦怀仁，刑清而兆人自化。……洎天宝以降，政教寖微，寇既荐兴，兵亦继起。兵以遏寇，寇生于兵，兵寇相仍，迨五十载。财征由是而重，人力由是而罢。下无安心，虽日督农桑之课，而生业不固；上无定费，虽日峻管榷之法，而岁计不充。日

削月朘，以至于耗竭其半矣。此臣所谓疲病之因缘者也，岂不然乎？由是观之，盖人疲由乎税重，税重由乎军兴，军兴由乎寇生，寇生由乎政缺。然则未修政教，而望寇戎之销；未销寇戎，而望兵革之息，虽太宗不能也。未销兵革，而求征徭之省；未省征徭，而求黎庶之安；虽玄宗不能也。何则？事有以必然，虽常人足以致；势有所不可，虽圣哲不能为。伏惟陛下将欲安黎庶，先念省征徭；将欲省征徭，先念息兵革；将欲息兵革，先念销寇戎；将欲销寇戎，先念修政教。何者？若政教修，则下无诈伪暴悖之心，而寇戎所由销矣；寇戎销，则民无兴发攻守之役，而兵革所由息矣；兵革息，则国无馈饷飞挽之费，而征徭所由省矣；征徭省，则人无流亡转徙之忧，而黎庶所由安矣。……言王者之道，秉其枢执其要而已；非谓事无巨细，悉专之于上也。汉元优游于儒学而盛业竟衰者，非儒学之过也，学之不得其道也。光武责课于公卿，而峻政非美者，非考课之累也，责之不得其要也。……臣请以君臣之道明之。臣闻上下异位，君臣殊道，盖大者、简者，君道也；小者、繁者，臣道也。臣道者，百职小而众，万事细而繁，诚非人君一聪所能遍察，一明所能周览也。故人君之道，但择其人而任之；举其要而执之而已矣。……光武督责而政未甚美者，非他，昧君臣之道于小大繁简之际也；汉元优游而业以寖衰者，非他，昧无为之道于始终劳逸之间也。二途得失较然可知，陛下但举中而行之，则无所惑矣。臣伏以圣策首言曰思贤能以济其理，求谠直以闻其过。……臣闻古先圣王之理也，制欲于未萌，除害于未兆，故静无败事，动有成功。……人饿而后食之，人冻而后衣之，惠则惠矣，不若轻其徭，薄其税，使不至于冻饿也。举一知十，不其然乎？今陛下初嗣祖宗，新临蒸庶，承多虞之运，当鼎盛之年，此诚制欲于未萌，除害于未兆之时也。……今所以极千虑，昧万死，当盛时，献过言者，此诚微臣喜朝闻，甘夕死之志也。①

---

① 《白居易集》卷四七，《试策问制诰》，顾学颉校点；中华书局1979年版，第986—992页。

白居易的回答主要侧重三个方面。其一,"礼乐"和"政教"关系。贞观、开元时期的社会,举国上下推行政教,实现了"礼行"和"乐达"的治理标准,故能上下和睦,内外和平。安史乱后,政教不兴,兵乱频仍,军费开支负担日重,中央财政捉襟见肘,百姓承受着赋税徭役的巨大压力。白居易认为解决这些社会问题的关键在于"念修政教",即整顿典章制度,实施礼乐教化。若能如此,则"下无诈伪暴悖之心,而寇戎所由销矣",兵革之举亦随之平息。兵革息,征徭自然可省去,百姓则可安居乐业。其二,白居易认为汉元帝儒学不振与儒家本身无关,问题源于所学不得其要;光武帝严格考课公卿并非导致苛政的原因,问题出自管理未在恰当之处。其三,针对德宗贞元时期,君主大权独揽、宰相"敏行逊言、全身远害"① 的现象,白居易主张君臣之道应该分工明确,上下各司其职。比较元、白二人的答卷可以看出,元稹的回答比较具体,涉及问题广泛,提出的解决方案在一定程度上具有可操作性。白居易则侧重于伦理道德方面,始终围绕着儒家礼乐、政治教化、君臣关系等观念进行阐述。元和元年(806)制举考试结果,总计十五名考生及第,元稹名列榜首,白居易入四等。②

二 履职左拾遗阶段的元、白二人

制举考试结束后,元稹被任命左拾遗,白居易被任命长安附近的盩厔县尉,几年后转迁左拾遗。唐代的左拾遗是门下省谏官,从八品上。在这个阶段,元、白二人利用谏官身份,针对朝政提出了很多流传至今的政治见解。史称:元稹"既居谏垣,不欲碌碌自滞,事无不言,即日上疏论谏职。"③ 其中《献事表》是一篇很具代表性的奏文,文中提道:

---

① 《白居易集》卷四四《为人上宰相书一首》,第951—958页。
② 《白居易集》附顾学颉编《白居易年谱简编》,第1598页。
③ 《旧唐书》卷一六六《元稹传》,第4327页。

昔太宗文皇帝初即位时，天下之人莫有谏者。唯孙伏伽尝以小事持谏于上，文皇帝大悦，厚赐田宅以勉之。自是言事者，惟惧乎言不直、谏不极，不能激文皇之盛意，曾不以触龙鳞犯忌讳为不可矣。于是房、杜、王、魏之徒，议可否于前，天下四方之人，言得失于外，不四三年而天下大理。岂文皇独运聪明于上哉？盖亦群下各尽其言，以宣扬发畅于天下也。

陛下即位已来，既周岁矣。百辟卿士至于天下四方之人，曾未有献一计、进一言，受陛下伏伽之赏者。左右前后，拾遗、补阙亦未有奏一封、执一谏，受陛下激而进之之劝者。设谏鼓、置匦函，曾未闻雪一冤、决一事，明陛下无幽不察之意者。若臣等备位谏列，名为供奉官，旷日弥年，不得召见，每就列位，屏气鞠躬，不敢仰视，又安暇议得失献可否哉？供奉官尚尔，又况于疏远之臣庶，虽有特达不群之智，思欲自效，其路何阶？遂使凡今之人，以谏鼓、匦函为虚器，谓拾遗、补阙为冗员。臣窃思之，以陛下之睿博弘深，励精求理，岂或入而不言，出而不用哉？盖群下因循不能有所发之罪也。且臣思之，今之备召承顾问者，独一二执政而已。每一对扬，不及俄顷问议天下之事，臣窃料之，恭承圣问，仰谢宠光之不暇，又安暇陈理乱议教化哉？其余琐琐有司，或时一召见，言簿书之出入，计钱谷之登降不暇，又安足置牙齿间？臣窃惟陛下以景命惟新之初，何如贞观致理之后当贞观致理之后？以房、杜、王、魏匡辅之智，而犹上封进计者荐至，献可替否者日闻。今陛下当致理之初，在四方多虞之日，然而言事进计者，终岁无一人，岂非群下因循窃位之罪乎？若臣积者，禀性驽钝，昧然无识。然以当陛下临御之始，首陛下策贤之科，擢授谏司，恩万常品，若复默默与在位者处，则臣莫大之罪，亦万于常品矣。辄敢冒昧殊死，件奏十事于后：一曰教太子以崇本；二曰任诸王以固盘石；三曰出宫人以消水旱；四曰嫁诸女以遂人伦；五曰无时召宰相以讲庶政；六曰序次对百辟以广聪明；七曰复正衙奏事以示躬亲；八曰许方幅纠弹以慑奸佞；九曰禁非时贡献以绝诛求；十曰省出入畋游以防衔蹶。凡此十者，设使言之而是，是而见用，非臣之福也，天下之福也。苟或言之而非，非而见罪，乃臣之分也，亦臣之愿也。①

这篇奏文针对宪宗即位后，君臣关系依然持续着德宗贞元末期的非正常状态，元稹提示宪宗学习贞观之治，广开言路，集思广益，完善国家治理。同时，元稹从十个方面进言，对太子教育、诸王管理、君主召见宰相商议国事、允许御史自主弹劾、禁止以贡献为名，谋求官职的陋习等问题，阐述了自己的政治见解。对此，"宪宗览之甚悦。"② 其后，元稹"又论西北边事，皆朝政之大者，宪宗召对，问方略"。大量的史实显示出，这位年轻的八品左拾遗，对振兴时局、改革朝政不仅具有极大的热忱，而且还在许多方面表现出卓越的见识。然而，元稹的政治才华与率真的性格，并未带给他多少发展的机会，反而很快受到宰相排挤。结果，元稹在任不满十月即被驱出中央，贬职出任河南县尉。③

元和三年（808）五月，37岁的白居易也被任命为左拾遗。与元稹不同的是，白居易此时已是翰林院学士，而且白居易在左拾遗官位上一直干到元和五年（810）。在此期间，白居易上疏进谏数十次之多，其中包括《初授拾遗献书》《论制科人状》《论于頔所进歌舞人事宜状》《裴均违制进奉银器一千五百余两》《宦官吐突承璀不当为制统领》等上疏，所陈述建议，多为宪宗接受。白居易与元稹同样，也很想在仕途上一展抱负。在《初授拾遗献书》中说道：

> 臣所以授官已来，仅将十日，食不知味，寝不遑安，唯思粉身以答殊宠，但未获粉身之所耳。……候陛下言动之际，诏令之间，小有阙遗，稍关损益，臣必密陈所见，潜献所闻，但在圣心裁断而已。④

---

① 《元稹集》卷三二《献事表》，第371—373页。
② 《旧唐书》卷一六六《元稹传》，第4331页。
③ 《元稹集》卷十《酬翰林白学士代书一百韵》"自注"，第117页。
④ 《白居易集》卷五八《奏状一》，第1228—1229页。

《旧唐书》卷一六六《白居易传》也称：

> 拜命之日，献疏言事曰：蒙恩授臣左拾遗，依前翰林学士，……臣谨按《六典》，左右拾遗，掌供奉讽谏，凡发令举事，有不便于时、不合于道者，小则上封，大则廷诤。

两篇文字，白居易知恩图报、渴望有所作为的心情，一目了然。正是在这种心态下，白居易任职不久，即连续呈上数篇奏文，陈述了对时局的种种建议。《新唐书》卷一一九《白居易传》载：

> 四年，天子以旱甚，下诏有所蠲贷，振除灾沴。居易见诏节未详，即建言乞尽免江淮两赋，以救流瘠，且多出宫人。宪宗颇采纳。是时，于頔入朝，悉以歌舞人内禁中，或言普宁公主取以献，皆頔嬖爱。居易以为不如归之，无令頔得归曲天子。李师道上私钱六百万，为魏征孙赎故第，居易言："征任宰相，太宗用殿材成其正寝，后嗣不能守，陛下犹宜以贤者子孙赎而赐之。师道人臣，不宜掠美。"帝从之。河东王锷将加平章事，居易以为："宰相天下具瞻，非有重望显功不可任。按锷诛求百计，不恤雕瘵，所得财号为'羡余'以献。今若假以名器，四方闻之，皆谓陛下得所献，与宰相。诸节度私计曰：'谁不如锷？'争裒割生人以求所欲。与之则纲纪大坏，不与则有厚薄，事一失不可复追。"是时，孙璹以禁卫劳，擢凤翔节度使，张奉国定徐州、平李锜有功，迁金吾将军。居易为帝言："宜罢璹，进奉国，以竦天下忠臣心。"度支有囚系閺乡狱，更三赦不得原。又奏言："父死，繫其子，夫久系，妻嫁，债无偿期，禁无休日，请一切免之。"奏凡十余上，益知名。

这段不长的史料显示出，仅元和四年（809）中，白居易所关注、参与的政事即有以下数端：

一、针对元和四年（809），淮南、江南、江西、湖南、山南东道大旱，白居易认为救灾诏令中内容不详，遂《奏请加德音中节目二件》，①要求补充减放江淮两道州县百姓当年的租税，宪宗采纳。

二、针对后宫妇人的处理，白居易上疏《请拣放后宫内人》②指出："大历以来，四十余载，宫中人数，稍久渐多。……自太宗、玄宗以来，每遇灾旱，多有拣放，书在国史，天下称之。伏望圣慈，再加处分，则盛明之德，可动天心，感悦之情，必致和气。"

三、针对于頔进爱妾事件，白居易上奏《论于頔所进歌舞人事宜状》：

> （臣）闻于时议云："前件所进者，并是于頔爱妾，被普宁公主閤于选进。……于頔自入朝来，陛下待之，深得其所。存其大体，故厚加宠位；知其性恶，故不与权威。……今因普宁，夺其爱妾，众人既有流议，于頔得以为词。臣恐此事，不益圣德。……是于頔自进，亦恐外人不知，去就之间，恐须却赐于頔。内足以辨明圣意，外足以止息浮词，又令于頔有所感戴。臣所闻所见如此，伏恐陛下要知，辄敢密陈，庶裨万一。③

四、对河东王锷任相一事，白居易上奏《论王锷欲除官事宜状》：

> 臣伏以宰相者，人臣极位，天下具瞻；非有清望大功，不合轻授。王锷既非清望，又无大功，若加此官，深为不可。昨日裴均除平章事，内外之议，早已纷然。今王锷若除，则如王锷之辈，皆生冀望之心矣。若尽与，则典章大坏，又未感恩；若不与，则厚薄有殊，或生怨望。倖门一启，无可奈何。……今若授平章事，臣恐四方闻之，皆谓陛下得王锷进奉而与宰相也。……故臣以为深不可也。④

---

① 《白居易集》卷五八《奏状一》，第1237页。
② 同上书，第1238页。
③ 同上书，第1238—1239页。
④ 同上书，第1240页。

五、擢升孙璹任凤翔节度使一事，白居易反对，上奏《论孙璹、张奉国状》：

> 左者，孙璹忽除此官，臣缘素未谙知，不敢轻议可否。及制下之后，甚不惬人心。孙璹虽久从军，不闻有大功效，自居禁卫，亦无可称。……况今圣政日明，朝纲日举，每命一官一职，人皆侧耳听之。则除授之间，深宜重慎。今孙璹已受成命，未可遽又改移，待到凤翔，观其可否。以后不可不审，伏恐圣聪要知。①

六、度支转运使将囚犯押在阌乡狱，经三次恩赦未得赦免，白居易上疏《奏阌乡县禁囚状虢州阌乡、湖城等县禁囚事宜》：

> 右，伏闻前件县狱中，有囚十数人，并积年禁系，其妻儿皆乞于道路，以供狱粮。其中有身禁多年，妻已改嫁者；身死狱中，取其男收禁者。云是度支转运下，囚禁在县狱，欠负官物，无可填陪，一禁其身，虽死不放。前后两遇恩赦，今春又降德音，皆云：节文不该。至今依旧囚禁。……伏望与宰相商量，兼令本司具事由分析闻奏。如或是实，禁系不虚，伏乞特降圣慈，发使一时放免。②

通过上举事例可以明显看出，作为八品官左拾遗的白居易能够参与、发表政见的地方，多属时政的重要问题。史称白居易"凡数千百言，皆人之难言者，上多听纳"③。不仅如此，元和四年（809），在反对任命宦官吐突承璀为军队统领及出兵河北的过程中，左拾遗白居易也有不凡的表现：

> 会王承宗叛，帝诏吐突承璀率师出讨，居易谏："唐家制度，每

---

① 《白居易集》卷五九《奏状二》，第1243页。
② 同上书，第1246页。
③ 《旧唐书》卷一六六《白居易传》，第4344页。

征伐，专委将帅，责成功，比年始以中人为都监。……且兴天下兵，未有以中人专统领者。神策既不置行营节度，即承璀为制将，又充诸军招讨处置使，是实都统。恐四方闻之，必轻朝廷。后世且传中人为制将自陛下始，陛下忍受此名哉？且刘济等洎诸将必耻受承璀节制，心有不乐，无以立功。此乃资承宗之奸，挫诸将之锐。"帝不听。既而兵老不决，居易上言："陛下讨伐，本委承璀，外则卢从史、范希朝、张茂昭。今承璀进不决战，……不亟罢之，且有四害。以府帑金帛、齐民膏血助河北诸侯，使益富强，一也。河北诸将闻吴少阳受使，将请洗涤承宗，章一再上，无不许，则河北合从，其势益固。与夺恩信，不出朝廷，二也。今暑湿暴露，兵气熏蒸，虽不顾死，孰堪其苦？又神策杂募市人，不惯于役，脱奔逃相动，诸军必摇，三也。回鹘、吐蕃常有游侦，闻讨承宗历三时无功，则兵之强弱，费之多少，彼一知之，乘虚入寇，渠能救首尾哉？兵连事生，何故蔑有？四也。事至而罢，则损威失柄，只可逆防，不可追悔。"亦会承宗请罪，兵遂罢。后对殿中，论执强鲠，帝未谕，辄进曰："陛下误矣。"帝变色，罢。谓李绛曰："是子我自拔擢，乃敢尔，我叵堪此，必斥之！"绛曰："陛下启言者路，故群臣敢论得失。若黜之，是箝其口，使自为谋，非所以发扬盛德也。"帝悟，待之如初。①

如上所示，在任命宦官吐突承璀领兵问题上，白居易始终据理力争，寸土不让。甚至最后在殿中，竟抢话在宪宗之前，直呼"陛下误矣"。这个事件的整个过程与左拾遗白居易进谏毫无畏惧的表现，给我们留下了一个很值得思考的问题，即究竟应该如何认识君主专制？如何认识君主专制下的君臣关系？

---

① 《新唐书》卷一一九《白居易传》，中华书局1975年版，第4301—4302页。

三 "文学政事"的人生追求

"文学政事"是唐代文献中经常见到的一个词组，也是本文讨论的最后一个问题。先看以下几则相关事例：

《旧唐书》卷九九《张九龄传》："九龄以词学进，入视草翰林，又为中书令，甚承恩顾。"史臣称："九龄文学政事，咸有所称，一时之选也。"①

《旧唐书》卷一五九《史臣曰》：

> 卫次公、郑絪、韦处厚、崔群、路随等，皆以文学饰身，致位崇极。兼之忠谠，垂名简书，兹实有足多也。赞曰：卫、郑、韦、路，兼之博陵，文学政事，为时所称。

这些记载表明，"文学政事"是对那些在文学与政务方面均有卓越表现的官员所做出的一种赞誉。然而，文献中还能听到另外一种异样的声音。天宝九载（750）三月十二日玄宗敕：

> 亲民之官，莫过于县令。比来选司取人，必限书判。且文学政事，本是异科，求备一人，百中无一。况古来良宰，岂必文人。②

这道敕令将文学与政事视为毫无关系的两端，并认为能够兼具文学政事者百中无一，古代贤臣也未必一定是文人。很明显，敕令的语气，对文学很不以为然。检索史料，类似的记载尚未发现一条。那么，为什么玄宗唯独对实施已久的、以"身言书判"取人标准中的"书判"两条，如此不满？天宝九年（750）颁布这道敕令的背景又是如何？一条很容易联

---

① 《旧唐书》卷九九《史臣曰》，第3107页。
② 《唐会要》卷六九《县令》，上海古籍出版社1991年版，第1440页。此条还见于同书卷七五。

想的线索是，玄宗时期在中央曾经出现过文学与吏治之争的现象。① 其争论的焦点是，选任官员应该重视科举出身？还是重视吏治能力？其间，执政长达19年、素无学术的宰相李林甫影响很大，在位时期所推荐使用的官员多与科举无缘，文学之士受到了一定的排斥与冷遇。天宝九年（750）敕令的出台，正在李林甫执政期间。从开元、天宝时期的官员选任来看，玄宗本人并没有轻视文学出身的表现，所以，这条敕令的出台很有可能是李林甫授意策划的。要言之，唐代"文学政事"的价值观，在一段时间内可能受到过某些宰相权贵的抵制，唐后期也能听到反对诗赋取士的呼声，但是并未引发任何制度上的变化，"文学政事"始终是一种高规格评价官员能力的标准。

其实，自从儒家"士志于道"的思想诞生以来，古代知识分子就与政治结下了不解之缘。立言而不朽的人生追求成为历代士大夫阶层的一种共识。"文学政事"应是他们的主要人生经历。杜维明认为儒家知识分子"以人类文明的守护者自居，因此原则上就无法切断与政治、社会、历史的联系"②的观点，运用在唐代士大夫身上，也是合适的。

最后，介绍一段白居易给元稹的信函内容，其中提到了文学评论方面的几个著名观点，也是一个理解"文学政事"的好例子。白居易认为：

> 唐兴二百年，其间诗人不可胜数。所可举者，陈子昂有《感遇》诗二十首，鲍防有《感兴》诗十五首。又诗之豪者，世称李、杜。李之作才矣，奇矣，人不逮矣；索其风雅比兴，十无一焉。杜诗最多，可传者千余首，至于贯穿今古，觑缕格律，尽工尽善，又过于李。然撮其《新安》《石壕》《潼关吏》《芦子》《花门》之章，"朱门酒肉臭，路有冻死骨"之句，亦不过三四十（文苑英华作"十三四"）。杜尚如此，况不逮杜者乎？仆常痛诗道崩坏，忽

---

① 汪篯：《汪篯隋唐史论稿》，"唐玄宗时期吏治与文学之争"，中国社会科学出版社1981年版，第196—208页。
② 杜维明：《道学政——儒家公共知识分子的三个面向》，生活·读书·新知三联书店2013年版，第12页。

> 忽愤发,或食辍哺,夜辍寝,不量才力,欲扶起之。……自登朝来,年齿渐长,阅事渐多,每与人言,多询时务,每读书史,多求理道;始知文章合为时而著,歌诗合为事而作。是时,皇帝初即位,宰府有正人,屡降玺书,访人急病。仆当此日,擢在翰林,身是谏官,手请谏纸,启奏之外,有可以救济人病,裨补时阙,而难于指言者,辄咏歌之。……自拾遗来,凡所适、所感,关于美刺兴比者,又自武德讫元和,因事立题,题为新乐府者,共一百五十首,谓之"讽喻诗"。①

在信中,白居易对李白所做诗文,虽称文思有才、文风奇异,但对其内容多与现实社会无关而不无遗憾。杜甫流传的诗篇达千余首,然事关社会现实的名作,数量仍然有限。白居易因此而痛惜"诗道崩坏"。白居易认为文学作品应该与社会现实密切关联,"文章合为时而著,歌诗合为事而作",正是白居易文学创作原点的最好自白。

余 论

综上所述,宪宗元和初期,元稹、白居易两位左拾遗的政治所为,为我们认识唐代君主政治以及唐代士大夫履行公务提供了一些有参考价值的信息。在体现谏官职能的诸多场面上,左拾遗虽然官阶不高,但在很大程度上可以直接参与朝政,并具有言论自由的权力。不仅如此,在不同官阶之间,可以进行平等对话乃至相互批评(甚至对方是宰相)。谏官批评朝政的意见,基本源于个人对时政的观察与感受,无论是在进言酝酿阶段还是提出阶段,很难看到其背后有受到指使、怂恿的迹象(除去党争及个别时期)。纵观进谏内容,体现更多的是一种士大夫对政治的关怀与社会良知。过去,有些学者认为古代士大夫具有既为官又为奴的二重政治属性。诚然,阿谀奉承、随风即倒的官僚士大夫古今皆有。但是,笔者认为中国历史上占据主流的应该是那些刚正不阿

---

① 《白居易集》卷四五《与元九书》,第961—964页。

的士大夫群体,他们既是中华文明的载体,又是几千年道统的维护者。虽然本文仅仅考察了元和初期两位左拾遗的在职作为,但是通过他们的事迹,我们已然看到,谏官左拾遗是一个能在中央政府释放与传播正能量的职务,在很多重要的关头发挥了不容忽视的作用。在他们体现职能的过程中,让我们看到了一种在君主专制下近乎完美的独立人格。其政治关怀的程度与尽职尽责方面的表现,甚至超过了现代人的水准。这里,应该强调的一点是,宪宗元和时期与太宗贞观时期的政治大气候已经发生了深刻的变化。唐太宗时期虽然魏征、马周、杜如晦等人以进谏批评朝政而著名,但是其进谏行为的难易程度与唐后期是完全不同的。笔者始终认为,最能体现谏官铮铮铁骨的不是唐代前期,尤其不是贞观时期,而是中晚唐时期。政治越动荡,社会问题越尖锐,越能彰显谏官的人格魅力。尽管中晚唐社会出现了明显走弱走衰的发展趋势,但是中国儒家传统的价值观念,唐初以来发展提升的君臣道合的观念①并没有远离士大夫群体,白居易念念不忘的"穷则独善其身,达则兼济天下",② 就是他们自觉追求的人生价值。五代史臣所称"元和主盟,微之、乐天而已。……元之制策,白之奏议,极文章之壶奥,尽治乱之根荄"③ 的评价,是对元稹、白居易"文学政事"人生的最好总结。

---

① 见拙文《从"君臣之义"到"君臣道合"——论唐宋时期君臣观念发展》,《南开学报》2008 年第 3 期。
② 《白居易集》卷四五《与元九书》,第 964 页。
③ 《旧唐书》卷一六六《史臣曰》,第 4360 页。

唐代文武之变述论

河北省社会科学院《河北学刊》杂志社 冯金忠

官分文武是社会发展到一定阶段的产物,并非自始如此。文武分途一般可以追溯到春秋战国时期。《尉缭子·原官第十》云:"官分文武,惟王之二术。"这时有了以将为代表的武官和以相为代表的文官的区分,但还没有形成系统的文武官的职官体系。东汉时期文武官制之分已趋明朗,不仅有了明确的文官、武官概念,"武官"一词正式出现,而且其内涵也已明确[1]。唐代时文武的职官体系的区分更加明确。《旧唐书·职官志》明确将百官区分文武。杜佑《通典》专设"武官"两卷(即第二十八、二十九卷)论其沿革变化。

唐代文武官的区分已经很严格,不仅章服不同,在朝会上所站位置也不同,文官站在东面,武官站在西面。因此,武官又称为西班官。但文职和武职并不是绝对不变的。例如,节度副使在开元、天宝时本为武职,但在安史之乱后,通常由文士担任,变成了一个文职僚佐。行军司马在肃代之际多由文士充任,德宗时开始由武人担任,逐渐变成武职[2]。除此之外,朝廷对文武官的使用上,也并非泾渭分明。在某种程度上讲,唐代文武区分并不彻底,自始至终文武相兼、从文入武和从武入文,文武相互迁转的情况是广泛存在的,但各历史时期表现出的特点不一。

---

① 张金龙:《魏晋南北朝禁卫武官制度研究》,中华书局2004年版,第10页。
② 石云涛:《唐代幕府制度研究》,中国社会科学出版社2003年版,第225页。

安史之乱前，文武相互迁转问题基本处于动态的平衡状态。安史之乱后，文武问题取代内外官问题，开始成为一个突出的社会问题。与魏晋南北朝时期文官往往兼将军衔不同的是，唐代武官往往兼检校官和宪衔等文职。另外，武官兼州县正员官和转入文官系统，挤占了文官的官阙，加剧了文武间的矛盾。唐王朝转而强调文武的区分。但直到唐灭亡这一问题也没有得到解决。之所以出现这种问题，是当时社会上重文轻武，耻言武事，武官的政治地位和社会地位分离造成的①。

一

唐初文武相兼以及迭处文武的现象屡见不鲜。这也是历朝历代政权肇建伊始的普遍现象。武德七年（624）改诸州总管为都督。若发生战事，临时任命行军大总管或行军总管统军出征。行军大总管、行军总管虽然为武职，但担任者并不限于武臣。《旧唐书》卷四三《职官志·兵部》云："凡亲王总戎，则曰元帅，文武官总统者，则曰总管。"明确规定文官可以担任行军大总管（或总管）。玄宗时期节度使制度确立。节度使无疑是武职，但节度使在天宝之前也往往任以文臣②。

唐代在官员的选用上，以五品为界，有不同的任用程序。五品以上由中书门下商量拟议，皇帝敕授（制授）。六品以下则由吏部或兵部（文属吏部，武属兵部）拟定，上报皇帝批准，称为旨授。五品以上官员的选授，不分文武，同送中书门下选授。高层文武官员选任机构的合一，为文武官职之间的互换提供了一定的便利。六品以下的文武官员在铨选时文武转换的渠道也是畅通的。据《通典》卷一五《选举三》，"若文吏求为武选，取身长六尺以上，籍年四十以下，强勇可以统人者。武夫求为文选，取书判精工，有理人之才而无殿犯者"。《唐会要》

---

① 史界一般认为唐后期是重武轻文，主要是从文武政治地位和在政治决策中的发言权而言的。参见宁可《宋代重文轻武风气的形成》，《宁可史学论集》，中国社会科学出版社1999年版。本文认为唐后期仍是重文轻武则主要是从他们的社会地位和社会舆论评价而言的。

② 《资治通鉴》卷二一六云李林甫欲杜边帅入相之路，乃上奏："文臣为将，怯当矢石，不若用寒畯胡人。"时在天宝六载（747）。反映当时文臣为将（即节度使）的现象还很普遍。

卷五九《兵部尚书》载开元十九年（731）四月二十六日敕与此略同。盖此规定是在开元十九年（731）四月制定的。在这一规定下，只要满足一定的条件，文职可以参加兵部武选，武职也可以参加吏部的文选。这是唐朝廷为加强文武流动，维持文武平衡采取的一个举措。其出发点无疑是积极的。

　　唐前期坚持文武平衡发展，当然在不同时期也各有所侧重。唐肇建伊始，社会上弥漫着重武的气氛。"及太宗即位，益崇儒术。乃于门下别置弘文馆，又增置书、律学，进士加读经、史一部。十三年，东宫置崇文馆。自天下初定，增筑学舍至千二百区。"即使是担当宿卫任务的卫士，也尽可能地为他们提供较多的受教育的机会。"虽七营飞骑，亦置生，遣博士为授经。"① 而在唐代崇文达到极致的武则天到玄宗时期，为了文武的协调平衡，创立武举和建立武庙。当时仍很重视武备的建设，"制为土木马于里闾间，教人习骑"②。开元中又遣使于诸州教练。直到安史之乱前，舆论关注的焦点主要是内外官的不平衡，对文武间的不平衡则较少有人提及。这反映安史之乱前文武官的转换基本处于一个动态平衡的状态。文官转武职，武职转文职，文武间互换的例子都是很多的。以下聊举数例：

　　陈敬玄，年二十八，解褐桐庐丞，"秩满，属凶（匈）奴犯塞，边军失守。公志怀远略，愿灭胡尘，遂求转武职，授彭州天水府左果毅。亲执坚锐，率先戎行，勇义冠于三军，沉略由于百胜。军回，又以为保大者在于武功，明本者资□阐□，文武之用，卷舒由人。乃敷陈异能，求试小邑，转绵州西昌县令，调登州文登令，擢永嘉郡永嘉县令。"天宝七载（748）去世③。按：彭州，属剑南道，垂拱二年（686）分益州四县置，天宝元年（742），改为蒙阳郡，乾元元年（758）复旧称。另有一彭州，武德元年（618）置，领彭原（属宁州）一县，但贞观元年（627）废。从凶（匈）奴、胡尘等用语来看，陈敬玄征战所在当为西北和北部

---

① 《新唐书》卷四四《选举志上》。
② 《通典》卷一五《选举三》，中华书局1996年版。
③ 周绍良、赵超主编：《唐代墓志汇编续集》天宝049《唐故永嘉郡永嘉县令陈公墓志铭并序》，上海古籍出版社2001年版，第615页。

地区。故陈敬玄所任之彭州当为后者。碑文中仍用彭州，当为沿袭旧称。陈敬玄本为桐庐丞，属于文吏，由于异族入侵（当为突厥或吐蕃），遂求转武职，授彭州天水府左果毅。战争结束后，他又改任文职绵州西昌县令。

娄师德进士擢第，授江都尉。上元初，累补监察御史。"属吐蕃犯塞，募猛士以讨之，师德抗表请为猛士。高宗大悦，特假朝散大夫，从军西讨，频有战功，迁殿中侍御史，兼河源军司马，并知营田事。天授初，累授左金吾将军，兼检校丰州都督，仍依旧知营田事。"①

萧浮丘，兰陵人。"弱冠发□，长而强学，书剑两习，艺能双美，解褐授魏州参军，秩满应将帅举，对策高第，历洛州怀音府别将"，以后所任均为武职。"（开元）十八年四月十日，恩敕还旧资，授唐州别驾，将赴任，丁内忧。"开元十九年（731）去世②。萧浮丘原担任文职，后参加制举，以后长期担任武官，开元十八年后还旧资，又重新担任文职。

高宗武则天以后，由于统治趋以巩固，特别是科举制度的兴起，社会风尚从尚武转向崇文，"比为久属太平，多历年载，人皆废战，并悉学文"。③ 这从官员所带官阶中也可以得到体现。唐代官员有职事官和散官的区分。职事官指居曹有职务者，散官与此相对，指无职务者。大概言之，职事官掌实务，散官表示其服色资荫。随着使职差遣的发展，由于使职没有官阶，为表示其身份地位和迁转的资历，职事官也慢慢具有了阶官性质。诸卫将军、北衙将军和折冲府都尉、果毅、郎将等很早就具有了阶官性质。玄宗时期，节度使及其使府军将开始加朝衔和宪衔等文职表示身份地位和迁转资历。这样就形成了文武两套职事官阶官系统。

魏晋以来，将军号迅速地发展为散阶序列，成为职事官之外的、用于标志个人品位的官僚加号，其加授并不限于武官，文官也多加将军号，文武叠任在魏晋南北朝为一普遍现象。唐代也往往文武叠任，但截然相

---

① 《旧唐书》卷九三《娄师德传》。
② 周绍良主编：《唐代墓志汇编》开元364《唐故唐州别驾萧君墓志铭并序》，上海古籍出版社1992年版，第1408页。
③ 《全唐文》卷九五武则天《答王方庆谏孟春讲武手制》。

反的是，武职军将所带兼官多为文职，而且以兼检校官和宪衔为荣。这情况开始于玄宗时期。开元二十三年（735）二月，幽州节度使张守珪诣东都献捷，拜右羽林大将军，兼御史大夫①。张守珪的实际职任为幽州节度使，所加的右羽林大将军和御史大夫无疑是阶官。玄宗时期尚很重视宪衔，不肯轻易假人。得到这一称号的人也以此为荣。天宝六载（747），高仙芝为安西四镇节度使，所兼宪衔不过为御史中丞，手下称其为中丞，即以宪衔御史中丞称呼他。王忠嗣天宝中为河西陇右节度使，权重一方，兼职很多，包括左武卫大将军，但手下称其为大夫②。武臣不称散官或其他武职事官阶，而称其宪衔，充分反映了当时对宪衔的看重。形成对照的是，魏晋南北朝时期由于刺史往往兼将军之衔，故刺史又称为"州将"。当然，唐代也偶有称刺史为州将的。例如，"初，越王之乱，宰相张光辅率师讨平之。将士恃功，多所求取，仁杰不之应。光辅怒曰：'州将轻元帅耶？'"③ 武则天即位，改唐为周，残害李唐宗室。垂拱四年（688）八月越王贞等于豫州起兵。州将指狄仁杰，时任豫州刺史。这里称刺史为州将，只不过沿用历史旧称，并非唐代实际情况的反映。魏晋南北朝时期文官以所兼武职相称，唐时武官反而称其所兼文职，反映了不同社会风尚。

由于武官与文官不同的职业特点，武官在文化修养上通常有所欠缺，甚至目不识丁。自汉末魏晋以来，人们对武官就有一种根深蒂固的偏见，武官往往成为粗鲁无知的代名词。高宗武则天以后，社会风气从尚武向崇文转变，武官用人常轻。例如诸卫将军，原来皆选勋德信臣为之，"时承平既久，诸卫将军自武太后之代，多以外戚无能者及降虏处之"④。诸卫将军，从三品，掌宿卫宫禁，位高权重。唐廷随便以名器假人的做法，使武官队伍鱼龙混杂，直接影响了武官队伍的形象。前面我们提到，唐代六品以下官员归吏部和兵部铨选，但在政策导向上反映出很明显的重

---

① 《资治通鉴》卷二一四，开元二十三年二月条。
② 《旧唐书》卷一〇四《封常清传》和《旧唐书》卷一〇三《王忠嗣传》。
③ 《旧唐书》卷八九《狄仁杰传》。
④ 《邺侯家传》转引自王应麟《玉海》卷一三八，大化书局1977年版。

文轻武的倾向。"凡千牛备身、备身左右，五考送兵部试，有文者送吏部。"① 不仅千牛类卫官的铨选如此，所有卫官的铨选都遵循着这一原则。《大唐六典》卷五《兵部郎中员外郎》载三卫"考满，兵部校试，有文堪时务，则送吏部；无文则加其年阶，以本色迁授"。有文才的人士集中于文选，只有缺乏文学修养，难以以此进身之人才选择武选。虽然由于边疆战事的吃紧，也有一些文士投笔从戎，改从武职，但数量并不是很多，对此不能估计过高。大量的社会精英分子流入文官的队伍，直接导致了武官队伍素质之低下。这也严重影响到了武官的社会地位。当时人们不乐为武官是很普遍的事情。"徐彦伯常侍，睿宗朝以相府之旧，拜羽林将军。徐既文士，不悦武职，及迁，谓贺者曰：'不喜有迁，且喜出军。'"② 崔圆少孤贫，志尚闳博，好读兵书。开元中，诏搜访遗逸，圆应制举中第，授执戟。史称崔圆"自负文艺，获武职，颇不得意"。③ 执戟，正九品下，属于六军十二卫的武官系统。执戟与司阶、司戈、中候一起谓之四色官，武则天天授二年（691）创置。

应该看到，尽管当时重文官而轻武官，文武官的结构已经趋以失衡。但同时唐廷也在积极努力，试图缓解这种状况。曹怀舜，金乡人。父继叔，死王事。怀舜授游击将军，历内外两官。武则天尝云："怀舜久历清资，屈武职。"尽管武则天认为曹怀舜担任武职有些屈才，当还是委任他为右玉钤卫将军④。开元八年（720）韦凑由东都留守迁右卫大将军，玄宗谓之曰："皇家故事，诸卫大将军共尚书交互为之。近日渐贵文物，乃轻此职。卿声实俱美，故暂用卿以光此官，勿辞也。"⑤ 东都留守为从三品，诸卫大将军正三品。从东都留守到诸卫大将军升了一阶。但从上下文来看，似乎韦凑并不乐意。但玄宗却刻意为之，他的目的也是很明显的，即以口碑甚佳的韦凑牵头作表率，来扭转舆论风尚。

总的来看，安史之乱前，文武的问题仍处于量化积累阶段，它们相

---

① 《新唐书》卷四五《选举志下》。
② 《隋唐嘉话》卷下，转引自《唐语林校证》卷五《补遗》。
③ 《旧唐书》卷一〇八《崔圆传》。
④ 《唐语林校证》卷五《补遗》。
⑤ 《文苑英华》卷九一四《唐太原节度使韦凑神道碑》。

互迁转基本上还处于动态的平衡状态。这种局面到安史之乱后才彻底发生了变化。

二

安史之乱后，唐由盛转衰，文武间的失衡不仅没有缓解，反而进一步加剧。文武问题取代内外官问题，成为唐廷关注的一个重要问题。

开元天宝时期作为阶官的宪衔主要授予边镇的节度使和军将，安史之乱后，南北衙禁军武官也开始兼宪衔。宝应二年（763）六月，以前淮西节度使、安州刺史王仲昇为右羽林大将军知军事，仍兼御史大夫。史称"六军将军兼宪官，自此始也"[1]。唐后期武官滥授十分严重，甚至释褐官就是诸卫大将军。这种以官赏功的做法，无异于饮鸩止渴。诸卫、北衙将军以及折冲府都尉、郎将等日益不为人们所重。[2] 相对而言，朝廷对检校官和宪衔的授予比较慎重，程序要严格一些。虽然授予也渐滥，但情况要好得多。开成元年（836）大赦文中称"天下戎镇文武带宪衔者，解补进退，并须奏闻。"[3] 咸通十二年（871）七月中书门下奏："诸道节度及都团练防御使下将校奏转试官及宪御等，令诸节度使每年量许五人，都团练防御量许三人为定，不得更于其外奏请。"[4] 即使在唐末时各镇为将校奏宪衔仍有较严格的数量限制。故当时在南北衙武官日益贬值的情况下，人们看重的还是检校官和宪衔。

唐后期藩镇武职僚佐除带检校官和宪衔外，他们还往往兼带州县正员官。正员官，又称正官，是相对于使府幕职而言的。我们知道，州县正员官都是文职，不存在武官。藩镇武职僚佐所兼州县正员官，主要为别驾、长史、司马等上佐。别驾、长史在唐代多不并置，与司马都为五

---

[1] 《唐会要》卷七二《京城诸军》。
[2] 《资治通鉴》卷二一九肃宗至德二载（757）五月条，"是时府库无蓄积，朝廷专以官爵赏功，诸将出征，皆给空名告身，自开府、特进、列卿、大将军，下至中郎、郎将，听临时注名。其后又听以信牒授人官爵，有至异姓王者。"
[3] 《唐大诏令集》卷五《改元开成赦》。
[4] 《旧唐书》卷一九上《懿宗纪》。

品官。其职任虽然说是纲纪众务，通判列曹，但实际上唐前期已无具体职务，中叶已后闲散尤甚。职此之故，州府上佐特别是别驾，自天宝八载后屡有废省。天宝八载（749）废，上元二年（761）九月复置，贞元十七年（801）三月又废。但因其品高俸厚职闲，往往被用来安排贬退大臣和宗室、武将。文宗大和元年（827），宰相韦处厚因元和以来武将立功者众，无以酬官，乃"复奏置六雄、十望、十紧、三十四州别驾以处之"①。检校官和宪衔只是官阶，仅表示身份地位和迁转的资历而已，员数没有限制，并不占正式官阙。州县正员官则不同，不仅仅只是名义而已。我们知道，对官员的任命和黜陟权是体现朝廷权威的重要方面。安史之乱后，唐王朝对地方的控制力大为削弱。此时，朝廷的官吏任免权被藩镇所分割。藩镇拥有广泛的用人权，不仅仅限于自行辟署僚佐。河朔等割据藩镇自不必言，其他藩镇也往往为其僚佐奏请州县正员官，或擅自派僚佐摄州县官，而不向政府申报员阙。朝廷手中掌握的官阙大量流失，以致造成上自要重，下至卑散，班行府县，更无阙员的局面。选人待阙的队伍却有增无减。在这种情况下，官员任期越来越短。原来一般四考为满，后来两考、一考，甚至或未经考，便须更替，竟然出现一年为官，十年待阙的现象。这使本来严重的官阙、选人之间的缺口越来越大，成为社会不稳定的因素。当时武官转入文官十分普遍，致使朝廷不得不一再下诏加以禁止。

德宗建中元年（780）四月十七日敕："兵部阙（关？）送吏部武官，自今已后宜停。"②

晚唐广明元年（880）正月，僖宗下敕"近者武官多转入文官，依资除授。宜惩僭幸，以辨品流。今后武官不得辄入文官选改。内司不在此限"③。

唐廷严格文武的界限，强调"文武名分，授受各殊"④。这主要是从限制武职转入文职着眼的。在朝廷诏令中，文武参用的原则仍在被强调，

---

① 《旧唐书》卷一五九《韦处厚传》，第4186页及《旧唐书》卷一七《文宗纪》。
② 《唐会要》卷五九《兵部侍郎》。
③ 同上。
④ 《册府元龟》卷六三一《铨选部·条制三》。

德宗贞元十年（794）诏略云："欲求致理，必藉兼才，文武递迁，不令隔限。自今内外文武阙官，于文武班中才望相当者参叙用。"① 但这不过是冠冕堂皇的借口，是给被任以武职者一个台阶而已。当然由于科举之途的狭窄和戎马倥偬的环境，投笔从戎的仍不鲜见。这往往出于迫不得已，并非出于其主观愿望。正如吴郡朱府君臧氏夫人墓志所云"子孙多值干戈之时，故不暇展文术之材入仕，苟从戎立勋"。② 以武职晋身后，如有机会，他们还是极力争取转为文职。唐人刘允章在《直谏书》揭露当时存在的各种社会弊病，谈到八种为时人所诟病的入仕门径，其中便包括从武入文。

    节度使奏改，一入也；用钱买官，二入也；诸色功优，三入也；从武入文，四入也；虚衔入仕，五入也；改伪为真，六入也；媚道求进，七入也；无功受赏，八入也。③

  有学者认为"中晚唐以后，由武官转入文职的比较多。这可能与战争频仍，武官多不愿打仗送命有关"④。这种解释失之皮相，并不得要领。也许从当时重文轻武的社会风尚方面解释较为妥帖。

  与武官地位持续走低，大量武官通过各种途径转向文职形成另一番景象的是唐后期武官队伍的畸形膨胀。自唐初以来武选的门槛就较文选较低。那些难以通过文学之途进身的人，几乎无一例外地选择了武职。当然，他们往往只将武选作为一个跳板，甚至工贾游食通过贿赂藩镇也能得到军职，武官成为冗官的渊薮。僖宗广明元年正月（880）制文指出："入仕之门，兵部最滥，全无根本，颇坏纪纲。"⑤ 史籍中虽然没有留下后期武官具体的数字，但可以推想数目是很惊人的。

---

① 《唐大诏令集》卷一〇一《置上将军及增诸卫禄秩诏》。
② 《唐代墓志汇编》大中013《唐故处士吴郡朱府君臧氏夫人墓志铭并序》，第2261页。
③ 《全唐文》卷八〇四刘允章《直谏书》。
④ 王勋成：《唐代铨选与文学》，中华书局2001年版，第211页。
⑤ 《旧唐书》卷一九下《僖宗纪》。

"艰难以来,优宠节将。"① 安史之乱后,史籍中对武臣受尊崇的记载不少。但事实上,武官的社会地位并没有随着国内形势的改变而得到改变。唐廷平乱靖难不得不依赖武臣,但安禄山的教训,以及建中之乱中原本忠顺于朝廷的大将如姚令言、李怀光等的反叛,使唐朝廷对武臣特别是手握大权,掌握重兵的武将的忠诚问题产生了强烈的不信任感。朝廷对武臣政治上和经济上的尊崇,并不能扭转社会上轻视武官的舆论导向。绵延八年的安史叛乱,以及频繁的藩镇动乱,不仅没有唤起朝野尚武兴武的气氛,甚至朝野上下从此对军戎讳莫如深,文武之间的隔膜进一步加深。② 姜太公,是辅助周武王灭商的功臣,战国时期已经被视为武教的泰斗至尊,一些兵书也伪托他之名。张良受师于黄石公的著名故事中,张良所受兵书即托名为《太公兵法》。司马迁指出,太公"其事多兵权与奇计,故后世之言兵及周之阴权皆宗太公为本谋"。③ 贞观初年,唐廷在传说中的太公钓鱼处磻溪设立太公祠,开始官方祭祀。以后规格渐高,开元十九年(731)诏于两京各置太公庙一所,以张良配享。安史之乱中,大敌当前,为了激励军心,安抚武臣,培植尚武的精神,上元元年(760)闰四月将太公庙升格为武成王庙,以与孔子文宣王庙相匹配。但贞元年间由于大难削平,唐王朝度过了最艰难的时候,许多大臣对武成王庙制提出了非议。只是由于左领军大将军令狐建等武官的坚持,武成王的称号才得以保留,但享受的规格却大为降低。

唐初崇尚文武兼资,出将入相,到了唐后期文、武判若两途,甚至势同水火。"唐自大中已来,以兵为戏者久矣。廊庙之上,耻言韬略,以櫜鞬为凶物,以钤匦为凶言。"④ 杜牧对此也大发感慨,"复不知自何代何人分为二道,曰文、曰武,离而俱行。因使搢绅之士,不敢言兵,或耻言之,苟有言者,世以为粗暴异人,人不比数"。⑤ 节度使为地方最高一

---

① 《唐会要》卷七八《诸使中·节度使》。类似记载还有"王室比多难,高官皆武臣","近传天子尊武臣,强兵直欲静胡尘",分别见杜甫《送陵州路使君赴任》和白居易《新丰折臂翁》。
② 于赓哲:《由武成王庙制变迁看唐代文武分途》,《魏晋南北朝隋唐史资料》2002年第19辑。
③ 《史记》卷三二《齐太公世家》。
④ 孙光宪:《北梦琐言》卷一四,上海古籍出版社1981年版。
⑤ 《樊川文集》卷一〇《注孙子序》,上海古籍出版社1984年版。

级的武官，官位尊崇，总掌军旅，颛诛杀，外任之重莫比焉。拜节度使后赴任中享受的礼遇也是其他官员难以望其项背的。

> 辞日，赐双旌双节。行则建节、树六纛，中官祖送，次一驿辄上闻。入境，州县筑节楼，迎以鼓角，衙仗居前，旌幢居中，大将鸣珂，金钲鼓角居后，州县斋印迎于道左。①

但一些文士似乎并不钟情于此职。杨汝士拜同州节度使后即很不开心。他在《建节后偶作》一诗中云："抛却弓刀上砌台，上方台榭与云开。山僧见我衣裳窄，知道新从战地来。"在另一首诗中又云："太华峰前是故乡，路人遥指读书堂。如今老大骑官马，羞向关西道姓杨。"② 杨汝士出身士族名门，官拜节度使后身穿戎服，即所谓橐鞬服，不仅没有衣锦还乡的感觉，竟然以此为耻，甚至羞于向人说他姓杨，很怕玷污了祖宗。杨汝士的例子并非个别。还比如薛能以文章自负，累出戎镇，常郁郁叹息，曾作诗云："麁官乞与真抛却，赖有诗名合得尝。"③ 也把节度使视为麁官。麁，同"粗"，谓才能平庸。古代重文轻武，多称武官为麁官。节度使尚目为麁官，其他武官可想而知。杨给事被外放到地方藩镇任职，以担任武官（著橐鞬）而惆怅不乐。好友刘禹锡作诗三首安慰他。其中一首说："挥毫起制来东省，摄足修名谒外台。好著橐鞬莫惆怅，出文入武是全才。"④ 史籍中没有留下杨给事的应和诗，不知他在听了这些宽心之词后反应如何。唐后期文武判然两途，刘禹锡还用唐初的出文入武的陈例来试图疏解杨给事的怨气，估计是难以有效果的，这些恐怕连刘禹锡自己都不相信。

以下以节度使为例，探讨一下节度使的文儒化及带来的后果。

安史之乱结束之初，各地藩镇节度使大多都由武人担任。武人掌握重兵，即使不兴兵作乱，在唐廷看来也是一个潜在的威胁。从代宗时期

---

① 《新唐书》卷四九下《百官志下》。
② 《全唐诗》卷四八四杨汝士《建节后偶作》及《题画山水》。
③ 《北梦琐言》卷四。
④ 《全唐诗》卷三六五刘禹锡《寄毘陵杨给事》。

就开始削夺统兵将领的兵权，改由文官担任地方长官。当时大难略平，社会逐步走向正规，也为地方官员的人事调整准备了条件。"在叛乱结束时，各地的长官（不论其具体官称是什么）有近75%是军人。到779年的代宗末年，这一比率已减少到约五分之三。"① 这些成就主要是在南方藩镇取得的。德宗即位，这一步伐大为加快。他即位的第一个大动作便是罢除了元勋郭子仪的兵权，肢解了朔方军。对河朔三镇也采取了强硬的态度。建中之乱时，魏博田悦在诸道军队联合打击下，节节败退。为了摆脱孤立的局面，他谋划离间诸道，特别是成德、幽州与唐中央的关系。他派人对幽州节度使朱滔说："今上（指德宗）志欲扫清河朔，不使藩镇承袭，将悉以文臣代武臣，魏亡，则燕、赵为之次矣。"② 后来朱滔也叛唐作乱，与魏博、成德、淄青等结成了反唐的同盟。朱滔叛唐的原因很多，但田悦说客所说的德宗"将悉以文臣代武臣"这句话恐怕起了很大的作用，击中了要害。由于德宗削藩措施危及到了幽州的自身利益。为了自身的安全计，朱滔也倒戈一击，从平叛功臣蜕变为唐朝廷的贰子逆臣。

当然，唐廷在文武的使用上也考虑到了因地制宜。江南、淮南诸道为唐后期主要的财赋来源，这里的赋税收入成为唐王朝赖以存在的根基。安史之乱前，这一带兵力寡弱，设军府很少。安史之乱期间，陆续设置了防御、团练、节度诸使，但乱后，先后易节度为观察使。唐廷对南方藩镇军队职能的定位仅是防御盗贼，维护地方治安。在此指导思想下，诸镇兵力严格受到限制，所谓"赋税之地，与关右诸镇及河南、河北有重兵处，体例不同。节度使之外，不合更置军额。"先后数次裁罢军额，其中有江陵永平军、润州镇海军、宣州采石军、越州义胜军、洪州南昌军、福州静海军等。③ 因此，东南型藩镇军队一般较少，节帅也多用文儒大臣。淮南节度使，担负着保卫运河航道的重任，兵力达三万五千，号称"为诸道府军事最重"，但在节度使的人选上，"皆以道德儒学，来罢

---

① ［英］崔瑞德主编：《剑桥中国隋唐史》，中国社会科学出版社1994年版，第491页。
② 《资治通鉴》卷二二七建中三年二月条。
③ 《唐会要》卷七八《节度使》。

宰相，去登宰相。……自贞元、元和已来，大抵多如此"。① 河朔地区节度使几乎是清一色的武人，但河朔在王命所及之外，可以暂不考虑。京西北藩镇处于防御吐蕃的前沿，保障着国都长安的安全，战略地位十分重要。这里诸镇也多用武臣，而且多出自神策军系统。当然这只是一般情况，具体到各镇，在各历史时期情况也有所不同。河朔三镇之外，河南道的淄青、淮西等镇也是著名的骄藩叛镇。唐廷在这些叛镇周围也部署了重兵，加以防范，节度使乃至州郡长官大多用武将或有武略之文臣。"黄境邻蔡，治出武夫，仅五十年，令行一切。"② "黄"指黄州，属淮南道，"蔡"指蔡州。黄州与蔡州并不接壤。淮西辖申、光、蔡三州，治所在蔡州，盖以蔡州为淮西之代称。因此，所谓"黄境临蔡"，其中的"蔡"实指淮西节度使。运河为唐王朝的经济命脉，沟通了长安和东南地区之间的联系。东南地区粮食和布帛通过运河运抵长安，说运河为唐王朝的生命线并不过分。因此运河沿线是唐王朝必须牢牢控制的地区。会昌时期运河沿线"江贼"猖獗，对运河航运构成了一定的威胁。故从长江入淮一线的州郡多用武将。盖以倚淮介江，兵戈之地，为郡守者，罕得文吏，村乡聚落，皆有兵仗，公然作贼，十家九亲，江淮所由，屹不敢入其间。③ 泽潞镇属河东道，但巡属三州邢、磁、洺位于河北，这三州犹如楔子钉入了河北的腹心。泽潞是唐王朝防遏河朔的重镇。唐对此镇的得失是十分在意的。故当节度使刘从谏去世，其侄刘稹不禀命于朝，擅自为留后，武宗不惜兴师讨伐。宰相李德裕是强硬的主战派，他在申述理由时强调："泽潞国家内地，不同河朔。前后命帅，皆用儒臣。"④ 其实李德裕所言，与事实有很大出入。从李抱真以来历任节度使似乎多为武将，王虔休、卢从史、孟元阳、李愬、刘悟都是武将。但内地藩镇大多用儒臣却是事实。

唐宪宗时期讨伐藩镇取得了巨大的胜利。淮西、淄青、西川、浙西的叛乱都被平定，连跋扈最烈的河朔三镇也稽颡称臣。宪宗去世后，穆

---

① 杜牧：《樊川文集》卷一〇《淮南监军使院厅壁记》。
② 《樊川文集》卷一四《祭城隍神祈雨文》。
③ 《樊川文集》卷一一《上李太尉论江贼书》。
④ 《旧唐书》卷一七四《李德裕传》。

宗即位，虽然不久河朔复叛，河朔三镇又脱离了中央的控制，但唐室对其他藩镇的控制并没有由此削弱，节度使文儒化的路线仍继续得以贯彻。这时期吐蕃已经衰落，对唐西北的压力大为减轻。边地节度使也开始多使用文臣。元和九年（814）十一月甲午以御史中丞胡证充振武、麟胜节度使。时振武累用节将，边事旷废，朝廷思用儒者以抚安之，乃有是命。宣宗时更以节将贪暴为理由，撤换了一大批边地武人节帅，而代之以文臣。例如以右谏议大夫李福为夏州节度，刑部侍郎毕諴为邠宁节度，大理卿裴识为泾原节度。①

应该看到，唐后期在河朔地区之外，成功地实现了节度使的文职化，以致边地节度使往往也用文臣。在减少藩帅叛乱的同时，也逐渐暴露了新的弊端，即导致了边防和内地防御力量的削弱。唐王朝节帅文职化路线的着眼点，主要是易制，骨子里完全是出于对武臣的极度不信任。正如陆贽在贞元九年（793）上疏奏论备边六失时指出的，"自顷边军去就，裁断多出宸衷，选置戎臣，先求易制"。② 经过长期的变乱，唐王朝不免矫枉过正。在官员的选择上，首先强调的是对朝廷的忠诚，而忽视了官员的军事才能和对地方的弹压能力。这个矛盾正如元结指出的，"陛下若独任武臣，则州县不理；若独任文吏，则戎事多阙"。③ 正是由于军备废弛，当变乱猝然发生，文儒节帅往往束手无策。这在宣宗朝已经暴露无遗。北边将帅懦弱不武，导致了戎狄侵叛。④ 另外江南军乱频频，军将作乱的数量大大多于以前，恐怕与节度使为文儒大臣，难以弹压也有直接关系。唐末人胡曾对当时节镇多用文儒，以致军政不修的状况进行了强烈的批评。他在致宰相路随的信中说：

> 山东藩镇，江表节廉，悉用竖儒，皆除迂吏，胸襟龌龊，情志

---

① 《东观奏记》卷下，转引自《唐语林校证》卷二《政事下》，又见于《新唐书》卷一七三《裴识传》。
② 《全唐文》卷四七四陆贽《论缘边守备事宜状》。
③ 《全唐文》卷三八〇元结《请节度使表》。
④ 《全唐文》卷七二四李骘《徐襄州碑》云徐商"会昌二年以文学选入禁署。宣宗以北边将帅，懦弱不武，戎狄侵叛，公时为尚书左丞，诏以公往制置安抚之。"

荒唐。入则粉黛绕身，出则歌钟盈耳。但自诛求白璧，安能分减黄金。虽设朱门，何殊亡国。徒开玉帐，无异荒墟①。

不可否认，胡曾把当时的严重状况完全归咎于文臣，是不公正的，对文臣的指责也有点偏激。但他的言论并非全无根据，也多少指出了当时问题症结的所在。

唐僖宗以后，天下大乱，即使向来安定的江南也久经兵燹之灾。这时历史又来了一个循环，似乎又回到了安史之乱中的起点。节度使和州郡牧守几乎都为武夫悍将，他们"类以威骜相高，平居斋几之间，往往以斩伐为事，至有位居侯伯，而目不识点画，手不能捉笔者。"②五代时期更是如此，正如赵翼指出的，"五代诸镇节度使，未有不用勋臣武将者，遍检薛、欧二史，文臣为节度使者，惟冯道暂镇同州，桑维翰暂镇相州及泰宁而已。……乃至不隶藩镇之州郡，自朝廷除刺史者，亦多以武人为之"。③这种情况一直延续到宋代，才得以改变。宋代用文臣担任知州知县，文人政治才完全确立。

---

① 《全唐文》卷八一一《谢赐钱启》。
② 《钓矶立谈》，文渊阁《四库全书》本。
③ 《廿二史札记校证》卷二二《五代藩郡皆用武人》，中华书局1984年版。

关于隋唐运纲劳工阶层生活状况的考察[*]

南开大学历史学院　王力平

中国古代的漕运业发展很早,秦汉时期已有较大规模的全国性漕运。在南北朝时期,漕运业则主要局限于各政权辖区内,地域性突出。隋朝统一全国后,开始了多项水利工程的建设,尤其是炀帝大业年间完成的南北大运河工程,使钱塘江、长江、淮河、汴河、黄河五大水系相贯通,带来了水利交通事业的空前繁荣,此后一直到唐末,漕运与国计民生的关系至为密切,对社会生活的影响也超过了此前任何一个时期。然而,古代史学家对隋唐漕运制度的记录比较分散,大多集中在正史的食货志、河渠志或部分志书中,内容也多以记载制度沿革、漕臣功过和运量、运路为主;以漕运为主题的专书,宋、元以后才出现,且主要以明、清两代居多。近代以来,特别是从20世纪30年代"食货派"史学家开始,学界较多关注隋唐漕运及其与政治、经济、财政的关系,在运河沿岸城市的兴起与繁荣,漕运制度的建立与演变,漕臣的改革,南北运路与运量,漕运运纲制度及其演变等研究方面取得了一系列成果,

---

[*] 本文系教育部人文社会科学重点研究基地重大项目"隋唐五代日常生活"(12JJD770016)成果。

为深入认识隋唐漕运制度及其历史影响奠定了重要基础。① 然而，学界对古代漕运的既有研究成果，就时代而言，还是宋、元、明、清较多，汉至唐较少；就研究内容而言，偏重于漕运与军国大政、特别是与中央财政之关系，亦即强调漕运与"国计"关系者较多，与"民生"相联系者则较少。特别是对于担负着繁重运务、直接对隋唐漕运业做出巨大贡献的底层劳工阶层的研究则近乎空白。有鉴于此，本文将以隋唐运纲中从事运役劳作的下层劳工为研究对象，探讨他们的构成与属性、工作与生存状况、物质与精神生活，以及这一特殊群体与唐末社会变动的关系等迄今学界尚无专门研究的问题，以期有裨益于隋唐漕运史和劳动人民生活史的研究。

一 运纲劳工的管理与运夫的复杂成分

漕运劳工的基本组织单位是所谓运纲，即被编组从事漕运的船队。文献中有记载的运纲，大约出现在春秋战国时期。《左传》僖公十三年（前647）记载：晋国饥荒，"秦于是乎输粟于晋，自雍及绛相继，命之曰泛舟之役"②。这恐怕是最早的规模较大的漕运活动。考古发现的楚怀王时期（前328—前229）的鄂君启节铭文中，记载楚国船只在江汉上航行，"屯三舟为一舿，五十舿"，船队规模达150艘；"舿"是限制一次航

---

① 如全汉昇《唐宋帝国与运河》（商务印书馆1944年版）、史念海《中国的运河》（重庆出版社1944年版）可视为现代学者隋唐漕运的开辟之作。此外，日本学者也较早关注到唐宋运河与漕运的研究，如青山定雄《唐宋汴河考》（《东方学报》，东京，1931年）、外山军治《唐代的漕运》（《史林》22—2，1937年）及其对巡院的研究等。80年代以后，有潘镛《隋唐时期的运河与漕运》（三秦出版社1987年版）较为全面、系统地考察了隋唐漕运兴起的历史条件和制度演变；杨希义《略论唐代的漕运》，侧重唐代漕运的东南、江淮汴河等运道的划分（《中国史研究》1984年第3期）。笔者本人也曾致力于隋唐漕运的研究，发表过《韩滉与唐代漕运》（《河北师院学报》1987年第4期）、《唐后期汴乱原因的分析》（《河北学刊》1987年第5期）、《唐肃代德时期的南路运输》（唐史学会论文集《古代长江中游的经济开发》，武汉出版社1988年版）、《唐后期淮颍（蔡）水运的利用和影响》（《河北学刊》1991年第6期）、《唐代运纲研究》（载《胡如雷教授七十寿辰纪念文集》，河北教育出版社1995年12月版）等文。

② 《春秋左传正义》，僖公十三年。北京大学出版社1999年版，第368页。

行的船数，与后来的运纲相仿。① 北魏太和年间大将刁雍曾设计以两船为一"舫"，每舫十名运夫，组成船队，从黄河运输军粮，也是一种小型运纲。② 今藏于山东省博物馆、1975年山东平度泽河出土的一艘隋代双体漕船，由两根U形独木舟组成，两舟之间用20多根横梁穿连为一，长约23米，据称这种船稳定性强，运量大，或可视为隋唐时期小型的运船编组。

从制度上看，汉代已建立都船令丞、水衡都尉，有楫棹令丞，具体管理水运事务。隋朝则设立了都水监（后改使者），下统舟楫、河渠二署，舟楫署每津置尉一人。③ 唐因隋制，于贞观六年（632）置舟楫署，设令一人、丞二人，下置漕正、监漕、漕史各一人，掌公私舟船及监管运漕之事。④ 然而，上述机构对漕运基层组织是如何管理的，具体工作有哪些，则史无详载。事实上，唐前期实际负责各地运纲（也称"纲运"）并管理运夫的，是州县一级官员。唐初，押送运纲者称作"典运""主运"，而充作"纲典"的官员，一般由州参军担任，所谓"各遣州判司充纲部领其租，仍差县丞以下为副"，⑤ "纲典"与"纲正"负责组织和管理运输，⑥ 运夫则处在州县官吏担任的"纲""典"的掌管和监督中。

安史之乱后，盐铁转运使开始全面掌管漕运，在其派出机构巡院之下，衍生出了大量的"院吏""纲吏"，他们在相当长的时期内取代了战乱前的"典""纲"，成为运纲的直接领导者。唐后期，在藩镇割据影响

---

① 参阅姚汉源《鄂君启节释文》，《安徽省考古学会会刊》第七辑，1983年，第2页，第4条；郭沫若《关于鄂君启节的研究》，《文物参考资料》1958年第4期，第3—4页。
② 《通典》卷一〇《食货十·漕运》，中华书局1988年整理本，第219页。
③ 《隋书》卷二八《百官志》，中华书局1972年标点本，第799页。
④ 《新唐书》卷四八《百官志》："贞观六年，置舟楫署，有令一人，正八品下，掌舟楫、运漕；曹正一人，府三人，史六人，监漕一人，漕史二人，典事六人，掌固八人。上元二年，置丞二人，正九品下，掌运漕隐失。开元二十六年，署废。"中华书局1975年标点本，第1276页。
⑤ 《天一阁藏明钞本天圣令校证》卷第二二《赋役令》，中华书局2006年版，上册第57页，下册第269页。
⑥ 据洛阳唐含嘉仓遗址出土的铭砖铭文记载，运纲的第一负责人称"输典"或"租典"，第二负责人称"正纲"或"副纲"。由于这些铭文几乎记载了包括苏、楚、滁、邢、魏、德、沧等南北各地运纲的情况，因此可以大略反映唐初运纲组织结构的全貌。参见拙作《唐代运纲研究》一文，载《胡如雷教授七十寿辰纪念文集》，河北教育出版社1995年12月，第90—106页。

下，曾一度以士兵押运，因此，军人也曾作为运夫的一部分。① 总之，隋唐时期，因漕运而出现的纲吏、佣力、运卒等，共同构成了一个群体，他们包括了上至纲典、纲正等州县官员担任的管理者，下到"船脚""舵师""水手"等有专门技能的役夫、工匠，以及漕卒、漕民、运米丁、"殿脚"等运夫和苦力，成分较为复杂，其主体部分由承担国家徭役的役力和被州县或巡院雇佣、招募而来的佣工两大部分构成。

所谓役力，是指被国家和州县强制征发从事运役的民夫，包括"挽船士""殿脚"、海运水手、转运水手等。如隋大业元年（604）秋，炀帝行幸江都，随行官兵舟船数千艘，"舳舻相接两百馀里，照耀川陆"，征挽船士共 8 万余人，其中"挽漾彩"船者就达九千余人，谓之"殿脚"，② 驾船人则名"船脚"，每船配备两班、各 60 人轮番工作。③ 有关海运水手的记载，也出现在隋征高丽，大兴海运时期，据《资治通鉴》记载，大业八年（612）正月，隋沧海道军"舟舻千里，高帆电逝，巨舰云飞，横断浿江……总一百一十三万三千八百，号二百万。其馈运者倍之"。④ 据此可知，被征运夫的总数，在 200 万人以上。

至唐太宗及高宗征高丽，唐在幽、莱等地设立军饷补给基地，转运物资，征役水手的数量十分巨大。武则天万岁通天元年（696）北讨契丹，"飞刍挽粟，雾集登莱……红粟齐山，飞云蔽海"，⑤ 被征海运水手亦不在少数。此外，唐朝还在一些特殊关津或险要水域设置水手，据敦煌文书 P. 2507《开元水部式残卷》：

---

① 参见拙作《韩滉与唐代漕运》，《河北师院学报》1987 年第 4 期。
② 《资治通鉴》卷一八〇，隋纪四，炀帝大业元年八月壬寅条，中华书局 1956 年版，第 5621 页。
③ 牟发松：《〈大业杂记〉遗文校录》，武汉大学三至九世纪研究所主编《魏晋南北朝隋唐史资料》第十五集，1997 年，第 178 页。
④ 《隋书》卷四《炀帝下》，第 82 页。
⑤ 周一良：《唐代墓志汇编》上卷开元 134《唐故朝议郎行登州司马上柱国王府君墓志铭并序》（上海古籍出版社 1992 年版，第 1249 页）；下卷乾元 003《大唐故吉州刺史陇西李府君（昊）墓志铭并序》也记载了一些海运的情况：万岁登封年，李昊"充海运判官。天堑无涯，连樯百里，风涛之下，舟楫所难，军实指期，不差一息。"（第 1735 页）

胜州转运水手一百廿人，均出晋、绛两州，取勋官充，不足，兼取白丁，并二年与替。其勋官，每年赐勋一转，赐绢三匹，布三端，以当州应入京钱物充。其白丁充者，应免课役及资助，并准海运水手例。不愿代者，听之。①

由河东"晋、绛两州"漕运至京师，始于高宗咸亨三年（672），时关中饥，"监察御史王师顺奏请运晋、绛州仓粟以赡之。上委以运职，河、渭之间，舟楫相继，会于渭南"。② 据上引《开元水部式残卷》，从事北部边镇胜州一带转运的水手120人，均来自晋、绛两州并由勋官担任，不足再以白丁补充，为期两年方允许替换。按唐因隋制，赐予百姓勋官，若服役则有所优惠，可赐勋一转，绢3匹、布3端；白丁则免除其课役，待遇与海运水手相同。总之，水手由勋官充任同样属于国家征役，服役者包括低级胥吏和白丁，前者可因劳绩得到一定的赏赐或升迁机会。

第二类，为国家雇佣或招募的佣工。此类运夫多为州县"和雇"，即自愿受雇的自由佣力者，这类运夫也因此被称作"舟佣""漕佣"，他们大多为临时雇工，包括"运米丁""门匠"、纲夫、运卒。"运米丁"又称篙工，汉代称作"漕卒"，③ 曹魏时称"利漕民"，是漕运组织中最底层和最基本的劳动者。④ 隋文帝时，为解决关中粮运问题，曾于蒲、陕、许、汝、郑、汴等十三州置募"运米丁"，其中包括篙夫，专事掌舵开船。⑤

唐前期尤其是安史之乱前，是漕运业的黄金时代。运夫来源广，数量多，成分复杂，征役、现役的人员较为普遍。但与此同时，诸州在征

---

① 王永兴：《敦煌写本唐开元水部式校释》，《敦煌吐鲁番文献研究论集》第3辑，北京大学出版社1986年，第45页。
② 《旧唐书》卷四九《食货志下》，中华书局1975年标点本，第2113页。
③ 《汉书》卷二四《食货志上》：大司农中丞耿寿昌奏言："故事，岁漕关东谷四百万斛以给京师，用卒六万人。宜籴三辅、弘农、河东、上党、太原郡谷足供京师，可以省关东漕卒过半。"中华书局1962年标点本，第1141页。
④ 周一良：《魏晋南北朝史札记》"利漕"条，中华书局2007年版，第25—26页。
⑤ 《隋书》卷二四《食货志》，第683页。

收租庸调时，也要向人丁征收相应的运费，然后由州县"和雇"民夫运送。① 这种"输庸代役"制度，与强制征役互为补充，使地方政府获得了充足的运力和经费来源。在漕运业开始扩大的开元、天宝时期，运夫需求量大，征役有时也为雇佣所取代。在玄宗朝裴耀卿理漕时，以"江南百姓不习河水，皆转雇河师水手"；又"于河口置一仓，纳江东租米，便放船归。从河口即分入河、洛，官自雇船载运"，② 此时雇佣劳动在漕运中普遍存在，全国有400万丁力役折庸，缴纳陕洛之间的运脚费。较强的流动性人口的存在和劳动力买卖的活跃，使社会上存在一个靠佣力为生的阶层，这是漕运佣工的重要来源。

但总的看，隋与唐前期的运役是比较沉重的。隋朝至唐初，国家战事繁多，海运兴盛，需要大量水手运夫。在租唐调制度下，虽然丁役固定为20天，正役与临时加役不得超过50天，不愿服役者可"输庸代役"，即用实物折庸（绢、布等），以法定的每日3尺计，20天则须缴纳庸绢6丈，或布6丈5尺。③ 但运役作为一种特殊的役，大都超过50天的法定役期，被征调的丁口，往往逾期难归，贻误农时；折庸代役，又负担沉重，故为人所不愿。德宗时期两税法实行后，役力依然沉重，但雇佣运夫明显增多，役力与佣力、差科等混杂在一起，加上士兵在特定时期也参与了押运（此举为宋以后兵民同役开了先例），④ 令运纲运夫的成分更为复杂。了解这一点，对认识隋唐时期社会的发展和运纲下层的生存状况都是至关重要的。

二 运纲劳工的生存状况与生活质量

数量庞大且来源复杂的漕运劳工，其生活状况与生存环境不容乐观：首先，他们从事繁重的体力劳动，其中一部分属于高风险作业。运纲劳工大多从事搬运漕米及绢帛、土贡物资等重体力劳动，终年生活在力役

---

① 《通典》卷六《食货·赋税下》，中华书局1988年标点本，第109页。
② 《旧唐书》卷四九《食货志下》，第2114—2115页。
③ 张泽咸：《唐代赋役史草》，中华书局1986年版，第274页。
④ 拙作：《韩滉与唐代漕运》，《河北师院学报》1987年第4期。

的重压下，甚至是死亡阴影下。譬如"门匠"就是一种专门在黄河三门峡底柱段从事拖船的水手、纤夫，据曾慥《类说》卷二《门匠》条：

> 唐时运漕自集津上，至三门，皆一纲船夫并牵一船，仍和雇相近数百人挽之。河流如激箭，又三门常有波浪，每日不能进一二百船，触一暗石，即船碎如末，流入旋涡中，更不复见。上三门篙工谓之"门匠"，悉平陆人为之，执一标指麾，以风水之声人语不相闻。陕人云"自古无门匠墓"，言皆沉死也。故三门之下河中有山名米堆、谷堆。每纲上三门，无损伤亦近百日方毕，所以漕运艰阻。①

为改变三门段运输的困境，朝廷屡次兴工治理运道，如显庆中苑西监褚朗，开元末陕郡太守李齐物等人，都凿山为陆路以通运，"俾负索引舰"，纤夫拖船越过激流，一时减少了"门匠"的死亡率。海运水手的生存环境更是恶劣，如前所述，隋末及唐初征辽，海运"失船极多"，大量运夫死于非命。到玄宗朝，平卢、范阳、幽州边军靠海运补给粮草物资，而海运规模大，运程长，运夫死亡率更高，如开元十四年（726）七月，"沧州大风，海运船没者十一二，失平卢军粮五千余石，舟人皆死"。②

运夫生活的又一特点，是长年漂泊在外，流动性强，好多人以船为家。如隋炀帝御舟中的役夫吃住都在船上。唐大历、贞元间，出现了载重量巨大的运舟，如民间的"俞大娘船"和官府运舟③，数百篙工均可以生活居住在船上。但一般漕船上，运夫的生活条件要恶劣得多，他们的饮食方式多是船上炊饭与上岸觅食相结合。武则天时期，陈子昂曾目睹并记录了运夫的悲惨生活：数千艘米船上的运夫队伍，由运河两岸"不事农桑"的"客户、游手赎业、无赖杂色人"组成，他们为北讨契丹运送物资，补充了漕运劳工的不足。然而诸州行纲运速太慢，运夫从

---

① 文渊阁《四库全书》第 873 册，台湾商务印书馆 1986 年影印，第 26 页下。
② 《旧唐书》卷三七《五行志》，第 1358 页。
③ 李肇：《唐国史补》卷下：俞大娘航船最大，"居者养生送死、嫁娶悉在其间，开巷为圃，操驾之工数百。南至江西，北至淮南，岁一往来，其利甚博，此则不啻载万也。"上海古籍出版社 1979 年版，第 62 页。

江淮至洛阳，又临时受命从洛阳转运幽州，但长途押运，生活和生命均缺乏保障，"发家来时，唯作入都资料。今已到京，又勒往幽州。幽州去此二千余里，还又二千余里。方寒冰冻，一无资粮，国家更无优恤，但切勒赴限。比闻丁夫，皆甚愁叹"①。由于常年漂泊在外，运夫的情感往往难以寄托，"李牟秋夜吹笛于瓜洲，舟楫甚隘。初发调，群动皆息，及数奏，微风飒然而至。又俄顷，舟人贾客，皆有怨叹悲泣之声"，②就是运河上常见的舟人思乡的一幕。敦煌文书 P. 2679 书仪残卷，也含有从事运役的士卒借鱼雁传书抒发乡思的内容：

> 望丰州之乡邑，地多运募（募？）之营；看胜部之川原，此（北）连烽戍；……长居兵役，别平河之南运，骤西武之般输；积念思乡，凄骤于戎舸……兰蓬绝径，芦苇侵天，唯舟行人，能不凄怆。③

从文中"兵役""南运""般输""戎舸"以及丰、胜等字样来看，书仪所涉及的地区，很可能即前引《开元水部式残卷》中广征水手的晋、绛两地，开元中，朝廷曾在此设置朔方道水陆运使，后又设度支水运使，大力发展黄河北至胜州段的水运。

隋唐时期，运纲中的运夫享有哪些"权益"，他们的收入水平和生活质量如何？由于缺少直接而具体的史料，只能从以下几个方面做一些粗略的估计：

首先，据唐朝有关法令，运夫的赋税可以豁免，如胜州以及沧、瀛等地的水手可以豁免服差役期内的赋税，即"仍折免将役年及正役年课役"，但如是"家道稍殷有者"，人丁可以"出二千五百文资助"，④ 徭役

---

① 《陈子昂集》卷八，中华书局1960年标点本，第181页。
② 李肇：《唐国史补》卷下：俞大娘航船最大，"居者养生送死、嫁娶悉在其间，开巷为圃，操驾之工数百。南至江西，北至淮南，岁一往来，其利甚溥，此则不啻载万也。"上海古籍出版社1979年版，第58页。
③ 转引自吴丽娱著《敦煌书仪与礼法》，甘肃教育出版社2013年11月版，12—13页。
④ 王永兴：《敦煌写本唐开元水部式校释》，《敦煌吐鲁番文献研究论集》第3辑，第45页。

即可以免除。虽然法令强调"凡差科,先富强,后贫弱;先多丁,后少丁"①的原则,但真正去服运役的,大多数还是"贫弱"人家。

其次,在特殊情况下,运夫还可以获得若干奖金。天宝四年(716),修广运潭成,南方物资漕至长安,玄宗大喜,命韦坚对押运纲吏各赐一中上考,并按照所录役夫名册"各酬佣直"外,还以"使役日多,并放今年地税",同时奖励"船夫等宜共赐钱二千贯,以充宴乐"。②应该说这笔奖金数目可观,假如参运的运夫有5000人,每人可得400文。但奖赏能否全部分配给运夫,仍然无从得知。

受雇佣的运纲劳工,应是以漕佣(运脚)为主要生活来源的,而漕佣各个时期差异很大。可否将漕佣与庸价相比较?按唐朝法律,输庸代役的庸值为每人每日绢3尺,③全年1095尺,约合绢27.3匹④。这实际上相当于官方规定的劳动力市场佣工的价格。但不同时期的物价差异很大,比如玄宗开元天宝年间,天下殷富、物价低廉,时"米斗之价钱十三,青、齐间斗才三钱,绢一匹钱二百";⑤而安史之乱后的代、德宗时期物价高昂,绢价经常在2000—4000文,米价也远较开元时期昂贵,斗米时常200文上下,甚至高达500文,⑥显然具体衡量和比较庸价在前后期的实际价值颇有难度。何况输庸代役的庸价,与漕运运夫的运脚并非同一概念。唐朝法令规定:"凡天下舟车水陆载运皆具为脚直,轻重、贵贱、平易险涩而为之制",如河南、河北、河东、关中等道州郡的租庸调脚钱,都有非常具体的定价,陆运最贵,每驮一百斤,一百里一百文,

---

① 《唐律疏议》卷一三《户婚》,中华书局1983年标点本,第251页。
② 《旧唐书》卷一〇五《韦坚传》。3224页。
③ 《唐律疏议》《唐六典》等法律文书的记载大体相同;参阅张泽咸《唐代赋役史草》,中华书局1986年版,第274页。
④ 《唐六典》卷三《尚书户部·金部侍郎》,中华书局1992年整理本,第82页。
⑤ 《新唐书》卷四一《食货志》,第1346页。
⑥ 据王仲荦《金泥玉屑丛考》(中华书局1996年版),安史之乱后的物价较高,绢价经常平均在2000—4000之间,米价也远较开元时期昂贵,斗米价格经常在250—500文甚至更高。当然,唐后期也有物价十分低廉之年,如绢1匹直钱800文,米1斗50文(《韩愈文集汇校笺注》卷三〇,中华书局2010年版,第3024—3030页;《全唐文》三七二严郢《奏五城旧屯兵募仓储等数疏》,中华书局1983年版,第3781页),当然这是很少见的情况。

水运则较便宜，但具体情况还要根据逆水、顺流而有所差别。① 总之，由于庸价和运脚难于类比，且物价实时变动，记载零散，因此要准确评价运夫的实际收入和购买力也是十分困难的，只能从一些侧面来评估。唐中期后，参与运输的雇佣劳工的数量也随之增多，据《唐会要》记载：代宗时期，盐铁转运使刘晏令各地巡院"以盐利为漕佣，自江淮至渭桥，率十万斛佣七千缗，补纲吏督之。不发丁男，不劳郡县，盖自古未之有也"。② 据此可知，刘晏时期完成了每年漕运江淮40万石的常规运量，仅用2.8万缗的运费。③ 可以说，他创造了最低运费的记录。但据《新唐书·食货志》记载：刘晏在扬州至河阴段，以2000艘"歇艎支江船"承运，10船为纲、共200纲，每纲配置押运纲夫及篙工350人，共用工70000人。④ 倘若以这个人数平均2.8万缗总运费，则运夫每人次可得到的佣钱不过400文（这仅仅是江淮运河中的一段所需要的人工数，要完成全部运量的人力显然不止这个数字）。而此时的物价已经高涨，京师米价甚至有斗至千钱、绢价匹近四千的情况。⑤ 可见对于刘晏时期的广大运夫来说，佣金的标准不会很高，生计无疑是艰难的。

此后，刘晏继续扩展运夫队伍，奖励劳绩突出者，"以为江、汴、河、渭水力不同，各随便宜造运船，教漕卒，江船达扬州，汴船达河阴，河船达渭口，渭船达太仓，其间缘水置仓，转相受给。自是每岁运谷或至百余万斛，无斗升沈覆者。船十艘为一纲，使军将领之。十运无失，授优劳，官其人。数运之后，无不斑白者"。⑥ 至大中五年（851）前后，"漕吏狡蠹，败溺百端，官舟之沉，多者岁至七十余只"。经裴休加以整饬，"自江津达渭，以四十万斛之傭，计缗二十八万，悉使归之漕吏。巡院胥吏，无得侵牟"。⑦ 虽说漕佣（运费）已十倍于刘晏时期，但能否真

---

① 《唐六典》卷三《尚书户部·度支郎中》条。第80页。
② 《唐会要》卷八七《转运盐铁总叙》。上海古籍出版社2006年标点本，第1883页。
③ 《旧唐书》卷四九《食货志下》，第2120页。
④ 《新唐书》卷五三《食货志》，第1368页。
⑤ 《旧唐书》卷一二三《刘晏传》，第3511页；《权德舆诗文集》下册辑遗《上陈阙府》也称"大历中，一缣直钱四千"。上海古籍出版社2008年版，第822页。
⑥ 《资治通鉴》卷二二六，建中元年七月条，第7287页。
⑦ 《旧唐书》卷四九《食货志》，第2122页。

正不受"侵牟",全部归运纲劳工所有,尚难于考证。咸通末,王铎、李骈判度支,"时江淮运米至京,水陆脚钱斗计七百",① 如此高昂的运费显然已脱离了常轨。

当然,运纲上特殊人员的收入,还可另当别论。比如安史之乱后,由于管理运纲漕粮的需要,盐铁院高薪招募部分有文化的人作为书手,据《太平广记》卷一〇六引《报应记》:

> 宋衎,江淮人,应明经举。元和初,至河阴县,因疾病废业,为盐铁院书手,月钱两千,娶妻安居,不议他业。年余,有为米纲过三门者,因不识字,请衎同去,通管簿书,月给钱八千文。衎谓妻曰:"今数月不得八千,苟一月而致,极为利也。"妻杨氏甚贤,劝不令往,曰:"三门舟路颇为险恶,身或惊危,利亦何救?"衎不纳,遂去。至其所,果遇暴风所击,彼群船尽没,唯衎入水,扣得粟藁一束,渐漂近岸,浮藁以出,乃活,余数十人皆不救。②

作为河阴盐铁院的书手,宋衎平时每月佣金 2 缗,而当其受雇于三门峡米纲后,每月佣金高达 8 缗,足以安居乐业。但宋衎毕竟是以明经出身的书手身份才拿到这笔佣金的,普通劳工的佣钱远远低于这个标准。尽管如此,从宋衎与妻子的对话中,仍能看出三门运纲的运夫虽风险高,却还是吸引了很多穷人前来应募。

三 运纲劳工的信仰与文娱生活

记载隋唐时期运纲劳工信仰生活的史料十分稀少,但可以从零散的记载中发现,崇拜婆官与僧伽,是许多运夫舟子的精神寄托和信仰生活的一部分。据李肇《唐国史补》:

---

① 《太平广记》卷四九九《闻奇录》,中华书局1961年版,第4091页。
② 《太平广记》卷一〇六"宋衎"条,第719页。

扬子、钱塘二江者，则乘两潮发棹，舟船之盛，尽于江西。编蒲为帆，大者或数十幅。自白沙沂流而上，常待东北风，谓之潮信。七月八月有上信，三月有鸟信，五月有麦信。暴风之候，有抛车云，舟人必祭婆官而事僧伽。①

"婆官"与"僧伽"为何神祇？唐诗人元稹有"鼓催潮户凌晨击，笛赛婆官彻夜吹"句；李梦符也有"渔弟渔兄喜到来，婆官赛却坐江隈"句。② 可知渔夫舟人常围绕"婆官"举办一些祭祀或竞赛活动。《说郛》有如下记载："江浙间多事一姥，曰'利市婆官'，或言'利市坡'，乃神所居地名，非婆也。或谓鄞县令死而为神，又不知何缘得此名也。"③ 无论来历如何，"婆官"都是舟人生活中的神。至于"僧伽"，本西域僧人，俗姓何氏，唐龙朔初来游中土，隶名楚州龙兴寺。后于泗州临淮县信义坊建"普照王佛"寺，中宗曾尊为国师，传说称之为"观音化身"。④ 僧伽崇拜中唐时已流行于通济渠所经的淮、泗两岸。原建于唐代泗州的僧伽塔（南宋绍兴年间为避战乱迁至镇江寿丘山），至今仍为运河沿岸僧伽崇拜的重要文化遗存。江苏洪泽湖和运河沿岸还出土了一些镇魔和辟邪的力士像，以及禳灾符咒，也与运夫的信仰生活有关。在笔记小说中，当运舟倾覆之时，念诵佛经即可免于灭顶之灾的故事，记载颇多。敦煌壁画中也有这样的内容，如第 45 窟"观音普门品""海船遇难图"，绘有入海求宝者遭遇黑风，船舫将漂坠"罗刹鬼国"，船上男子念观音名号，众人皆得解脱的画面。此外，由于经常与死神相伴，运夫还特别关注天象气候，如对一些海市蜃楼景象，也心怀敬畏。"舟人言鼠亦有灵。舟中群鼠散走，旬日必有覆溺之患"；船发之后，"必养白鸽为信，舶没，则鸽虽数千里亦能归也"。⑤ 这些特殊的生活习惯，无不透露出运

---

① 《唐国史补》卷下，上海古籍出版社 1979 年版，第 62 页。
② 《元稹集》卷二二《和乐天重题别东楼》，中华书局 1982 年版，第 250—251 页；五代李梦符《渔父引》，见洪迈编《万首唐人绝句》卷七一，《文渊阁四库全书》第 1349 册，台湾"商务印书馆"1986 年影印本，第 630 页上。
③ 《说郛》卷五《谈选》，见《说郛三种》，上海古籍出版社 2012 年版，第 112 页上。
④ 《太平广记》卷九六"僧伽大师"条引《纪闻录》，第 638—639 页。
⑤ 《唐国史补》卷下，第 63 页。

夫生涯的悲苦。

由于常年飘蓬水上，孤独寂寞和思乡之情最难排解，运夫们也会通过一些娱乐生活排解单调乏味的生活。随着运河交通的繁荣，运河两岸的商业也日趋繁荣，驿站、邸店大量增加，饮酒、赌博等消费业因之发达。行纲中的伙计们借摴蒲（系一种传统游戏，多以掷色子决胜负，类赌博）打发长夜，如开元八年（720），"契丹叛，关中兵救营府，至渑池缺门，营于榖水侧。夜半水涨，漂二万馀人，惟行纲夜樗蒲，不睡，接高获免"①。

隋唐时期，随着漕运业的繁荣，社会人口的流动性大大增强，运河上的运船南来北往，运夫的活动促进了各地不同文化的交流与传播，甚至影响到生活中的时风好尚。主运大臣有时为炫耀功业，也组织运夫进行特产展示和娱乐表演活动，如天宝四载（745）三月，陕郡太守、水陆转运使韦坚修成广运潭：

> 坚预于东京、汴、宋取小斛底船三二百只置于潭侧，其船皆署牌表之，若广陵郡船，即于枕背上堆积广陵所出锦、镜、铜器、海味；丹阳郡船，即京口绫衫段；晋陵郡船，即折造官端绫绣；会稽郡船，即铜器、罗、吴绫绛纱；南海郡船，即瑇瑁、真珠、象牙、沉香；豫章郡船，即名瓷、酒器、茶釜、茶铛、茶椀；宣城郡船，即空青石、绿笔、黄连；始安郡船，即蕉葛、蚺蛇胆、翡翠。船中皆有米，吴郡即三破糯米，方文绫。凡数十郡。②

来自江南数十郡的漕船，丰富的各地特产、贡赋，尤其是品类繁多的南方物产，吴楚驾船人的斗笠、宽袖衫、芒屦，扬州的铜器等，都第一次呈现在长安民众面前，令关中民众大开眼界。特别是县尉崔成甫作歌十首，率众人高唱"弘农得宝歌"，并"自衣缺胯绿衫，锦半臂，偏袒膊，红罗抹额，于第一船作号头唱之，和者妇人一百人，皆鲜服靓妆，齐声接影，鼓

---

① 《太平广记》卷一四〇"水灾"条引《朝野佥载》，第1009页。
② 《旧唐书》卷一〇五《韦坚传》，第3222—3223页。

笛胡部以应之。余船浹进，至楼下，连樯弥亘数里"。长安民众"观者山积，京城百姓多不识驿马、船樯竿，人人骇视"。① 按唐代服制，县令崔成甫和船员的装束，可谓大胆、时尚，显然突破了服制的约束。② 唐代从事体力劳动的人，大多着素色粗布短衫。但运夫如何穿着，史无详文。据敦煌45窟"海船遇难图"等壁画，纤夫头戴斗笠，衣小袖短衣、半臂，或身着高开衩缺胯衫子，长裤，束腰带，足穿草鞋或麻鞋；③ 篙师数人奋力撑篙，为首者头戴斗笠、束腰带，身着白色布衣，舵手则头戴斗笠、身着粗布衣衫。纤夫、篙师与船上合掌祈福的商人衣着有明显差别。④ 虽说绘画所表现的海船结构和造型过于简单，仅一帆、一桅杆、一舵，但其留下了唐代纤夫、舵手、篙师等劳动者的形象，实属宝贵。总之，在漕运的带动和影响下，各地的物产、服饰甚至歌舞艺术、风习时尚，进入了运河沿线民众的视野并活跃了人们的日常生活，促进了南北文化的交流与融汇。1999年，安徽省淮北市柳孜（唐宿州）出土了八艘唐代沉船和大量瓷器，当地在此建立了"隋唐运河博物馆"；另外，杭州"京杭大运河展览馆"也藏有隋唐运河沿线城市出土的工艺品，如扬州漆器、青瓷、景德镇瓷、淮安铜器、苏杭丝织品等，这些也从一个侧面折射出漕运运夫为南北文化交流所做出的贡献。

四 运纲劳工的生存危机与社会动荡

一部隋唐漕运史，也是运夫的悲惨生活史。运役犹如一座大山沉重地压在劳动大众头上，从隋炀帝大业七年（611）开始，"发江、淮以南民夫及船运黎阳及洛口诸仓米至涿郡，舳舻相次千余里，载兵甲及攻

---

① 《旧唐书》卷一〇五《韦坚传》，第3222—3223页。
② 崔成甫佩戴的"红罗抹额"，唐初为时尚饰物，"拂霓裳"之舞者、龟兹舞狮者均戴红抹额，见（宋）陈旸撰《乐书》卷一八五《杂乐》。荣新江《隋唐长安：性别、记忆及其他》（复旦大学出版社2010年9月版）图8—9所引《陕西新出唐墓壁画》之《新城长公主墓系抹额捧蜡烛盘仕女》和《段蕳璧墓头扎带子仕女》图，有佩戴抹额之女性形象。
③ 沈从文：《中国古代服饰研究》卷六四《唐代船夫》图112，商务印书馆2011年12月版，第323页。
④ 《敦煌壁画·盛唐》六三"海船遇难图"，天津美术出版社2010年版，第66页。

取之具，往还在道常数十万人，填咽于道，昼夜不绝，死者相枕，臭秽盈路，天下骚动"。①"苦役者始为群盗"，直接引发了隋末农民起义的爆发。②唐前期，输庸代役对减轻社会的运役负担起到了重要的平衡作用。中唐社会发生重大变化，运纲劳工虽以雇佣性质为主，但也不排除部分沉重的徭役。特别是安史之乱后，运河运夫的处境进一步恶化：

首先，安史之乱后，江淮漕运关系国运，但盐铁转运使权力膨胀，吏治腐败。"凡为度支胥吏，不一岁，资累钜万，僮马第宅，僭于王公"。③代、德以后，转运使权力炙手可热，各地巡院纲吏更加贪腐，如张祜初穷困潦倒，后"以诗上盐铁使，授其子漕渠小职"，岁余即富，尝遇盗，索十万缗。④巡院官层层盘剥受雇运夫，如虔州参军崔进思，"充纲入都，送五千贯，每贯取三百文裹头"，结果"百姓怨叹，号天哭地。至瓜步江，遭风船没，无有孑遗，家资田园货卖并尽，解官落职，求活无处。此所谓聚敛之怨"。⑤

其次，唐德宗贞元以后，藩镇往往以灌溉屯田为由控制斗门，导致春季需要开闸放水通舟时，在扬州、汴河等核心地段，水浅滞运，而"四月农事作，则争为之派决"，以致运河水"绵绵不能通槁叶矣"。运舟长期滞留加重了运夫的生存危机，因为江淮运送租调的船只不能如期到达京师，必受到户部的科责。⑥为改变这种情况，汴河淤塞段曾征派"牵船夫"加入运夫队伍，他们"大寒虐暑，穷人奔走，毙踣不少"，成为汴州境内"最弊最苦"的人。⑦然而，运船滞涩的境况并没有根本性改变，

---

① 《资治通鉴》卷一八一，隋纪五，炀帝大业七年七月，第5654页。
② 《隋书》卷三《炀帝纪》，第76页。
③ 《旧唐书》卷一二三《班宏传》，第3520页。
④ 《太平广记》卷二三八"张祜"条引《桂苑丛谈》，第1834—1835页。
⑤ 《太平广记》卷一二六"崔进思"条，第891页。
⑥ 如白居易判文："得江南诸州送庸调四月至上都户部科其违限诉云冬月运路水浅故不及春至"条，指出"川无负舟之力，宁免稽迟。苟利涉之惟难，虽愆期而必宥"的矛盾日益尖锐；又如"得转运使以汴河水浅运水不通请筑塞两河斗门节度使以当军营田悉在河次若斗门筑塞无以供军"条。《白居易集》卷六六，北京，中华书局标点本，第1383—1385页。
⑦ 杜牧：《樊川文集》卷一三《与汴州从事书》，第197页。

在风雨侵蚀之下,"舟舻曝滞,相望其间,岁以为常,而木文多败裂。自四月至七月,舟傭食尽,不得前……以炎天累月之久,滞于咫尺之地,篙工诸傭,尽其所储,不能赈十半之食,只益奸偷耳,几或有终岁而不得返其家者"。① 运夫们不得不弃船逃亡。唐后期,纲吏、库典、运夫受刑罚的情况十分普遍,巡院的监狱中关押了大量的盗粮囚犯,很多是为饥馑所困的运夫,如元和初年,虢州阌乡县县狱,就囚禁了许多度支转运属下"欠负官物,无可填陪"的运夫,② 他们已被"积年禁系"。为此,沈亚之曾激烈反对当时的漕运弊政:

> 今以三十千人食,劳输江淮岁贡三十万斛,迎流越险,覆舣败挽,不得十半。自渭以东,稽督之官凡四十七署,署吏不下百数,岁费钱十千万为大数。而部吏舟傭,相踰为奸,鞭榜流血,酸苦之声相闻。禁锢连岁不解,岁千余人,虽赦宥,而狱死者不可胜多矣。甚非仁圣之所以牧人也。③

运输成本高昂,劳民伤财,度支盐铁系统机构臃肿,冗官充斥,极大影响了漕运效率,因漕事引发的社会矛盾在不断积累和激化。为遏止这种情况,随之出现了以残酷刑罚对待漕运劳工的法令,巡院对"部贡之吏"——运纲负责人施以严刑,宪宗元和六年时(811),盐铁使王播建议运"米至渭桥五百石亡五十石者死"。往来运纲须接受各种稽查,又人为地加重了运速缓慢、违限严重的问题。元和末年,皇甫镈为盐铁转运使,试图缓和酷刑,"万斛亡三百斛者偿之,千七百斛者流塞下,过者死;盗十斛者流,三十斛者死"。④ 更加剧了本已日益深化的社会危机。咸通三年(862),淮南、河南蝗旱民饥,南蛮陷交趾,广州乏食。此后高骈渡海远征,开辟广州至交州的海运,"然有司以和雇为名,夺商人舟,委其货于岸侧,舟入海或遇风涛没溺,有司囚系纲吏、舟人,使偿

---

① 《沈下贤集校注》卷五《淮南都梁山仓记》,南开大学出版社2003年版,第97页。
② 《白居易集》卷五九《奏阌乡县禁囚状——虢州阌乡、湖城等县禁囚事宜》,第1246页。
③ 《沈下贤集校注》卷三《学解嘲对》,南开大学出版社2003年版,第62—63页。
④ 《新唐书》卷五三《食货志》,第1371页。

其米，人颇苦之"。① 咸通九年（868），桂林戍卒发动兵变，占领徐州，控制了运河盱眙段的都梁城，"漕驿路绝"。② 许多运夫纷纷揭竿而起，成为唐末起义的参与者，而此时距唐朝灭亡已为时不远。

在古代历史文献中，有关劳动者生活的记载一向贫乏。也因此，本文所依据的史料无疑是支离零散、不够系统的，因此有些问题的探讨还有待于深入。即使如此，对隋唐运纲劳工生活状况的探讨仍然具有重要意义——它使我们看到隋唐社会中的草民，如何成为漕运的主力军，他们四海为家、漂泊四方，以生命为代价创造财富，为隋唐社会的繁荣做出了贡献。但徭役重压和官府的盘剥、压迫，使生活在水深火热之中的运夫最终揭竿而起，投身到推翻隋唐王朝的起义中去。隋唐运纲劳工生活是社会下层民众生活史的一部分，为我们充分认识劳动阶层的社会存在和价值提供了一个独特的视角。

附言：

1982年春，我有幸师从胡如雷先生攻读硕士研究生，"唐代漕运研究"是胡先生为我选定的研究方向，我也由此而走上治学道路。在纪念胡先生九十冥诞之际，谨以此文表达我对恩师的感激、崇敬和怀念之情。

2016年3月

---

① 《资治通鉴》卷二五〇，咸通四年七月条，第8106页。
② 《资治通鉴》卷二五一，咸通九年十二月条，第8134页。

从两件吐鲁番文书说唐朝前期户等的依据和作用

河北师范大学历史文化学院　邢铁

户等制度是以家庭经济状况为依据，以征发税役为目的，将民户划分为若干级别的制度，是户籍制度的分支。这个制度至迟在东汉时期已经出现，到明朝后期推行一条鞭法之后才衰落下去。唐代是户等制度的发展完善阶段，[①] 正史中的记载比较多，保留下来的户等文书实物非常稀少，敦煌户籍文书只是以"籍脚"的形式附录了各户的户等级别，没有具体内容；目前可以用来研究的主要是20世纪六七十年代出土的两件吐鲁番文书：一件是唐玄宗开元二十一年（733）《蒲昌县注定户等申州状》（以下简称《定户状》）；[②] 另一件是唐高宗永淳元年（682）《西州高昌县下太平乡符为百姓按户等贮粮事》（以下简称《贮粮符》）。[③] 近年来有学者对这两件文书的格式、内容、官职和地名等做了诠释和解读，[④] 本文在

[①] 邢铁：《户等制度史纲》第三章，云南大学出版社2002年版。

[②] 1973年吐鲁番阿斯塔那古墓出土，唐长孺主编：《吐鲁番出土文书》第9册，文物出版社1990年版，第97—99页。又名《唐开元二十一年西州蒲昌县定户等案卷》。

[③] 1964年吐鲁番阿斯塔那古墓出土，新疆维吾尔自治区博物馆编：《新疆出土文物》图版八八，文物出版社1975年版，第58页。又名《唐高昌县储粮状》。

[④] 《1973年吐鲁番阿斯塔那古墓群发掘简报》，《文物》1975年第7期；［日］池田温：《现存开元年间籍帐的考察》，《东洋史研究》1976年第35卷第1期。卢开万：《唐高宗永淳年间西州高昌县百姓按户等贮粮的实质》，唐长孺主编：《敦煌吐鲁番文书初探》，武汉大学出版社1983年版，第381—395页；王铭：《唐代高昌县为百姓按户等贮粮事下太平乡符疏考》，《新疆师范大学学报》2003年第3期。

此基础上讨论一下唐朝前期户等的划分依据和作用问题,希望能弥补正史所记细节之不足。

一 《定户状》与户等的划分依据——私田为主,不计人丁

户等制度从产生伊始便以田地为划分依据,自然经济时代的财富也主要是田地,唐代定户之资包括田地似乎不成为问题;蒲昌《定户状》被发现之后,由于该状所记载的四户的资产细目中都没有田地,这个问题开始引起人们的怀疑,① 由此回头看正史典志的记载,疑窦逐渐增多。

蒲昌《定户状》是残片,前后中间都有缺损,存留24行,主体部分是四户下上户(第七等户)家庭的完整的资产记录:

```
1                        仍准法
2                        使听裁者
3   开元廿一年十二月十五日  周石奴牒
4   廿五日勘  将士郎守丞杜方演
5           承务郎守令欧阳惠
6           十二月十五日录事受
7           仓曹摄录事参军付
8           连元白  廿五日
9
10  蒲昌县
11      当县定户
12      在奉处分:今年定户,进降须平。仰父老等
13      通状过者。但蒲昌小县,百姓不多。明府对
```

---

① 杨际平:《唐代户等与田产》,《历史研究》1985 年第 3 期;张泽咸:《也谈唐代评定户等与田产的关系》,《杭州师范学院学报》1995 年第 1 期;李锦绣:《唐代财政史稿》上卷,北京大学出版社 1995 年版,第 491—495 页。

14	乡城父老等定户,并无屈滞。人无怨词,
15	皆得均平。谨录状上。
	(中缺)
16	肆户下上户
17	户韩君行年七十一老。部曲知富年廿九,宅一堰,菜园坞舍一所,
18	车牛两乘,青小麦捌硕,床("广"加"禾",下同)粟肆拾硕。
19	户宋克俊年十六中。婢叶力年卅五丁。宅一堰,菜园一亩,车牛一乘,
20	特大小二头,青小麦伍硕,床粟拾硕。
21	户范小义年廿三五品孙。弟思权年十九白丁。婢柳叶年七十老。宅一堰,
22	床粟拾硕。
23	户张君政年卅七卫士。弟①小钦年廿一白丁。赁房坐,床粟五硕。
24	以上并依县
	(下缺)

这四户的资产是作为划分户等的依据登录的,范围很广,都没有提及田地。不过,如果据此认定户等与田地无关,需要搞清楚一个前提:《户等状》所记载是不是各户的全部资产?这四户都是下上户,四户之间的资产差悬却很大,即使考虑到同一等户资产的伸缩幅度,也不应该如此悬殊;如果是县衙刀笔小吏与地方大户上下其手,这样明目张胆地写在《户等状》上呈报州司,并能得到州司的核准,也是不可理解的,因为作弊者不可能这样笨拙。所以我推测,《定户状》中没有出现田地的原因,很可能是《户等状》上所记录的仅仅是该户资产的一部分而非全部。

---

① 此处"弟"字有学者认读为"男"。从年龄看,小钦应该是户主张君政的儿子,范小义户下的思权应该是户主的弟弟。

蒲昌《户等状》为什么不登记全部家产、没有登记的部分是否与户等划分无关？对此，只盯住各户名下的几行资产项目是不行的，需要拓开一下，从唐代定户等的程序入手，结合户等状与户籍、手实的关系来分析。

唐代的手实是民户自陈本户人口和田亩的文书，是登统户籍的第一道手续。值得注意的是，从出土文书看，户籍对人口的年龄生死、田亩的数目和四至的记载都极为详细，却一概不记田亩之外的其他财产。由手实末尾写有"如有隐漏，愿受违敕之罪"之类的保证语来看，应当是法令规定户籍（包括手实）只登记人丁和田亩而不记其他资产。手实由乡村里正收齐后，据之编制本乡的籍书，包括户籍和户等文书。其中的户籍直接把各户手实中的内容集中移录过来，也是只记人丁田亩而不记其他资产，这可由敦煌户籍残卷得以证明。由于户等状是户籍簿的"脚籍"，也就是附录件，从乡村里正初定到县司州司逐级上报，户等状都作为"脚籍"附录件与户籍簿放在一起；既然户籍已详细登记了人丁田亩，所以就不必在户等状中重复登记，只补记户籍所登记之外的与户等有关的财产就可以了。

如果这个理解符合唐朝前期的实际情况，那就是说，蒲昌《定户状》所记录的只是划分户等所依据的资产的一部分，并且只是其补充部分，作为划分户等主要依据的田亩没有在这上面出现。这样，这四户资产悬殊却归入同一户等的问题也就可以理解了：因为户籍上所登记的各户的田亩数量也不同，在与田亩之外的资产即该《定户状》所记的内容综合衡量之后，各户之间的资产差距可能就不太大了。

作为佐证，可以引述一件敦煌户等文书残片，[①] 存留的 3 行是三户的资产记录，与蒲昌《定户状》的格式相同：

（前缺）

[①] ［苏联］丘古耶夫斯基编：《敦煌汉文文书集》第 1 卷，王克存译，上海古籍出版社 2000 年版，第 525 页。该文书是残片，属地不明确，宋家钰先生认定为敦煌文书，参见《唐代的户籍法与均田制研究》，中州古籍出版社 1988 年版，第 124 页。

1.（上缺）赁房坐
2.（上缺）宅一所　青麦（二）石　小麦三石　床四石　粟五石
3. 户麹义尚老　男敏子品子　男嘉敏武士　宅一所　园一亩 青麦二石　小麦四（石）　粟六石　床五石
（后缺）

这三户的户等级别应该相同，虽然只有第三户的资产内容完整，前两户残缺，也可以看出两个问题：一是与蒲昌《定户状》一样都没有记载田地，只有菜园。二是各户的财产差距很大，后两户都有自己的住宅，第一户赁房住；第二户有14石粮食，第三户有17石粮食和1亩的菜园。把他们划为同一等户，显然也是与户籍所登记的田亩均衡之后的结果。

蒲昌《定户状》中的韩君行户和宋克俊户都有牛，虽然"车牛"并称，但牛首先是耕牛，主要是耕地用的；即使拉车，也是在农田和场院之间走动，因为牛车不便于长途运输。四户都记有家庭现有的粮食，青小麦和床粟合计48石到5石不等；敦煌的户等文书残片记载的三户中两户有粮食，这些粮食应该是自家地里种的，不可能都是购买的。这也可以说明这些家庭都有田地，只是没有登记在上面。

进一步分析，唐代前期划定户等的时候，各家原有的私田和均田制下所授之田的作用是不同的。不少论著已经意到敦煌户籍文书中一个费解的现象：户等高下与均田制下授田多少不吻合，两者似乎无关。对此，可以结合均田令文中授田"先贫后富"的原则来理解。所谓贫富，是指授田以前各家原有田地的多少，贫穷民户私有田地少，所授新田应该多，而且要优先授田；富裕人家私有田地多，所授新田应该少，要排在贫穷民户的后面。因为均田制的立法本意不是均分田地，而是给田地少的家庭一些补充，使之能够维持正常的生产生活和负担赋税徭役。再据大历四年（769）的规定来看，按户等高下征收户税的时候"如数处有庄田，亦每处税"，① 与"先贫后富"的授田原则一样，也是指的均田之前的私

---

① 《旧唐书》卷四八《食货志》上，中华书局1975年版，第2092页。

有田地，多的多收税。所以，均田制下的授田与户等高下关系不大，各家原有的私田才是划定户等的主要依据。

户等文书中关于"园宅地"的记载也可以说明这个问题。从北魏到唐朝，均田令中都有按家庭人口给予宅地和菜园的规定，敦煌户籍文书中的授田也有"一段×亩居住园宅"之类的记录。前面提到，唐朝前期均田制下的授田和各家原有的私田都是户籍文书登记、户等文书不登记，而"园宅地"则是户籍文书和户等文书同时登记。敦煌户籍文书中的"园宅地"写有宅地和菜园的合计亩数，不区分"宅"和"园"；在上面的户等文书中，登记"宅"的时候只记为"一堪"或"一所"，不计亩数，表明自己有房产，与"赁房坐"的民户不同；登记"园"的时候则很详细，要写上"园一亩""菜园一亩"，注明菜园的亩数。由实际情况推测，菜园大都在房屋的周围，是住宅的一部分，应该是自家原有的，很少由官府授给，官府只是登记一下。尽管"园"也属于田地，只种蔬菜不种粮食，不缴纳地税和租调，所以在户籍文书中放在永业田和口分田的后面，不计入均田的总数，也没有实际意义；在户等文书中"宅"与"园"分开登记，登记的重点是"园"，要有具体亩数，因为"园"与自家原有的私田一样，是划分户等的依据。

接下来，说一下文书所涉及的户等划分中的人丁问题。

从汉代赀算中显示的最初的户等到北朝时期正式划分户等，都是只计资产，不及人丁；① 唐中叶两税法明确规定"约丁产，定等第"，② 包含了人丁。蒲昌《定户状》是开元年间的，介乎其间，这个时期划分户等的时候是否考虑人丁呢？

在蒲昌《定户状》所记的四户中，韩君行户下只记有一个部曲，宋克俊户下只记有一个女婢，很难想象前者全家只有71岁的老翁与一个部曲，后者只有16岁的少年与一个女婢，都没有其他人。其实，这两户以及范小义户所记的部曲、女婢都是依照"奴婢贱人，律比畜产"的观

---

① 邢铁：《户等制度史纲》第一、二章。
② 《唐会要》卷八三《定户等第》，中华书局1955年版，第1535页。

念，①作为财产而不是作为人口登录的。张君政是卫士，②唐代前期府兵制下的卫士成丁而入，老年而免，张君政47岁，属于"见在卫士"。当时规定，"凡差卫士，……若父兄子弟，不并遣之；若祖父母、父母老疾，（家）无兼丁，免征行及番上"。③张君政之后记弟弟张小钦，并在张小钦名下注明了"白丁"字样，为的是表明户主、卫士张君政"家有兼丁"，在其征行、番上的时候有弟弟可以"代兄承户"。范小义是五品孙，有恩荫免役特权，由其弟弟范思权名下注明"白丁"可以知道，免役特权只限于范小义一个人，如同张君政户一样，也记其弟弟于户主之下，表明弟弟可以"代兄承户"。所以，这四户所记的第一个人实际上是户主，奴婢是资产，弟弟是说明户主的义务和特权的时候的补充，都不是从家庭丁口数的角度登记的，也都没有登记家庭的全部丁口。这说明户等划分是不考虑丁口的。

敦煌户等文书残片的记载也是这样。前两户不完整，且不多说。麴义尚户记载了三个人，都是围绕"役"的负担登记的：户主已经属于老年，没有负担了。长男敏子有"品子"身份，"品子"是中等职事官或勋官的儿子，可以授予散官，但必须先分番服役或纳资代役13年，可能是他的期限还没完成，所以要记下一笔。次男嘉敏是"武士"，也就是蒲昌《定户状》中的"卫士"，属于府兵系统，有征行、番上的任务，所以也要记下其身份。显然，都不是为划分户等而统计的人丁，也不是家中的全部人口。

当然也存在另一种可能，即与前述定户等依据田地而蒲昌《定户状》中不记田地的原因一样，定户等的时候要参照户籍中所登记的丁口详情。结合唐初定户令文来看，应该不存在这种可能。主要史书记载唐朝前期户等令文的时候，都是说依据"资产""资业"或"贫富"，都不见有"丁"的字样。直到唐朝中期的令文仍是这样，如开元二十九年（741）五月制文说"至如州县造籍之年，因团定户，皆据资产，

---

① 《唐律疏议》卷六《名例》"官私部曲"条疏议，商务印书馆1933年版，第40页。

② 唐朝前期称"卫士"，开元十一年（723）已经改称"武士"，不知何故这里在开元二十一年（733）仍称"卫士"。

③ 李林甫等撰，陈仲夫点校：《唐六典》卷五《兵部郎中》，中华书局2014年版，第156页。

以为升降";① 天宝四年（745）三月敕文说定户等要"审于众议，察以资财",② 也没有提到人丁。令文制敕的用词都很精确，应当是可信的。

二 《贮粮符》与户等制度的作用——征收地税，存放家中

地税户税在唐朝前期属于附加税目，与正税租庸调并行，后来以地税户税为基础形成了两税法。唐朝前期户等制度与地税户税的关系最直接最密切。按照规定，户税按户等征收，充做官俸、邮驿等费用；地税按田亩征收，用来建州县的义仓社仓，赈济灾贫。高昌县的《贮粮符》却是按户等征收、用来备荒的；也就是说，征收方式属于户税，用途却属于地税。

高昌《贮粮符》是首尾完整的文书，全文15行，具体内容是：

```
1   高昌县
2     上上户户别贮一十五石    上中户户别贮一十二石
3     上下户户别贮一十石      中上户户别贮七石
4     中中户户别贮五石        中下户户别贮四石
5     下上户户别贮三石        下中户户别贮一石五升（斗？）
6     下下户户别贮一石
7   太平乡主者：得里正杜定护等牒称：奉处分令百姓
8   各贮一二年粮，并令乡司检量封署，然后官府亲自简行者
9   下乡。令准数速贮封署讫上，仍遣玄政巡检者。令判准家口多
10    少各贮一年粮，仍限至六月十五日已来了具。大麦今既正是
```

---

① 宋敏求编，洪丕谟等点校：《唐大诏令集》卷一一三《玄元皇帝临降制》，学林出版社1992年版，第541页。

② 《唐会要》卷八五《定户等第》，第1557页。

11　收时，即宜贮纳讫速言听，① 即拟自巡检。今以状下乡，宜
12　准状符到奉行。
13　主簿判尉　思仁　　　　佐　朱贞君
14　　　　　　　　　　　　　史
15　永淳元年五月十九日　下

　　这件文书是高昌县主簿对太平乡里正呈文的批复，属于"下行文书"，所以叫作"符"。② 高昌县统一规定，各乡要按九等户有差别地贮存一两年的粮食，太平乡的里正见到规定以后，给县衙上过一道呈文，请求少贮存一些，以一年为限；县衙批准了这个要求，以主簿判尉思政的名义下达了这个批文。这个批文最初被定名为"唐高昌县储粮状"，后来称为"高昌县下太平乡符为百姓按户等贮粮事"；其实，通俗些应该是"高昌县下太平乡符——为百姓按户等贮粮事"，意思更为明白。

　　首先需要弄清楚的是，《贮粮符》中征收的是户税还是地税呢？文书只说按户等高下贮存不同数量的粮食，用来备荒，没有说税收的名目。由于从唐高宗初年开始地税已经与租调并列为正式税目，而户税到唐玄宗时期才开始重要起来；③ 这件文书签署的永淳元年（682）正处在地税不按田地而按户等征收的特殊时期（详下），所以应该作为地税来考察。

　　为了考察的方便，简单说一下唐朝前期地税征收方式的变化。

　　地税的征收目的是建置社仓义仓，作为灾荒时候的赈济之用。地税有时候按地亩多少而征，有时候按户等高下而征。隋朝开皇十六年（596）建立"社仓，准上中下三等税，上户不过一石，中户不过七斗，下户不过四斗"，④ 就是讲的地税，一开始是按户等征收的。唐初武德元年（618）州县始置社仓，征收方法不详，估计应该是沿用隋制。贞观二年（628）戴胄奏请"自王公已下，爰及众庶，计所垦田稼穑顷亩，至秋

---

① 此"听"字为繁体"聽"，也有学者认读为"德"，释为一个名字叫德的官员亲自去巡检。
② 孟宪实：《论高昌国的下行文书——符》，《西域研究》2004年第4期。
③ 张泽咸：《唐五代赋役史草》，中华书局1986年版，第67—87页。
④ 《隋书》卷二四《食货志》，中华书局1973年版，第685页。

熟，准其见在苗以理劝课，尽令出粟"办义仓，并具体规定了"亩纳二升"的定额，① 改为计亩而征了。高宗永徽二年（651）对地税做了重大改动，专门颁布新格说，由于"义仓据地取税，实是劳烦，宜令户出粟。上上户五石，余各有差"，② 把地税统一改为按户等高下缴纳了。各等民户的缴纳数额以五斗为差，至第九等下下户缴一石。与此前的"亩税二升"相比，上上户相当于纳250亩地的地税，下下户纳50亩地的地税；这个规定对上等户来说问题不大，对中下等户则是加重了负担，因为他们的土地大都达不到官府估计的平均数。后来可能因为中下等户破产的日趋增多，使得按户等征收办法难以推行，所以，到玄宗开元二十五年（737）又恢复了按地亩征收的传统方式。

也就是说，永徽二年（651）到开元二十五年（737）的近90年间，地税与户税一样按户等高下分级别征收；永徽二年（651）以前和开元二十五年（737）以后都是按地亩征收，依旧亩纳二升。高昌县的这件《贮粮符》是永淳元年（682）的，正处在地税与户税一样按户等征收期间，因此可以认定征收的是地税；也就是说，这个时候地税的用途没有改变，征收方式与朝廷的规定相一致，改为与户税一样按户等征收了。

高昌县的地税征收标准与朝廷的规定数额不一样，前面引文提到，隋朝规定上户最多不过七斗，下户不过四斗；唐朝初年按地亩征收的时候规定"据所种田亩，别税粟二升"；永徽二年（651）恢复按户等征收的时候，朝廷统一规定的标准是"上上户五石，余各有差"，商贾家庭最多也是"上上户五石，下中五斗"，下下户免除。③ 高昌《贮粮符》所列的上上户15石，到下下户1石（文书中的下中户"一石五升"，当为"一石五斗"的笔误），应该是高昌县甚至西州统一规定的地税征收（贮粮）标准。当时各地的衡制有差别，据有学者推算，西州地区的1石相当于内地的6斗，该地区物产丰富，经济繁荣，征收标准定高一些是行

---

① 《旧唐书》卷四八《食货志》上，第2123页。
② 《通典》卷十二《食货》十二，中华书局1984年影印本，第70页。
③ 《通典》卷十二《食货》十二，第70页。

得通的。① 而且西州所属各县乡也有差别，文书说是"令百姓各贮一二年粮"，有伸缩性，可能是高昌县或西州按两年来计划；太平乡按一年计划，数量减半，上上户7石5斗，到下下户5斗。高昌县上上户到下下户的贮粮标准平均为6石5斗，太平乡的平均贮粮标准降为每户3石2斗5升。太平乡之所以要求降低贮粮标准，可能是因为与其他县乡相比，田地少、亩产量低或人口多，县衙了解各乡的情况，所以没有重复太平乡里正要求减缩数额的具体原因，县衙也没有派人去核实就直接批准了。

　　缴纳贮存粮食按贫富有差别，食用粮食的时候应该人人相同。唐朝前期赈济灾民的粮食标准不见记载，有学者按唐朝后期的赈济标准每人1石、每户最多5石，可以支撑50天左右推算，② 太平乡平均每户贮存3石2斗5升，只是20多天的口粮（这与前面的蒲昌《定户状》中的粮食不同，那是各家全年食用的全部口粮）。这样来看，文书中原来说的"令百姓各贮一二年粮"，后来特许太平乡按"家口多少各贮一年粮"，不是说储存一两年的口粮，而是按照短时间的特殊需要，即这一带平均每年闹灾荒的天数规划储存的。这也证明所征收的粮食确实属于赈济性质的地税。

　　需要注意的是，朝廷规定地税按户等高下缴纳，高昌县据此规定了各等户储存粮食的数量标准，同时又让各家按人口多少储存一两年的用粮，这两者是什么关系呢？有两种可能：一是指的两种税目，先按户等征收，集中在社仓义仓存放；再按各家的户等高下和人口多少规定具体数量，另外征收一份。再一种可能是，这两者说的是一回事，即各户按自己家的户等高下和人口多少把应该缴纳的粮食如数准备好，但不集中存放，而是各自存放在自己家中。前一种情况农户的负担过重，由《贮粮符》的记载推测，应该是后一种情况。

　　本来，社仓义仓是由乡或州县统一组建的，隋朝规定社仓的粮食

---

① 卢开万：《唐高宗永淳年间西州高昌县百姓按户等贮粮的实质》，第394页。
② 陈明光：《唐代财政史新编》，中国财政经济出版社1991年版，第94页。

"储之陋巷",① 意思是说由各乡负责管理,属于民间自办性质;唐朝改称义仓,所需要的粮食收上来以后由乡或州县统一管理,属于官办性质了。从《贮粮符》来看,高昌县衙的批文说"令百姓各贮",然后由各乡里正封署,县衙派人巡检,这些粮食并没有集中起来,而是存放在各家的。这种特殊的储存方式在史书上不见记载,以往考察这件文书的论著似乎也没有注意到。

高昌县这样做的原因,可能是为了保证义仓的粮食不被挪用,能切实起到赈灾救荒的作用。因为自"高宗以后,稍假义仓以给他费,至神龙中略尽",② 被挪用得越来越多,这件《贮粮符》文书正是这个时期的,可能这里义仓的粮食也被挪用过。为了让百姓放心,保证专粮专用,所以不再集中存放,而是留在了各自的家中。为了保证各家如数贮存,不走过场,所以要求乡村里正亲自到各家各户检验、封署,县衙还要派专人巡检。③ 朝廷在开元二十五(737)年颁布的新格说地税是"别税",此前曾说征收地税是"贮纳""贮存"或"贮藏",指的都是在租调之外再缴纳的税目,由州县或各乡统一征收和管理;高昌县《贮粮符》按照新格称为"别贮"的同时又说"各贮",细绎之,既含有朝廷新格所说的"别税"即租调之外新增加的税目的意思,又是指的在各家各户分散存放。同时应该还有一层意思:这是专门用来备荒的,所以要与日常的口粮分开存放,并且要让里正等人封署,需要的时候经过里正的同意才能拆封动用。这种贮存方式是令文规定之外的灵活变通,④ 应该就是论者所说的"活的制度史"的体现吧?

---

① 《隋书》卷二四《食货志》,第 685 页。
② 《新唐书》卷五二《食货志》二,中华书局 1973 年版,第 1352 页。
③ 高昌《贮粮符》中提到的玄政,是太平乡里正史玄政,对贮粮负有巡检责任。参见李方《从史玄政的一生看高宗、武则天时期昭武九姓胡人的生活状况》,《敦煌吐鲁番研究》第四卷,北京大学出版社 1999 年版,第 265—286 页。
④ 刘进宝先生考察稍后归义军时期的赋税制度也指出,西州地区既与中央王朝的制度有一致性,也有当地的灵活变通。见《唐宋之际归义军经济史研究》,中国社会科学出版社 2007 年版,第 187—188 页。

三　赘语

　　蒲昌《定户状》和高昌《贮粮符》都是当时使用过的文书原件，在提供唐朝前期户等制度的细节认识的同时，也展示了户等文书的实物形态。

　　本文开头说，希望通过这两件户等文书的考察"能弥补正史所记细节之不足"。做到这一点并不容易，因为运用出土文书考察具体问题，最困难的是分寸的把握。老一代学者倡导的研究古史的"二重证据法"，包括使用新材料、研究新问题谓之"预流"之说，都是为了用考古资料补充说明正史记载中缺少的和不太清楚的问题，并不只是为了增加一种内容相同的资料。本文所考察的高昌和蒲昌是西州所辖五个县中的两个，西州是唐太宗时期平定麴氏高昌以后设立的，州治也在高昌（今新疆吐鲁番东南），唐玄宗天宝年间怛逻斯之役以后，唐王朝就对这一带失去控制了。尽管这两件文书是唐王朝有效管辖期间的，这里作为最边远的西北边地，与内地的情况也有些不同。所以，这里的文书有而正史上没有的，不一定是正史的脱漏；这里的文书中的灵活变通形式也不能简单地等同于原来的正规制度。结合正史的记载来看，文书所显示的唐朝前期划分户等主要依据私有田地，与均田制下的授田关系不大，也不包括人丁，应该具有普遍意义；地税按户等征收的时候数量可以灵活变通，可以分散存放在民户家里，则属于高昌县甚至太平乡的特例，别的地方不一定是这样。

论五代十国时期吴越国的海上贸易

陕西师范大学历史文化学院　杜文玉

杭州在五代十国时期作为吴越国的国都，在开展海上对外贸易方面发展很快，所取得的成就大大地超过唐代，发展成为这一时期我国对外贸易的重要口岸，并为两宋时期的进一步发展奠定了坚实的基础。

一　杭州对外贸易的航线

五代十国时期南方诸国的对外贸易比之唐代已经有了长足的发展，贸易口岸大幅度地增加。吴越国的情况也是如此，对外贸易口岸除了杭州外，还有明州、温州、台州等港，与这一时期其他沿海诸国相比，对外贸易的口岸最多，其中以杭州与明州最为重要。吴越国对外开展贸易的国家和地区主要是朝鲜半岛、日本、东南亚、南亚、西亚、非洲等，其中前往朝鲜半岛、日本的航线主要有三条：第一条是出杭州湾沿海岸线北上，渡渤海至辽东半岛后，沿辽东半岛到鸭绿江口，再沿朝鲜半岛西海岸南下，航抵对马岛到日本，此为贾耽所谓的"登州入高丽、渤海道"；第二条就是从杭州沿海岸线北上到达登州，从登州出发，途经八角镇、芝罘横渡黄海直达朝鲜仁川，再沿朝鲜西海岸南下，经对马岛抵达日本。① 前一条航线自汉代以来一直相沿未变，是一条比较安全成熟的航线；后一条航线在南北朝时已开辟，除了五代时期使用外，直到两宋时期仍然经常使用，是一条比较快捷的航路。由于古代航海缺乏导航手段，故航海时通常都循海岸线航行，或在视力能够看得见地物、地标的范围内航行。从地处山东半岛的登、莱港出发，横渡渤海至辽东半岛时，均要经过处在渤海海峡中部、山东半岛与辽东半岛之间的庙岛群岛，唐人所谓的入高丽道，也是要经过庙岛群岛的。② 正因为有了这个中继站，航海的安全性才大大地提高了，而后一条航线只有在航海技术有所提高的情况下，才逐渐为人们所使用。

以上两条航线虽然具体走向略有不同，但都必须经过山东半岛的登州或莱州作为中转港口前往朝鲜半岛、日本。为了方便贸易，吴越还在"滨海郡邑，皆（置）有两浙回易务"，③ 主要就设置在登、莱二州，负责经营管理南北之间以及与朝鲜半岛、日本的海上贸易事务。吴越国之所以能够做到这一点，是因为其一直向当时的中原王朝称臣之故，所以中原王朝才允许在其境内设置贸易机构。

吴越国统治时期的第三条航线主要是针对日本而开辟的，具体走向是从明州出发，到达日本的肥前松浦郡的值嘉岛，进入博德津港，相距仅有609海里，是五代时期中日交通最主要的港口。④ 从这里出发，只需要3至6昼夜，就可以完成一个单程。⑤ 返程亦是如此。所需时间如此之短，只有采取横渡东中国海才可以做到，可是这条航线相对于北方的登、莱二港到日本的任一航线的风险都要大，需要具备较高的航海技术。有学者指出："从航海技术上讲，吴越商船已懂得对季节风（古代称'信风'或'船棹风'）的利用。一般来说，冬季季节风多为东北风，但在日本九州岛附近海面却是西北风；夏季季风多为西南风向。因此，吴越国

---

① 陈丽华：《唐宋之际登州港的繁荣与福建海上交通的发展》，《青岛大学师范学院学报》2008年第2期，第40页。
② 徐娜娜：《庙岛群岛在古代东北亚海上交通史上的地理定位》，《中国海洋大学学报》2008年第1期，第95—96页。
③ （宋）薛居正：《旧五代史》卷一〇七《刘铢传》，中华书局1976年版，第1415页。
④ ［日］木宫泰彦：《日中文化交流史》，商务印书馆1980年版，第225页。
⑤ 陈炎：《海上丝绸之路与中外文化交流》，北京大学出版社1996年版，第28—69页。

商船通常在夏季（农历四月至七月）扬帆驶往日本，过了台风季节后的八九月至次年三月返航。"①

当时的明州港拥有许多善于利用信风驶船的水手。除了明州等港外，温州也是一个与日本有着密切交往的港口，位于温州湾口的洞头岛海域，是古今船只进出温州港必经之路，在洞头海滩和海底曾在多处发现唐五代和宋元青瓷及其碎片。而日本也出土过浙江越窑系的青瓷，从而证明温州港也是一处通往日本的海港。不过明州港的繁荣程度还是超过温州港的，当时停泊在明州港的朝鲜半岛和日本商船数量最多。

至于杭州通往东南亚、南亚、西亚、东非等地的航线，应该是出杭州湾沿海岸线南下，到达泉州或广州，然后再从这里起航。从珠江口的屯门港，折往西南，过海南岛东北角附近的七洲洋，到达越南东南部的海岸，再南下马来半岛湄公河口外，通过新加坡海峡到苏门答腊岛。由此东南通爪哇，西北出马六甲海峡，横越印度洋抵达斯里兰卡和印度半岛南端，再沿印度西海岸至波斯湾的奥波拉港和巴士拉港；如果换乘小船，沿幼发拉底河溯流而上，还可以到达今巴格达。之所以要换乘小船，是因为中国海船船身巨大，吃水深，而波斯湾地区受幼发拉底河和底格里斯河泥沙冲积的一些浅滩，致使大海船无法穿越，只好换当地的小船转驳货物。这条航线早在唐代时就已经形成，五代时继续沿用这条线路。从中国驶往东南亚、阿拉伯及非洲东海岸的船只，为了利用季风，通常多在秋冬东北季风发生之时，而前来中国的海舶，则多在夏季西南季风盛行之时。② 文献中没有关于杭州通往这些地区航线的直接记载，从以上这些阿拉伯人所记载的通往广州的航线推测，吴越商船欲与以上地区通商，只能走这条航线，舍此别无他途。

---

① 王心喜：《钱氏吴越国与日本的交往及其在中日文化交流史上的地位》，《杭州师范学院学报》2003年第2期，第90页。

② 侯仁之：《在所谓新航路发现以前中国与东非之间的海上交通》，《中国远洋航务公告》2005年第7期，第37—40页。

二 与朝鲜半岛及南亚、东非等地的贸易

在这一历史时期南方诸国与朝鲜半岛的贸易最密切的还是民间贸易，双方的商船频繁往来于明州、杭州、扬州、福州及泉州等港，其中往来最多的当属吴越与闽国。吴越是著名越窑瓷器产区，输往朝鲜半岛的商品中自然少不了瓷器。中国陶瓷及制造技术输入后，促进了朝鲜半岛陶瓷业的兴起。他们模仿唐三彩，烧成了所谓"新罗三彩"。公元918年（相当于吴越天宝十一年），新罗在全罗南道的康津等地设窑，仿制吴越国越窑系青瓷，即所谓"新罗烧"，亦称为"翡色"瓷器。① 当时在中国的朝鲜商人也不少，他们除了从事普通商品贸易外，还从事奢侈品的贸易，据载"高丽舶主王大世，选沉水千斤，叠为旖旎山，象衡岳七十二峰。王许以黄金五百两，竟不售"②。这里的"王"，指吴越国王钱俶。

关于吴越与朝鲜半岛的频繁贸易关系亦见于阿拉伯人的记载，所谓"但康都与位于新罗国（Sila）内的崇山峻岭遥遥相对。新罗国黄金丰饶。到访该国的穆斯林常因其国具有各种便利而在此永久居住。输出的产品有高莱泊（ghoraib——一种植物）、桉树胶、芦荟、樟脑、帆布、马鞍、瓷器、锦缎、肉桂和良姜"。文中所谓的"康都"，即指杭州，所谓"新罗国"，即指高丽。③ 虽然上面的引文记载的是阿拉伯商人的活动情况，但很明显这些外来的商人是从中国的杭州前往朝鲜半岛的，是沿着杭州通向半岛的传统航线渡海的。这说明这一时期的杭州不仅与朝鲜半岛保持着密切的贸易关系，而且还起到了沟通朝鲜半岛与阿拉伯贸易的中转作用，不过这种贸易的交易额不会很大，从这一时期朝鲜半岛仍继续从中国输入香料一事可以推知。而当时的南方诸国由于地理上

---

① 苏垂昌：《唐五代中国古陶瓷的输出》，《厦门大学学报》1986年第2期，第94页。
② （清）吴任臣：《十国春秋》卷八一《吴越忠懿王世家上》，中华书局1983年版，第1160页。
③ ［英］裕尔撰，［法］考迪埃修订：《东域纪程录丛》，中华书局2008年版，第106页。关于康都和新罗国的地名考证，乃系法国学者裕尔考证的结论，见该书第106页注②与注⑦。引文系阿拉伯人伊本·胡尔达兹比赫的记述。

与阿拉伯以及南海诸国贸易相对比较方便，输入的香料、药材较多，正因为南方诸国拥有大量的外来香料、药材，故有条件满足与朝鲜半岛的香药贸易。

此外，百济、新罗、高丽还与吴越国有过官方往来，其中百济、新罗曾向其称臣，百济还向吴越国王进献过马匹、孔雀扇、山竹箭等。① 到了公元936年，高丽统一了整个半岛，从而结束了后三国时期，于是吴越与朝鲜半岛的贸易便集中于高丽一国了。

早在唐代时中国已与东非、南亚、西亚各国建立了往来关系，商贸发展一直持续不断，至五代时期也没有中断过。从考古出土情况看，在东非肯尼亚的曼达岛出土了9世纪至10世纪的越窑瓷和白瓷，在坦桑尼亚的基尔瓦也出土有10世纪唐末至宋初的越窑青瓷以及白瓷。② 实际上主要是五代十国时期输出的瓷器。其中越窑青瓷就来自于吴越国。埃及与中国的贸易也很频繁，在20世纪初期曾在这里发掘出了大量的陶瓷片，有唐五代时期的唐三彩、越窑系青瓷、邢窑白瓷，其中以越窑青瓷残片最多，达600多片，而且多为精品，其质量超过了西亚、日本出土的青瓷瓷片。红海岸边苏丹境内的爱札布遗址，出土了不少晚唐五代的越窑青瓷片。在肯尼亚以南至桑给巴尔一带沿海和岛屿发现中国瓷器的遗址，达46处之多，多为五代至宋代的，致使英国考古学家惠勒惊叹说："十世纪以后的坦噶尼喀地下埋藏的历史，是用中国陶器写成的。"③ 法国学者J.索瓦杰也指出："由于各种原因，数量庞大的商品开始从海路输入伊拉克，直到十世纪末叶未曾间断。"④ 可见这一时期海外贸易的繁荣情况。

地处南亚的印度、巴基斯坦和斯里兰卡，是东西方经济文化交流的枢纽地带，因此这一地区存在与中国密切的贸易关系。印度南部的迈索尔邦博物馆就藏有晚唐五代的越窑系青瓷和长沙窑瓷；印度南部科罗曼德海岸的本地治里南面的阿里卡美都，是中世纪的重要贸易港，中国商

---

① 卢向前：《吴越国与后百济关系略论》，《浙江学刊》2005年第2期，第71—76页。
② 马文宽、孟凡人：《中国古瓷在非洲的发现》，第12页、第97页。
③ 夏鼐：《作为古代中非交通关系证据的瓷器》，《文物》1963年第1期。
④ [阿拉伯]佚名：《中国印度见闻录·法译本序言》，中华书局1983年版，第23页。

舶曾停泊在这里卸货。在这个废港遗址上经过两次调查和发掘，出土了唐末五代越窑青瓷碟残片。巴基斯坦卡拉奇东南的班波尔，是中世纪繁荣的贸易港口，在这里出土了晚唐五代越窑产的水注、长沙窑黄褐釉下绿彩花草纹碗残片。巴基斯坦信德邦那瓦布沙县的布拉夫米那巴德，在11世纪前是一座繁荣的商业城市，在这里发掘出唐末、五代至宋初的中国陶瓷。在斯里兰卡的开戈拉南面的德地卡玛遗址发现了大量中国陶瓷，最早的是10世纪前后的越窑系青瓷碗的残片。

吴越还与大食国存在贸易关系，在伊朗德黑兰南面的赖依遗址，20世纪30年代美国波士顿美术馆和宾夕法尼亚大学联合进行过发掘，出土了唐五代越窑青瓷碗、长沙窑彩绘盘残片。此外，伊朗波斯湾畔的比比加顿、南部的沙斯、库吉斯坦等地都发现过长沙窑瓷器。伊拉克也出土过10世纪至12世纪即五代至宋代的中国瓷器，巴格达阿拉伯博物馆就收藏有萨马拉遗址出土的唐五代的越窑瓷，西柏林达累姆博物馆也收藏有该遗址出土的9世纪至10世纪的越窑青瓷和白瓷碗的残片。在阿曼出土过五代十国时期的广东南海官窑的彩绘瓷盆。①

从考古发现的情况看，在东南亚各国中也大量地出土过唐五代时期中国烧制的瓷器，其中以菲律宾出土的最多，马来西亚、新加坡、印度尼西亚、文莱、泰国等也都出土过数量不等的中国瓷器。这些瓷器大都是五代长沙窑、越州窑、广州西村窑的产品。② 以上考古发现都证明了吴越与这些地区保持着密切的海上贸易关系。

当然，这一时期从中国输出的商品不仅仅局限于陶瓷，因为中国文献对其输出的商品疏于记载，而考古发掘又不可能发现丝绸及其他商品，因其不便于保存下来，能够长期保存下来的也只有瓷器。阿拉伯学者伊本·胡尔达兹比赫记载说："由此东方海洋，可以从中国输入丝绸、宝剑、花缎、麝香、沉香、马鞍、貂皮、绥勒宾节、肉桂、高良姜。"③ 所谓"绥勒宾节"，意为围巾、斗篷、披风。他在另一处写道：

---

① 以上参见苏垂昌《唐五代中国古陶瓷的输出》，《厦门大学学报》1986年第2期，第96—100页。
② 苏垂昌：《唐五代中国古陶瓷的输出》，《厦门大学学报》1986年第2期，第95—96页。
③ [阿拉伯] 伊本·胡尔达兹比赫：《道里邦国志》，中华书局1991年版，第73页。

"至于东洋所提供的出口物品,有中国的白绸、彩绸、锦绸、麝香、芦荟、马鞍、貂皮、陶瓷、麻醉品、肉桂、莨姜等。"① 这一条记载比前一条更为详尽,多出了芦荟、陶瓷、麻醉品等商品,丝织品的品种也比前一条更为详尽,但也少了几种商品,正好可以互为补充。伊本·胡尔达兹比赫的生活时代相当于中国的晚唐至五代前期。这些记载可以补充考古发现所存在的不足,说明这一历史时期从中国输出的商品是十分丰富的。

吴越国之所以仍能通过海路与诸国保持密切的商业往来,除了其重视发展海外贸易,大力招徕外商外,各国商人因为吴越商品为其能够带来巨大利润,也是促使他们远涉重洋与吴越进行贸易的一个重要原因。这一点在生活于唐末五代时期的一些阿拉伯人的著作中,就有清楚的记载。如生活在 10 世纪初的伊本·法基赫在比较印度与中国的商品时写道:"中国的商品最漂亮,也最昂贵,由商人们运往伊拉克。"② 之所以有这样的看法,是因为这一时期中国输出的商品种类虽然很多,但是最大宗、最著名的还是丝绸与陶瓷,在当时的世界上没有任何一个国家可以和中国相媲美,这两种商品在西方受到各国宫廷和贵族的追捧,因此价格非常昂贵,商业利润自然也十分可观。另一个阿拉伯人伊卜拉希姆·本·瓦西夫在《印度珍异记》一书中写道:"中国人的腰带亦用犀牛角制成,每条价值高达一千个特卡尔(mithkāl)的金子。中国人金子之多,以至于用金子作其马嚼和狗链,并且穿金丝之裙衫。"③ 这种对古代中国的记载在西方各国中影响很大,激起了许多人从事对东方贸易和探险的欲望,致使自唐代以来,历经五代、两宋、元朝,在长达 700 多年的时间内,中国与海外各国的海上贸易一直长盛不衰。

吴越对外贸易的发展与杭州的繁荣有着极大的关系,它通过钱塘江与大海相通,自从钱塘江中罗刹石凿平后,航路畅通,这一时期的杭州

---

① [法]费瑯编:《阿拉伯波斯突厥人东方文献辑注》上册,中华书局1989年版,第47页。
② [法]费瑯编:《阿拉伯波斯突厥人东方文献辑注》上册,第76页。
③ 同上书,第177页。

湾内"舟楫辐辏，望之不见其首尾"。① 可见其繁荣之程度。其不仅是重要的对外贸易口岸，同时也是国内贸易的中转港口，北与登、莱港有着往来，南与福建诸港以及广州港保持着频繁的贸易关系。此外，它也是广大内地商品对外贸易的商品集散地。杭州与中原地区虽然有运河可以沟通，但是在五代前期由于吴和南唐的阻隔，其贡品与商品并不能顺利地通过吴、南唐境内运往中原，而只能通过海路运输，因此在登、莱两港内往来于吴越的船只甚多。后周击败南唐，疏浚运河后，大量的内地商品通过运河运输到杭州，然后再输往海外。南汉、闽国境内虽有港口与海外诸国联系，但由于其并未向中原称臣，加之运路曲折不畅，所以中原王朝的对外贸易除了登、莱二港外，更多还是通过杭州输出。

三　与日本的海上贸易

日本自唐文宗开成三年（838）最后一次派遣唐使来到中国以后，遂实行了闭关锁国政策，不再与唐朝发展官方关系。② 至五代时期仍是如此，但是民间的贸易并没有因此而中断，当时吴越、闽国与南唐等国都有商船不断地前往日本，尤其是吴越国由于地理上的便利条件，与日本的民间贸易最为兴盛，继续维持了双方之间的经济、文化交流。

吴越统治时期（893年—978），正是日本的平安朝中期。公元909年至959年的50年间，往来的商船见于记载的有15次，"实际上此外当还

---

① （宋）陶岳：《五代史补》卷五《契盈属对》，五代史书汇编，杭州出版社2004年版，第2534页。

② ［日］藤家礼之助：《日中交流二千年》第六章载：日本正式决定不再向唐派遣使者的时间是宽平六年（894），当时菅原道真向天皇上了一道名曰《请诸公卿议定遣唐使进止状》，主要提出了两点理由：一、唐朝经过黄巢起义后，社会残破，经济凋敝；二、海路风涛凶险，使者有遭贼残害者。除此之外，藤家礼之助还提出了两个原因：一是派遣使者费用太大，当时的日本经济难以长久支撑；二是9世纪中叶以来，中日两方的私船，尤其是唐朝的商船往来较多，日本留学生和留学僧可以搭乘唐朝商船往来，而唐船由于造船技术高超，坚固灵便，加之唐朝水手已掌握了东海的气象情况，安全大大改善。鉴于这些原因，私船终于取代了官船，延续了300年的遣（隋）唐使遂结束了自己的使命。当然这是指公元838年最后一次遣唐使以后的情况。（北京大学出版1982年版，第112—115页）

有往来"。① 基本上都是吴越商人前往日本从事贸易。造成这种现象的原因，是日本实行了禁止本国人航海前往中国的锁国政策，其目的在于紧缩财政，禁止贵族竞相购买唐物，并规定中国商船来日本，必须间隔两年才允许通航一次。② 正由于日本不与中国发生官方关系，对中国商船赴日又有所限制，故每当中国商船到达日本时，受到了广泛的欢迎。他们到来后，日本政府通常派交易唐物使与他们交易。醍醐天皇延喜九年（909），改由大宰府验收，通常由藏人所把进献的物品项目，用牒文通知大宰府。《日本纪略》《扶桑略记》《本朝世纪》《本朝文粹》等日本史书中曾详细记载了蒋承勋、季盈张、蒋衮、俞仁秀、张文过、盛德言等吴越舶主赴日经商的情况。日本学者木宫泰彦说：吴越商船"以香药和锦绮等织物为主，而日本方面用来做交易的似乎以沙金等物为主"。③ 锦绮是中国传统的优势商品，而香药则是吴越商人得自东南亚、南亚、东非等地，然后再辗转运往日本以获取厚利。不过中国输往日本的并不仅限于这两类商品，运回中国的日本商品也不仅仅是沙金。据载："吴越孙妃，尝以一物施龙兴寺，形如朽木筋，僧不以为珍。偶出示，舶上胡人曰：'此日本国龙蕊簪也。'增价至万二千缗易去。"④ 说明其是一件奢侈品，价值12000缗钱，可见其十分珍贵。再比如吴越国还从日本输入过木材，用于修建"钱氏捍海塘"。清人倪璠在《神州古史考·钱塘注》中说：钱镠时，"杭州候潮门外有椤木营、椤木桥。考之前史，椤木，日本国所献"。⑤ 这些泛海运来的大批日本椤木，堆放在候潮门外，其附近有一桥叫济川桥，"初名椤木桥，相传钱氏偏据时，旁堆椤木，俗因呼

---

① ［日］木宫泰彦：《日中文化交流史》，第222—224页。另据［日］藤家礼之助《日中交流二千年》载：整个五代时期前往日本的中国商船，史料记载的超过10次之多，"完全看不到日本商船的影子"。（第116—117页）
② ［日］藤家礼之助：《日中交流二千年》，北京大学出版社1982年版，第117页。
③ ［日］木宫泰彦：《日中文化交流史》，第226页。
④ （宋）陶谷：《清异录》卷下，《宋元笔记小说大观》，上海古籍出版社2007年版，第87页。
⑤ 转引自王心喜《钱氏吴越国与日本的交往及其在中日文化交流史上的地位》，《杭州师范学院学报》2003年第2期，第93页。

之"①。此外，日本方面还以水银、锡、绵、绢等物与吴越商人交换货物，严禁私下交易。交易得来的中国商品，送到京师供天皇御览后，交内藏寮收藏，以供不时之需，多余的也可以卖给朝臣。② 中国商人在日期间，安顿在鸿胪馆，供给食宿。日本方面的这些做法，是沿袭了自唐朝以来接待外国来人的惯例。也正因为如此，所以吴越商人往往也向日本天皇进献孔雀等珍禽异兽，以表示敬意。

吴越商船与人数规模都较大，每船人数在100人以上，并载有大量的货物，日本史书《本朝世纪》天庆八年（945）七月二十六日条，记载了吴越商船抵日的情况，所谓"大唐吴越船舶来到肥前国松浦郡柏岛，计：船一艘，载重三十斛，乘人一百人。……大唐吴越船，本月四日到岸，牒请例速派人、船，引路至鸿胪所"③。大体上可以反映中国商船抵达日本时的情况。有时吴越国王也托商船带给日本天皇书信和礼物，日本方面也往往回赠沙金等物。据《日本国志》卷五记载：

> 自遣唐使罢，至朱雀帝承平五年，吴越王钱元瓘遣使蒋承勋来，馈羊数头。其明年，承勋又至，左大臣藤原忠平附之赠书。村上帝天历元年，吴越王钱俶又遣蒋承勋致书于左大臣藤原实赖，实赖答书。有"南翔北向，难附寒温于秋鸿；东出西流只寄瞻望于晓月"之语。七年，吴越又遣蒋承勋致书右大臣藤原师辅，师辅报书，有云"人臣之道，交不出境，锦绮珍货，奈国宪何？"然商务大通，唐物麇聚，特设唐物使一官，驻于筑紫，以检查真赝。④

这位吴越国使者蒋承勋就是一位商人。中国官方通过商人与日本往来之事，除了以上这些事例外，宋人杨亿《谈苑》一书还记载了一事，录之

---

① （清）嵇曾筠：《浙江通志》卷三三《关梁一·杭州府》，四库全书文渊阁本，上海古籍出版社1987年版，第520册，第7页。
② ［日］木宫泰彦：《日中文化交流史》，第226页。
③ 转引自［日］木宫泰彦《日中文化交流史》，第225页。
④ （清）黄遵宪：《日本国志》卷五《邻交志》上二，天津人民出版社2005年版，第114页。

如下：

> 吴越钱氏，多因海舶通信。《天台智者教》五百余卷，有录而多阙，贾人言日本有之，钱俶致书于其国主，奉黄金五百两，求写其本，尽得之。讫今天台教大布江左。①

佛教天台宗的经典当是从中国流传到日本，后来由于中国战乱，其书残缺不全，故吴越国王钱俶又出资从日本购回此书。此事显然也是通过商人进行的，但其性质无疑是一次双方的官方往来。不过这种交往中国方面为主动一方，日本从来没有派过一艘船到过吴越，充其量只有书信之类的回复。中国学者刘恒武则认为是日本左大臣首先主动向中国方面致函的。②

中国商人输往日本商品除了以上所述外，还有经卷、佛像、佛画、佛具、书籍、药材等，最大宗的一项要数瓷器。关于这一切，可以从日本出土的大量唐五代时期越窑青瓷得到证实，其中福冈县出土的残片最多，这是因为日本大宰府所在地就在福冈，而大宰府是负责外交、贸易的唯一官方机构，由于严禁私下贸易，来自中国的商船只能在其管理下的鸿胪馆进行贸易，所以在这里出土的青瓷瓷片最多也就不难理解了。此外，在日本与中国隔海相望的九州岛西岸的长崎县、佐贺县、熊本县和鹿儿岛县也集中出土了不少唐五代时期的中国陶瓷，说明虽然有禁令颁布，但私下贸易仍然屡禁不绝，这就是这一时期日本官方不断颁布禁令的原因之所在。③ 据日本考古简报统计，日本出土的唐五代中国瓷器的遗址共188处，各类陶瓷片总数为2159+片。④ 其中越窑瓷器在日本共有52处遗址，发现的多为日常生活用品，如碗、盒、水注、灯碗、砚台等，

---

① 转引自（宋）江少虞《宋朝事实类苑》卷七八《日本》，上海古籍出版社1981年版，第1023页。

② 刘恒武：《五代时期吴越国与日本之间的"信函外交"》，《社会科学战线》2009年第1期，第128—136页。

③ 以上参见陈文平《唐五代中国陶瓷外销日本的考察》，《上海大学学报》1998年第6期，第93—98页。

④ 转引自苌岚《中国唐五代时期外销日本的陶瓷》，《唐研究》第4卷，第462页。

这也正是来自民间的贸易品的一个特征，当然除了越窑产品外，其他地区所产的瓷器也有输往日本的，只是数量多寡不一而已。有学者指出：9—10世纪前半期（晚唐五代时期），越窑、长沙窑和南北窑系白瓷，同时通过贸易渠道输入日本。与此同时，烧窑技术也随之传入，最主要是日本引进了越窑的制瓷技术，改进窑炉结构，连窑具也模仿唐五代造型。爱知县的猿投窑（日本古名窑）仿制的越窑青瓷，无论造型、釉色和装饰手法（暗花），都与越窑十分相似。① 可见与中国的陶瓷贸易对日本制瓷业的发展具有积极的促进意义。

---

① 苏垂昌：《唐五代中国古陶瓷的输出》，《厦门大学学报》1986年第2期，第95页。

唐宋国有土地上"亲邻关系"淡化的原因分析*

河北师范大学法政与公共管理学院　姜　密

唐宋时期，无论是附着于国有土地上还是私有田产上的"亲邻关系"已发生显著变化，其变化原因整体上离不开家族制度的变化。而家族制度的变化归根结底来自经济发展过程中土地关系的调整和商品经济的发展。

一　唐宋时期商品经济的发展直接冲击田产中的"亲邻关系"

中国古代一向奉行"重农抑末"政策，但是抑制不等于取消。就连极力排斥商业的商鞅也认为："农、商、官三者，国之常官也。农辟地，商致物，官法民。"①肯定了商业和农、官一样是国家不可或缺的一部分。所以，我国的商业虽处在一种"卑贱"、被抑制的环境中，仍缓慢地向前发展。到唐宋时期，商品经济的发展已经成为社会变革的根本力量。"商品经济的发展，引起了社会的变革，而社会的变革又反过来促进着商品

---

* 基金项目:2014年度河北省社会科学基金项目(HB14FX025)和河北师范大学2013年人文社科重点基金项目(S2013Z05)。

① 《商君书》卷五《弱民第二十》。

经济的发展。"①

具体而言，以长安为中心的四通八达的陆路干线以及海路和运河航线发达的交通为唐朝商业的发展提供了便利的条件。长安、洛阳、扬州、杭州、广州、成都等成为当时远近闻名的经济大都市，"唐代重要经济性城市之多，乃是汉魏六朝所难以比拟的"。② 商品更是琳琅满目，除了粮食、绢帛等基本的农业、手工业产品外，其中商品性的农业如茶叶的种植和贸易值得关注，江南"百姓营生，多以种茶为业"。③ 一开始就作为商品的茶叶的生产对于促进市场的活跃具有重要作用。"特别是商品性农业有了显著的发展，这与当时整个社会商品经济货币关系的发展趋势是同步的，在一定程度上反映了唐代社会经济的开发无论在深度和广度上都超过了以往的时代。"④ 另外，唐代的奢侈品不可胜数，而且流通于市场，据（唐）李肇《唐代国史补》（卷下）记载："凡货贿之物侈于用者不可胜纪，丝布为衣，麻布为囊，毡帽为盖，革皮为带，内邱白瓷瓯，端溪紫石砚，天下无贵贱通用之。"这些都反映了当时商品经济的繁荣。诸多的商品需要商人贩运辗转才能到达消费者手里，因此，商人之多、经商之热也是前代所不能及。尤其到唐朝中叶以后，"百姓日蹙而散为商以游，十三四矣"⑤。"客行野田间，比屋皆闭户。借问屋中人，尽去作商贾。"⑥

此外，能够反映唐代商业进一步发展的就是"士人经商"现象。唐代前期还依稀可见官府对士人经商的种种限制，唐代法律亦规定："食禄之家，不得与下人争利。工商杂类，不得预于士伍。"⑦ 再加上唐前期"重农抑商"之观念依然浓厚，就连科举考试也将商人拦在了入仕之正途之外，所以，经商的士人还不算很多。自从玄宗以后，尤其是两税法改

---

① 林文勋：《商品经济：唐宋社会变革的根本力量》，《文史哲》2005 年第 1 期。
② 张泽咸：《唐代工商业》下编，中国社会科学出版社 1995 年版，第 248 页。
③ 《全唐文》卷九六七《禁园户盗卖私茶奏》。
④ 冻国栋：《唐代农业领域内商品经济的发展与经营管理试探》，《河南大学学报》（哲学社会科学版）1989 年第 4 期。
⑤ （唐）李翱：《李文公集》卷三《平赋书·进士策问》。
⑥ （唐）姚合：《姚少监诗集》卷六《庄居野行》。
⑦ 《通志》卷六一《食货第一·田制》。

革直接改变了人们的经商意识和经商环境，于是士人经商随波而至。例如：开元廿九年（741）正月玄宗曾"禁九品已下清资官置客舍、邸店、车坊"，① 说明当时内外官员们已纷纷置身于商业的事实。天宝九年（750）十二月敕中又指出："郡县官僚共为货殖，近闻有放债侵人，互为征收，割剥黎庶，……"② 虽然朝廷多次禁止士人经商行为，德宗大历十四年（779）七月又诏令"王公卿士不得与民争利，诸节度观察使于扬州置回易邸，并罢之。"③ 但是，"朝列衣冠，或代承华胄，或在清途，私置质库、楼店，与人争利"④ 的情况与日剧烈。前有通过贸易"敛积财宝，累巨亿万"的大藩陈少游⑤，后有强藩刘从谏，"榷马牧及商旅，岁入钱五万缗，又卖铁、煮盐，亦数万缗。"⑥ 当然，二者只是众多经商官吏的代表。这些士人的参与发挥着重要作用，使得人们逐渐将商不得与士为伍的思想、习俗置之世外，"仕杂工商"已不再稀罕，"商贾胥吏，争赂藩镇，牒补列将而荐之，即升朝籍"⑦ 的现象在唐后期屡见不鲜。虽然士人经商后，大多依然是"广占良田"，而不是拓展商业，从长远看不利于商品经济的发展，但是就唐后期士人经商现象的本身来说，它不仅反映了商品经济繁荣的一面，亦说明了人们的经商意识和整个经商环境的显著变化。

到了宋朝，便利的交通、商品种类繁多自不待言。而且，自唐朝中叶两税法改革之后，钱的使用量增多，交易日益频繁，刺激了货币的发展，宋代纸币（交子）的出现，大大加快了商品流通速度，更加活跃了商品市场。商品市场活跃不仅表现在大城市的繁荣方面，像开封、临安这样的大都市不必多说，周邦彦《汴都赋》描绘开封商品贸易繁荣景象时说："自淮而南，邦国之所仰，百姓之所输，金谷财帛，岁时常调，舳舻相衔，千里不绝，……风帆雨楫，联翩万载，钲鼓镗铪，人安以舒，

---

① 《旧唐书》卷九《玄宗下》。
② 《唐会要》卷六九《刺史下》。
③ 《旧唐书》卷十二《德宗上》。
④ 《文苑英华》卷四二九《敕书十·南郊敕文》。
⑤ 《旧唐书》卷一二六《陈少游传》。
⑥ 《资治通鉴》卷二四七，武宗会昌三年（843）四月记事。
⑦ 《资治通鉴》卷二四二，穆宗长庆二年（822）正月记事。

国赋应节。"① 相对于唐朝呈现一派更加繁忙的景象。而更能反映整体上商品经济发展的就是地方草市镇的勃兴和繁荣。宋代的各大、中、小城市周围和交通要道上出现了众多的草市镇，它们将区域性的中心城市和周边农村紧密地联系起来，在活跃基础市场方面发挥了重要作用。宋代有些草市镇延自前朝，早在唐代甚至更早，就在大城市周围和乡村交通要道上出现了定期集市——草市、墟市，到宋代其分布更为广泛，根据神宗熙宁九年（1076），毕仲衍在《中书备对》中所列举的数目，分布于全国府界及诸路坊场河渡等地的草市大概有27607处。② 其数量远远超过前代，而且相当繁华。如：鄂州城外南市"沿江数万家，廛闬甚盛，列肆如栉，酒垆楼栏尤壮丽，外郡未见其比，盖川、广、淮、浙贸迁之会，货物之至者无不售，且不问多少，一日可尽，其盛壮如此。"③ 崇德县的濮院市到南宋后期已发展为远近闻名的丝织品产地，"机杼之利，日生万金，四方商贾云集。"④ 一些或因便利的交通或因手工业的发达而成为名镇，类似：潭州长沙县桥口镇，因地处"长沙、益阳、湘阴三界首，商贾往来，多于此贸易"⑤，后发展为著名的市镇；江西饶州景德镇，因远近闻名的制瓷业而成为市镇；彭州蒲村镇因茶叶、遂州凤台镇因糖业、泉州安海镇因航运等，草市镇星罗棋布，遍布全国各地。

总的来看，宋代草市镇在广度和深度上远超过唐朝，形成了一个个地方性的乡间市场网，⑥ 不仅使"宋代城市达到一个新的历史水平"⑦，而且为商品经济走向繁荣注入了无限的生机和活力。

另外，能反映宋代商品经济水平发达于前代的其中一个标志就是商

---

① （明）李濂：《汴京遗迹志》卷二〇《周邦彦·汴都赋》。
② 《永乐大典》卷七五〇七，仓字部·常平仓。
③ （宋）范成大：《吴船录》下。
④ 《光绪桐乡县志》卷一，《中国地方志集成》。
⑤ 《宋会要辑稿》职官四八之一四。
⑥ 傅宗文：《宋代的草市镇》，《社会科学战线》1982年第1期。
⑦ 周宝珠：《试论草市在宋代城市经济发展中的作用》，《史学月刊》1998年第2期。

人地位的提高。宋代的富商大贾及其子弟不仅可以参加科举考试走上仕途①，还可通过捐钱的方式直接入仕为官，"比年以来，为奉使者，不问贤否，惟金多者备员而往，多是市廛豪富巨商之子。"② 甚至能够以钱贿皇室，通过与皇室的联姻来提高和维系其政治地位，"富家多赂宗室求婚，苟求一官，以庇门户，后相引以为亲。京师富人如大桶张家，至有三十余县主"③。至此，商人也可以和其他人一样怀揣着"学而优则仕"的理想而跻身于政界，贱视商业和商人的思想逐渐淡漠，"四民皆本"的意识兴起，正像宋人所说"古有四民，曰士、曰农、曰工、曰商。士勤于学业，则可以取爵禄；农勤于田亩，则可以聚稼穑；工勤于技巧，则可以易衣食；商勤于贸易，则可以积财货。此四民者皆百姓之本业。"④ 既然商人和商业不再是"贱类"和"贱业"，那么经商之人自然增多。宋代官吏经商不绝于耳。上至宰相⑤，下至地方官吏⑥，甚至是皇室成员，仁宗朝"诸王邸多殖产市井，日取其资"。⑦ 更甚者是僧侣也加入经商队伍中牟取私利，"广南风俗，市井坐估，多僧人为之，率皆致富。又例有室家，故其妇女多嫁于僧"。⑧

如此，自古以来维护"重农抑商"政策、思想、习俗的最后一道防线，就只有农民了。宋代农民是否也去经商呢？回答是肯定的。单是产茶区不断扩大不说，非产茶区一些农民，"秋成之时，百逋丛身，解偿之余，储积无几，往往负贩佣工以谋朝夕之赢者，比比皆是。"⑨ 以致形成

---

① （宋）王辟之：《渑水燕谈录》三《知人》载："曹州于令仪者，市井人也。长厚不忤物，晚年家颇丰富……令仪择子侄之秀者，起学室，延名儒以掖之，子伋侄杰仿举进士第，今为南曹令族。"

② （宋）李心传：《建炎以来系年要录》卷一七一，绍兴二十六年（1156）二月记事。

③ （宋）朱彧：《萍州可谈》卷一，上海古籍出版社1989年版。

④ （宋）陈耆卿：《嘉定赤诚志》卷三七，中华书局1990年版。

⑤ 宋初宰相赵普"尝以隙地私易尚食蔬圃，广第宅，营邸店，夺民利。"《续资治通鉴长编》卷一四，开宝六年（973）六月记事。

⑥ 青州知州王安礼"买丝勒机户织造花隔织等匹物，妄作名目，差役兵般担，偷漫一路商税上京货卖，赢掠厚利。"《续资治通鉴长编》卷四四九，元祐五年（1090）十二月记事。

⑦ 《续资治通鉴长编》卷一八七，嘉祐三年（1058）八月记事。

⑧ （宋）庄绰：《鸡肋编》卷中，上海书店出版社1982年版。

⑨ （宋）王柏：《鲁斋集》卷七《社仓利害书》。

了"贱稼穑,贵游食,皆欲货未耜而买车舟,弃南亩而趋九市"① 的社会风气。全民皆商之风正在兴起。

"农民兼业是宋代较普遍的社会现象,在宋代农民的身上十分明显地出现了一个小农、小工、小商三位一体化的发展趋势。"② 而且"在宋代,无论士富商大贾,还是地主兼商人,大多采用以商求利,以土守之的方式,把最稳妥的生存形式和能获得高额收益的生息形式揉为一体,形成中国封建社会商业资本运动的特点。"③ 那么,随之而来的必然是农业受商业发展的影响以及土地进入商品经济的大潮中,这预示着一个翻天覆地的变化(虽然要真正改变仍需一个漫长的过程),是对"重农抑商"政策的极大冲击。更为直接的是对私有及国有田产产权变动(包括所有权和佃权转移)时"问亲邻"传统的影响,原来在家族共财体制之下,不管是在田产买卖和租佃中,都要一一遍问亲邻。法律对此作出明确规定,《宋刑统》卷一三《户婚律·典卖指当论竞物业》记载:"应典卖物业、倚当物业,先问房亲,房亲不要,次问四邻,四邻不要,他人并得交易。房亲着价不尽,亦任就得价高处交易。……"但是,在商品经济的冲击下,从唐代至南宋,所问"亲邻"的范围逐渐缩小,其束缚力明显减弱。重视见业者的利益在现实中得以体现。整体上看,田宅买卖中的亲邻色彩逐渐淡化。④

二 唐五代士族制度的发展直接影响"亲邻关系"

相较于宋代,唐朝中叶之前,其"亲邻关系"相对强化,与魏晋以来士族制度的延续有一定关系。这一时期,权贵门阀地主占据统治地位,宗族制度也是以世族门第为特征,论等级,重谱牒。由此而兴起的宗族

---

① (宋)夏竦:《文庄集》卷十三《进策·贱商贾》。
② 李晓:《宋代工商业经济与政府干预研究》第一章,中国青年出版社2000年版,第24页。
③ 孙克勤:《宋代商品经济论析》,《云南民族学院学报》(哲学社会科学版)1993年第1期。
④ 详见拙文《试论宋代"系官田产"的产权变动与"亲邻关系"》,《河北师范大学学报》(哲学社会科学版)2008年第1期。

（家族）制度中有着强烈的以血缘关系为纽带的"亲邻关系"意识。虽然历经魏晋南北朝以及隋末农民战争的打击，世家大族正在逐步走向衰落，但是，其余风犹存，影响力并不微弱。《新唐书》卷七一上《宰相世系表序》云："唐为国久，传世多，而诸臣亦各修其家法，务以门族相高，其材子贤孙不殒其世德，或父子相继居相位，或累数世而屡显，或终唐之世不绝。"即使自隋就已经废除了九品中正制，而名门望族之声望仍不减当年。当初，唐太宗命高士廉等人重修《氏族志》时说："比有山东崔、卢、李、郑四姓，虽累叶凌迟，犹恃其旧地，好自矜大，称为士大夫。"①厘革后"崇重今朝冠冕，……不须论数世以前，止取今日官职高下作等级。"② 虽然将皇室列为第一，却并没有把山东大姓完全排挤在新谱牒之外。说明在包括唐太宗李世民以及后来的武则天在内的统治者心目中，仍延存着一种崇尚门第的"士族之风"，否则，他们就不会这样大张旗鼓地修《氏族志》或《姓氏录》来提高自身的门望了。退一步讲，即使他们内心里完全排除掉这种"士族之风"，而仅仅靠政治力量却也无法消除社会上慕求士族的风尚。只有当商品经济日益发展之后，经济利益的追求渐渐割裂或超越人们之间的血缘纽带的时候，此风尚才有可能渐熄渐远。

　　历史证明，确实如此。由于历史上长期积淀下来的社会风俗，毕竟有一种惯性，历经沧桑仍将持续较长时期。郡望之风在唐代残喘延续，使得整个社会家族意识附着在士族体系之下。在这一大环境里，一般民众之间的"亲邻关系"不易任意松动。但任何力量也挡不住经济的发展和历史前进的步伐。唐代中叶商品经济的介入，土地关系纳入了一种新的体制之下，地主土地所有制趋于主导地位；再加上唐朝后期，藩镇割据和唐末农民战争的洗礼，士族政治、经济体制彻底崩溃。"经过唐末农民战争的扫荡和五代十国时期的战乱，门阀士族遭到毁灭性的打击，他们的旧式的以血缘为纽带的宗族组织也随之崩溃，族人星散，封建宗法关系松弛。残存的士族后裔，因为亡失家谱，世系中绝，谱牒之学日趋

---

① 《贞观政要》卷七《礼乐》。
② 《旧唐书》卷六五《高士廉传》。

衰落。"① 更多的人口迁移成为客户，家族聚居的情况在减少，异姓杂居增多，他们的境遇及其赖以生存的方式发生了很大变化；土地关系变换不定，"总的趋势则是国有性日益削弱，私有性逐渐增加"②。私人土地产权为国家所认可，开垦或佃耕荒地受到国家的奖励。更多的人为追逐经济利益将田产只租佃给出价较高的人（包括非家族成员），随之而来的便是直接动荡着家族内部的"亲邻关系"。

总之，自唐中叶到宋代建国，"经过长期战争之后，土地关系发生巨大变化，旧有门阀贵族地主相继衰落，继之而起的是一般官僚地主和庶民地主，同时农民小土地所有制也广泛存在。地主制经济的这种变化，是促成旧有等级森严宗法宗族制向新型宗法宗族制转化的契机；没有土地关系的发展变化，宗法宗族制的发展变化是难以设想的。"③ 唐末五代宗法宗族制度发展变化的基本形态便是"亲邻关系"趋于淡漠或分化。

三 宋代国有土地上"亲邻关系"淡化的原因

宋代国有土地多以"系官田产"称之。④ "系官田产"上的"亲邻关系"变化是与土地"产权关系"变化密不可分的。而这些又都离不开宋代特有的时代背景，并对宋代整个经济生活产生重要影响。

唐末五代宗族组织的衰落，必然使与之相关的"亲邻关系"发生相应变化。但是亲邻毕竟不同于宗族组织，如果说宗族组织可以涣散的话，"亲邻关系"则只能是随之松弛，或者说当大的束缚（宗族关系）减弱以后，人们在小的束缚（亲邻关系）中的自由度会大一些，由此使其（亲邻关系）受外界的影响也就更大、更容易发生变化。因此，当混乱格局

---

① 朱瑞熙：《宋代社会研究》第七章《宋代的封建家族组织》，中州书画社1933年版，第98页。
② 胡如雷：《从汉末到唐中叶的封建土地所有制形式》，《教学与研究》1962年第4期。
③ 李文治、江太新：《中国宗法宗族制和族田义庄》第二章，社会科学文献出版社2000年版，第31页。
④ 参见拙文《宋代"系官田产"释义》，《厦门大学学报》（哲学社会科学版）2003年第4期。

结束以后，落在宋朝统治者头上的第一件事就是要重整旗鼓，收拾和建立各种制度（包括精神需求）。他们不仅仅是要继承已有的，更重要的是在已有的许多不适应时代需要的制度基础上，结合现实社会、经济发展要求，建立一整套新的秩序（制度）。在这种情况下，宗族制度和亲邻关系所表现出来的某些新的或者说前代不怎么突出的特点正是时代的要求和反映。于是，欧阳修、苏洵等封建士大夫为建立新的宗族关系纷纷倡说立言；范仲淹的"范氏义庄"成为时人所标榜的新型宗族组织；以二程及朱熹等人为主导的理学家从思想上也将人们的宗族意识推向一个新的方向。可是，不管这些封建的"卫道士"们如何拯救一度涣散的宗族组织，他们还是无法阻挡经济发展对其产生的不可逆转的影响。

同时，新建立起来的宗族组织中的"亲邻关系"也会附有新的时代特征。因为统治阶级一方面建立新的宗族关系，以期增强自身的生命力和凝聚力；另一方面，却在强调经济利益，使作为宗族基本关系的"亲邻关系"趋向松弛。之所以如此，我们说，是经济关系使然。朱瑞熙先生曾提道："宋代社会各方面所出现的发展变化以及由此而形成的新特点，即以唐代和宋代本身社会经济的发展作为物质基础，并由它来决定的。"[①] 宋代经济在前代基础上有了进一步发展，尤其是商品经济的发达动摇着人们的孝悌理念，使之萌动在人们内心深处的重利意识显现出来。"由贱而贵者耻言其先，由贫而富者不录其祖"[②] 何尝不是现实生活的写照。所以，正是经济的发展，使产权关系更容易发生变化，也正是田产产权（不管是国有产权还是私有产权）的频繁转移，使得人们在租佃、转佃和买卖过程中，受经济利益的影响日益增强，受"亲邻关系"的束缚日益减弱。

那么，经济发展是如何影响人们之间的"亲邻关系"的呢？胡如雷先生曾指出："实际上，唐代以前，'宗族不散'的真正原因是自然经济色彩的浓重和土地买卖的不够频繁，并不是'由有谱之力也'（苏洵《嘉祐集》卷十三《谱例》）。唐代以后，商品货币关系的显著发展大大加速

---

① 朱瑞熙：《宋代社会研究》第一章《宋代的社会经济》第1页。
② （宋）苏洵：《嘉祐集》卷十三《谱例》，四库全书本第1104册，第947页。

了土地买卖,因而使宗法关系这层温情脉脉的纱幕变成了望之若雾的半透明体,在这种情况下,血缘纽带不可能不松弛下来。"① 也就是说宋代商品货币关系的显著发展,尤其是当土地更广泛地卷入商品经济大潮中时,与土地佃卖息息相关的宗族关系(包括亲邻关系)亦随之发生变化。因为土地是维系"亲邻关系"最重要的物质基础,一旦土地买卖频繁,在利益驱动下势必会发生不问亲邻的情况,尤其是这种情况得到法律认可(允许先问见佃人)以后,自然就会成为一种被土地买卖淡化的新"亲邻关系"。所以,法令上允许"系官田产"中佃权和所有权可以转让,无异于对产权(包括所有权和经营权)进行新的调整,这与其他土地买卖一样,同样淡化着亲邻之间的关系。

另外,宋代人口的迁移更加自由,客户同样是合法的编户齐民,"安土重迁"观念已阻挡不了人们谋求更好境遇的欲望,于是,大家族益少,小家庭增多,杂居日益普遍,这也直接促成"亲邻关系"淡化。一旦迁徙,他们便离开原来的"亲邻关系",当他们到达另一地方时,原来以"血缘"为纽带的"亲"的关系几乎消失,只能重新建立起一种以"地缘"为特征的"邻"的关系,而这种关系,传统族系对它的束缚性极其脆弱,极易受到经济利益的影响。

再有,宋代土地兼并的广泛和日益加剧,也使得"亲邻关系"被迫淡化。袁采在《袁世氏范》卷下《治家》中告诫后辈道:"凡邻近利害欲得之产,宜稍增其价,不可恃其有亲、有邻,及以典至卖,及无人敢买,而扼损其价。"地主阶级用"增损其价"的办法收买民户田产,使一些贫苦百姓失去亲邻优先权,这对"亲邻关系"无疑是一种破坏。

所以,宋代"亲邻关系"是随着商品经济发展、土地转移频繁、人口自由迁徙及人们重"利"意识增强而逐渐发生变化,其变化使原来浓浓的敬亲睦邻的乡土之情,被"富""强"之势所冲淡。而"富""强"无不是"钱""权"的代名词,南宋士人陈耆卿曾这样慨叹道:"古者五家为比,使之相保;五比为闾,使之相爱;四闾为族,使之相葬;五族为党,使之相救;五党为州,使之相赒,五州为乡,使之相宾。如此百

---

① 胡如雷:《中国封建社会形态研究》,生活·读书·新知三联书店 1979 年版,第 86 页。

姓之情，欢欣交通而和睦之道着矣。孟子曰：乡田同井，出入相友，守望相助，疾病扶持，则百姓亲睦，盖为此也。……有祸患则邻里之人同其忧，……夫古人所以睦邻里者如此，今尔百姓以富役贫，以强凌弱，以少犯长，岂知古人所以交邻里之意哉？"① 由此，可以说，当商品经济发展至宋代，已经侵蚀到社会最基层、深入百姓的平常生活、影响到人们的思想意识的时候，这时的商品经济应该是趋于相对成熟的了，它不断地改变着田产"产权关系"和人们之间的"亲邻关系"。而越是在成熟的商品经济中，"亲邻关系"就越是显得微不足道，换句话说，此时的"亲邻关系"对"产权关系"变化之影响就越小。尽管那些文学家、思想家、政治家在极力鼓吹新的伦理道德，然而重建后的"亲邻关系"也只能更多地附属于政治关系、经济关系，它不可能再恢复到那种纯粹的以血缘宗亲为纽带的"亲邻关系"了，从而使"产权关系"日益摆脱"亲邻关系"的羁绊，更多地受商品经济的调节。

以上可以说是宋代"亲邻关系"趋于淡化的背景和原因。宋代"系官田产"的"亲邻关系"处在相同背景下，其关系淡化不可避免，而它与私有田产相比更趋淡化又有另外原因。

宋代逃绝田、没官田、学田等"系官田产"有相当一部分是由私有土地转化而来的②，这些土地由私有转为国有，其原有"地邻"之间的关系（即"亲邻关系"）并没有消失。而且户绝田、逃田"往往畸零散漫"，"其田远近不同"，又"不连接"③，没官后，官府许人承佃或出卖时，不可能一一遍问亲邻，只是问"见佃人"、地邻等，而且当这些私有田产转为国有之后，作为田产主人的政府与田产原主的"亲"之间又不存在"亲"的关系，因此也不需要问"亲"。况且宋代"系官田产"佃权可以转让，一些人租佃小块田地（在学田中比较普遍），要转佃时，似

---

① （宋）陈耆卿：《赤诚志》卷三七《风土门二·恤邻里》，四库全书本第 486 册，第 929—930 页。
② 参见拙文《宋代"系官田产"释义》，《厦门大学学报》（哲学社会科学版）2003 年第 4 期。
③ 《宋会要辑稿》食货六三之九三载韩世忠言："……今内地州县田土，皆系民户税业，虽有户绝、逃弃，往往畸零散漫，……其田远近不同，即不接连，难相照管。"

乎也没有必要再问亲邻。宋代"系官田产"佃权和所有权的转让，就是对产权（包括所有权和经营权）进行新的调整，这种调整本身就会淡化亲邻之间的关系。随着产权转移的频繁，相对于私人田产而言，"系官田产"上有了更多的自由空间，传统共财制所维系的"亲邻关系"在此日渐疏远。

同时，宋代战事连绵不断、财政紧缺，国家急于获得财力，便在"系官田产"上实行"实封投状"的剗佃和拍卖，于是，原来的"亲邻关系"便被埋没在经济利益的涛声里渐行渐远。"系官田产"的"亲邻关系"明显淡化成为必然，甚至有时荡然无存。

总之，唐宋时期商品经济的发展是"亲邻关系"淡化的大环境。在此基础上，屡遭农民起义打击的宗法士族渐趋解体，重门第、重等级、重谱牒之风渐行渐远。血缘纽带对人们的束缚也是越来越松弛。同时战争、土地兼并、人口迁移更加自由等原因，导致唐宋尤其是宋代国有土地上的"亲邻关系"逐渐淡化。

唐代山东士族"尚婚娅"之我见

南开大学历史学院古籍研究所　张汝

唐人柳芳将魏晋以来的士族分为五种，其中，"山东则为'郡姓'，王、崔、卢、李、郑为大"，又说"今流俗独以崔、卢、李、郑为四姓，加太原王氏号五姓"。[①] 唐代山东士族和陇西李氏一起号称"五姓""七家"，[②] 在士族中居于首屈一指的地位，正如崔侠墓志所说的："山东之姓，崔为大，仍世以门阀与卢、王、郑、李雄冠天下。"[③] 柳芳还对山东士族的特点进行了精辟的评价："山东之人质，故尚婚娅，其信可与也。"[④] 柳芳开元末年登进士第，[⑤] 据郝润华先生推算，大概卒于德宗贞元十年（794）。[⑥]《太平广记》记载柳芳"游索于梁宋间……工部侍郎韦述知其（柳芳）才，通明谱第，又识古今仪注，遂举之于宰辅"。[⑦] 韦述任工部侍郎的时间是天宝九年（750），[⑧] 则柳芳在天宝九载以后才步入仕

[①]《新唐书》卷一九九《柳冲传》，中华书局 1975 年标点本，第 5678—5679 页。

[②]《旧唐书》卷八二《李义府传》，中华书局 1975 年标点本，第 2769 页。按："七家"指博陵崔氏、清河崔氏、范阳卢氏、赵郡李氏、陇西李氏、荥阳郑氏、太原王氏，也被称作"七姓"。

[③]《唐故朝散大夫使持节郴州诸军事守郴州刺史博陵崔公（侠）墓志铭》，吴钢主编《全唐文补遗·千唐志斋新藏专辑》，三秦出版社 2006 年版，第 313 页。

[④]《新唐书》卷一九九《柳冲传》，中华书局 1975 年版，第 5679 页。

[⑤]《新唐书》卷一三二《柳芳传》，中华书局 1975 年版，第 4536 页。

[⑥] 郝润华：《柳芳〈唐历〉考述》，《中国古代史论萃——庆贺历史学家金宝祥先生九十华诞论文集》，甘肃人民出版社 2004 年版，第 452 页。

[⑦]《太平广记》卷二二二《柳芳》，中华书局 1961 年版，第 1706 页。

[⑧]《旧唐书》卷一〇二《韦述传》，中华书局 1975 年点校本，第 3184 页。

途。囿于史料的缺乏，上引柳芳关于士族的议论具体产生于何时已无法知晓，但根据柳芳活动的年代推测，大概产生于唐代中后期。柳芳既然以"通明谱第"闻名，那么他的评价必然有其合理性和准确性，而且能代表唐代中后期士人的看法。

在柳芳看来，山东士人"尚婚娅"的特点来自"质"，与此相对的是"江左之人文，故尚人物"，"文""质"对举，以突出江左士族与山东士族的不同特征。《论语·雍也》载："子曰：'质胜文则野，文胜质则史。文质彬彬，然后君子。'"清人刘宝楠注曰："质者，本也。礼无本不立。"① 《说文解字注》对"质"解释道："引伸其义为朴也、地也。"② 可见，与"文"对比时，"质"应该作为本质、质朴讲。儒家注重本质，认为"本立而道生"。③ 后世文人不断对"质"加以推崇。诸如东汉荀悦主张"言，与其华也，宁质；行，与其采也，宁朴"。④ 到唐代，唐高宗曾说："朕思还淳返朴，示天下以质素。"⑤ 李华针砭时政，提出"文不如质"，要改变弊政必须"质而有制"。⑥ 唐代祭祀也强调"天道贵质"。⑦ 虽然这些强调的并不都是人的性格，但却能反映出一种比较普遍的价值取向，这一取向不能不对人物的评价产生影响。所以白居易所作的授窦易直给事中的诏书开篇即称赞他"器质识智"，因而具备升迁的条件。⑧ 贾隐林在奉天抵御朱泚之乱，史籍夸赞其"性质朴"。⑨ 柳芳认为山东士人"质"，显然持的也是一种赞扬的态度，所以后面才会说"其信可与"。那么，在"质"的基础上建立起的一种"尚婚娅"的风尚，在柳芳看来，就属于一种优良的传统，即使与其他世家大族相比，这一点也是山东士

---

① 《论语·雍也》，（清）刘宝楠：《论语正义》，中华书局1990年版，第233页。
② （清）段玉裁：《说文解字注》，上海古籍出版社1981年影印本，第281页下。
③ 《论语·学而》，（清）刘宝楠：《论语正义》，中华书局1990年版，第7页。
④ （东汉）荀悦：《汉纪》卷二二《孝元皇帝纪中卷》，见《两汉纪》，中华书局2002年点校本，第387页。
⑤ 《旧唐书》卷五《高宗本纪下》，中华书局1975年点校本，第107页。
⑥ 《李遐叔文集》卷二《质文论》，《文渊阁四库全书》，台湾商务印书馆1986年影印本，第1072册，第378页。
⑦ 《旧唐书》卷二一《礼仪志一》，中华书局1975年点校本，第817页。
⑧ 《白居易集》卷五五《窦易直给事中制》，中华书局1979年标点本，第1163页。
⑨ 《旧唐书》卷一四四《贾隐林传》，中华书局1975年点校本，第3921页。

族值得称道的优点。

与柳芳观点不同的是,贞观六年(632)唐太宗对房玄龄抱怨道:"比有山东崔、卢、李、郑四姓,虽累叶陵迟,犹恃其旧地,好自矜大,称为士大夫。每嫁女他族,必广索聘财,以多为贵,论数定约,同于市贾,甚损风俗,有紊礼经。"① 于是令高士廉等修《氏族志》。贞观十二年(638),《氏族志》修成进上,仍以博陵崔干为第一等,引起唐太宗不满,下令重修,最终将崔干置于皇族、外戚之下,定为第三等。② 贞观十六年(642),唐太宗又下诏"禁卖婚",以图纠正"新官之辈、丰财之家""多纳货贿",与失势的"膏粱之胄""竞结婚媾"的"敝风"。③ 从唐太宗的一系列言行来看,似乎山东士族"卖婚"之风盛行,依靠婚媾谋取货利已经发展到严重的地步,这与柳芳所说的"山东之人质"形成鲜明的反差。这两种看法哪一种更符合实际情况?这需要具体地分析一下。

唐太宗反感的"卖婚",是指山东士族与其他地位较低的士族或新兴权贵通婚时多邀财货的行为。然而,前人通过研究各个山东大族的婚姻关系,发现山东士族的婚姻圈主要是在山东士族内部,除此之外又以大族为主,与小族和非士族通婚的情况并不常见。例如,夏炎先生通过分析和总结隋唐清河崔氏的婚姻关系,计算出与清河崔氏通婚的士族中,范阳卢氏、陇西李氏、荥阳郑氏、太原王氏、赵郡李氏、姑臧李氏共115人,占士族人数的69%,并得出"唐代清河崔氏与卢、李、郑、王高门之间的通婚在婚姻关系中占主导地位"的结论。而且与清河崔氏通婚者中,除郡望不详和身份不明的之外,"均为士族阶层和宗室成员,占总人数的89%"。④ 其他山东士族的情况与此类似。⑤ 这说明山东士族在缔结

---

① (唐)吴兢撰、谢保成集校:《贞观政要集校》卷七《论礼乐》,中华书局2003年版,第396页。
② 参考《旧唐书》卷六五《高士廉传》,中华书局1975年标点本,第3443—3444页;《资治通鉴》卷一九五贞观十二年正月条,中华书局2011年标点本,第6248—6249页。
③ (北宋)王溥:《唐会要》卷八三《婚嫁》,中华书局1955年版,第1528页。
④ 夏炎:《中古世家大族清河崔氏研究》,天津古籍出版社2004年版,第287—321页。
⑤ 参考[日]前田爱子《唐代山东五姓婚姻与其政治影响力:通过制作崔氏、卢氏、郑氏婚姻表考察》,《唐史论丛》2012年第1期。

婚姻关系时，首先看重的是门第相称，而如果门第相称，则不需要通过"多纳货贿"来获得其认可。在这种情况下，山东士族与"新官之辈、丰财之家"联姻来谋取货利就不可能是经常出现的现象。另外，婚姻尚奢侈是唐代较为普遍的风气。唐睿宗太极元年（712），唐绍上表称当时"上及王公"，下至"下俚庸鄙"，在举行婚礼时，"多集徒侣，遮拥道路，留滞淹时，邀致财物，动踰万计。遂使障车礼贶，过于聘财"。① 普通百姓尚且不吝惜花费，像唐初的富商邹凤炽嫁女时"备极华丽"，热闹非凡。② 贵族阶层在嫁女和娶妇方面投入大笔钱财更是屡见不鲜。唐末裴坦为子娶杨收女，"资送甚盛，器用饰以犀玉"。③ 郭子仪嫁女于张氏，"以文水渠为浣洗所"，④ 嫁妆应该包括文水渠周边的田地，不可谓不丰厚。因此，在这一风气下即使一些山东士族索取较多的聘财，也属于比较正常的现象，与其他贵族相比也并未显得特别突出。通过婚姻获得财货也并非仅仅表现在山东士族上。史载许敬宗"纳资数十万，嫁女于蛮酋首领冯盎子及监门将军钱九陇"，"又为子娶尉迟宝琳孙女，利其金帛"，⑤ 这里"纳资数十万"应是许敬宗接受聘礼数，所以《旧唐书》指责许敬宗与钱氏联姻是"贪财与婚"。⑥ 河东裴伷先娶突厥可汗之女，获得"黄金、马、牛、羊甚众"。⑦ 河东吕䛒"少孤贫，不能自振"，后娶程楚宾女，程氏"厚与资给"，吕䛒"遂游京师"。⑧ 由于注重门第，山东士族与新兴权贵联姻自然为数不多，为货利而缔结的婚姻在整个婚姻关系中所占的比重更小，所以并不能反映山东士族婚姻关系的全貌，也不应该是山东士族婚姻关系的常态。

由此可见，唐太宗对于山东士族在婚姻方面的抨击大有言过其实之

---

① （唐）杜佑：《通典》卷五八《公侯大夫士婚礼》，中华书局 1988 年标点本，第 1653 页。
② 《太平广记》卷四九五《邹凤炽》，中华书局 1961 年版，第 4062 页。
③ 《资治通鉴》卷二五一咸通十年二月条，中华书局 2011 年标点本，第 8262 页。
④ 嘉庆《韩城县志》卷二《唐郭汾阳王故处》，台湾成文出版社有限公司 1976 年影印本，第 118 页。
⑤ （唐）刘肃：《大唐新语》卷九《谀佞》，中华书局 1984 年标点本，第 141 页。
⑥ 《旧唐书》卷八二《许敬宗传》，中华书局 1975 年点校本，第 2764 页。
⑦ 《太平广记》卷一四七《裴伷先》，中华书局 1961 年版，第 1059 页。
⑧ 《旧唐书》卷一八五下《吕䛒传》，中华书局 1975 年点校本，第 4823 页。

处，而以婚姻邀财货不过是唐太宗打击山东士族的一个借口。陈寅恪先生从关陇士族与山东士族的关系的角度分析了李唐皇室对山东士族的态度①，切中肯綮，本文不再赘述。正是因为唐太宗打击山东士族的理由过于勉强，所以并没有改变当时人对他们"尚婚娅"大加赞赏的态度，就连魏征、房玄龄等太宗朝的股肱大臣都"盛与为婚"，直接导致其"旧望不减"。② 直到百余年后的柳芳时期，这一态度仍然未曾改变。

柳芳将山东士族"尚婚娅"和江左士族"尚人物"相对比，主要是指山东士族多以婚姻相标榜，尤其是注重"五姓"通婚，在婚姻方面极力维持其第一等大族的地位。事实也正是如此，前举前人对于士族婚姻关系的研究已经充分证明了这一点。清河崔瑾之女的墓志中即有言："山东士族，例以修持门阀、比较婚媾为广大。"③ 李华在为清河崔景晊撰写神道碑时也说"山东士大夫以'五姓'婚姻为第一"。④ 为此唐高宗规定士族中的"七姓十家，不得自为昏"。⑤ 山东士族的"五姓"中每姓都有房支包含在"七姓十家"当中。然而，《资治通鉴》记载唐高宗的禁婚措施并没有取得理想的效果，因为"族望为时所尚，终不能禁"，大族"或载女窃送夫家，或女老不嫁，终不与异姓为婚"。⑥ 司马光对禁婚效果的整体把握大致是符合当时实际情况的，即并没有改变"五姓"互相通婚的局面，但说大族"终不与异姓为婚"，则未免太过。以博陵崔氏为例，美国学者伊佩霞制作了唐代博陵崔氏通婚关系表，根据表格计算出博陵崔氏与"五姓"通婚占52%，与其他旧族和大族占46%，另外还有2%是与非大族的婚姻关系。⑦ 可以看出博陵崔氏和山东士族之外的其他士族通婚的比例还是很高的。笔者根据墓志资料，对上述通婚关系表进行了

---

① 参考陈寅恪：《唐代政治史述论稿》，上海古籍出版社1982年版。
② 《资治通鉴》卷二〇〇显庆四年十月条，中华书局2011年标点本，第6432页。
③ 《唐故太子司议郎分司东都范阳卢府公夫人清河崔氏祔葬墓志铭并序》，周绍良主编《唐代墓志汇编》，上海古籍出版社1992年版，第2422页。
④ 《全唐文》卷三一八《唐赠太子少师崔公神道碑》，中华书局1983年版，第3230页下。
⑤ 《新唐书》卷九五《高俭传》，中华书局1975年点校本，第3842页。
⑥ 《资治通鉴》卷二〇〇显庆四年十月条，中华书局2011年点校本，第6432页。
⑦ ［美］伊佩霞：《早期中华帝国的贵族家庭：博陵崔氏个案研究》，范兆飞译，上海古籍出版社2011年版，第120页。通婚关系表见该书第191—200页《附录三》。

补充，制作了博陵崔氏与"七姓"外的家族的通婚表（见附录），从表中可以看出：第一，与博陵崔氏通婚的家族很多，包括不少像吴兴沈氏、乐安蒋氏、安定皇甫氏这样虽然属于当地的望族，①但总体声望却远远不及崔氏的士族，还有汝南晁氏、平阳敬氏等在当地也非望族的家族。第二，崔氏中嫁女与小族的家庭并不少见，其中还包括像崔弘礼这样位高权重的人物。可见崔氏并不是绝对维持"五姓"通婚的状态，多数家庭都不能像崔暟夫人太原王氏那样"姻则惟亲，皆山东素门，罕涉权右"。②另外，还有崔高丘这样的情况：崔高丘有女崔顺，十六岁时归于房氏，而房氏"三岁食贫""七年卧病"，无论从门第、家境还是人物来看，房氏均不是和崔氏匹配的人选。③崔顺卒于开元十五年（727），生活于唐朝初期，这时期房氏经房玄龄树立起来的威望尚高，大概是出于这个原因，崔高丘才会忽略门第的差距，嫁女于房氏。博陵崔氏是山东士族的代表之一，其婚姻关系大致可以反映出整个山东士族的状态，由此可以认为，并不是所有的山东士族都自矜门第到不与其他士族通婚的地步。一些没落的山东士族空有名望，却没有足够的财力和权势来维持"五姓"通婚的地位，和其他名望较低的士族通婚便成为必然的选择。还有一些山东士族企图依托新贵以谋取政治上的出路，利用婚姻关系建立和当权人物的关系便成为一种比较常见的途径。到唐朝晚期，门阀士族趋于瓦解，门第对于士族发展的实际作用日益减小，士族也越来越不重视对门第的维护。史载唐敬宗时，"内常侍崔潭峻方有权宠，（崔）元略以诸父事之"，为时人所诟病。④崔元略来自博陵崔氏大房，其子墓志中尚自夸："我宗代有明哲，时推德门；轩冕继承，实焕家牒。"⑤为了结交

---

① 参考敦煌《新集天下姓望氏族谱一卷并序》，唐耕耦、陆宏基编《敦煌社会经济文献真迹释录》第一辑，书目文献出版社1986年版，第93—97页。

② 《有唐安平县君赠安平郡夫人王氏墓志》，周绍良主编《唐代墓志汇编》，上海古籍出版社1992年版，第1804页。

③ 《唐河南府温县尉房君故夫人崔氏墓志铭并序》，同上书，第1413页，。

④ 《旧唐书》卷一六三《崔元略传》，中华书局1975年标点本，第4261页。

⑤ 《唐故朝请大夫使持节宋州诸军事守宋州刺史兼御史中丞充本州团练镇遏使上柱国博陵县开国男食邑三百户赠左散骑常侍崔府君墓志铭并叙》，吴钢主编《全唐文补遗·千唐志斋新藏专辑》，三秦出版社2006年版，第403页。

权贵，崔元略不惜自降身份认宦官作父，至于其他人与权贵通婚就更不足为奇了。

总之，有唐一代近300年，时间不可谓不长，山东士族又人物众多，其婚姻关系呈现一种比较复杂的状态，很多情况都因时、因地、因人而异，不能一概而论，需辩证地看待。然而，柳芳所总结的"尚婚娅"的特征却能够从整体上比较准确地反映出从唐初至唐末山东士族的特点。与柳芳的观点相对，唐太宗对于山东士族的婚姻大加抨击，从实际情况进行分析，更像是政治家为欲加之罪所找的托词，如果不加深思，以之作为山东士族婚姻关系的常态，就不能全面把握当时的实际情况。柳芳的观点代表着社会上对于山东士族的态度，政治上的打击和社会上的认同统一作用于山东士族的婚姻关系上，使其"尚婚娅"的特点显得更加突出。山东士族虽然总体上维持着"五姓"通婚，但是和其他士族的通婚关系也是较大程度上存在，甚至有些是与小族以及所谓"虏姓"① 的通婚。从大量墓志反映的情况来看，山东士族与外族通婚与其说是为了"广索聘财"，不如说是为了在仕途上广泛结交、互相援引，这或许也是山东士族能够在整个唐代名望不坠，始终居于第一等大族地位，而且在朝廷中举足轻重的人物层出不穷的一个重要原因。

附　录

博陵崔氏与"七姓"外家族的通婚关系表②：

序号	博陵崔氏	通婚对象	资料来源
1	崔叔胤	封延之女	《封延之妻崔长晖墓志》，罗新、叶炜：《新出魏晋南北朝墓志疏证》，中华书局2005年版，第396页。

---

① 《新唐书》卷一九九《柳冲传》，中华书局1975年标点本，第5678页。
② 本表资料来源于墓志，因为墓志比较零散，所以本表的归纳必然是不完全的，不代表所有博陵崔氏的通婚状况。

续表

序号	博陵崔氏	通婚对象	资料来源
2	崔讷	彭城刘氏	《司属主簿博陵崔讷妻刘氏墓志铭》，《全唐文》卷二三一，中华书局1983年版，第2342页。
3	崔儁女 崔儁女	河南独孤及 乐安蒋镇	《唐司直博陵崔公故夫人赵郡李氏墓志铭》，《全唐文》卷三九一，第3979页。
4	崔氏	洛阳源光时女	《郑州原武县丞崔君夫人源氏墓志铭》，《全唐文》卷五二一，第5299页。
5	崔福庆	吴郡朱氏	《大唐故兖州瑕丘县令崔府君夫人吴县君朱氏墓志铭并序》，周绍良主编《唐代墓志汇编》，上海古籍出版社1992年版，第1534—1535页。 《太子通事舍人河东裴君（虬）夫人博陵崔氏墓志铭》，吴钢主编《全唐文补遗·千唐志斋新藏专辑》，三秦出版社2006年版，第244页。
6	崔智	宋氏	《唐故游骑将军河南府巩洛府折冲都尉上柱国博陵崔府君墓志并序》，《唐代墓志汇编》，第1717页。
7	崔眘	琅琊王氏	《唐故潞府参军博陵崔公夫人琅耶王氏墓志铭并序》，《唐代墓志汇编》，第2039页。
8	崔萼	清河张氏	《唐故左领军卫陕州上阳府折冲员外置同正员试太子文学沂州长史崔府君清河张夫人合祔墓志铭》，《唐代墓志汇编》，第2045页。
9	崔偃女	张儇	《唐故处士崔府君墓志》，《唐代墓志汇编》，第2055页。

续表

序号	博陵崔氏	通婚对象	资料来源
10	崔勗	梁氏	《唐故清河郡崔府君墓志铭并序》,《唐代墓志汇编》,第2152页。
11	崔柔	姑臧李行约女	《唐承奉郎汝州临汝县令博陵崔府君墓志铭并序》,《唐代墓志汇编》,第2458页。
12	崔澈	清河张憬女	《唐故博陵崔府君(贻孙)墓志》,吴钢主编《全唐文补遗》第一辑,三秦出版社1994年版,第427页。
13	崔环	左氏	《大晋故博陵崔氏夫人墓志铭》,《全唐文补遗》第一辑,第442页。
14	崔箎	吴兴沈氏	《唐故通直郎前京兆府好畤县尉博陵崔府君(箎)墓志铭》,吴钢主编《全唐文补遗》第二辑,三秦出版社1995年版,第33页。
15	崔瞪姊	京兆杜续	《有唐朝散大夫守汝州长史上柱国安平县开国男赠卫尉少卿崔公(瞪)墓志》,吴钢主编《全唐文补遗》第三辑,三秦出版社1996年版,第115页。
16	崔锽	张氏	《唐故崔府君(锽)合祔墓志铭》,吴钢主编《全唐文补遗》第四辑,三秦出版社1997年版,第219页。
17	崔氏(崔绍孙父) 崔氏女	东海徐玉京 京兆韦氏	《唐故(崔君妻)东海徐氏墓志铭》,《全唐文补遗》第四辑,第247—248页。
18	崔大钧 崔望之 崔望之女	颍川陈氏 京兆王氏 程怀宪	《唐故秘书监崔公(望之)墓志铭》,《全唐文补遗》第五辑,三秦出版社1998年版,第413—414页。

续表

序号	博陵崔氏	通婚对象	资料来源
19	崔仲谟 崔仲谟女	陇西辛氏 陆氏	《唐故殿中侍御史内供奉知盐铁凤山监博陵崔府君（仲谟）墓志铭》，吴钢主编《全唐文补遗》第六辑，三秦出版社1999年版，第155页。
20	崔寿	京兆韦氏	《唐故刑部尚书崔公府君（凝）墓志》，《全唐文补遗》第六辑，第201页。
21	崔师	刘氏	《大唐故蕲州录事参军崔君（师）墓志铭》，《全唐文补遗》第六辑，第369页。
22	崔素臣	沛□刘氏	《大唐故蕲州录事参军崔君（素臣）墓志铭》，《全唐文补遗》第六辑，第378页。
23	崔志约	武氏	《大唐雍王府执仗乘崔府君（志约墓志铭）》，《全唐文补遗》第六辑，第400页。
24	崔遐	京兆王氏	《故河南府伊阙县丞博陵崔府君（遐）墓志铭》，吴钢主编《全唐文补遗》第七辑，三秦出版社2000年版，第54页。
25	崔无固 崔无固女 崔无固女	清河房氏 武攸宜 彭城刘恂	《大周故朝议大夫行汴州司马上柱国崔府君（无固）墓志铭》，吴钢主编《全唐文补遗》第八辑，三秦出版社2005年版，第10页。
26	崔安乐（崔慈女）	盖氏	《大唐故原州长史盖公夫人故博陵崔氏（安乐）墓志铭》，《全唐文补遗》第八辑，第32页。
27	崔遂	天水赵氏	《唐故秘书省秘书郎博陵崔公（遂）墓志铭》，《全唐文补遗》第八辑，第114页。
28	崔逢女	刘积中	《唐故昭义支度巡官知湖南盐铁院朝议郎试大理评事飞骑尉崔府君（逢）墓志铭》，《全唐文补遗》第八辑，第134页。

续表

序号	博陵崔氏	通婚对象	资料来源
29	崔元略	江夏李氏	《唐故仆寺进马博陵崔府君（锷）墓志铭》，《全唐文补遗》第八辑，第146页。
30	崔元夫	平阳敬损之	《唐故试大理评事博陵崔府君（元夫）妻平阳敬夫人（损之）墓志铭》，《全唐文补遗》第八辑，第161页。
31	崔志	司徒氏	《大周故崔君（志）之墓志铭》，《全唐文补遗》第八辑，第327页。
32	崔思正女	韦氏	《大唐故蜀州晋原县令韦府君夫人博陵崔氏安喜县君墓志铭》，《全唐文补遗》第八辑，第354页。
33	崔思忠	颍川韩氏	《大唐故中大夫使持节廓州诸军事廓州刺史上柱国崔公（思忠）墓志铭》，《全唐文补遗》第八辑，第365页。
34	崔登	胡氏	《崔登墓志》，吴钢主编《全唐文补遗·千唐志斋新藏专辑》，三秦出版社2006年版，第6页。
35	崔衡女	汝南晁氏	《唐汝南晁氏夫人博陵崔氏墓志》，《千唐志斋新藏专辑》第31页。
36	崔思行 崔思行女	河南长孙氏 武功苏氏	《唐太原府祁县丞崔府君（思行）墓志铭》，《千唐志斋新藏专辑》，第214页。
37	崔希先女	河东裴虬	《太子通事舍人河东裴君（虬）夫人博陵崔氏墓志铭》，《千唐志斋新藏专辑》，第244页。
38	崔昊之女	天水赵赞	《唐故寿州霍丘县主簿崔府君（昊之）墓志铭》，《千唐志斋新藏专辑》，第270页。

续表

序号	博陵崔氏	通婚对象	资料来源
39	崔侠	清河张氏	《唐故朝散大夫使持节郴州诸军事守郴州刺史博陵崔公（侠）墓志铭》，《千唐志斋新藏专辑》，第313页。
40	崔达（崔奉一女）	彭城刘谈经	《故彭城刘府君（谈经）博陵崔夫人（达）墓志铭》，《千唐志斋新藏专辑》，第361页。
41	崔敬本	京兆王氏	《（上阙）崔府君（□伯）墓志铭》，《千唐志斋新藏专辑》，第366页。
42	崔氏（崔循父）	钜鹿魏氏	《唐故歙县尉博陵崔府君夫人钜鹿魏氏墓志》，《千唐志斋新藏专辑》，第368页。
43	崔泌女	安定皇甫*	《唐故睦州军事判官皇甫府君（*）妻博陵崔氏夫人墓志铭》，《千唐志斋新藏专辑》，第395页。
44	崔元式	姑臧李氏	《唐故比部郎中博陵崔府君（镇）墓志铭》，《千唐志斋新藏专辑》，第417页。
45	崔氏（崔元父）	彭城刘琬	《唐滑州匡城县尉博陵崔君故夫人彭城刘氏（琬）墓志铭并序》，《千唐志斋藏志》下册，文物出版社1984年版，第1102页。
46	崔俌	河东裴澄女 彭城刘泳女	《唐故汴宋观察支使朝请郎殿中侍御史内供奉赐绯鱼袋崔府君（俌）墓志铭并序》，杨作龙、赵水森等编著《洛阳新出土墓志释录》，北京图书馆出版社2004年版，第293页。
47	崔绰 崔绰女	河东裴氏 阳氏	《唐故博陵崔夫人墓志铭并序》，《洛阳新出土墓志释录》，第301页。

续表

序号	博陵崔氏	通婚对象	资料来源
48	崔沙祇女	裴氏	《周裴氏崔夫人幽泉记并盖》,赵君平、赵文成编《河洛墓刻拾零》上册,北京图书馆出版社2007年版,第155页。
49	崔柔则	张氏	《大唐朝议大夫行殿中侍御史张公故夫人崔氏墓志铭》,《河洛墓刻拾零》下册,第411页。
50	崔复	敦煌李氏	《故河中府永乐县尉博陵崔府君(亮)陇西李夫人范阳卢夫人合祔墓志铭》,《河洛墓刻拾零》下册,第580页。
51	崔知素女	何昌系	《大唐登封何主簿故夫人崔氏墓志铭》,赵君平编《邙洛碑志三百种》,中华书局2004年版,第201页。
52	崔绚	京兆韦氏	《唐故右千牛卫录事参军崔公墓志铭并序》,《偃师杏园唐墓》,科学出版社2001年版,第306页。
53	崔防女	乐安孙履方	《唐故舒州怀宁县令崔公夫人郑氏墓志并序》,《偃师杏园唐墓》,第331页。
54	崔戎 崔缜(崔戎女) 崔唐	姑臧李氏 高氏 高氏(崔缜女)	《唐故殿中侍御史河南府寿安县令赐绯鱼袋高府君夫人博陵崔氏墓志铭并序》,丁永俊:《唐高瀚及夫人崔缜墓志考释》,《河洛春秋》2002年第2期。

《唐会要》"补亡四卷"考

武汉大学历史学院　刘安志

一　序论

北宋王溥所撰《唐会要》一百卷，是研究唐代历史的重要史籍，惜宋刻本不传，仅以钞本传世，故"脱误颇多"[1]。现存通行本，主要有《四库全书》本和《武英殿聚珍版丛书》本两种（以下简称"四库本"和"殿本"）。此外，在中国国家图书馆、上海图书馆、台北图书馆及日本东京静嘉堂文库等地，还收藏有十种《唐会要》钞本[2]。由于在传抄过程中"脱误颇多"，故后人对其多所补辑，而补辑内容又各有不同。尤其是其中完全残缺的七、八、九、十诸卷，据郑明先生对北京、上海所藏《唐会要》诸钞本的调查，此四卷增补文字，有的并不见于今存四库本与殿本。如北图藏清钞本（b），卷七《封禅》有论"商贾者何谓也""圣人者何""风者何谓也"等与封禅毫无关系的内容；卷八《郊议上》所

---

[1]　（清）永瑢等撰：《四库全书总目》卷八一《唐会要·提要》，中华书局1965年版，第694页。又《唐会要·提要》，文渊阁《四库全书》本，台湾商务印书馆1986年版，第2页。

[2]　其中国家图书馆三种，上海图书馆四种，台北图书馆二种，东京静嘉堂文库一种。诸钞本具体介绍，详见［日］岛田正郎《在台北·"国立中央图书馆"藏钞本·唐会要について》（《律令制の诸问题》，东京：汲古书院1984年版，第669—689页）、［日］古畑彻《〈唐会要〉の诸テキストについて》（《东方学》第七十八辑，第82—95页）、郑明《〈唐会要〉初探》（中国唐史学会编：《中国唐史学会论文集》，三秦出版社1989年版，第167—182页）、周殿傑《关于〈唐会要〉的流传和版本》（《史林》1989年第3期）、方诗铭等《〈唐会要〉前言》（上海古籍出版社2006年新1版，第6—8页）诸文。

载自首"上元元年上皇后兴庆宫父老往往瞻拜"句下全为五代南唐事；卷九《杂郊议下》所载，或赋税、或学校、或经籍、或地理，全非郊议之文；卷十《亲拜郊》等，夹杂忠谏等与目录无关的内容①。上海图书馆所藏傅增湘旧藏《唐会要》钞本阙卷增补情况，与北图所藏清钞本近似②，说明二者出自同一源流。又据《唐会要·提要》介绍，浙江汪启淑家藏本《唐会要》，"八卷题曰《郊仪》，而所载乃南唐事；九卷题曰《杂郊仪》，而所载乃唐初奏疏，皆与目录不相应；七卷、十卷亦多错入他文。盖原书残缺，而后人妄摭窜入，以盈卷帙"。③ 这些钞本阙卷补辑内容，也与通行的四库本、殿本内容各不相同，说明为此书阙卷补辑者非止一人。因此，在讨论《唐会要》阙卷补辑问题时，须注意区分各钞本和通行本之间存在的种种不同情况，切不可笼而统之，一概而论。

按四库本《唐会要》七、八、九、十诸卷内容，乃后人以两《唐书》《通典》《册府元龟》《文献通考》等所补辑，即《唐会要·提要》所言"补亡四卷"④。殿本据之抄录时，特于目录中此四卷下注一"补"字，正文卷首标目下则记："原阙。今照四库全书本增补。"然四库本并无此类标注。问题是，此四卷是何时出现残缺的？又是何时被何人所补辑的呢？日本学者岛田正郎先生早年曾有过推测，他认为，四库全书馆是将当时有力的学者网罗在一起（《唐会要》校勘并没有任命什么特定的人选），对《四库全书总目》中提到的散佚的四卷进行修补的⑤。换言之，《唐会要》卷七至卷十内容，乃四库馆臣所补辑。另一日本学者古畑彻先生认为，明初编纂《永乐大典》时，《唐会要》钞本尚是完帙，而且是源

---

① 郑明：《〈唐会要〉初探》，中国唐史学会编：《中国唐史学会论文集》，三秦出版社1989年版，第179页。
② 周殿杰：《关于〈唐会要〉的流传和版本》。又方诗铭等：《〈唐会要〉前言》，第6—7页。
③ （清）永瑢等撰：《四库全书总目》，第694页。又《唐会要·提要》，文渊阁《四库全书》本，第2页。
④ 同上。
⑤ ［日］岛田正郎：《在台北·"国立中央图书馆"藏钞本·唐会要について》，《律令制の诸问题》，第689页。

自南宋高宗时期的某个钞本系统，其后则出现缺损、缺失，内容不再完整了。至于"补亡四卷"何时出现并为何人所为，古畑彻氏并未给予说明①。中国学者邢永革先生认为，《唐会要》是在明永乐至嘉靖这段时间出现阙卷的，而至迟在明嘉靖之前已被补辑②。在结合相关清人记载并全面考察《唐会要》阙卷补辑内容后，我们发现，日本学者岛田正郎氏的推测不无道理。

《唐会要·提要》介绍完浙江汪启淑家藏本后，紧接着又称："又一别本，所阙四卷亦同。而有补亡四卷，采摭诸书，所载唐事，依原目编类。虽未必合溥之旧本，而宏纲细目，约略粗具，犹可以见其大凡。今据以录入，仍各注补字于标目之下，以示区别焉。"③ 按《提要》的这一揭示，似乎与四库本《唐会要》的实际情况并不相符，因为四库本卷七、八、九、十标目下既无"补"字，也无殿本"原阙。今照四库全书本增补"之类的文字标示。为什么会出现这种名实不符的情况？颇值研究。笔者曾对四库本、殿本进行过详细的比勘，发现二本无论是在目录、分卷上，还是在内容、残阙情况上，都存在着较大的差异，二者为不同系统的版本④。四库馆臣所撰有关《唐会要》的"提要"，其实是对殿本的介绍，而非四库本。这一问题当然比较复杂，容另文详细探讨。

不管如何，可以肯定的是，四库馆臣对《唐会要》所阙四卷的补辑，乃是据此前已有的"补亡四卷"录入的。那么，此"补亡四卷"是由何人于何时完成的呢？"提要"对此未予说明。不过，牛继清先生较早揭出的一条清人材料，述及沈叔埏参与整理《唐会要》之史事，为深入认识与研究这一问题提供了至为关键的线索。清人沈叔埏在《颐彩堂文集》

---

① ［日］古畑彻：《〈唐会要〉の流传に关する一考察》，《东洋史研究》第五十七卷第一号，1998年，第96—124页。
② 邢永革：《〈唐会要〉版本考略》，《中国典籍与文化》2004年第2期。
③ （清）永瑢等撰：《四库全书总目》，第694页。又《唐会要·提要》，文渊阁《四库全书》本，第2页。
④ 关于此点，日本学者古畑彻先生业已指出，然他认为殿本底本源自某一刻本，而非汪启淑家藏本，则是有疑问的，很难让人苟同。参见氏著《〈唐会要〉の流传に关する一考察》，《东洋史研究》第五七卷第一号，1998年，第96—124页。

卷八《书自补〈唐会要〉手稿后》中,有如下一段文字记载①:

> 乾隆戊戌(四十三年,1778)九月,鱼门太史属余校《唐会要》百卷,内第七卷至九卷,竹垞跋所谓失去杂以他书者也。余因钞新旧《唐书》及《太平御览》、《文苑英华》、《册府元龟》诸书补之,且以七卷之《封禅》分作二卷,八卷之《郊议》、九卷之《杂郊议》并为一卷,则十卷之《亲拜郊》以《杂录》并入,继以《亲迎气》,《后土》则分《方丘》《社稷》,《藉田》则以《藉田东郊仪》并入,《九宫坛》则专抄《礼仪志》,终以《皇后亲蚕》,四卷遂成完书。至竹垞所阙之九十二三四三卷,此本尚存。盖馆书之进,自邗上马氏嶰谷、涉江兄弟所藏者,胜虞山钱氏本多矣。昔褚少孙补《史记》……诸人皆以补史著称,而余以抄撮成此,于少孙辈特刳吏比耳,岂可同年语耶!

沈氏的这一记载,对重新认识《唐会要》版本流传,以及四库馆臣如何纂修《唐会要》诸问题,均极富研究价值。据沈氏所记,则上揭《唐会要·提要》所称"又一别本",当即清代扬州著名藏书家马曰琯(号嶰谷)、马曰璐(号涉江)兄弟旧藏本,是常熟钱氏藏本、浙江汪启淑家藏本之外的又一个《唐会要》钞本。乾隆三十八年(1773)四库开馆,向全国征书,马曰璐之子马裕进献藏书数百种②,此当为其中之一种。牛继清先生指出:"沈氏所云与《四库》本《唐会要》分卷目次恰同,而其时程晋芳(字鱼门)在四库馆任总目协勘官,据此则《唐会要提要》所言'又一别本'抑即沈氏所补本欤?倘如此,《提要》撰写者又何不直言为沈氏所辑补呢?姑存疑待考。"③牛氏所疑不无道理。因为

---

① (清)沈叔埏:《颐彩堂文集》,《续修四库全书》集部别集类,第1458册,上海古籍出版社2002年版,第429页。
② 四库开馆,私人进书最多者,有"浙江之鲍士恭、范懋柱、汪启淑、两淮之马裕四家","为数至五六七百种",四家并因此于乾隆三十九年(1774)各获朝廷赏赐《古今图书集成》一部。参见(清)永瑢等撰《四库全书总目》卷首"圣谕",第2页。
③ 牛继清:《唐会要校证·前言》,三秦出版社2012年版,第6页。

除《太平御览》一书不见记载外，其余分卷目次情况以及目录名称，皆与四库本《唐会要》完全吻合。沈氏应该就是在扬州马氏家藏本《唐会要》基础上，抄撮新、旧《唐书》及《文苑英华》《册府元龟》诸书，对所阙七、八、九、十四卷进行补辑，并依《唐会要》原目重新分卷、分目，最终形成"补亡四卷"。虽然所谓"钞新旧《唐书》及《太平御览》《文苑英华》《册府元龟》诸书补之"，不一定属实（详见下文），但沈氏所揭示的扬州马氏家藏本《唐会要》，其与四库本《唐会要》之间存在着某种密切关联。对这一问题展开探讨，或许会在今后《唐会要》版本及相关问题的研究上取得新的突破和进展。不管如何，沈氏这一记载如果属实，则不难判断，《唐会要》阙卷的最后补辑，实乃清人所为矣。

不仅如此，四库本《唐会要》卷九下所录注明出自《图书集成》的一条引文，可以进一步证明我们的这一判断：

> 代宗广德二年，有事南郊，从独孤及议，卒以太祖配天。（《图书集成》）①

按照四库本阙卷补辑内容的书写体例，此处"《图书集成》"，无疑是指该段引文来源的文献名称。然殿本《唐会要》卷九下《杂郊议下》此条省"代宗"二字，"《图书集成》"改作"《旧唐书·本纪》"②。检《旧唐书·代宗本纪》，并无"代宗广德二年，有事南郊"一段文字③，同时也不见于其他唐宋文献。殿本既称"照四库全书本增补"，此处却改"《图书集成》"为"《旧唐书·本纪》"，不知何故？有趣的是，四库本的这一记载，又同见于清人秦蕙田《五礼通考》卷一一《吉礼·圜丘祀天》：

> 《图书集成》：代宗广德二年，有事南郊，从独孤及议，卒以太

---

① 《唐会要》，文渊阁《四库全书》本，第139页。
② 《唐会要》，武英殿聚珍本，中华书局1955年版，第187页。
③ 牛继清《唐会要校证》已指出此点，参见该书第155页注①。

祖配天。①

按《五礼通考》总二百六十二卷，成书刊行于乾隆二十六年（1761）②。乾隆三十八年（1773），四库开馆，江苏巡抚以此书进献，后收入《四库全书》。据我们初步统计，《五礼通考》总引《图书集成》约十六次，而《图书集成》的全名，应该就是康熙、雍正年间由陈梦雷主持编辑的大型类书《古今图书集成》。因为上揭《唐会要》《五礼通考》所引一段文字，又明确见载于《古今图书集成·经济汇编礼仪典》卷一五五《天地祀典部·汇考七·唐三》：

代宗广德二年，有事南郊，从独孤及议，卒以太祖配天。
按《唐书·代宗本纪》：广德二年二月乙亥，有事于南郊。
按《礼乐志》：宝应元年，太常卿杜鸿渐、礼仪使判官薛颀、归崇敬等言……
按《黎干传》：干，戎州人，累擢谏议大夫，封寿春公……③

观《古今图书集成》诸汇考编纂体例，大体效仿南宋朱熹《资治通鉴纲目》，使用纲目体。"纲"按朝代和时间先后撮要叙事，"目"则以"按"的形式引出文献依据，详备始末。"纲"是"目"的提炼与归纳，乃编纂者自己的历史叙述与语言表达，当然也有与"目"完全一致的内容。由此言之，上揭"代宗广德二年云云"一语，其实是编纂者根据其后所列三条史料而做出的归纳与总结，在某种程度上已属清人的历史书写了，故在唐宋文献中找不到类似的记载。而前揭《唐会要》《五礼通考》所引文字，又与上述《古今图书集成》记载完全相同，可证二书所引"《图书集成》"，实即《古今图书集成》。

---

① （清）秦蕙田：《五礼通考》，文渊阁《四库全书》本，第135册，台湾商务印书馆1986年版，第333页。
② 参见张涛《关于味经窝本〈五礼通考〉的刊印年代》，《中国典籍与文化》2011年第2期。
③ 《古今图书集成》，第72册，巴蜀书社1985年版，第87178页。

明确《唐会要》引据清人编纂《古今图书集成》这一事实，对深入认识该书阙卷补辑问题至关重要。换言之，《唐会要》补辑条文既然引用了清康熙、雍正年间成书的《古今图书集成》，则阙卷最后补辑者，可以断言为清人矣。更值得进一步追问的是，《五礼通考》与《唐会要》同引《古今图书集成》，那么，清人对《唐会要》阙卷进行补辑时，是直接抄自《古今图书集成》，还是转抄《五礼通考》呢？三书之间究竟存在一种什么样的关系？就是非常有趣的问题了。

经认真比对和详细核查，我们发现，清人对四库本《唐会要》七、八、九、十诸卷内容的补辑，绝大部分抄自秦蕙田《五礼通考》，殿本《唐会要》则在四库本基础上有所增删改动。而《五礼通考》中的不少内容，又直接抄自《古今图书集成》，从而形成"《古今图书集成》→《五礼通考》→《唐会要》"这样一种传抄关系①，之所以三书出现不少文字内容完全相同的条文，其原因即在于此。下面拟对此展开详细论证，不当之处，敬请批评指正。

二 《唐会要》与《五礼通考》之比较

鉴于殿本《唐会要》补遗四卷完全抄自四库本，故此处主要以四库本与《五礼通考》进行比较。若殿本对四库本有重要改动，则随文并注略加说明。

经核查，清人对《唐会要》七、八、九、十诸阙卷的补辑，除少数几条引文为新增外，其余全部抄自《五礼通考》卷九、十、十一、二一、三五、三八、四三、五〇、五一、一二四、一二六诸卷。以下逐卷展开讨论。

---

① 关于《唐会要》《五礼通考》《古今图书集成》之间的传抄关系，本文初稿曾判其为"抄袭"。承王素先生赐教，定为"抄袭"，太过严重。王先生所言甚是，故承教改之。另外，黄楼博士也提出类似意见，今一并表示感谢。

（一）《唐会要》卷七《封禅上》与《五礼通考》卷五〇、五一《吉礼·四望山川（附封禅）》之比较

《唐会要》卷七《封禅上》总引文四十条，除《文苑英华》一条外，其余全部见于《五礼通考》卷五〇、五一《吉礼·四望山川（附封禅）》。为便于说明问题，兹表列二书所引书目论证如下。

表一　　　　《唐会要》卷七与《五礼通考》引书对照表

		《唐会要》		《五礼通考》	
引用书目		1.《册府元龟》	2.《旧唐书·太宗本纪》	1.《册府元龟》	2.《旧唐书·太宗本纪》
		3.《册府元龟》	4.《册府元龟》	3.《册府元龟》	3*.（与上并为一条）
		5.《旧唐书·礼仪志》	6.《大唐新语》	4.《旧唐书·礼仪志》	5.《大唐新语》
		7.《贞观政要》	8.《册府元龟》	6.《贞观政要》	7.《册府元龟》
		9.《旧唐书·礼仪志》	10.《颜师古传》	8.《旧唐书·礼仪志》	9.《颜师古传》
		11.《文苑英华》	12.《册府元龟》	9*. 阙	10.《册府元龟》
		13.《唐书·太宗本纪》	14.《唐书·礼乐志》	11.《唐书·太宗本纪》	12.《唐书·礼乐志》
		15.《册府元龟》	16.《册府元龟》	13.《册府元龟》	14.《册府元龟》
		17.《唐书·太宗本纪》	18.《册府元龟》	15.《唐书·太宗本纪》	16.《册府元龟》
		19.《唐书·谢偃传》	20.《唐实录》	17.《唐书·谢偃传》	18.《唐实录》①

---

① 以上十八条见《五礼通考》卷五〇，以下二十条见同书卷五一。

续表

书目 \ 书名	《唐会要》		《五礼通考》	
引用书目	21.《通鉴》	22.《唐书·高宗本纪》	19.《通鉴》	20.《唐书·高宗本纪》
	23.《册府元龟》	24.《唐书·高宗本纪》	21.《册府元龟》	22.《唐书·高宗本纪》
	25.《旧唐书·高宗本纪》	26.《册府元龟》	23.《旧唐书·高宗本纪》	24.《册府元龟》
	27.《唐书·高宗本纪》	28.《礼乐志》	25.《唐书·高宗本纪》	26.《礼乐志》
	29.《旧唐书·礼仪志》	30.《册府元龟》	27.《旧唐书·礼仪志》	28.《册府元龟》
	31.《旧唐书·礼仪志》	32.《大唐新语》	29.《旧唐书·礼仪志》	30.《大唐新语》
	33. 阙①	34.《册府元龟》	31. 阙②	32.《册府元龟》
	35.《旧唐书·高宗本纪》	36.《旧唐书·高宗本纪》	33.《旧唐书·高宗本纪》	34.《旧唐书·高宗本纪》
	37.《礼仪志》	38.《册府元龟》	35.《礼仪志》	36.《册府元龟》
	39.《册府元龟》	40.《王元感传》	37.《唐书·武后本纪》	38.《王玄感传》

据上表，《唐会要》（以下简称《会要》）总引文四十条，《五礼通考》（以下简称《五礼》）则为三十八条。之所以出现如此差异，乃在于《会要》第3、4条虽同引《册府元龟》，但已拆分为贞观五年"正月"

---

① 本条未注书名，后有"案《本纪》，是年十一月，改元仪凤"双行小字注。
② 本条未注书名，后有"案《本纪》，是年十一月，改元仪凤"双行小字注，与《唐会要》完全相同。

与"十二月"两条，而《五礼》则并为一条，殿本《会要》同《通考》。另外，《会要》第 11 条引《文苑英华》，《五礼》无，故在总数上比《会要》少了两条。

值得注意的是，《会要》第 39 条与《五礼》第 37 条引文完全一样，但引书名称却存在着差异：

> 《唐会要》：嗣圣十三年（即武后万岁通天元年）腊月甲戌，如神岳。甲申，封于神岳。丁亥，禅于少室山。（《册府元龟》）①
>
> 《五礼通考》：《唐书·武后本纪》：嗣圣十三年（即武后万岁通天元年）腊月甲戌，如神岳。甲申，封于神岳。丁亥，禅于少室山。②

《会要》引书作《册府元龟》（以下简称《册府》），《五礼》引作《唐书·武后本纪》，二书明显有异。另外，殿本《会要》此条引作"《唐书·中宗本纪》"③，与四库本和《五礼》也有不同。按上述记载，略见于《新唐书》卷四《武后本纪》："万岁通天元年腊月甲戌，如神岳。甲申，封于神岳。改元曰万岁登封，大赦，免今岁租税，赐酺十日。丁亥，禅于少室山。"④《册府》则不见类似记载，四库本《会要》引书或有抄误。殿本据四库本抄录时，或许已意识到此条引书名称有误，然未加细查，乃迳改《册府》为《唐书·中宗本纪》，同样致误。

奇怪的是，《新唐书·武后本纪》并无"嗣圣十三年"这样的纪年方式，《五礼》为何如此记载？且同一件事，《五礼》卷二七《吉礼·明堂》又有如下不同记载：

> 《唐书·武后本纪》：万岁通天元年腊月甲申，封于神岳。改元

---

① 《唐会要》，文渊阁《四库全书》本，第 77 页。
② 《五礼通考》，文渊阁《四库全书》本，第 136 册，第 139 页。
③ 《唐会要》，武英殿聚珍本，第 104 页。
④ 《新唐书》，中华书局 1975 年版，第 95—96 页。

日万岁登封。三月丁巳，复作明堂，改日通天宫。大赦，改元，赐酺七日。①

同一著者，在同一书中引用大致相同的一条史料时，却出现了"嗣圣十三年"与"万岁通天元年"两种不同的纪年方式，这种情况颇耐人寻味。经检索查考，《五礼》一书中，使用类似的"嗣圣"年号纪年，总有四次，除上揭"嗣圣十三年"外，尚有卷三二"永昌元年（即嗣圣六年）"②、卷四七"中宗嗣圣五年（即武后垂拱四年）"③、卷八十"嗣圣七年（即武后天授元年）"④ 三次，其余全部沿用原书年号。无独有偶，《会要》也同样使用了"嗣圣"年号，除上条外，卷十上《亲迎气》见"永昌元年（即嗣圣六年）"⑤，卷九四《北突厥下》见"嗣圣三年"⑥，同卷《西突厥》见"嗣圣七年"⑦，此卷其后都承上省去年号而迳书"某某年"，以至出现（嗣圣）"十四年""十五年""十六年""十八年""二十一年"等特殊纪年方式。

关于《会要》中出现的"嗣圣"年号问题，黄丽婧、吴玉贵两位先生都曾有过探讨，指出该书卷九三、九四两卷文字，实乃后人据朱熹《资治通鉴纲目》（以下简称《纲目》）伪撰或补撰⑧。所言甚是。不过，四库本《会要》卷九三、九四所记内容，是否直接据朱熹《纲目》而补，尚有待进一步证实。目前可以明确的是，以"嗣圣"年号编年纪事，始自宋代范祖禹《唐鉴》和朱熹《纲目》。因此，上揭《会要》与《五礼》中使用"嗣圣"年号纪年的文字，尽管有的标明了引据文献，且内容大

---

① 《五礼通考》，文渊阁《四库全书》本，第135册，第719页。
② 同上书，第824页。
③ 《五礼通考》，文渊阁《四库全书》本，第136册，第31页。
④ 同上书，第979页。
⑤ 《唐会要》，文渊阁《四库全书》本，第153页。
⑥ 同上书，第362页。
⑦ 同上书，第366页。
⑧ 黄丽婧：《〈唐会要〉阙卷后人伪撰考》，《江淮论坛》2012年第4期。吴玉贵：《〈唐会要〉突厥、吐谷浑卷补撰考》，《文史》2015年第2辑。有必要指出的是，关于《唐会要》卷九十二、九十三、九十四出自后人伪撰问题，日本学者古畑彻最先进行研究，并明确提出这一观点，参见氏著《〈唐会要〉の诸テキストについて》，《东方学》第七十八辑，第82—95页。

体一致，然这种特殊的纪年书写方式，已非原书本貌，而明显为后人所为了。那么，这些使用"嗣圣"纪年的文字，究竟出现于何时并为何人所为呢？这其实已关涉到《会要》与《五礼》二书所引史料的直接来源问题了。

按《五礼》既沿用"万岁通天"年号，又使用"嗣圣"年号，体例前后不一，则这些以"嗣圣"年号编年纪事的文字，恐怕不是出自秦蕙田本人之手，而是别有所本。上节曾论及该书引据《古今图书集成》（以下简称《集成》），因此，不排除有关"嗣圣"年号的这条引文，有源自《集成》一书的可能。关于此点，下文还将详细讨论。

不管如何，《会要》与《五礼》此条引书名称虽有不同，但在具体内容和书写方式上却存在惊人的相同之处，如"嗣圣十三年"纪年方式的使用，其后夹行小字"即武后万岁通天元年"的注文说明，以及其他文字的表述等，二书完全一致，并无任何差异。这种无论内容还是书写方式的高度一致性，足可表明《会要》与《五礼》存在着密切关联。

比较上揭"表一"所列书目，不难发现，《会要》总引四十条书目，其中有四条与《五礼》存在差异：第一，《会要》第11条引《文苑英华》，不见于《五礼》；第二，《会要》第3、4条同引《册府》，《五礼》则并为一条；第三，《会要》第39条引《册府》，《五礼》第37条则为《唐书·武后本纪》；第四，《会要》第40条引《王元感传》，《五礼》第38条作《王玄感传》（按作"玄"误）。除此四条外，其余诸条无论是引书名称，还是前后顺序，都高度一致。尤其是诸如《礼仪志》《礼乐志》《颜师古传》之类的简称，二书亦一模一样。这恐怕不是偶然的巧合，其间的因袭关系至为明显。

就书写体例而言，《五礼》正文皆顶格书写，"自注"低正文一格①，秦蕙田本人的按语则低正文数格。《会要》正文顶格书写，按语则低一格，并无"自注"方式，这明显是仿照《会要》原书体例而来。有趣的是，《会要》按语内容，与《五礼》"自注"完全相同，仅多一"案"

---

① "自注"一名，承辛德勇先生赐教，谨此致谢！

字，如本卷第 10、19、32、40 诸条，即是如此。其后的八、九、十诸卷，凡低正文一格引文，多与《五礼》"自注"同，然有些条文有"案"字，有些又无，不知何故？至于二书正文内容，除个别字句略有差异外，其余全同，尤其是每段引文的首句和末句，无不如此。这种高度一致性，可进一步证明二书之间存在着密切的因袭关系。

上文业已指出，《五礼》成书于乾隆二十六年（1761），四库本《会要》则成于乾隆三十八年（1773）四库开馆之后。从成书时间先后看，《会要》卷七内容有无可能直接抄自《五礼》呢？上述论证和分析，其实已经指向了这一点。

更值得注意的是，《五礼》中有些夹行小字案语，并非原书内容，《会要》补辑者不加审查，迳录入书中，即直接反映了这种明显的抄录关系。兹以《会要》第 31 条与《五礼》第 29 条试作比较如下：

《唐会要》：
乾封三年正月，帝亲享昊天上帝于山下封祀之坛，如圜丘之仪。祭讫，亲封玉策，置石䃭，聚五色土封之。圜径一丈二尺，高九尺。其日，帝率侍臣以下升泰山。翌日。就山上登封之坛，封玉策讫，复还山下之斋宫。其明日，亲祀皇地祇于社首山上降禅之坛，如方丘之仪。皇后为亚献，越国太妃燕氏为终献。翌日，上御朝觐坛，以朝群臣。如元日之仪。礼毕，宴文武百僚，大赦，改元。（案《本纪》：是年三月，改元总章。《旧唐书·礼仪志》）①

《五礼通考》：
《旧唐书·礼仪志》：乾封三年正月，帝亲享昊天上帝于山下封祀之坛，如圜丘之仪。祭讫，亲封玉策，置石䃭，聚五色土封之。圜径一丈二尺，高九尺。其日，帝率侍臣以下升泰山。翌日，就山上登封之坛，封玉策讫，复还山下之斋宫。其明日，亲祀皇地祇于社首山上降禅之坛，如方丘之仪。皇后为亚献，越国太妃燕氏为终献。翌日，上御朝觐坛，以朝群臣，如元日之仪。礼毕，宴文武百僚，

---

① 《唐会要》，文渊阁《四库全书》本，第 74 页。

大赦，改元。(案《本纪》：是年三月，改元总章。)①

二书抄写格式相同，既有正文，又有夹行小字，且所引《旧唐书·礼仪志》内容完全一样。问题是，该段引文末所见"案《本纪》：是年三月，改元总章"夹行小字，实乃后人添加的按语（是否为秦蕙田本人所加，有待考证。相关论说详见下文），并非《旧唐书·礼仪志》原文内容。然《会要》补辑者对此不加分辨和核查，全部照录书中，其抄录痕迹昭然可揭。再以《会要》第33条与《五礼》第31条相比较，情况亦复如此：

《唐会要》：
上元三年二月，诏今冬有事于嵩岳。闰三月，以吐蕃犯塞，停之。(案《本纪》：是年十一月，改元仪凤。)②

《五礼通考》：
上元三年二月，诏今冬有事于嵩岳。闰三月，以吐蕃犯塞，停之。(案《本纪》：是年十一月，改元仪凤。)③

二书所记内容与书写格式完全一样。更值得注意的是，《五礼》此条并未注明文献依据，《会要》同样也未给出引书名称，这显然与该卷体例不合。究其原因，就在于其书完全照抄《五礼》。而文后"案《本纪》：是年十一月，改元仪凤"夹行小字，同样属按语，《会要》补辑者也照录不误，其对《五礼》一书的抄撮，于此又添新证。

另外，《会要》有些引文与原书略异，而与《五礼》完全相同，也反映了其明显的抄录关系。如第40条引《王元感传》（《五礼》第38条引作《王玄感传》）：

---

① 《五礼通考》卷五一，文渊阁《四库全书》本，第136册，第136—137页。
② 《唐会要》，文渊阁《四库全书》本，第74页。
③ 《五礼通考》卷五一，文渊阁《四库全书》本，第136册，第137页。

《唐会要》：

案《王元感传》：天授中，元感直弘文馆。武后时已郊，遂享明堂，封嵩山。绍兴韦叔夏等草仪具，众推练洽。①

《五礼通考》：

《王玄感传》：天授中，玄感直弘文馆。武后时已郊，遂享明堂，封嵩山。绍兴韦叔夏等草仪具，众推练洽。②

与《五礼》引文相比，《会要》"玄"作"元"，且多一"案"字，其余全部相同。"绍兴"，《新唐书·王元感传》作"诏与"③。按唐代并无"绍兴"一名，且韦叔夏乃韦安石之兄，本京兆万年人，"绍兴"明显为"诏与"之形误。《五礼》抄误，《会要》补辑者不加核查，直接抄录，继续沿袭《五礼》之误。

秦蕙田《五礼》一书中，亦存在对个别史料判断的疏误，《会要》补辑者同样不加分辨地抄入书中，致使所引条文与《会要》一书完全不相吻合。最典型的例子，莫过于第1条所引《册府》的史料：

《唐会要》：

兖州刺史薛胄，以天下太平，登封告禅，帝王盛烈，遂遣博士登泰山，观古跡，撰《封禅图》及仪上之，高祖谦让不许。（《册府元龟》）④

《五礼通考》：

《册府元龟》：兖州刺史薛胄，以天下太平，登封告禅，帝王盛烈，遂遣博士登太山，观古跡，撰《封禅图》及仪上之，高祖谦让

---

① 《唐会要》，文渊阁《四库全书》本，第77页。
② 《五礼通考》卷五十一，文渊阁《四库全书》本，第136册，第139页。
③ 《新唐书》卷一九九《王元感传》："王元感，濮州鄄城人。……天授中，稍迁左卫率府录事，兼直弘文馆。武后时已郊，遂享明堂，封嵩山，诏与韦叔夏等草仪具，众推其练洽。"中华书局1975年版，第5666页。按殿本《唐会要》同作"绍兴"，上海古籍出版社点校本改为"诏与"，然未说明依据。点校本初版于1991年，此据2006年新1版，第122页。
④ 《唐会要》，文渊阁《四库全书》本，第56页。

不许。①

二书所引书名与内容完全一致。按此段史料见于《册府元龟》卷三五《帝王部·封禅》②，明确记载是隋文帝"开皇九年平陈"之后的事情。《隋书》卷五六《薛胄传》③亦有类似记载，所言皆非唐事。而《会要》补辑者不查，迳据《五礼》抄录书中，从而导致隋代史事窜入书中的疏误④。秦蕙田在抄录《册府》此段文字后，有如下一句案语："右唐高祖不行封禅"。很明显，秦氏未加审查，把文中"高祖"杨坚错认为唐高祖李渊，从而把《册府》的这一记载，归属唐事。此乃《五礼》有误在先，而《会要》补辑者直接抄录《五礼》，继续沿误在后。

论证至此，可以肯定地说，四库本《唐会要》卷七《封禅上》所录40条引文，除第11条《文苑英华》为新增外，其余全部直接抄自《五礼通考》卷五○、卷五一中的内容。

（二）《唐会要》卷八《封禅下》与《五礼通考》卷五○、卷五一《吉礼·四望山川（附封禅）》之比较

《会要》卷八《封禅下》总引文十六条，全部见于《通考》卷五○、卷五二《吉礼·四望山川（附封禅）》，具体引书情况如表二：

表二　　　　　《唐会要》卷八与《五礼通考》引书对照表

书名 书目	《唐会要》		《五礼通考》	
引用书目	1.《册府元龟》	2.《唐书·礼乐志》	1.《册府元龟》	2.《唐书·礼乐志》

---

① 《五礼通考》卷五○，文渊阁《四库全书》本，第136册，第118页。
② 《册府元龟》，中华书局1960年版，第384页。
③ 《隋书》，中华书局1973年版，第1388页。
④ 牛继清《唐会要校证》已指出此点，认为"补辑者误系之唐"。第69页注（1）。其实，原误是《五礼通考》，《唐会要》从误而已。

续表

书目 \ 书名	《唐会要》		《五礼通考》	
引用书目	3.《旧唐书·礼仪志》	4.《册府元龟》	3.《旧唐书·礼仪志》	4.《册府元龟》
	5.《唐书·列传》	6. 唐张说《封禅坛颂》①	5.《唐书·列传》	6. 唐张说《封禅坛颂》
	7.《徐坚传》	8.《裴光庭传》	7.《徐坚传》	8.《裴光庭传》
	9.《康子元传》②	10.《酉阳杂俎》	9.《康子元传》	10.《酉阳杂俎》③
	11.《旧唐书·玄宗本纪》	12.《开元礼·封禅仪》	11.《旧唐书·玄宗本纪》	12.《开元礼·封禅仪》
	13.《册府元龟》	14.《唐书·玄宗本纪》	13.《册府元龟》	14.《唐书·玄宗本纪》
	15.《册府元龟》	16."范氏祖禹曰"	15.《册府元龟》	16."范氏祖禹曰"

据上揭"表二",《会要》卷八无论是引书名称,还是前后顺序,都与《五礼》卷五一、五二完全一致。尤其是"《唐书·列传》""范氏祖禹曰"之类的特殊名称,更是一模一样。这无疑表明,《会要》此卷内容,同样也是抄自《五礼》。

再从十六条引文具体内容看,《会要》与《五礼》首尾句全同。如第3条引《旧唐书·礼仪志》,首句皆为"上诏中书令张说",尾句为"以纪圣德"。不仅如此,其中有些文字还与今本《旧唐书·礼仪志》有异,如首句"上诏中书令张说",《旧志》作"于是诏中书令张说"④;又如

---

① 《唐会要》此条下有双行小字注"《文苑英华》",《五礼通考》无。
② 《唐会要》此条下有双行小字注"并唐史"(殿本作"并《唐书》"),《五礼通考》无。
③ 以上十条见《五礼通考》卷五一,以下六条见同卷卷五二。
④ 《旧唐书》卷二三《礼仪志三》,中华书局1975年版,第892页。

"事须革正",《旧志》作"事资革正";又"委柴在祭物之初",《旧志》作"委柴在祭神之初";又"十二年十一月丙戌",《旧志》作"十三年十一月丙戌"①,等等,无不反映了《会要》与《五礼》引文的高度一致性。尤其是有关"(开元)十二年十一月丙戌"的记载,据《旧唐书·礼仪志》,此条之前已述及"玄宗开元十二年"事②,此处所记,只能是开元十三年之事,绝不可能是"十二年","二"乃"三"之讹误。《五礼》抄误,《会要》从误。

二书第12条引文标明出自《开元礼·封禅仪》,其实是直接抄录《通典》卷一一九《开元礼纂类》。其中诸如"禅仪无此篇""禅无上山仪""封检附"之类的双行小字注,并不见于《大唐开元礼》,可为明证。另外,有些关键字,《五礼》漏抄,《会要》也袭之抄漏。如"进熟"条中,有"太官令帅馔者"一句,《通典》与《开元礼》并作"太官令帅进馔者"③。这里有无"进"字,至为关键。又"盥洗爵等并如圆丘仪"一语,《通典》与《开元礼》"洗"前皆有"手"字④。"盥洗爵等"明显不顺,显然漏一"手"字。《会要》与《五礼》同阙关键的"进""手"二字,不正反映了二者之间的抄录关系吗?!

第16条引"范氏祖禹曰",足可证明《会要》卷八直接抄录《五礼》。按此段引文出自宋人范祖禹《唐鉴》卷四《太宗二》,秦蕙田以"自注"方式抄入《五礼》,《会要》补辑者不加审查,同样据之迻录书中,令人遗憾!稍感欣慰的是,殿本编纂者在抄录四库本时,似乎已注意到这一问题,故弃之不录。

总之,《唐会要》卷八《封禅下》所载十六条引文,全部抄自《五礼通考》卷五一、卷五二,则是完全可以肯定的。

---

① 《旧唐书》,第898页。
② 《旧唐书》,第891页。
③ 《通典》,中华书局1988年版,第3044页。《大唐开元礼》卷六三,民族出版社2000年版,第335页。
④ 《通典》,第3044页。《大唐开元礼》,第335页。

（三）《唐会要》卷九上《郊祭》与《五礼通考》卷九、卷十《吉礼·圜丘祀天》之比较

《会要》卷九上《郊祭》总引文五十条，除一条《文苑英华》外，其余皆见于《五礼》卷九、十《吉礼·圜丘祀天》。当然，在具体抄录时，也对《五礼》原文作了一些更改、增补和调整。具体引书情况如表三：

表三　　　　《唐会要》卷九上与《五礼通考》引书对照表

书名\书目	《唐会要》		《五礼通考》	
引用书目	1.《唐书·高祖本纪》	2.《旧唐书·礼仪志》	1.《唐书·高祖本纪》	2.《旧唐书·礼仪志》
	3.《唐书·礼乐志》	4.《唐书·太宗本纪》	3.《唐书·礼乐志》	4.《唐书·太宗本纪》
	5.《裴寂传》	6.《刘黑闼传》	5.《裴寂传》	6.《刘黑闼传》
	7.《唐书·太宗本纪》	8.《礼乐志》	7. 阙（《唐书·太宗本纪》）①	8.《礼乐志》
	9.《旧唐书·音乐志》	10.《唐书·太宗本纪》②	9.《旧唐书·音乐志》	10.《唐书·太宗本纪》
	11.《策（册）府元龟》	12.《唐书·高宗本纪》	11.《册府元龟》	12.《唐书·高宗本纪》
	13.《礼乐志》	14.《通典》	13.《礼乐志》	14.《通典》

---

① 本条叙贞观五年事，虽前有《裴寂传》、《刘黑闼传》二条"自注"，然承上《唐书·太宗本纪》贞观二年条而来，故未标书名。

② 四库本此条分记贞观十四年、十七年两事，十四年事下见双行小字注"旧唐"二字，当是补辑者感觉这是两事，似应分别注明文献依据，然又不细加核查，随意补上"旧唐"二字。殿本据四库本抄录时，已正确删除此二字，与《五礼通考》相合。四库本《唐会要》，第108页；殿本《唐会要》，第144页。

续表

书名＼书目	《唐会要》		《五礼通考》	
引用书目	15.《通典》	16.《旧唐书·礼仪志》	15. 阙（《通典》）①	16.《旧唐书·礼仪志》
	17.《唐书·高宗本纪》	18.《旧唐书·高宗本纪》	17.《唐书·高宗本纪》	18.《旧唐书·高宗本纪》
	19.《唐书·韦万石传》	20.《旧唐书·礼仪志》	19.《唐书·韦万石传》	20.《旧唐书·礼仪志》
	21.《旧唐书·礼仪志》	22.《唐书·礼乐志》	21. 阙（《旧唐书·礼仪志》）②	22.《唐书·礼乐志》
	23.《沈伯义传》	24.《文献通考》	23.《沈伯义传》	24.《文献通考》
	25.《通典》	26.《旧唐书·则天皇后本纪》	25.《通典》	26.《旧唐书·则天皇后本纪》
	27.《礼仪志》	28.《唐书·礼乐志》	27.《礼仪志》	28.《唐书·礼乐志》
	29.《旧唐书·则天皇后本纪》	30.《通典》	29.《旧唐书·则天皇后本纪》	30.《通典》
	31.《中宗本纪》	32.《苏瓌传》	31.《旧唐书·音乐志》	32.《中宗本纪》
	33.《褚无量传》	34.《文苑英华》	33.《苏瓌传》	34.《褚无量传》
	35.《蒋钦绪传》③	36.《文苑英华》	35.《蒋钦绪传》	36.《祝钦明传》

---

① 此条前有"蕙田案"，乃承上《通典》而叙，故原书未标书名。
② 此条叙乾封二年，乃接上条《旧唐书·礼仪志》而来，故未标书名。
③ 本条后注有"唐书"二字。

续表

书目 书名	《唐会要》		《五礼通考》	
引用书目	37.《旧唐书·祝钦明传》	38.《唐书·祝钦明传》①	37.《唐书·祝钦明传》	38.《通典》
	39.《通典》	40.《旧唐书·音乐志》	39.《旧唐书·音乐志》	40.《通典》
	41.《旧唐书·礼乐（仪）志》	42.《唐书·睿宗本纪》	41.《唐书·睿宗本纪》	42.《通典》
	43.《通典》	44.《贾曾传》	43.《唐书·贾曾传》②	44.《唐书·张九龄传》
	45.《唐书·张九龄传》	46.《册府元龟》	45.《册府元龟》	46.《唐书·玄宗本纪》
	47.《唐书·玄宗本纪》	48.《通典》	47.《通典》	48.《旧唐书·音乐志》
	49.《旧唐书·玄宗本纪》	50.《唐书》	49.《旧唐书·玄宗本纪》	50.《礼仪志》
			51.《通典》	

　　需要说明的是，上揭"表三"所列《会要》第 34 条引《文苑英华》，题为"无量上皇后不合祭南郊议"，其实乃是对《五礼》第 34 条《褚无量传》（《旧唐书》）的拆分，即把《通考》所引《褚无量传》，拆分为"《褚无量传》"与"《文苑英华》"两条。具体文字则转抄《文苑英华》卷七六一褚无量《皇后不合祭南郊议》，故文中有若干双行小

---

① 同上。
② 以上四十三条见《五礼通考》卷九，以下六条见同书卷十。

字注。

又《会要》第 36 条引《文苑英华》，题为"钦绪驳祝钦明请南郊皇后充亚献议"，不见于《五礼》，乃新增条文。当然，《五礼》引文中，也有个别条目不为《会要》所录者，如第 31 条引《旧唐书·音乐志》，即不见于《会要》。

另外，《五礼》引书也偶有疏误，如第 40 条引文标明出自《通典》，其实是《旧唐书·礼仪志》。《会要》不从《五礼》，改为"《旧唐书·礼乐志》"，惜"仪"又误为"乐"。

值得注意的是，《会要》在抄录《五礼》时，亦有明显的错简。如第 37 条引《旧唐书·祝钦明传》，在"于是左授饶州刺史"一语后，接书"《祝钦明传》"，致使下条引《通典》条文时，衍出"《唐书·祝钦明传》"数字①。殿本编纂者亦不加审查，把《唐书·祝钦明传》、《通典》两条引文并在一起，全部归于《旧唐书·祝钦明传》中，导致此条引文出现严重混乱②。

又《会要》第 50 条引"《唐书》"，不标明具体出处，亦与其他诸条不合，殊觉奇怪。《五礼》则明确区分为"《礼仪志》"和"《通典》"两条引文。殿本《会要》引同《五礼》，当在抄录四库本时有所订正。

除以上差异外，其余皆大同小异，说明《唐会要》此卷同样亦主要抄自《五礼通考》，而且抄录工作略显马虎和草率，不够认真与细致。

（四）《唐会要》卷九下与《五礼通考》卷十、十一《吉礼·圜丘祀天》之比较

《会要》卷九下引文总五十一条，除一条《文苑英华》外，其余皆见于《五礼》卷十、卷十一《吉礼·圜丘祀天》。具体引书情况如表四：

---

① 四库本《唐会要》，第 120—121 页。
② 殿本《唐会要》，第 156—161 页。

表四　　　《唐会要》卷九下与《五礼通考》引书对照表

书名\书目	《唐会要》		《五礼通考》	
引用书目	1.《通典·开元礼纂类》	2.《文苑英华》	1.《通典·开元礼纂类》	2.《旧唐书·玄宗纪》
	3.《旧唐书·玄宗纪》	4.《唐书·礼乐志》	3.《大学衍义补》	4.《唐书·礼乐志》
	5.《册府元龟》	6.《文献通考》	5.《册府元龟》	6.《文献通考》
	7.《通典》	8.《通典》	7.《通典》）	8.《册府元龟》
	9.《旧唐书·玄宗纪》	10.《旧唐书·玄宗纪》	9.《旧唐书·玄宗纪》	10.《礼仪志》
	11.《礼仪志》	12.《册府元龟》	11.《册府元龟》①	12.《旧唐书·肃宗本纪》
	13.《旧唐书·肃宗本纪》	14.《唐书·肃宗本纪》	13.《唐书·肃宗本纪》	14.《册府元龟》
	15.《册府元龟》	16.《唐书·代宗本纪》	15.《唐书·代宗本纪》	16.《图书集成》
	17.《图书集成》	18.《旧唐书·礼仪志》	17.《旧唐书·礼仪志》	18. 阙（同上未标）
	19.《礼仪志》	20.《代宗纪》	19.《代宗纪》	20.《礼仪志》
	21.《通典》	22.《册府元龟》	21.《通典》	22.《册府元龟》
	23.《旧唐书·代宗本纪》	24.《德宗本纪》	23.《旧唐书·代宗本纪》	24.《德宗本纪》
	25.《崔纵传》	26.《礼仪志》	25.《崔纵传》	26.《礼仪志》
	27.《德宗本纪》	28.《礼仪志》	27.《德宗本纪》	28.《礼仪志》

① 以上十一条见《五礼通考》卷十，余下诸条见同书卷十一。

续表

书名\书目	《唐会要》		《五礼通考》	
引用书目	29.《唐书·德宗本纪》	30.《册府元龟》	29.《唐书·德宗本纪》	30.《册府元龟》
	31.《通典》	32.《唐书·韦武传》	31.《通典》	32.《唐书·韦武传》
	33.《文献通考》	34.《旧唐书·敬宗本纪》	33.《李纾传》	34.《文献通考》
	35.《唐书·文宗本纪》	36.《崔宁传》	35.《旧唐书·敬宗本纪》	36.《唐书·文宗本纪》
	37.《旧唐书·王播传》	38.《武宗本纪》	37.《崔宁传》	38.《旧唐书·王播传》
	39.《旧唐书·武宗本纪》	40.《唐书·宣宗本纪》	39.《武宗本纪》	40.《旧唐书·武宗本纪》
	41.《旧唐书·宣宗本纪》	42.《旧唐书·懿宗本纪》	41.《唐书·宣宗本纪》	42.《旧唐书·宣宗本纪》
	43.《唐书·昭宗本纪》	44.《旧唐书·昭宗本纪》	43.《旧唐书·懿宗本纪》	44.《唐书·昭宗本纪》
	45.《唐书·阴侑传》	46.《旧唐书·孔纬传》	45.《旧唐书·昭宗本纪》	46.《唐书·阴侑传》
	47.《唐书·哀帝本纪》	48.《旧唐书·哀帝本纪》	47.《旧唐书·孔纬传》	48.《唐书·哀帝本纪》
	49.《五代史·梁本纪》	50.《孔循传》	49.《旧唐书·哀帝本纪》	50.《五代史·梁本纪》
	51.《蒋殷传》		51.《孔循传》	52.《蒋殷传》

据上揭"表四",《会要》此卷虽抄自《五礼》,然略有增省,且有个别调整和更正。如第 2 条引《文苑英华》,即属新增。《五礼》第 3 条引明代丘濬《大学衍义补》,第 33 条引《李纾传》,《会要》皆省而不录。又《五礼》第 19、20 条分别引"《礼仪志》""《代宗纪》",前条系年月为"广德二年正月",后条为"广德二年二月",前后时间失序。《会要》则按时间先后,迻移《代宗纪》于《礼仪志》之前,诚是。另外,《五礼》第 9 条引《旧唐书·玄宗纪》,《会要》则拆分为"天宝九载""十载"两条(第 9、10 条)。当然,也有个别《会要》抄错或改错者,如《五礼》第 8 条引《册府》,《会要》第 8 条错为《通典》。按此条内容出自《册府元龟》卷三三《帝王部·崇祭祀第二》,《会要》显误。

值得注意的是,《会要》此卷标目分别为"斋戒""陈设""省牲器""銮驾出宫""奠玉帛""进熟""銮驾还宫(上辛雩祀并同)",实完全照抄《五礼》而不加细查。其实,这些条目乃"皇帝冬日至祀圆丘仪"中的文字,显然不能作为本卷的标目,而且与其他各卷体例也不吻合。不仅如此,《会要》还把《五礼》中前后完整的引文强行拆分,编入上下两卷之中,致使前后内容无法衔接。如《五礼》第 1 条引《通典·开元礼纂类》,前后内容完整,《会要》编纂者则强行拆分为两部分,分别编入卷九上和卷九下,致使"皇帝冬日至祀圆丘仪"内容前后无法衔接,体例也因此出现混乱。

另外,《会要》最后三条(49、50、51)相继引"《五代史·梁本纪》""《孔循传》""《蒋殷传》",与《五礼》所引书名、顺序、内容完全一样,其抄录痕迹至为明显。然殿本编纂者在照抄四库本时,似乎感觉这里引《新五代史》入《会要》,有些不妥,于是迳改"《五代史·梁本纪》"为"《旧唐书·哀帝纪》"。① 这一改动,不仅与引文内容不相吻合,而且使后面的"《孔循传》"与"《蒋殷传》"失去着落,从而导致前后混乱。因为只有《新五代史》才有《孔循传》与《蒋殷传》,《旧唐书》并无二人的传。

---

① 《唐会要》卷九下《杂郊议下》,武英殿聚珍本,第 199 页。

总之,《会要》卷九下同样主要抄自《五礼》卷十、卷十一,当无疑义。其中,《会要》第 17 条、《五礼》第 16 条同引《图书集成》,即为明证。此点上文已有详细讨论,这里不复赘言。

(五)《唐会要》卷十上与《五礼通考》卷二一《吉礼·祈谷》、卷三二《吉礼·五帝》、卷三八《吉礼·方丘祭地》、卷四三《吉礼·社稷》之比较

《会要》卷十上分《亲拜郊(正月祈谷)》《亲迎气》《后土(方丘)》《后土(社稷)》四目,总引文七十六条,全部抄自《五礼》卷二一《吉礼·祈谷》、卷三二《吉礼·五帝》、卷三八《吉礼·方丘祭地》、卷四三《吉礼·社稷》,当然在文字上也有一些增删改动。具体引书情况如表五:

表五　　《唐会要》卷十上与《五礼通考》引书对照表

	书目 书名	《唐会要》卷十上《亲拜郊(正月祈谷)》		《五礼通考》卷二一《吉礼·祈谷》	
引用书目		1.《旧唐书·礼仪志》	2.《文献通考》	1.《旧唐书·礼仪志》	2.《文献通考》
		3.《唐书·礼乐志》	4.《萧德言传》	3.《唐书·礼乐志》	4.《萧德言传》
		5.《唐书·礼乐志》	6.《旧唐书·礼仪志》	5.《唐书·礼乐志》	6.《旧唐书·礼仪志》
		7.《唐书·礼乐志》	8.《王仲邱传》	7.《唐书·礼乐志》	7.《王仲丘传》
		9.《旧唐书·礼仪志》	10.《旧唐书·玄宗本纪》	9.《册府元龟》	10.《旧唐书·礼仪志》
		11.《唐书·德宗本纪》	12.《唐书·宪宗本纪》	11.《旧唐书·玄宗纪》	12.《唐书·德宗本纪》

续表

书目\书名	《唐会要》卷十上《亲拜郊（正月祈谷)》		《五礼通考》卷二一《吉礼·祈谷》	
引用书目	13.《旧唐书·宪宗本纪》	14.《旧唐书·礼仪志》	13.《宪宗本纪》	14.《旧唐书·宪宗本纪》
	15.《唐书·穆宗本纪》	16.《旧唐书·穆宗本纪》	15.《礼仪志》	16.《唐书·穆宗本纪》
	17.《唐书·敬宗本纪》	18.《唐书·武宗本纪》	17.《旧唐书·穆宗本纪》	18.《唐书·敬宗本纪》
	19.《唐书·宣宗本纪》	20.《唐书·懿宗本纪》	19.《武宗本纪》	20.《宣宗本纪》
	21.《唐书·僖宗本纪》		21.《懿宗本纪》	22.《僖宗本纪》

书目\书名	《唐会要》卷十上《亲迎气》		《五礼通考》卷三二《吉礼·五帝》	
引用书目	1.《旧唐书·礼仪志》	2.《通典》	1.《旧唐书·礼仪志》	2.《音乐志》
	3.《通考》	4.《通考》	3.《通典》	4.《通考》
	5.《通考》	6.《开元礼》	5.《开元礼》	6.《文献通考》
	7.《文献通考》	8.《唐书·玄宗本纪》	7.《唐书·玄宗本纪》	8.《旧唐书·礼仪志》
	9.《旧唐书·礼仪志》	10.《文献通考》	9.《文献通考》	10.《旧唐书·礼仪志》
	11.《旧唐书·礼仪志》	12.《旧唐书·郭崇敬传》	11.《旧唐书·郭崇敬传》	

续表

书目\书名	《唐会要》卷十上《后土（方丘）》		《五礼通考》卷三八《吉礼·方丘祭地》	
引用书目	1.《旧唐书·礼仪志》	2.《通典》	1.《旧唐书·礼仪志》	2.《通典》
	3. 阙	4.《通考》	3. 阙	4.《旧唐书·音乐志》
	5. 阙	6.《唐书·萧德言传》	5. 阙	6. 阙
	7.《通考》	8. 阙	7.《唐书·萧德言传》	8.《文献通考》
	9.《通考》	10.《通考》	9. 阙	10. 阙
	11.《唐书·睿宗本纪》	12.《唐书·玄宗本纪》	11. 阙	12.《唐书·睿宗本纪》
	13.《文献通考》	14.《旧唐书·玄宗本纪》	13.《旧唐书·音乐志》	14.《唐书·玄宗本纪》
	15.《唐书·玄宗本纪》	16.《文献通考》	15.《文献通考》	16.《旧唐书·玄宗本纪》
	17.《旧唐书·礼仪志》	18.《开元礼》	17.《唐书·玄宗本纪》	18.《文献通考》
	19.《开元礼》	20.《通考》	19.《旧唐书·音乐志》	20.《旧唐书·礼仪志》
	21.《通考》	22.《册府元龟》	21.《开元礼》	22. 阙
	23. 阙		23. 阙	24.《册府元龟》
			25. 阙	

续表

书目\书名	《唐会要》卷十上《后土（社稷）》		《五礼通考》卷四三《吉礼·社稷》	
引用书目	1.《旧唐书·高祖本纪》	2.《礼仪志》	1.《旧唐书·高祖本纪》	2.《礼仪志》
	3.《通典》	4.《册府元龟》	3.《通典》	4.《册府元龟》
	5.《通典》	6.《旧唐书·高宗本纪》	5.《通典》	6.《旧唐书·高宗本纪》
	7.《唐书·武后本纪》	8.《唐书·中宗本纪》	7.《唐书·武后本纪》	8.《唐书·中宗本纪》
	9.《礼乐志》	10.《张齐贤传》	9.《礼乐志》	10.《张齐贤传》
	11.《旧唐书·礼仪志》	12.《通考》	11.《旧唐书·礼仪志》	12.《唐书·礼乐志》
	13.《通考》	14.《通考》	13.《开元礼》	14.《唐会要》
	15.《唐书·礼乐志》	16.《通考》	15. 阙（同上未标）	16.《通典》
	17.《通考》	18.《通典》	17.《旧唐书·肃宗本纪》	18.《文献通考》
	19.《旧唐书·肃宗本纪》	20.《文献通考》	19.《旧唐书·音乐志》	

据上揭"表五"，《会要·亲拜郊（正月祈谷）》总引文二十一条，全部见于《五礼》卷二一《吉礼·祈谷》，区别仅在于文字的增改，如改《王仲丘传》为《王仲邱传》，增改《礼仪志》为《旧唐书·礼仪志》，在《武宗本纪》等前补"唐书"二字等。另外，《五礼》第9条引《册府》，叙开元八年三月事，为《会要》所不录，不知何故？

《会要·亲迎气》总引文十二条，亦全部见于《五礼》卷三二《吉礼·五帝》，具体条数与所引文献名称则略有差异。如《五礼》第 2 条引《音乐志》，为《会要》所不录。又第 5 条引《开元礼》，《会要》则拆分为 4、5、6 三条，分别注明出自《通考》《通考》《开元礼》，补辑者如此改动，是欲盖弥彰抑或别有他故，并不清楚。尤其是《会要》第 2 条、《五礼》第 3 条同引《通典》，"永昌元年"下皆有"即嗣圣六年"五字双行小字注，足以说明《会要》对《五礼》的抄录。

《会要·后土（方丘）》总引文二十三条，同样见于《五礼》卷三八《吉礼·方丘祭地》。《五礼》引录《旧唐书·音乐志》三条，《会要》未录。另外，《五礼》有些引文未标文献名称，《会要》同样袭之不标。如第 3 条：

中书令房玄龄与礼官议，以为："礼有益于人，则祀之。神州者，国之所托，余八州则义不相及。近代通祭九州，今除余州等八座，唯祭皇地祇及神州，以正祀典。"①

经查，此条引文出自《文献通考》卷七六《郊社考·祀后土》，《五礼》漏标，《会要》亦然。又《五礼》第 6 条引文同样出自《文献通考》卷七六，然漏标引书名称，《会要》第 8 条袭之亦然。这些无不反映了《会要》对《五礼》的抄录。

《会要·后土（社稷）》总引文二十条，亦见于《五礼》卷四三《吉礼·社稷》。《五礼》第 12 条引《唐书·礼乐志》，《会要》抄作"《通考》"，误。又《五礼》第 13 条引《开元礼》，《会要》则拆分为二条，另标出自"《通考》""《唐书·礼乐志》"，亦有疑问。又《五礼》第 14、15 条引《唐会要》，《会要》补辑者自然不能照抄入书中，于是统一改为"《通考》"。

综上所述，四库本《唐会要》卷十上所有引文，同样全部抄自《五礼通考》，足可断言也。

---

① 《五礼通考》卷三八，文渊阁《四库全书》本，第 135 册，第 980 页。

（六）《唐会要》卷十下与《五礼通考》卷一二四《吉礼·亲耕享先农》、卷一二六《吉礼·亲桑享先蚕》之比较

《会要》卷十下分《籍（藉）田》《九宫坛》《皇后亲蚕》三目，除《九宫坛》引文直接抄自《旧唐书》卷二四《礼仪志四》，其余二目总引文三十九条，全部抄自《五礼》卷一二四《吉礼·亲耕享先农》、卷一二六《吉礼·亲桑享先蚕》，唯在个别书名上有些文字增改。具体引书情况如表六：

表六　　《唐会要》卷十下与《五礼通考》引书对照表

书目书名	《唐会要》卷十下《籍（藉）田》		《五礼通考》卷一二四《吉礼·亲耕享先农》	
引用书目	1.《旧唐书·太宗本纪》	2.《旧唐书·礼仪志》	1.《旧唐书·太宗本纪》	2.《旧唐书·礼仪志》
	3.《唐书·礼乐志》	4.《唐书·高宗本纪》	3.《唐书·礼乐志》	4. 阙
	5.《册府元龟》	6.《文献通考》	5. 阙	6.《唐书·高宗本纪》
	7. 阙	8.《唐书·高宗本纪》	7.《册府元龟》	8.《文献通考》
	9.《册府元龟》	10.《文献通考》	9. 阙（同上未标）	10.《唐书·高宗本纪》
	11.《旧唐书·礼仪志》	12.《唐书·礼乐志》	11.《册府元龟》	12. 阙
	13.《唐书·睿宗本纪》	14.《旧唐书·礼仪志》	13.《旧唐书·礼仪志》	14.《唐书·礼乐志》
	15.《唐书·玄宗本纪》	16.《唐书·礼乐志》	15.《唐书·睿宗本纪》	16.《旧唐书·礼仪志》

续表

书名＼书目	《唐会要》卷十下《籍（藉）田》		《五礼通考》卷一二四《吉礼·亲耕享先农》	
引用书目	17.《旧唐书·礼仪志》	18.《旧唐书·礼仪志》	17.《唐书·元（玄）宗本纪》	18.《礼乐志》
	19.《册府元龟》	20.《唐开元礼》	19.《唐书·元（玄）宗本纪》	20.《旧唐书·礼仪志》
	21.《唐书·肃宗本纪》	22.《旧唐书·礼仪志》	21.《册府元龟》	22.《唐开元礼》
	23.《唐书·礼乐志》		23.《唐书·肃宗本纪》	24.《旧唐书·礼仪志》
			25.《唐书·礼乐志》	

书名＼书目	《唐会要》卷十下《皇后亲蚕》		《五礼通考》卷一二六《吉礼·亲桑享先蚕》	
引用书目	1.《唐书·太宗本纪》	2.《文献通考》	1.《唐书·太宗本纪》	2.《文献通考》
	3. 阙	4. 阙	3. 阙	4.《唐会要》
	5.《文献通考》	6.《唐书·高宗本纪》	5.《文献通考》	6.《唐书·高宗本纪》
	7.《唐书·高宗本纪》	8.《文献通考》	7. 阙（同上未标）	8. 阙（同上未标）
	9.《唐书·高宗本纪》	10.《唐书·高宗本纪》	9. 阙（同上未标）	10. 阙（同上未标）
	11.《唐书·玄宗本纪》	12.《文献通考》	11.《元（玄）宗本纪》	12.《文献通考》
	13.《唐书·肃宗本纪》	14.《唐书·张皇后传》	13.《肃宗本纪》	14.《唐书·张皇后传》
	15.《通典》	16.《开元礼》	15.《通典》	16.《开元礼》

据上揭"表六",《会要·籍(藉)田》总引文二十三条,全部见于《五礼》卷一二四《吉礼·亲耕享先农》。按《五礼》第4条"享先农乐章"、第5条"又享先农乐章一首",未标文献名。经查,实出自《旧唐书》卷三〇《音乐志》,《会要》弃之不录。又《五礼》第8条引《文献通考》,第9条"自注"同,故此条省书名。《会要》第7条照抄《五礼》,亦无书名,导致前后体例不合。又《五礼》第12条引文"景云三年,亲耕藉田",也缺文献名,《会要》第10条补为"《文献通考》",诚是。

《会要·皇后亲蚕》总引文十六条,全部见于《五礼》卷一二六《吉礼·亲桑享先蚕》。按《五礼》第3条引《唐会要》,《会要》补辑者省而不标。另外,《五礼》第7、8、9、10条,全部出自《唐书·高宗本纪》,因第6条已标,故其后省标。《会要》第8条则改《唐书·高宗本纪》为"《文献通考》",不知何故?

值得注意的是,《会要·九宫坛》仅有一条引文,内容颇长,标明出自《旧唐书·礼仪志》。经核查,《会要》此条长文相关内容散见于《五礼》中,乃编纂者直接抄录《旧唐书·礼仪志》,与《五礼》无甚关联。前揭清人沈叔埏自言"《九宫坛》则专抄《礼仪志》",确属事实。此点或可证明,沈叔埏当为《会要》阙卷的最后补辑者。

以上就《唐会要》与《五礼通考》之异同,进行了逐卷的比较与分析。从中不难看出,《会要》七、八、九、十诸卷总引文二七二条,除三条《文苑英华》与一条《旧唐书·礼仪志》为新增条文外,其余全部直接抄自《五礼》。虽然在一些引书名称和个别字词上,《会要》对《五礼》略有增删改动,但其对《五礼》条文大面积的抄录,则是肯定无疑的。

另外,上文业已指出,《五礼》一书引文中,既沿用武周年号,又使用中宗"嗣圣"年号,体例前后不一。这些记有"嗣圣"年号的文字,应该出自后人的编写或改撰,但又不太可能出自秦蕙田之手,当别有所本。这其实已关涉《五礼》一书的史料来源问题了。下节拟对此展开探讨。

三 《五礼通考》与《古今图书集成》之关系

《五礼通考》直接引用过《古今图书集成》,《唐会要》袭之,这已见上文论述。然二书之间究竟存在什么关系？颇值探究。张涛先生在《〈五礼通考〉史源举要》①一文中,以《五礼》所载"军礼"为中心,详细比较其与《古今图书集成》之异同,指出《五礼》所载历代史事,参用《集成》为多,而袭取《经济汇编·礼仪典》者尤众。张文还列有"《五礼通考》袭用《古今图书集成》对照表",颇富参考价值。

通过比较《会要》《五礼》《集成》三书相关引文之异同,我们发现,《五礼》不少引文确实直接抄自《集成》,张涛先生的判断不无道理。为便于说明问题,今以《会要》卷七上与《五礼》卷五一所引相同条文,与《古今图书集成·经济汇编礼仪典》卷一九一《山川祀典部·汇考三·唐二》相关内容试作比较如表七：

表七　　《唐会要》《五礼通考》《古今图书集成》引文对照表

《唐会要》②	《五礼通考》③	《古今图书集成》④
◆显庆四年六月,诏许敬宗议封禅仪。敬宗请以高祖、太宗俱配昊天上帝,太穆、文德二后并配地祇。从之。(《通鉴》) ◆麟德元年七月丁未,诏以三年正月有事于泰山。(《唐书·高宗本纪》)	●《通鉴》：显庆四年六月,诏许敬宗议封禅仪。敬宗请以高祖、太宗俱配昊天上帝,太穆、文德二后并配地祇。从之。 ●《唐书·高宗本纪》：麟德元年七月丁未,诏以三年正月有事于泰山。	◎高宗显庆四年,诏许敬宗议封禅仪。 按《唐书·高宗本纪》不载。 ◆按《通鉴》：显庆四年六月,诏许敬宗议封禅仪。敬宗请以高祖、太宗俱配昊天上帝,太穆、文德二后并配地祇。从之。

---

① 张涛：《〈五礼通考〉史源举要》,《中国文化研究》2011 年第 3 期。
② 《唐会要》,文渊阁《四库全书》本,第 70 页。
③ 《五礼通考》,文渊阁《四库全书》本,第 136 册,第 132—133 页。
④ 《古今图书集成·经济汇编礼仪典》卷一九一《山川祀典部》,第 72 册,第 87531 页。

续表

《唐会要》	《五礼通考》	《古今图书集成》
◆麟德元年七月丁未朔，诏宜以三年正月，式遵故实，有事于岱宗，所司详求茂典，以从折衷。其诸州都督、刺史，以二年十二月便集岳下，诸王十月集东都。缘边州府襟要之处，不在集限。天下诸州，明扬才彦，或销声幽薮，或藏器下僚，并随岳牧举选。九月乙丑，诏曰："来年行幸岱宗，州县不得浪有烦扰。其水浅可涉，不可缮造桥梁，所行之处，亦勿开道路，诸州及寺观并百姓，不得辄献食。"（《册府元龟》） ◆麟德二年二月壬午，如东都。十月丁卯，如泰山。（《唐书·高宗本纪》） ◆麟德二年春正月壬午，幸东都。丁酉，幸合璧宫。甲子，以发向泰山，停选。五月，以司空、英国公李勣，少师、高阳郡公许敬宗，右相、嘉兴县子陆敦信，左相、钜鹿男窦德元为检校封禅使。冬十月戊午，皇后请封禅。司礼太常伯刘祥道上疏请封禅。丁卯，将封泰山，发自东都。十一月丙子，次于原武，以少牢祭汉将纪信墓，赠骠骑大将军。十二月丙午，御齐州大厅。乙卯，命有司祭泰山。丙辰，发灵岩顿。（《旧唐书·高宗本纪》）	◆《册府元龟》：麟德元年七月丁未朔，诏宜以三年正月，式遵故实，有事于岱宗，所司详求茂典，以从折衷。其诸州都督刺史，以二年十二月便集岳下，诸王十月集东都。缘边州府襟要之处，不在集限。天下诸州，明扬才彦，或销声幽薮，或藏器下僚，并随岳牧举送。九月乙丑，诏曰："来年行幸岱宗，州县不得浪有烦扰。其水浅可涉，不可缮造桥梁，所行之处，亦勿开道路，诸州及寺观并百姓，不得辄献食。" ◆《唐书·高宗本纪》：麟德二年二月壬午，如东都。十月丁卯，如泰山。 ◆《旧唐书·高宗本纪》：麟德二年春正月壬午，幸东都。丁酉，幸合璧宫。甲子，以发向泰山，停选。五月，以司空、英国公李勣，少师、高阳郡公许敬宗，右相、嘉兴县子陆敦信，左相、钜鹿男窦德元为检校封禅使。冬十月戊午，皇后请封禅。司礼太常伯刘祥道上疏请封禅。丁卯，将封泰山，发自东都。十一月丙子，次于原武，以少牢祭汉将纪信墓，赠骠骑大将军。十二月丙午，御齐州大厅。乙卯，命有司祭泰山。丙辰，发灵岩顿。	◎麟德元年，诏以三年有事于泰山，所司详求茂典。 ◆按《唐书·高宗本纪》：麟德元年七月丁未，诏以三年正月有事于泰山。 ◆按《册府元龟》：麟德元年七月丁未朔，诏宜以三年正月，式遵故实，有事于岱宗，所司详求茂典，以从折衷。其诸州都督刺史，以二年十二月便集岳下，诸王十月集东都。缘边州府襟要之处，不在集限。天下诸州，明扬才彦，或销声幽薮，或藏器下僚，并随岳牧举送。九月乙丑，诏曰："来年行幸岱宗，州县不得浪有烦扰。其水浅可涉，不可缮造桥梁，所行之处，亦勿开道路，诸州及寺观并百姓，不得辄献食。" ◎麟德二年十月，将封泰山，发自东都。 ◆按《唐书·高宗本纪》：麟德二年二月壬午，如东都。十月丁卯，如泰山。 ◆按《旧唐书·高宗本纪》：麟德二年春正月壬午，幸东都。丁酉，幸合璧宫。甲子，以发向泰山，停选。五月，以司空、英国公李勣，少师、高阳郡公许敬宗，右相、嘉兴县子陆敦信，左相、钜鹿男窦德元为检校封禅使。冬十月戊午，皇后请

续表

《唐会要》	《五礼通考》	《古今图书集成》
◆麟德二年十月丁卯，帝发东都，赴东岳。从驾文武兵士及仪仗法物，相继数百里，列营置幕，弥亘郊原。突厥、于阗、波斯、天竺国、罽宾、乌苌、昆仑、倭国及新罗、百济、高丽等诸蕃部（酋）长，各率其属扈从，穹庐毡帐及牛羊驼马，填候道路。是时，频岁丰稔，斗米至五钱，豆麦不列于市。议者以为古来帝王封禅，未有若斯之盛者也。十二月丙午，至齐州，停十日。丙辰，发灵巖顿，至于泰岳之下。庚申，帝御行宫牙帐，以朝群臣。（《册府元龟》）	◆《册府元龟》：麟德二年十月丁卯，帝发东都，赴东岳。从驾文武兵士及仪仗法物，相继数百里，列营置幕，弥亘郊原。突厥、于阗、波斯、天竺国、罽宾、乌苌、昆仑、倭国及新罗、百济、高丽等诸蕃酋长，各率其属扈从，穹庐毡帐及牛羊驼马，填候道路。是时，频岁丰稔，斗米至五钱，豆麦不列于市。议者以为古来帝王封禅，未有若斯之盛者也。十二月丙午，至齐州，停十日。丙辰，发灵岩顿，至于太岳之下。庚申，帝御行宫牙帐，以朝群臣。	封禅。司礼太常伯刘祥道上疏请封禅。丁卯，将封泰山，发自东都。十一月丙子，次于原武，以少牢祭汉将纪信墓，赠骠骑大将军。十二月丙午，御齐州大厅。乙卯，命有司祭泰山。丙辰，发灵岩顿。 ◆按《册府元龟》：麟德二年十月丁卯，帝发东都，赴东岳。从驾文武兵士及仪仗法物，相继数百里，列营置幕，弥亘郊原。突厥、于阗、波斯、天竺国、罽宾、乌苌、昆仑、倭国及新罗、百济、高丽等诸蕃酋长，各率其属扈从，穹庐毡帐及牛羊驼马，填候道路。是时，频岁丰稔，斗米至五钱，豆麦不列于市。议者以为古来帝王封禅，未有若斯之盛者也。十二月丙午，至齐州，停十日。丙辰，发灵岩顿，至于太岳之下。庚申，帝御行宫牙帐，以朝群臣。

据上揭"表七"，《会要》除个别字与《五礼》有异外，其余无论是引书名称、引书顺序，还是引文内容，均与《五礼》相同，其原因即在于《会要》抄自《五礼》，这并不难理解。问题是，《会要》与《五礼》所引的这些条文，又与《集成》一致，这就令人深思了。兹以三书所引《通鉴》为例，对此略加说明。

按《通鉴》卷二〇〇高宗显庆四年（659）六月条原文如下：

> 许敬宗议封禅仪,己巳,奏:"请以高祖、太宗俱配昊天上帝,太穆、文德二皇后俱配皇地祇。"从之。①

比较《会要》《五礼》《集成》三书所引《通鉴》文字,不难发现,其与原书颇有些不同,如原书无"诏"字,"请以"前无"敬宗"二字;又"太穆、文德二皇后俱配皇地祇"一语,三书同省两"皇"字,并改"俱"为"并"。很显然,三书所引文字,也已经过后人的增删改动,而非《通鉴》原貌了。这种与原书有异的引文,却同时见于《会要》《通考》《集成》三书之中,且引书名称、引书顺序、引文内容完全相同并高度一致,这绝非偶然的巧合!就三书成书时间先后而言,《集成》居前,《五礼》其后,《会要》最晚。目前已经证实,《会要》抄自《五礼》,而《集成》引文又与《会要》《五礼》完全相同,《集成》不可能抄录后出之书。因此,合理的解释只能是,《五礼》此段引文源自《集成》,而《会要》又直接抄自《五礼》,故而才会出现三书所引书名与引文内容完全一致的情况。

值得注意的是,与三书引文大致相同的内容,最早见于南宋朱熹《资治通鉴纲目》:

> (显庆四年六月)诏许敬宗议封禅仪。敬宗请以高祖、太宗俱配上帝,太穆、文德二后并配地祇。从之。②

《纲目》大字为"纲",小字为"目",除无"昊天"二字外,其余内容与三书引文全同。比较《纲目》与《通鉴》原文的差异,再结合其与三书引文基本相同的情况,从中不难发现,三书引文源头明显出自《纲目》,而且杂抄了该书的"纲""目"文字。而有"昊天"二字的引文,又最先出现于《集成》一书之中。据此可以判断,《集成》引文直接

---

① 《资治通鉴》,中华书局1956年版,第6316页。
② 朱熹:《资治通鉴纲目》卷四〇,朱杰人等主编:《朱子全书》第十册,上海古籍出版社、安徽教育出版社2002年版,第2303页。

取自《纲目》，而非《通鉴》。

另外，上文业已指出，《集成》一书诸汇考的编纂体例，大致模仿朱熹《纲目》。在唐代年号使用问题上，《集成》依《纲目》所持正统观念，废黜武周年号，统一使用中宗"嗣圣"年号，编年从嗣圣元年（684）一直持续到嗣圣二十一年（704），故而《集成》有些引文直接抄自《纲目》，完全是有可能的。从这一意义上讲，《五礼》《会要》中记有"嗣圣"年号的条文，就与《纲目》或《集成》颇有关联了。不过，从上表所录诸条引文看，不少内容未见于《纲目》。因此，《五礼》此条引文应直接抄自《集成》，而非《纲目》。

关于"嗣圣"年号问题，《五礼》卷四七《吉礼·四望山川》有如下一条记载：

> 《唐书·武后本纪》：中宗嗣圣五年（即武后垂拱四年）七月丁巳，改洛水为永昌洛水，封其神为显圣侯，加特进，禁渔钓；改嵩山为神岳，封其神为天中王、太师、使持节大都督。

此条首记"中宗嗣圣五年"，其后夹行小字注明"即武后垂拱四年"，其尊崇唐室、贬抑武周的正统思想观念，至为明显。问题是，《新唐书·武后本纪》并无"嗣圣五年"之类的文字记载。而且，同样的事情，《会要》卷四七《封诸岳渎》如是记："垂拱四年七月一日，封洛水神为显圣侯，享齐于四渎；封嵩山为神岳、天中王。至万岁通天元年（696）四月一日，神岳天中王可尊为神岳天中皇帝。至神龙元年（705）二月，复为天中王。先天二年（713）八月二十日，封华岳为金天王。"① 也无所谓"嗣圣"年号者。那么，《五礼》所记"嗣圣"年号，依据什么而来？有幸的是，我们在《集成》一书中，发现了与《五礼》完全相同的记载：

> 中宗嗣圣五年（即武后垂拱四年）七月丁巳，改洛水为永昌洛

---

① 《唐会要》，文渊阁《四库全书》本，第613页。

水，封其神为显圣侯，加特进，禁渔钓；改嵩山为神岳，封其神为天中王、太师、使持节大都督。按《唐书·武后本纪》云云。①

两相比较，《五礼》与《集成》所引文字完全相同。《集成》虽然注明此段引文出自《唐书·武后本纪》，然"中宗嗣圣五年"一语，显然已非原书内容，而是《集成》编纂者自己的用语表达了。《集成》与《五礼》同用"嗣圣"年号，同在其后夹行小字注明"即武后垂拱四年"，这种无论内容还是书写方式的高度一致性，足可证明《五礼》此条引文，实源自《集成》。

另外，上文讨论《会要》、《五礼》中有关"嗣圣十三年"纪年的一条引文，也颇能说明这一问题，兹再录如下：

《唐会要》：嗣圣十三年（即武后万岁通天元年）腊月甲戌，如神岳。甲申，封于神岳。丁亥，禅于少室山。（《册府元龟》）

《五礼通考》：《唐书·武后本纪》：嗣圣十三年（即武后万岁通天元年）腊月甲戌，如神岳。甲申，封于神岳。丁亥，禅于少室山。

前已说明，《会要》引书作《册府》，实误。按这一记载，又见于《集成·经济汇编礼仪典》卷一九一《山川祀典部》：

嗣圣十三年（即武后万岁通天元年）腊月甲戌，如神嶽。甲申，封于神嶽。丁亥，禅于少室山。
按《唐书·武后本纪》云云。②

稍作比较即可发现，《五礼》除"嶽"作"岳"外，其余内容均与《集成》完全相同，其直接抄自《集成》，应该是肯定无疑的了。

不仅如此，在《会要》与《五礼》中，不少引文末还记有夹行小字

---

① 《古今图书集成·经济彚编礼仪典》卷一九一《山川祀典部》，第72册，第87534页。
② 《古今图书集成》，第72册，第87534页。

按语，这些按语同样并非原书内容，而是后人补加的说明。那么，这一类按语究竟是何人所为呢？在《集成》一书中，与《会要》和《五礼》完全相同的夹行小字按语，再次映入我们的眼帘。为便于说明问题，兹再录《五礼》卷五一所引《旧唐书·礼仪志》内容如下：

> 《旧唐书·礼仪志》：干封三年正月，帝亲享昊天上帝于山下封祀之坛，如圜丘之仪。祭讫，亲封玉策，置石䃜，聚五色土封之。圜径一丈二尺，高九尺。其日，帝率侍臣以下升泰山。翌日，就山上登封之坛，封玉策讫，复还山下之斋宫。其明日，亲祀皇地只于社首山上降禅之坛，如方丘之仪。皇后为亚献，越国太妃燕氏为终献。翌日，上御朝觐坛，以朝群臣，如元日之仪。礼毕，宴文武百寮，大赦，改元。(案《本纪》：是年三月，改元总章。)①

按《会要》卷七上《封禅上》所引《旧唐书·礼仪志》内容，与此全同②。然引文后夹行小字"案《本纪》：是年三月，改元总章"，究系何人所为？并不清楚。而《集成》一书中的相关记载，则为解决这一问题提供了重要线索：

> 乾封三年正月，有事于泰山。
> 按《唐书·高宗本纪》不载
> 按《旧唐书·礼仪志》：乾封三年正月，帝亲享昊天上帝于山下封祀之坛，如圜丘之仪。祭讫，亲封玉策，置石䃜，聚五色土封之。圜径一丈二尺，高九尺。其日，帝率侍臣以下升泰山。翌日，就山上登封之坛，封玉策讫，复还山下之斋宫。其明日，亲祀皇地祇于社首山上降禅之坛，如方丘之仪。皇后为亚献，越国太妃燕氏为终献。翌日，上御朝觐坛，以朝群臣，如元日之仪。礼毕，宴文武百

---

① 《五礼通考》卷五一，文渊阁《四库全书》本，第136册，第136—137页。
② 《唐会要》，文渊阁四库全书本，第74页。

僚，大赦，改元。(案《本纪》：是年三月，改元总章。)①

两相比较，《集成》所引《旧唐书·礼仪志》正文内容，与《五礼》完全相同，且文末夹行小字"案《本纪》：是年三月，改元总章"说明，也只字不差。很明显，这一按语其实是《集成》编纂者对所引《旧唐书·礼仪志》一段文字的补充性说明，秦蕙田《五礼》只是据《集成》全部照录而已。由于《五礼》一书对此未加说明，从而很容易把此段按语误认为秦氏所作。《会要》直接抄录《五礼》，也同样会出现类似问题。

最为直接而明显的证据，莫过于前揭《会要》《五礼》中未注明文献依据的一条引文，兹再录如下：

《唐会要》：
上元三年二月，诏今冬有事于嵩岳。闰三月，以吐蕃犯塞，停之。(案《本纪》：是年十一月，改元仪凤。)②

《五礼通考》：
上元三年二月，诏今冬有事于嵩岳。闰三月，以吐蕃犯塞，停之。(案《本纪》：是年十一月，改元仪凤。)③

《会要》《五礼》引文完全相同，但都未给出文献依据。通过检索四库全书电子本及相关数据库，也未能查出此条引文的文献依据。然而，在《集成》一书中，我们又发现了此段引文的踪迹：

上元三年二月，诏今冬有事于嵩岳。闰三月，以吐蕃犯塞，停之。(案《本纪》：是年十一月，改元仪凤。)
按《唐书·高宗本纪》不载。
按《册府元龟》：上元三年二月，诏以今冬有事于嵩岳，命有司

---

① 《古今图书集成·经济汇编礼仪典》卷一九一《山川祀典部》，第72册，第87532—87533页。
② 《唐会要》，文渊阁四库全书本，第74页。
③ 《五礼通考》卷五一，文渊阁四库全书本，第136册，第137页。

修撰仪注，务从典故。闰二月，诏以吐蕃犯塞，停嵩岳封禅之礼。

按《集成》体例，首条所谓"上元三年二月云云"，乃"纲"，是对其后"目"即《册府元龟》内容的撮要叙事，已非原文，故在唐宋史籍中找不到其相关记载。而"纲"后的夹行小字，实乃编纂者的补充性文字说明。比较《集成》与《五礼》之引文，可以发现，《五礼》既抄《集成》之"纲"，又抄其"目"。秦蕙田在具体抄录《集成》"纲"中内容时，或因一时疏忽而在文前漏写"图书集成"四字，导致此条引文缺失文献依据。《会要》照抄《五礼》，自然也无文献名称。上文业已指出，《五礼》直接引用并标明出自《集成》的条文，有十六条之多，说明秦氏并非有意省去"图书集成"四字。不管如何，这条引文足可证明，《五礼》抄自《集成》，《会要》抄自《五礼》，从而形成"《集成》→《五礼》→《会要》"这样一种传抄关系。

当然，《五礼》中也有若干条文，并不见于《集成》记载，如《五礼》上条之后所引《大唐新语》，即是如此。因此，其确实存在对《集成》一书的抄录，但也不能过分夸大。至于《会要》对《五礼》的抄袭，则明显是大面积的，二者似不可同日而语。

四　结语

本文开篇即考证指出，《唐会要》卷九下所引"《图书集成》"，实乃康熙、雍正年间由陈梦雷主持编辑的大型类书《古今图书集成》。据此判断，《唐会要》阙卷的最后补辑者，实非清人莫属。又清人秦蕙田《五礼通考》卷一一《吉礼·圜丘祀天》同引"《图书集成》"，且内容与《会要》完全一致，表明二书之间存在着密切关联。再以《唐会要》七、八、九、十诸卷补辑内容，与《五礼通考》相关记载相比较，结果发现，《唐会要》补辑四卷总有二七二条引文，其中除三条《文苑英华》与一条《旧唐书·礼仪志》为新增外，其余全部抄自《五礼通考》，此可进一步证明《唐会要》阙卷确为清人所补。又按《五礼通考》成书刊行于乾隆二十六年（1761），而四库本《唐会要》整理完毕并抄录献上①，在乾隆四十六年（1781）十一月，则阙卷补辑工作的完成，当在此二十年之间。再结合清人沈叔埏《书自补〈唐会要〉手稿后》一文所载，他于乾隆四十三年（1778）九月奉程晋芳之命校《唐会要》，不仅对所阙四卷进行补辑，还依《唐会要》原目进行分卷，这些都与四库本实际情况完全吻合。而且，沈氏自言"《九宫坛》则专抄《礼仪志》"，也确是事实。综合这些情况，可以初步判定，《唐会要》阙卷的最后补辑者，实乃清代学人，极有可能就是沈叔埏本人。沈氏据《五礼通考》进行补辑，当发生在乾隆四十三年至四十六年之间（1778—1781）。至于沈氏所言"钞新旧《唐书》及《太平御览》《文苑英华》《册府元龟》诸书补之"，恐非实情。

　　从乾隆四十三到四十六年，中间仅三年多时间，要在如此短的时间内普查诸书，搜集资料，完成对《唐会要》残阙四卷的补辑工作，诚非易事。而《五礼通考》亦在四库开馆之后，由江苏巡抚进献。因此，沈叔埏当是在馆内据《五礼通考》一书，对《唐会要》阙卷进行补辑的②。沈氏自云："余趋走禁掖，充各馆校修，入有书，出无车，清俸无多，仍借卖文糊颊。"③ 或可旁证此点。正因为时间紧迫，故沈氏相关补辑工作略显粗疏，不够精审，对《五礼通考》所引条文不加分辨地逐一抄录，同时又未能对原书进行核查，甚至在抄录过程中，对相关引书和文字随意进行增删改动，致使出现若干明显疏误。而殿本编纂者在照录四库本时，虽然也作了一定修订，但问题依然存在，有的改动不仅没有减少疏误，反而增添了新的问题。

　　沈叔埏对《唐会要》阙卷进行补辑，主要抄自秦蕙田《五礼通考》，而《五礼通考》不少条文又直接抄录《古今图书集成》，故而三

---

① （清）永瑢等撰：《四库全书总目》，第 694 页。又《唐会要》，文渊阁《四库全书》本，第 2 页。
② 按沈叔埏助程晋芳校《唐会要》，此类"助校"现象，在纂修《四库全书》时非常普遍，张升先生对此有比较深入的研究，参见氏著《四库全书馆研究》第七章《〈四库〉编修中的助教现象》，北京师范大学出版社 2012 年版，第 258—279 页。
③ （清）沈叔埏：《颐彩堂文集》卷一五《亡室孙安人行略》，第 521 页。

书出现不少内容完全相同的条文，从而形成"《古今图书集成》→《五礼通考》→《唐会要》"这样一种传抄关系。这一揭示，或可对今后深入认识清初学风与文风有所裨益。

四库本《唐会要》一书中，除卷七、卷十记有"嗣圣"年号外，其后卷九十四亦多次出现"嗣圣"年号。这种以"嗣圣"年号编年纪事的文字，显然都出自后人的编撰，前揭吴玉贵、黄丽婧二位先生对此已有揭示。既然《唐会要》七、八、九、十诸卷已确认为清人所补，则该书卷九十三、九十四两卷内容是否也同为清人所补撰呢？从同记"嗣圣"年号这一情况看，不排除其为清人补撰的可能性。关于这一问题，只有留待另文探讨了。

另外，分藏北京、上海、台北图书馆以及日本东京静嘉堂文库等地的《唐会要》钞本，其卷七至卷十的具体残缺情况如何？有无后人增补的内容？增补文字与四库本有何异同？等等，都有待进一步的调查和研究。确认四库本《唐会要》阙卷为清人所补辑，或可为今后认识和研究这些钞本的年代及其相关问题，建立一相对稳定的坐标和参照系。

鉴于通行本《唐会要》七、八、九、十诸卷内容，乃清人沈叔埏主要据《五礼通考》所补辑，在史料方面并无任何参考借鉴价值，且补辑内容亦存在不少问题与疏误，因而，今后对此书的整理，似不必再把清人所补四卷文字录入书中。

总之，《唐会要》在后世传抄过程中，出现不少后人增改、补辑的内容，以致现今通行的四库本与殿本之间，也存在较大的文字差异。至于哪些是原文，哪些是后人增补、改撰的内容，都有待认真而细致的分析与考辨。可以毫不夸张地说，今后对《唐会要》的整理与研究工作，依然任重而道远。

关于《旧唐书·礼仪志》中的一处考证

天津《今晚报》集团　李燕捷

《旧唐书》卷二六《礼仪志》六关于东都太庙神主问题有如下记述（《唐会要》卷一六《庙议》下、《册府元龟》卷五九二《掌礼部·奏议》二〇同）：会昌五年八月，中书门下奏："东都太庙九室神主，共二十六座，自禄山叛后，取太庙为军营，神主弃于街巷，所司潜收聚，见在太微宫内新造小屋之内。其太庙屋室并在，可以修崇。大和中，太常博士议，以为东都不合置神主，车驾东幸，即载主而行。至今因循，尚未修建。望令尚书省集公卿及礼官、学官详议……"奉敕宜依。六年三月，太常博士郑路等奏："东都太微宫神主二十座，去年二月二十九日礼院分析闻奏讫。伏奉今月七日敕，'此礼至重，须遵典故，宜令礼官、学官同议闻奏'者。臣今与学官等详议讫，谨具分析如后：献祖宣皇帝、宣庄皇后、懿祖光皇帝、光懿皇后、文德皇后、高宗天皇大帝、则天皇后、中宗大圣大昭孝皇帝、和思皇后、昭成皇后、孝敬皇帝、孝敬哀皇后已前十二座，亲尽迭毁，宜迁诸太庙，祔于兴圣庙。禘祫之岁，乃一祭之。东都无兴圣庙可祔，伏请且权藏于太庙夹室。未题神主十四座，前件神主既无题号之文，难伸祝告之礼。今与礼官等商量，伏请告迁之日，但瘗于旧太微宫内空闲之地。恭酌事理，庶协从宜。"制可。

中华书局标点本在郑路等奏文"东都太微宫神主二十座"一句后出校记说：（新旧唐书）《合钞》卷三〇《礼志》"二十"下有"六"字。

（罗士琳旧唐书）《校勘记》卷一二云："按下云已前十二座，未题神主十四座，合之得二十六座，与上中书门下奏之共二十六座合，是十下脱六字也。"

按《旧唐书》的点校者仅出校记，而没有据《新旧唐书合钞》和《旧唐书校勘记》将"二十座"补为"二十六座"，表现了点校者的谨慎；但是，问题没有解决。那么，此处究竟应是"二十座"还是"二十六座"呢？笔者认为，此处作二十座抑或二十六座都是值得怀疑的。

关于东都太微宫神主总数，除有上述二十六座和二十座之分歧外，《旧唐书》卷二六《礼仪志》六（《唐会要》卷一六《庙议》下、《册府元龟》卷五九二《掌礼部·奏议》二〇同）所载工部尚书薛元赏等人与吏部郎中郑亚等人的有关奏议中又有一说，值得注意。薛元赏等议云："臣所以言东都庙则合存，主不合置。今将修建庙宇，诚不亏于典礼。其见在太微宫中六主，请待东都建修太庙毕，具礼迎置于西夹室。"郑亚等议曰："众议犹疑东西二庙各设神主，恐涉庙有二主之义，请修庙虚室，以太微宫所寓神主藏于夹室之中。伏以六主神位，内有不祧之宗，今用迁庙之仪，犹未合礼。"这里两次出现所谓太微宫六主之说，与二十六和二十之数均不合。

我们先考察一下二十六座之说。除上述中书门下奏文言及之外，《资治通鉴》卷二四八唐武宗会昌五年载：八月，李德裕等奏："东都九庙神主二十六，今贮于太微宫小屋，请以废寺材复修太庙。"又《册府元龟》卷三〇《帝王部·奉先》四载：（会昌）六年二月，太常礼院奏："准敕东都太庙诸室神主都二十六，都待修庙毕日，具礼迎致于西夹室……"如果再辅之以《新旧唐书合钞》和《旧唐书校勘记》，这似乎是根据较为充分的一说。

关于东都太庙神主所经劫难，《唐会要》卷一七《庙灾变》云："先是，御史大夫严郢为协律郎，知东都太庙，时安禄山陷东都，郢潜奉九庙神主于私第。至至德三载，东都收复，有司备法驾迎神主归于太庙，以功迁大理司直。"至乾元二年（759）九月，洛阳再度被史思明攻陷，九庙神主因此亡失。《新唐书》卷一三《礼乐志》三载："东都太庙毁为军营，九室神主亡失，至大历中，始于人间得之，寓于太微宫。"

因此，会昌时太微宫见在神主，即应是失而复得之唐玄宗时九室神主。《旧唐书》卷二五《礼仪志》五载太常博士陈贞节所上奏议云："礼，宗庙父昭子穆，皆有配座，每室一帝一后，礼之正仪，自夏、殷而来，无易兹典。"故唐玄宗时九室神主为献祖、懿祖、太祖、世祖、高祖、太宗、高宗、中宗、睿宗及各自的皇后十八座。

《旧唐书》卷二五《礼仪志》五又云："（开元）二十一年，玄宗又特令迁肃明皇后神主祔于睿宗之室。"因此，唐睿宗室者乃昭成、肃明二皇后，总为十九座神主。

又郑路等奏文中所列十二座神主，有景云时由太庙迁至别庙的唐孝敬皇帝李弘及孝敬哀皇后，可知此两座神主于大历中复得之于人间后亦一起寓于太微宫。尽管如此，太微宫所寓神主总数应为二十一座，何以多出五座，而成为二十六座？

东都太微宫所寓神主之中是否还包括了唐睿宗之后的玄、肃、代等帝后神主呢？经考证，这种可能性并不存在。《旧唐书》卷二六《礼仪志》六载："建中元年三月，礼仪使上言：'东都太庙阙木主，请造以祔'……于是议者纷然……不决而罢。"至长庆时，关于东都太微宫神主问题议论又起。《唐会要》卷一五《庙议》上记太常博士王彦威奏议曰："天宝末，两都倾陷，神主亡失。肃宗既复旧物，但建庙作主于上都，其东都神主，大历中始于人间得之，遂寓于太微宫，不复祔享。"又《旧唐书》卷二六《礼仪志》六记会昌时太常博士顾德章奏议曰："今东都太庙废以八朝。"按八朝者，肃、代、德、顺、宪、穆、敬、文八朝。据上述记载可知，唐德宗建中以后，关于是否作玄、肃、代等帝后神主祔东都太庙事虽有过议论，但未见实施。而事实上，东都太庙自至德后已废，大历中始于人间得之诸神主寓于太微宫，只是权为藏置，不可能再造新神主屈置太微宫。这是第一。第二，会昌五年中书门下奏文云："东都太庙九室神主共二十六座。"其中包括了献祖宣皇帝、懿祖光皇帝等，如果太微宫中有唐玄宗以后诸帝后神主，则与九室不合。第三，郑路奏文中所列举有题号十二座神主中没有唐玄宗以后诸帝后，如果太微宫神主中包括唐玄宗以后诸帝神主，那就只有将他们归入未题神主中，而玄宗以后诸帝神主没有题号则是不可思议的。

通过以上分析可得出结论，太微宫所寓神主只是唐玄宗时九庙及孝敬帝、后者，没有玄宗以下神主。既然如此，太微宫所寓神主总数，如前所述，应为二十一座。可见，中书门下奏文所谓"东都太庙九室神主共二十六座"是错误的，郑路奏文"东都太微宫神主二十座"的"二十"下也不会是脱"六"字。

那么，能否据总数应为二十一座而断定郑路奏文"东都太微宫神主二十座"的"二十"下脱"一"字呢？这也是比较困难的。因为对郑路奏文下云"已前十二座"，又云"未题神主十四座"这一情况，二十一座是无法解释的。

解决这一问题的关键是仔细研究郑路的奏文。请看，郑路奏文所列十二座神主为献祖及后、懿祖及后、文德皇后、高宗及后、中宗及后、昭成皇后、孝敬帝及后。在这之后紧接着说"亲尽迭毁"云云，似乎此十二座神主均属"亲尽迭毁"者。然而，唐制郊景皇帝、祖高祖而宗太宗，皆在不迁之典，如谓"亲尽迭毁"，文德皇后不应侧身其间；又如谓"亲尽迭毁"，当毁者还应有世祖及后、睿宗及肃明后四位。亲尽迭毁之神主既未全部包括在内，百代不迁之文德皇后又参杂其间，郑路等列举这十二座神主究竟是什么意思呢？

郑路奏文所谓"未题神主十四座，前件神主既无题号之文，难伸祝告之礼"，说明太微宫所寓神主有无题号之文者。而在列举献祖等十二座神主之前说"谨具分析如后"。分析者，判别、区分也。之所以需要对太微宫神主进行分析，显然是因为这些历经磨难的诸神主，有的面貌全非难以辨认，有的则字迹全无，故对其进行分析是必不可少的工作。而郑路奏文即是在分析太微宫神主之后所上，所列十二座神主即是他们的工作成果（对太微宫神主的分析工作礼院曾进行过一次）。故可得出结论，郑路奏文中的"二十座"，说的并不是太微宫神主总数，而是礼院分析出的神主数。因此，"二十"是"十二"之倒误，正文应该是："东都太微宫神主十二座，去年二月二十九日礼院分析闻奏讫。"

既然太微宫神主总数为二十一座，分析明确了十二座，未题神主应为九座，下文为何称"未题神主十四座"呢？"十四"与"九"字形差异甚大，故不大可能是"九座"之误。如衍"四"，为"十座"，总数则为二十二，超出二十一，不合情理。如衍"十"，为"四座"，总数却又少于二十一；但是此种可能性却是极值得考虑的。第一，二十一位神主既然经安史之乱被弃之于街巷，至大历中才复得于人间，就很难保证"完璧归赵"，一个不少。故太微宫所寓神主已不是唐玄宗时原数的可能性是存在的。第二，中书门下奏文谓太微宫神主数的尾数是六；薛元赏、郑亚两奏议都说太微宫是六位神主；郑路奏文云"已前十二座"与"未题神主十四座"这两个数字的尾数相加又是六，故这个"六"字值得重视。大致可以断定，太微宫神主总数的尾数是六。如果必然是六，那就只能是献祖等十二座加未题神主四座，不会再有其他可能。太微宫见在神主总数既不是二十六座，也不是二十座，而是十六座。所谓"未题神主十四座"之"十"字当衍，中书门下奏文"共二十六座"之"二"字当衍。郑路奏文所以衍"十"字，与上文中书门下奏先衍"二"字有直接关系。

至于太微宫六主之说，借助上述分析即可将其否定，不再赘言。但应指出，薛元赏奏议所谓"其见在太微宫中六主"之"中"字，与"十"字字形极近，故可推测，此处是讹"十"字为"中"字而致误。郑亚奏议云"伏以六主神位，内有不祧之宗"，"六"字上当脱"十"字。而郑议之所以脱"十"字，则与上文薛议先讹"十"字为"中"字有直接关系。

以上考证及推测有不当之处，祈请指正。

（1982年本科毕业甫一留校，胡如雷先生即给我开出一份隋唐史研究入门的书单。此后几年间，我遵循这份书单，不留死角地阅读、抄卡片、抄专题资料长编、记读书笔记。当时读书的那种状态，可用心无旁骛、昏天黑地来形容，以后再没这么用功过。这篇考证，就是在当年读书笔记的基础上整理而成，庶几可见当年读书之不留死角。以此纪念胡先生诞辰九十周年。）

唐代户部使考

——《唐仆尚丞郎表》补正

河北经贸大学人文学院　杜来锁

　　20世纪80年代中期，愚从胡如雷师攻读隋唐史，在撰写硕士学位论文《有关唐代户部使司的几个问题》时，据所见有关材料草成此文初稿。毕业后，硕士论文陆续拆发于《历史研究》《中国史研究》等刊物，而此稿整理后亦欲呈恩师批阅，岂料恩师驾鹤西去，遂成深憾。后因长期从事其他工作而无暇顾及专业，此文一直搁置橱底。待重归大学，已近桑榆之晚，只能勉启尘封，略拾旧业。20多年过去，此稿早该已是明日黄花，不意迄今未见雷同之论，故虽是旧文，仍不失新论。兹不揣浅陋，仅以此文，聊寄对先生崇仰缅怀之情。

　　唐代后期，中央财政由度支、盐铁、户部三使统领，其中户部使创立较晚，职掌及地位均不及度支、盐铁两使，故《唐会要》列有度支使、盐铁使专条，而于户部使则无。今人严耕望著《唐仆尚丞郎表》（下简称严表），度支、盐铁两使亦分设专栏专条，而户部使则附于户部侍郎之下，对其之考索，亦不及度支、盐铁两使详确。史学界关于度支、盐铁两使的研究较多，而于户部使之研究寥寥寡闻。鉴于此，愚在攻读隋唐史之始，便选户部使司作为研究对象，稽隐勾沉之际，常参据严表，陆续发现其于户部使多有漏误，于是随手记录，不断补苴，辑成此文，以供治唐史及利用严表者参考。不当之处，尚望驳正。

　　首先，须对户部使有关问题略作阐释，以示考订原则，并便于后文节省笔墨。

户部使名称之来历。唐代中后期的户部、度支、盐铁三司为使职差遣机构，其长官唐人总称为"三司使"或"三使"，分则习称为户部使、度支使、盐铁使。不过，"户部使"一称在有关史籍中极为少见，《唐语林》卷七云："三司使永达亭子宴丞郎……夏侯孜为户部使……"唐柳珵《上清传》记窦参被贬死后，其女奴上清被没入宫廷，向德宗泣云："窦某自御史中丞历度支、户部、盐铁三使，至宰相，首尾六年。"① 笔者所见，仅此二例。严表中未用"户部使"一称，而用使衔或简称（见下引）或即缘此。本文为统一称谓及行文方便起见，则采用这种习称。

户部使产生之时间。户部使产生于贞元四年正二月，是年正月一日德宗"诏两税等第，自今三年一定"②。接着，又采纳宰相李泌建议，增加京官俸料。与此同时，为了掌管新定的两税籍帐及增加后的京官俸料开支，开始组建一个新的机构，仍用"户部"之称；二月辛巳（二日），正式划拨一部分经费"令户部别库贮之"，由御史中丞兼户部侍郎窦参专掌以支京官俸料③，于是一个新"户部"便正式成立。《唐大诏令集》卷五二《孙偓判户部制》云："张说当玄宗之代，首启集贤；窦参居德宗之朝，别分户部。一则宠九流之坟典，一则萃四海之赋舆。"此"别分"之"户部"即此新"户部"，而非只掌政令、不与钱财俗务的原尚书省之户部或其下之户部司，为了与二者相区别，依唐人对诸使机构之称谓，应称其为户部使司④。窦参为首任户部使。

户部使之职掌。户部使起初只掌管两税籍帐即"户帐与垦田顷亩"及京官俸料，至贞元九年正月，朝廷采纳盐铁使张滂建议，下令征收茶税，"元敕令贮户部，用救百姓凶饥"⑤，"以修荒政"⑥。户部使又受命掌管荒政。但当时军国事殷，经费紧张，税茶钱并未实用于救荒，掌荒政

---

① 《资治通鉴》卷二三四德宗贞元八年四月下《考异》。
② 《资治通鉴》卷二三三。
③ 《唐会要》卷五十八《户部侍郎》《册府元龟》卷七十三《帝王部·命相》《旧唐书》卷十三《德宗纪下》。按旧纪记在正月辛巳误，正月庚戌朔，月内无辛巳。
④ 参拙作《唐代户部使司与原户部司异同辨》，《历史研究》1990年第二期。
⑤ 《陆宣公集》卷三《请以税茶钱置义仓以备水旱》。
⑥ 《新唐书》卷一四九《王绍传》。

有名无实。直到元和元年天下建立义仓时，户部使才通过掌管义仓实主荒政①。至此，户部使三大职掌基本定型。另外，与这三项职掌有关的赋役蠲免、袭封、和籴等也由户部使掌管。这些职掌无疑是我们判定户部使的最重要的根据。

户部使之使衔。首任户部使窦参之本官为御史中丞兼（权判）户部侍郎，尚无使衔，此后几任户部使亦无使衔，但均是使职差遣，虽无使名而实是户部使。户部使正式入衔作"判户部事"，有时被省作"判户部"②，户部侍部"判户部事"有时又被写作"判本司事"，或省作"判本司"③。目前所见户部使入衔始于王绍，《旧唐书》卷一三《德宗纪》贞元十三年二月乙亥："兵部郎中王绍判户部。"严表据此以王绍为首任户部使。此则仅以有无使衔作为判定是否使职的标准，忽略了虽无使衔而实为使职者，实属不妥。

户部使之别称。唐人好以别名称官职，户部使掌两税籍帐，诏制称"爰掌版图"④"委司版籍"⑤等，故又有"版图之任"⑥"版图之拜"⑦"版图使"⑧"佥版使"⑨等称。户部使司又俗号"左户"⑩，任户部使者被称为"列左户之清班"⑪。这些别称俗号亦是判定户部使的根据之一。

户部使常授之正员官衔。唐代使职无品级，故均须授以有品级之正员官衔，作为序进考课之凭藉。首任户部使窦参始带户部侍郎官衔，后成常例，由此又衍生出两种现象：一是他官任户部使者又被称为兼或判、

---

① 《唐会要》卷八八《仓及常平仓》、卷九〇《和籴》。
② 《全唐文》卷七六武宗《授李回平章事制》；《唐大诏令集》卷五二《蒋伸罢判户部制》与《孙偓判户部制》。
③ 《旧唐书》卷一六四、《新唐书》一五二《李绛传》。
④ 《全唐文》卷七〇文宗《授杨嗣复李珏平章事制》。按此指李珏，开成三年（838）以户部使拜相。
⑤ 《唐大诏令集》卷五二《蒋伸罢判户部制》。
⑥ 《全唐文》卷三十《李绅拜相制》。
⑦ 《旧唐书》卷一六三《崔元略传》。
⑧ 五代蜀马鉴《续事始》。
⑨ 《北里志》"楚儿"条，见下引。
⑩ 《新唐书》卷一六〇《孟简传》。
⑪ 《旧唐书》卷一六三《崔元略传》。

领户部侍郎事①；二是户部侍郎任户部使常被省略使衔（详下）。此时原户部之职已被财政三司瓜分，本部除每年元日引进天下土贡外别无职事②，故本为财政官的两名户部侍郎，一个常担任度支或盐铁使等职，另一个便常充当户部使。开成三年四月任命户部侍郎崔龟从为户部使时，又明确规定："户部侍郎两员，自今以后，先授上者，宜令便判［户部］钱谷，如带平章事及判盐铁、度支，兼中丞、翰林学士，即不在此限，仍为永制。"③ 不过，既然户部侍郎常被差充那么多种职务，就不可能保证户部使均由户部侍郎担任，所以有时也以他官充当。户部侍郎不空授，必有差使，而任户部使为常制，故凡户部侍郎无其他差使者，而此时户部使亦有员缺，则其人一般当充户部使，但为慎重起见，如无其他明确佐证，此种情况一般不列入本文，请径参严表。

户部使之替代。户部使为财政重职，日常事务繁剧，不得长时空缺，故前后任一般均是紧相接，以免耽误公事。因此，凡某人前任或后任为户部使，其本人虽无使衔但替代时间相接，亦可判定为户部使。此乃严表已用之法，惜未能一以贯之，其部分缺漏即源于此。

严表分《通表》与《辑考》两部分，本文先引《通表》之结论，再结合《辑考》进行考订。严表附户部使于户部侍郎拦而标以"△"，本文仍遵其例。

△窦参　《通表》：贞元四年正二月，至迟二月辛巳，以御史中丞兼户侍，次年二月二十七日迁中郎同平章事判度支兼充诸道盐铁转运使。按：未标户部使。窦参为首任户部使，已见前述。严表盖囿于无使衔而未标，后表中多有此类情况。此时户部使刚设立，职任尚少，不知窦参升相任度支、盐铁转使时是否仍兼此使。

△窦觎　《通表》：贞元五年八月二日由同刺迁户侍，同年十月二十五日出为淮南节度使。按：未标户部使。《旧唐书》卷一八三《窦觎传》："迁同州刺史，入为户部侍郎。觎无他才伎，为吏有计数，又以韩滉子

---

① 《权载之集》卷一七《武公神道碑》《新唐书》卷九七《魏徵附暮传》《册府元龟》卷七十三《宰辅部·命相》窦参条，卷三二二、卷三二九《宰辅部·出镇、兼领》武元衡条。
② 《文献通考》卷五二《职官志六》。
③ 《唐会要》卷五八《户部侍郎》《旧唐书》卷一七下《文宗纪》。

婿，故藩府辟召，遂历牧守。宰相窦参，觊再从侄，参少依觊，及参秉政，力荐于朝，故有贰卿之拜。"窦觊长于财计，又为著名财臣韩滉女婿，而窦参当时"实专大政，多引亲党置要地"①，由此推测，窦参力荐其为户侍，当委以理财之职，即任户部使，惟是否接窦参不得而知。

△**卢徵** 《通表》：贞元七年正月由给事中迁户侍，八年二三月出为同州刺史。按：未标户部使。据《旧唐书》卷一四六本传，卢徵曾在著名财臣刘晏、元琇下任职，受到重用，富有理财能力与经验，因此又得到窦参赏识，并"倚以自代"。《唐会要》卷七五《附甲》下云："（贞元）八年二月，户部奏：内外官应直京内百司及禁中军并国亲勒留人等。户部侍郎卢徵奏：复以前件直司诸勒留官等……伏请起今以后，并须挟名勒留，敕到任方为上日，支给俸料。其附甲官有结甲依前勒留直诸司者，待附甲后，签到州为上日，支给课料。"支给百官俸料为户部使职掌之一，卢徵时以户侍任户部使无疑。《全唐文》卷四七三陆贽《论宣令除裴延龄度支使状》："右。缘班宏丧亡，臣今日面取进止，今当此选，总有四人，杜佑、卢徵、李衡、李巽，并曾掌判财赋，各有绩用可称，资望人才，并堪奖任，……卢徵又近改官……"按班宏贞元八年七月一日死，六日裴延龄任度支使，卢徵"掌判财赋"当指任户部使。卢徵卸任约在四月，非二三月，接其任者为顾少连，参下条。

△**顾少连** 《通表》：贞元八年四月，由翰林学士迁户部侍郎出院，同年冬权知礼部贡举，九年二月二十七丙子放榜，后正除礼部侍郎。按：未标户部使。《全唐文》卷四七八杜黄裳《顾公神道碑》云："辨土地之名物，稽夫家之众寡，四人不渎，五教允敷，敛施以时，贵贱以节，所以发通制而济经费也。"可知顾少连任户侍时掌管两税籍帐与经费，乃继卢徵任户部使无疑。何时卸任不得而知，或在始权知贡举时。

复按：贞元九年正月，盐铁使张滂奏征茶税，而此税"元敕令贮户部，用救百姓凶饥"，且时无盐铁使兼任户部使之例，张滂是否兼任户部使也无其他证据，盖建议征茶税者虽为盐铁使，而实际收掌此税者却是户部使，前者为后者做了嫁衣裳。

---

① 《资治通鉴》卷二三三德宗贞元五年二月条。

△**王绍** 《通表》：贞元十三年二月十九乙亥由兵部郎中判户部，七月二十一甲辰迁户侍；十六年九月十五庚戌判度支。按：始标为户部使。前已言及，"判户部"始见于王绍，此为户部使入衔之始。《资治通鉴》卷二三五德宗贞元十二年十一月条记载："上自陆贽贬官，尤不任宰相，自御史、刺史、县令以上皆自选用，中书行文书而已。然深居禁中，所取信者裴延龄、李齐运、户部郎中王绍、司农卿李实、翰林学士韦执谊及渠牟，皆权倾宰相，趋附盈门。"裴延龄时以户侍（正四品下）任度支使，李齐运以礼部尚书（正三品）兼殿中监充闲厩宫苑使，李实任司农卿（从三品上），王绍所官户部郎中（从五品上），比裴及二李低许多，地位更无法与有"内相"之称的皇帝近密翰林学士相比，且其在职非由阿谀得宠，则必由担任重职而权倾宰相。《旧唐书》卷一二三本传："贞元中，为仓部员外郎。时属兵革旱蝗之后，令户部收缺官俸，兼税茶及诸色无名之钱，以为水旱之备。绍自拜仓部，便准诏主判，及迁户部、兵部郎中，皆独司其务。擢拜户部侍郎，寻判度支。"《新唐书》卷一四九本传、《册府元龟》卷四八三《邦计部·选任》所记略同。王绍任仓部员外时准诏主判的是荒政一案，而其迁户部、兵部郎中时"独司其务"，当非仅判荒政一案，而是主掌户部使司三案（籍帐、官俸、荒政），即实任户部使，唯其如此，才有资格与度支使裴延龄等齐肩并称，才能受到宠信并权倾宰相。这种情况是在"陆贽贬官"后，贞元十年十二月陆贽罢相，十一年四月贬忠州①，则王绍任户部使或在十一年，迟不过十二年。《通表》王绍于十六年九月十五日判度支，即罢判户部。旧本传又云"德宗以绍谨密，恩遇特异，凡主重务八年"。所谓"重务"即指财政重务，包括判户部与判度支两任。王绍于贞元二十一年罢判度支，距贞元十三年以兵部郎中加"判户部"衔正八年。但若从以户部郎中"独司其务"算起，实际在九年以上。

△**崔从质** 《通表》：贞元十六年九月十五庚戌由户部郎中擢迁户侍，至贞元十九年盖十月或稍前卒。按：未标户部使。《旧唐书》卷一三《德宗纪》记载：贞元十六年九月十五日贬"户部侍郎、判度支于颀为泉

---

① 《资治通鉴》卷二三五、新旧《唐书》德宗纪。

州司户，以户部侍郎王绍判度支，以户部郎中崔从质为户部侍郎"。可知王绍接于丕页，崔从质接王绍。王绍是由判户部改判度支，则崔从质继王绍任户部使无疑。

△**潘孟阳** 《通表》：贞元末至迟二十年由兵部郎中迁权知户侍，二十一年六月二十一戊午或七月十一戊寅充度支盐运副使。按：未标户部使。潘孟阳为著名财臣刘晏外孙。《旧唐书》卷一六二本传载："德宗末，王绍以恩悻，数称孟阳之材，因擢权知户部侍郎，年未四十。"德宗于贞元二十一年正月死，十九年十月属"德宗末"，此时或稍前以户侍充户部使之崔从质死后，户侍、户部使有员缺，时王绍正任度支使，当即荐引潘孟阳迁户侍以接崔任户部使，史书略或漏其使衔。接潘任使者为权德舆，在七月二十一日，则潘卸任盖在七月十一日，非六月二十一，参下条。

△**权德舆** 《通表》：贞元二十一年七月二十一日戊子由礼侍迁户侍，元和元年约五、六月迁兵侍。按：未标户部使。《全唐文》卷四九四权德舆《昭文馆大学士壁记》："公以德舆交代于中台之任。""公"指武元衡，"中台"为尚书省，"中台之任"实指户侍。武以户侍任户部使（见下条），即权任使之旁证。权德舆罢使当在迁兵侍时。

△**武元衡** 《通表》：元和元年三月以后由御丞迁户侍，次年正月二十一己酉迁门郎平章事，八月六日辛酉判户部事，十月十三丁卯出为剑南节度使。按《全唐文》卷五六宪宗《武元衡宰相制》云："尚书户部侍郎……武元衡……爰委地征，实为邦本，勤于小物，宏以大纲……可……平章事。"《册府元龟》卷三二二《宰辅部·出镇》载武元衡出镇剑南诏云："守门下侍郎同中书门下平章事兼户部侍郎事萧县开国伯武元衡……乃践地官，有阜财之积，益振公望，克谐朕心，擢于鼎司，授以大柄。"可知武元衡拜相前任户侍时即充户部使，两唐书、《资治通鉴》等均漏记。其当于五、六月间接权德舆之任。《通表》列武元衡任户侍于潘孟阳之下，且不言充户部使，均不妥。《旧唐书》卷一五八《武元衡传》云："元和二年正月，拜门下侍郎、平章事、赐金紫，兼判户部事。"可知武元衡正月升任宰相时并未罢判户部事。《全唐文》卷四九四权德舆《昭文馆大学士壁记》云："今年（元和二年）夏五月，相国萧公居之。

公……以小司徒升左辅，乃茇斯职……且以左户之羡财百万，附益而修饰之……初，公之王父考功府君，中宗朝为直学士……元和二年秋九月记。"按昭文馆时称宏文馆。元和二年及其前后无萧姓宰相，而武元衡时任宰相、宏文馆大学士①，其祖武平一中宗时为考功员外郎、修文馆直学士②；小司徒指户部侍郎，左辅指门下侍郎，武元衡即由户部侍郎升门下侍郎，时封萧县伯，则此"萧公"盖以封号称之。由此可知，元和二年五月后武元衡仍在任户部使，故能以"左户"之羡财修昭文馆，而八月也不是再判。总之，其自元和元年五、六月任户部使，一直到次年十月出镇剑南时方罢。

△**杨於陵** 《通表》：元和二年四月由浙东观察使入迁户侍，未到任改京兆尹，不久复为户侍，三年四月二十三乙亥出为岭南节度。按：未标户部使。杨於陵为著名财臣韩滉女婿③，与窦觎为连襟。《旧唐书》卷四《宪宗纪》载元和二年六月辛巳（二十五日）京兆尹李墉出为陇右节度，杨於陵当于此时或稍后继任京兆尹。据两唐书本传，杨於陵在京兆任上限制禁军影占编户，京师豪强畏惧，此事非短期内所能奏效，耗时数月在情理之中，然则其或于十月接替武元衡任户侍充户部使。继其任户侍者为裴垍，可为杨於陵任使之旁证（参下条）。其由户侍出镇岭南。《旧唐书》卷一七二《牛僧儒传》云杨於陵以吏部尚书出镇岭南，《辑考》已云其误。《资治通鉴》卷二三七元和三年四月又云杨於陵以吏部侍郎出镇岭南，亦误。

△**裴垍** 《通表》：元和三年四月二十五日丁丑由中舍翰学承旨迁户侍出院，九月十七丙申迁中郎平章事。按"未标户部使。《白氏长庆集》卷五四《除裴垍中书侍郎平章事制》："正议大夫、行尚书户部侍郎……裴垍……及领地官，且司邦赋，会计务剧，出纳事殷，投刺刀而皆虚，委焚丝而必理……宜登中枢，以副金望。"据此裴垍以户侍出院充户部使。《旧唐书》卷一四八《裴垍传》："（元和）三年，诏举贤良，时有皇

---

① 《全唐文》卷五六宪宗《授武元衡西川节度使制》。
② 《旧唐书》卷一五八《武元衡传》、《新唐书》卷七四《宰相世系表》。
③ 《旧唐书》卷一六四《杨於陵传》。

甫湜对策，其言激切，牛僧儒、李宗闵亦苦诋时政，考官杨於陵、韦贯之升三子之策皆上第，垍居中覆视，无所异同。及为贵悻泣诉，请罪于上，宪宗不得已，出于陵、贯之官，罢垍翰林学士，除户部侍郎。"裴上任于杨卸任之后日，二人紧相接，可知裴垍即代杨於陵。其迁中郎平章事即罢使。

△**张弘靖** 《通表》：元和四年春以中舍知贡举，放榜后迁工侍，再迁户侍，十二月一日壬申出为陕虢观察使。按：未标户部使。《李相国论事集》卷五《上处分旧例户部进奉事》云："元和六年，户部侍郎李绛延英对毕，上曰：旧例，户部有进奉，近张宏靖进银二千两，卫公次公进绢十万匹，卿独不进，何也？""户部"即户部使司，李绛、卫次公均是户部使，张弘靖以户侍充任户部使无疑。如按《通表》，张弘靖次年方任户侍，不接裴垍，但此表裴垍元和三年九月迁中郎后户侍、户部使有员缺，《登科记考》卷一七元和四年即以为张弘靖接裴垍任户侍，可从。

△**卫次公** 《通表》：元和四年秋冬或五年由宾客迁右丞兼判户部事，六年二月二十八日出为陕虢观察使。按：据上引《李相国论事集》，卫次公乃继张弘靖为户部使，则始任约在四年十二月一日或稍后，不可能早至四年秋，亦不会晚至五年初。

△**李逊** 《通表》：元和九年末或明年初由给事中迁户侍，十年十月三日庚子出为襄阳节度使。按：未标户部使。李逊在财富之地浙东任职时有能政，令其出为襄、复、郢、均、房节度使乃是为了"调五州之赋以饷"讨伐淮西之军①，可知此人善于理财。《辑考》云李逊九年九月由浙东观察使追赴京任给事中，其迁户侍不能早过九年末。今检《旧唐书》卷一五五本传，云授给事中后"俄迁户部侍郎"，则似不能迟过九年末。《通表》九年十一月三十癸卯兵部尚书判户部事王绍卒，下即李逊盖于是日或十二月初迁户侍继王绍任使。十年冬卸任，接其任者为崔群（见下），此亦李逊任使之旁证。

△**崔群** 《通表》：十年由礼侍迁户侍判本司事，十二年七月二十九丙辰迁中郎平章事。按《通表》礼侍栏崔群下为李逢吉，云"盖是年冬

---

① 《资治通鉴》卷二三七宪宗元和十年十月条。

以中舍权知",其说可信,则李逢吉于冬接崔群权知礼侍,崔群则迁户侍;李逊卸户部使在十月,即在"冬",则崔群当接李逊任户部使。《全唐文》卷五八《崔群授相制》:"春闱取士,必后其浮华;地官理财,能制其轻重。"此即由礼部而迁户部之证。《通表》不知崔群接李逊任户侍,而列其于另一户侍潘孟阳之下,应乙正。

△**杨於陵** 《通表》:元和十三年八月盖二十四乙亥稍前复迁户侍,权知吏部选事,十四年二月十七乙丑兼御史大夫充淄青宣慰使,十五年二月二十九辛丑迁户尚。按:未标户部使。权知吏部选事与充淄青宣慰使均为临时差使,其本职应是充户部使。《资治通鉴》卷二四一元和十五年二月:"上命杨於陵分李师道地,於陵按图籍,视土地远迩,计士马众寡,较仓库虚实,分为三道,使之适均。"户部使职掌图籍,则杨於陵实以户部使出使淄青可知。此为再任。何时卸任不详,参下杜元颖条。

△**杜元颖** 《通表》:元和十五年十一月十七乙卯由中舍翰学承旨迁户侍仍充承旨,长庆元年二月十五日壬午以本官同平章事,二年二月十九日辛巳迁中郎仍平章事。按:未标户部使。《通表》二年二月十九日牛僧儒由御丞迁户侍判本司事,与杜迁中郎在同一天,恐非巧合,以替代相接例,牛僧儒当接杜元颖任户部使。杜始任使时间不详,其接杨於陵任户侍,但仍为翰学,任翰学者例不充其他使职,故在以户侍升相出院时任户部使之可能性最大。但《全唐文》卷六四《授杜元颖平章事制》无户部使衔,当略之。

△**李绅** 《通表》:长庆三年十月十一壬辰由新除江西观察迁户侍,四年二月三日癸未贬端州司马。按:未标户部使。《全唐文》卷三〇《李绅拜相制》:"长庆一朝,委任斯极,入参禁密,出总纪纲,自领版图之任,尤彰均节之宜。""版图之任"即指掌两税籍帐之户部使。又,《通表》户部使牛僧儒十月九日庚寅由户侍迁中郎罢使任,李绅即接牛僧儒任使无疑。

△**韦顗** 《通表》:长庆四年三月七日丙辰由右丞换户侍,十月二十七壬寅兼御丞,此时或稍前盖判本司事;宝历元年七月二十五丁卯迁吏侍。《辑考》云:"按顗兼御史中丞,盖判本司者。又崔元略继顗任而判本司,亦顗判本司之旁证。"按:以替代相接判定韦顗任户部使,良是,

但此处判定始任之理由与时间有问题。窦参虽以御史中丞兼户部侍郎为首任户部使，但此后御史中丞并非户部使常带之衔，且有御丞充户部使而因职务不便辞去御丞者①，所以不得以此来判定任使。韦颛三月迁户侍时无差使，当任户部使，不待后兼御丞时方任使。中华书局本《旧唐书》卷一七《敬宗纪》长庆四年五月乙卯："制……以朝议郎守尚书户部侍郎、兼御史大夫、判度支、上柱国、赐紫金鱼袋窦易直为朝散大夫，本官同中书门下平章事。判度支、户部侍郎韦颛赐金紫。"此处标点有误，按当时书衔惯例，使衔在官衔之下，后一"判度支"为窦易直之使衔，非属韦颛。此处户部侍郎下略韦颛之使衔。前已言及，因户部侍郎任户部使为常制，故其使衔常被省略。李绅二月三日被贬卸使任，而韦颛迁户侍在三月，间隔一个月，其间不大可能另有他人充户部使，韦颛盖始以右丞接李任使，寻迁户侍仍任使。

△**杨嗣复**　《通表》：大和三年冬盖由吏侍转户侍，四年十二月二十四甲子丁忧免。按：未标户部使。《辑考》据户侍崔元略三年十月十六日迁户尚后，户侍有员缺，遂定杨嗣复是年冬转户侍，所考可从。崔元略以户侍判本司事，杨嗣复必接崔元略任户侍并充使，时间当在十月十六日或稍后。可惜《通表》于此未能以替代相接例判定杨嗣复任户部使，馀亦有此疏略。杨嗣复为前户部使杨於陵之子、牛党骨干，据《新唐书》卷一七四本传等，其任户侍乃牛党党魁宰相李宗闵等所援引，乃让其执掌财政大权以抗衡李党无疑。

△**杜悰**　《通表》：开成四年四月以户尚判户部、度支事，冬或明年正月卸任。按：《通表》四年四月二十二癸酉户部使崔龟从出任宣歙观察，《辑考》据《资治通鉴》云杜悰四月十七或稍后旬日迁户尚判户部、度支事，又云接崔龟从判户部，小有矛盾，其当于二十二日或稍后接崔龟从。其卸任当在十月稍前，不会迟至明年正月，参下崔蠡条。

△**崔蠡**　《通表》：开成四年十月稍前由礼侍迁户侍，五年三月见在任且判本司事，其后出为华刺。按：崔蠡始任户侍在开成四年十月稍前无疑，杜悰卸任后未见有他人接任，则其当即接杜悰任户部使。据《翰

---

① 《旧唐书》卷一七六《魏謩传》。

学壁记》与《唐刺史考》，周墀五年六月十日出院后任华刺，盖代崔蠡，则崔蠡在六月前已在华刺任，盖五年三月后不久即罢使出任华刺。

△**李让夷** 《通表》：会昌元年最迟明年春由工侍迁户侍，二年夏以前或上年末迁右丞。按：未标户部使。所定由工侍迁户侍时间乃是推测，无史证，而《通表》又载会昌元年七、八月户侍判本司事卢钧出为山南东道节度，下未书继任者，则李让夷当即接卢钧。其迁右丞盖罢使，时间不详。《旧唐书》卷一七六本传："及德裕秉政，骤加拔擢，历工、户二侍郎，转左（右）丞。"可知李让夷为李党人物，李德裕执政后受到重用即任户部使掌管财权，与李宗闵当政时提拔牛党骨干杨嗣复迁户侍任使乃出一辙。

△**魏扶** 《通表》：大中二年以兵侍判户部事，十一月现在任，三年四月一日乙酉以兵侍本官同平章事盖罢判。按：《通表》二年五月一日兵侍周墀以本官平章事罢判度支、户部后，判度支由崔龟从接替（六月现在任），未言判户部事何人接替，余初疑即由魏扶接替，但《辑考》云盐运使马植与周墀同一天以户侍本官平章事落判使，吏侍崔璪转兵侍接任盐运使，则此时兵侍无员缺，至六月二十二日周墀由兵侍迁中郎时始有员缺，因此，魏扶如以兵侍判户部事当在六月后，则不接替周墀任户部使；如于五月接周墀，则始接任时本官并非兵侍；或者周墀并非于五月一日落户部使，此种可能性较大。

△**令狐绹** 《通表》：大中四年由御丞迁户侍判本司事，同年迁兵侍充翰学承旨。按：《通表》自四年至五年依次有令狐绹、高铢、徐商、魏謩四人判户部事，其间实际还有裴休（详下），时日太促，当有误。《旧唐书》卷一七二本传云大中四年由御丞转户侍判本司事，同年改兵侍平章事；《旧唐书》卷十八下《宣宗纪》大中四年十一月云"以户部侍郎判本司事令狐绹为兵部侍郎同平章事"。新表、新纪、通鉴无判本司事，而云以兵侍同平章事在四年十月辛未（二十七日）。《翰学壁记》云三年五月一日迁御丞出院，九月十六日由御丞再充翰学承旨，二十三日权知兵侍依前充，四年十一月三日以本官平章事。《翰学壁记》所记年份当可信。令狐绹当于迁御丞出院后兼户侍充户部使，惟《翰学壁记》在五月一日，而魏扶四月一日卸任，月不同而日同，颇疑令狐绹即接魏扶任户

部使，四月与五月有一误。迁兵侍充翰学承旨当罢使，时间则在三年（861）九月。《通表》任使、罢使均在四年当误。

△**高铢** 《通表》：大中初盖四年或稍前后以礼尚判户部事。按《新唐书》卷一七七本传云高铢大中初判户部事，严氏因五年魏謩以后判户部事皆有年月可考，无缺员，遂谓高不能迟过四五年，实无确切证据。今据上考令狐绹大中三年九月罢任，据下考裴休五年二月以前任户部使，其后为徐商，则高铢当于三年九月后接令狐绹任使。罢使时间不详，约在四年，参下裴休条。

△**裴休** 《通表》：大中五年二月由刑侍迁户侍充盐运使。按：未标户部使。新旧《唐书》本传等均不载裴休判户部事，但《全唐文》卷八三《授裴休荆南节度使制》云："委兹文柄，任职春闱，大呈公鉴之明，备传德（得）人之美；版籍重务，莞榷剧职，成富国之奇谋，施安边之大略。"可知其在任职礼部后掌"版籍重务"即任户部使，接着掌"莞榷剧职"即任盐铁使。同书卷七六八卢肇《宣州新兴寺碑铭》亦云裴休："视民部，则克阜生齿，至于调入王府，货出水衡。""克阜生齿"指户部使司之职，"货出水衡"指盐铁使之职，则裴休任盐运使之前曾判户部事无疑。盖大中四年从礼部侍郎改官刑侍任户部使，接高铢。据上引铭文，"视民部"即任户侍时充户部使，盖任刑侍不久即迁户侍仍充户部使，恐非于五年二月方迁户侍改盐运使。

△**徐商** 《通表》：大中五年或上年始任户侍判本司事，约是年迁左丞。《辑考》云："据两传及徐襄州碑，大中初中叶，商由户侍、判本司迁左丞，出为河中节度使。然自五年以后户部判使皆有年月可考，无缺时，则商以户侍判本司事必在大中初，但亦不能早过四五年。"遂列在大中四年高铢后。据上考裴休五年二月由判户部改盐运使，又据《通表》五年五月后左丞李景让出为天平节度，徐商即接其任左丞卸使职，然则徐商当于五年二月继裴休而非高铢任使。

△**郑颢** 《通表》：大中十年秋由礼侍迁户侍判本司事，十月十五乙酉徙秘书监。按：《通表》十年九月杜审权以中舍权知礼侍，此当接郑颢，然则郑颢于九月迁户侍充使。徙秘书监罢使。

△**萧寘** 《唐语林》卷六载：永乐萧相寘"自浙西观察使入判户部，

顷之，为宰相。"又唐康骈《剧谈录》卷上《龙待诏相笏》："萧相（寘）扬历清途，自浙西观察入判户部，非久，遂居廊庙。"检《唐方镇年表》，萧寘大中十年八月四日至十二年十二月任浙西观察使。《通表》大中十三年三月十八甲戌户部侍郎同平章事、仍判户部事蒋伸罢判，缺继任者，盖萧寘上年末由浙西入朝，此时以户部侍郎接蒋伸任户部使。不过，此为初任，并未"顷之为宰相"，再任时方如此。《通表》漏此任有再任（见下文）。何时罢使不详。

　　△**孔温裕**　《通表》：咸通初盖三年或明年由户侍出为忠武节度。按：未标户部使。《文苑英华》卷四五三《授孔温裕忠武节度使制》："授以版图，陟于兰省，奉贰卿之班列，司九典之征徭，时论益高，官业弥举，可……检校礼部尚书……充忠武节度使。""由授以版图"，"司九典之征徭"可知孔温裕以户侍任户部使无疑。其始任时间无可考，罢任时间略可推测。据《文苑英华》卷四五三，上引制排在授李燧平卢、授郑愚岭南西道节度使制之前，授郑涯山南东道、授高承恭振武、授高璩东川节度使制之后。李燧始任平卢节度时间无明确记载，《唐方镇年表》置于咸通三年；据《资治通鉴》卷二五〇，郑涯始任山南东道节度在咸通二年十月，郑愚任岭南西道节度使则在咸通三年八月；高承恭始任振武时间亦无记载，《唐方镇年表》置于咸通二年；据《翰苑群书学士题名》，高璩始任东川在咸通三年八月十九日；《唐方镇年表》置孔温裕出任忠武节度在咸通四年，而考证则又云在三年。综合上述，《唐方镇年表》云孔温裕出任忠武节度在三年可从，或即在八月前后罢使而出。

　　△**萧寘**　《通表》：咸通五年四月由兵侍、判户部事本官同平章事。按：《通表》五年三月十三己亥曹确由兵侍迁中郎，萧寘或此时迁兵侍判户部，寻升宰相。又《通表》上年十一月裴寅以户部侍郎判本司事，萧寘盖接裴寅。此为再任。

　　△**于琮**　《通表》：咸通六年盖四月以兵侍判户部事，十月改充盐运使。按：《新唐书》卷一〇四本传："咸通中，以水部郎中为翰林学士，迁中书舍人。阅五月，转兵部侍郎、判户部。"《翰林学士壁记》："于琮，咸通四年六月七日自水部郎中赐绯入。……五年七月八日，迁中书舍人

充，九月二十七日，改刑部侍郎出院。"岑仲勉注云："盖先迁刑侍，而后转兵侍。"严氏引以上材料后认为岑说是，并云："据新传'阅五月'之言，则转兵侍判户部当在六年春（然据兵侍卷，四月始有缺）。而会要卷八七转运使条、同书八八盐铁使条均云'咸通六年十月，兵部侍郎于琮充使'，与新传作'判户部'者不合。考《全唐文》八三懿宗授于琮平章事制，原衔'银青光禄大夫、尚书兵部侍郎、充诸道盐铁转运使、驸马都尉、上柱国'，下云：'擢于南宫，置之内署。洎出贰司寇，亟居版图，见君子之尽心，表才人之果决，盐府重任，爰命专之。'是新传、壁记、会要皆是也。盖五年九月改刑侍出院，六年盖四月迁兵侍判户部，十月改充盐运诸使，兵侍如故也。"今按，制辞云"洎出贰司寇，亟居版图"，可知于琮五年九月二十七日迁刑侍出院即判户部事，非数月后转兵侍始判户部。其迁兵侍之时间，新传云自迁中舍后"阅五月"，则迁兵侍只能在五年底，严氏云转兵侍到六年春乃是误从五年九月迁刑侍算起。如按严氏所说六年四月迁兵侍，离迁中舍已经九个月，距迁刑侍也已有七个月，与"阅五月"相悖。严氏所定于琮六年四月为兵侍，根据是此时才有员缺，这里牵涉高璩、徐商任兵侍的时间问题。严氏对高璩任兵侍未考证清楚，姑且置于五年至六年二月间，并指出与有关记载多有抵牾。而对徐商迁兵侍，则依旧纪在六年二月，同年四月迁中郎。其实，新纪、新表、通鉴记高璩于六年四月由东川节度使入迁兵侍、同中书门下平章事，新表记徐商于六年六月庚戌（一日）迁兵侍为相，新纪、通鉴年月同，唯无日，而此月兵侍路岩迁中郎，二人正相接，这样，《通表》五年三月自曹确由兵侍迁中郎后至六年三月兵侍有一员缺，则于琮在咸通五年末迁兵侍与诸人无冲突。严氏之考证文甚繁而多有误解，这里只能驳其与本文有关者，其余不赘。

△张祎　《通表》：中和三年正月八日乙亥王铎出为义成节度使，张祎是年以右丞判户部事。四年（884）三月八日己巳，现在任；九十月间，仍在任。按：王铎罢使后无他人接任之记载，则张祎盖于正月八日或稍后代王铎任户部使。《旧唐书》卷一六二《张正甫附祎传》："释褐汴州从事，户部判官……累官至中书舍人。黄巢犯京师，从僖宗幸蜀，拜工部侍郎、判户部事。"《全唐文拾遗》卷三三引《金石苑·南龛题名

记》："圣上西巡之辰，余自金门飞骑，追扈大驾，中途隔烟尘遁迹，及中秋方达行在，由青琐判吏，视事未浃旬，复归内署，明年自贰□授是官，又明年出管是职，奉命先銮驾之神都……中和四年甲辰三月八日，尚书右丞判户部张祎记。"岑仲勉根据以上记载认为：张祎中和元年八月追赴行在，授工部侍郎判□部事（？）出院，未浃旬，复入充；二年，迁右丞；三年，判户部事出院。① 岑考迁右丞及判户部事之年份均可从，唯不详"青琐判吏"实指何官，故以"授工部侍郎判□部事（？）出院"存疑。《辑考》一方面认为岑考甚的，而实不从其"授工部侍郎判□部事（？）出院，未浃旬，复入充"之说，亦不知"青琐判吏"何指。今按，"青琐"为唐诗中习见之典，注释者多以为泛指宫廷，依此，"宫廷判吏"不可解释。其实，门下省亦称"青琐"，典出卫宏《汉旧仪》："黄门侍郎、黄门令，日暮入对青琐门拜，名夕郎。"② 后黄门侍郎为门下省官，故门下省有"青琐"之称，其例甚多，不繁征引③。给事中由门下给事黄门侍郎演变而来，故又称"青琐郎"。杜甫《奉和郭给事汤东灵湫作》："飘飘青琐郎，文采珊瑚钩。"白居易《酬严给事》："不缘啼鸟春饶舌，青琐仙郎可得知？"给事中职在掌判省事，则"青琐判吏"实指给事中无疑。然则张祎授给事中而非工侍未浃旬复入翰林，明年方授工侍（贰[卿]），且仍为翰学，仍不判户部事，旧传误无疑。

△郑昌图　《通表》：光启二年春在兵侍判户部任。按：孙棨《北里志》"楚儿"条云："仝版使郑光业昌图时为补衮，道与之遇，楚儿遂出帘招之，光业亦使人传语。"作者自序云书编次于"中和甲辰岁"，即中和四年，"仝版使"即户部使之俗称，则此年郑昌图已任户部使。《通表》张祎四年九、十月间仍在户部使任，郑昌图同年四月在兵侍判度支任，秦韬玉秋冬在工侍判度支任，然则九十月间三人互替，即秦代郑，郑又代张。附按，光启二年五月襄王煴即皇帝位，任命郑昌图以中书侍郎、刑部尚书、平章事判户部事，此属伪任，但可作此时郑在户部使任之

---

① 《补僖昭哀三朝翰林学士记》。
② 《初学记》卷一二《侍中·事对》条引。
③ 笔者为此草有《释"青琐"》一文，未刊。

旁证。

　　△**张濬**　《通表》：龙纪元年三月一日壬寅，以中郎兼户尚平章事，兼判户部事，盖旋罢。《辑考》云："新表：龙纪元年'三月，濬兼吏部尚书。'而旧纪：龙纪元年三月壬寅朔，'以中书侍郎、户部尚书、同平章事张濬为集贤殿大学士、判户部事。'纪表不同，合而观之，盖三月一日判户部，旋迁兼吏尚欤？"按：旧纪龙纪元年三月一日张濬之任命与孔纬、杜让能同时（同制？）："以右仆射、门下侍郎、同平章事孔纬守司空、太清宫使、弘文馆大学士、延资库使、领诸道盐铁转运等使，以右仆射、门下侍郎、集贤殿大学士杜让能为左仆射、监修国史、判度支，以中书侍郎、户部尚书、同平章事张濬集贤殿大学士、判户部事。"孔纬、杜让能已分别于光启三年六月、文德元年四月为盐运使、判度支，此次孔纬只是迁司空等、杜让能只是迁司徒等（旧纪漏略，参《辑考》），盐运使、判度支均是旧职，颇疑张濬之判户部亦是旧衔，此时只是迁吏尚、集贤殿大学士，而仍判户部事，非如严考旋迁吏尚而罢使任。张濬始判户部事似在文德元年四月。《通表》张濬光启三年九月仍判度支，不言何时罢，次年即文德元年四月杜让能判度支，而同月张濬兼户尚，无使职。盖杜让能代张濬判度支，而张濬则改判户部事。

　　张濬罢户部使时间史无明文。《全唐文》卷九〇昭宗《贬张濬鄂岳观察使制》："光禄大夫、守尚书右仆射、兼中书侍郎、同中书门下平章事、集贤殿大学士、判度支、兼……充河东节度……等使……张濬……可检校尚书右仆射，充鄂岳观察使。"《旧唐书》卷一七八本传所载贬鄂岳制则云："光禄大夫、门下侍郎、兼户部尚书、同中书门下平章事……充河东行营诸道兵马招讨指挥制置等使张濬……廉镇剧权，武昌善地，宜罢枢轴之务，仍停支度之司……可检校户部尚书、鄂州刺史、武昌军节度观察等使。"所记大有不同。据新表，大顺元年五月，张濬为河东行营招讨制置宣慰等使；二年正月，为鄂岳观察使。按《辑考》据新表、《全唐文》云张濬大顺元年冬迁右仆、判度支，二年正月九日出为鄂岳观察使，而《通表》大顺元年杜让能仍在判度支，次年正月九日改充盐运使，由刘崇望接判度支，则自相矛盾。杜、刘此时判度支均有确据，则现存制文作张濬判度支必误。此时户部使司经费已纳入供军渠道①，亦属"支度之司"，因此颇疑张濬贬前仍判户部事。史籍中常误"支度"为"度支"，《辑考》引旧传制文亦误作"度支之司"，随之又误贬前仍判度支。又，《通表》大顺二年正月九日张濬由右仆贬为鄂岳观察使，而二年正月崔昭纬判户部事，此必接张濬，乃张濬贬前仍判户部事之旁证。

△**崔昭纬** 《通表》：大顺二年正月以兵侍平章事判户部事，景福二年十月以右仆平章事充盐运使。《辑考》云："又新表，二月昭纬为中书侍郎，不知落判使否？"按：自光启后率以宰相充三司使，崔昭纬二月仍在宰相任，无落使之由，仍判使无疑。旧纪景福二年十一月"以门下侍郎、吏部尚书、平章事、监修国史崔昭纬兼尚书左（右）仆射，充盐铁转运等使"，《唐会要》卷八七《转运使》、卷八八《盐铁使》所记均与旧纪同，而新表作十月充盐运使，未详何据。崔昭纬十一月以右仆改任盐运使，此时方罢户部使，旧纪漏户部使衔。参下王抟条。

△**王抟** 《通表》：景福二年十一月由户侍判本司事本官同平章事，次年即乾宁元年迁中郎仍平章事。按：旧纪，王抟景福二年十一月由户侍判本司事本官同平章事正在崔昭纬充盐铁转运等使下，可知王抟必于此月接崔昭纬。又，《通表》不言何时落判使。前已言及，此时率以宰相充三司使，其并未罢相，亦未罢使。旧纪乾宁二年九月三日丙辰制云以徐彦若充盐运使，王抟判度支、崔胤判户部事，则王抟此时改判度支而由崔胤接替判户部事。《通表》从旧纪而未悟二人之替代关系。

△**裴枢** 《通表》：光化三年正在吏部侍郎任，次年二月由吏侍迁户侍同平章事。按：未标户部使。《通表》光化三年九月二十一丙午吏尚仍中郎平章事、判户部事崔远罢守吏尚。崔远既罢相，亦当罢判使。据旧纪，光化三年九月戊申（二十三日）："以银青光禄大夫、行尚书吏部侍郎、上柱国裴枢为中书侍郎、同平章事、判户部事。"可知裴枢即于两日后拜相接崔远判户部事。《册府元龟》卷三二九《宰辅部·兼领》："裴枢为吏部侍郎，光化三年授中书侍郎、同平章事、判户部事。"亦裴枢三年由吏侍迁中郎平章事判户部事之证。旧传、新纪、新表、通鉴所言裴

---

① 参拙作《唐代户部使司开支京官俸料时限考》，《晋阳学刊》1988 年第 3 期。

枢历官与旧纪不同，严表从之，而以为旧纪误，乃未注意判户部事之替代及此时率以宰相充三司使，应以旧纪为正。《通表》四年二月王溥由户侍翰学迁中郎判户部事，盖裴枢此时罢判由王溥接任。

又，《通表》：裴枢天复三年二月二十四乙未或稍后以门郎平章事兼吏尚，天祐元年闰四月十四戊申迁右仆仍兼门郎平章事。按：《通表》天复三年二月五日宰相、判户部事王溥罢守本官，则此时亦当罢使。此时例以宰相判三司，度支使、盐运使正由宰相崔远充当，另一在任宰相为裴贽，二月二十四日后（通鉴作戊戌，二十七日）又有裴枢，二人中当有一人充户部使。据旧纪，天祐元年闰四月戊申："宰相裴枢兼右仆射、诸道盐铁转运等使、监修国史，户部尚书、门下侍郎、平章事独孤损判度支，中书侍郎、平章事柳粲判户部事。"此次任命当为同制，颇疑柳粲代裴枢判户部事，而裴枢上接王溥再判户部事。严表据新表、通鉴以裴枢任盐运使在正月，并以旧纪所记存疑，又未注意户部使之替代关系。

以上共补正户部使四十人次，计有窦参、窦觎、卢徵、顾少连、王绍、崔从质、潘孟阳、权德舆、武元衡、杨於陵（二任）、裴垍、张弘靖、卫次公、李逊、崔群、杜元颖、李绅、韦顗、杨嗣复、杜悰、崔蠡、李让夷、魏扶、令狐绹、高铢、裴休、徐商、郑颢、萧寘（二任）、孔温裕、于琮、张祎、郑昌图、张濬、崔昭纬、王抟、裴枢（二任）。其中补二十一人次，正十九人次。《唐仆尚丞郎表》共录户部使五十六人次，本文补正者约占其百分之七十有余。

宋、夏、金榷场贸易的融通与互动

——以黑水城西夏榷场使文书为中心的考察

河北省社会科学院历史研究所 陈瑞青

黑水城西夏南边榷场使文书的出土，推动了学界对西夏及同时期榷场问题的深入研究，中外学者发表了一系列卓有建树的学术论文。在这些研究成果中，有的学者已经注意到了南边榷场交易货品的来源问题，如杜建录先生《黑城出土西夏榷场文书考释》一文，在对榷场交易物品进行分类的基础上，指出在榷场贸易中西夏人用自产的皮毛制品博易川绢、河北绢等丝织品。姜、椒、挺茶、笔、墨、纸张也是进口商品[①]。杨富学、陈爱峰《黑水城出土夏金榷场贸易文书研究》一文认为，夏、金双方贸易所涉及的物品主要为生活日用品，以丝毛织品居多，其中粗褐、黄褐、白褐等为西凉府或镇夷郡商户出售的商品，皆为当地特产。而川绢、河地绢[②]与干姜既可作为商品，又可作为商品交换的媒介。同时指出，金朝与西夏交易商品中的川绢、川缏、茶等，并非金朝所产，而是金朝从南宋贸易而来的[③]。这一论断为研究宋、夏、金三国榷场贸易互动提供了线索，可惜未展开论述。本文试在以往研究成果基础之上，对榷场贸易商品原产地进行确认，同时分析各国产品所占比重，进一步探讨

[①] 杜建录：《黑城出土西夏榷场文书考释》，《中国经济史研究》2010年第1期。

[②] "河地绢"，为杨富学先生所识读，孙继民先生识读为"河北绢"，参见孙继民、许会玲《西夏汉文"南边榷场使文书"再研究》，《历史研究》2011年第4期。

[③] 杨富学、陈爱峰：《黑水城出土夏金榷场贸易文书研究》，《中国史研究》2009年第2期。

宋、夏、金榷场贸易的连环互动机制以及各国在榷场贸易中所扮演的角色等问题，不当之处，敬请方家指正。

在所有西夏与金朝交易的商品中，除带有明显产区特征的商品如"川绢""川缬"均出自南宋，"河北绢"出自金朝外，还有一些并非产自西夏或金朝的物品，如茶叶，明显出自南宋。由于受气候和环境的限制，我国茶叶主要集中在淮河以北地区。宋代的江东西、两浙、福建、荆湖南北路、川峡等路都盛产茶叶。据《宋史·食货志》记载："宋榷茶之制，择要会之地，曰江陵府，曰真州，曰海州，曰汉阳军，曰无为军，曰蕲州之蕲口，为榷货务六。初，京城、建安、襄复州皆置务，后建安、襄复州务废，京城务虽存，但会给交钞往还，而不积茶货。在淮南则蕲、黄、庐、舒、光、寿六州，官自为场，置吏总之，谓之山场者十三。"① 除此之外，还于江南宣州、歙州、江州、池州、饶州、信州、洪州、抚州、筠州、袁州、广德军、兴国军、临江军、南康军，两浙杭州、苏州、明州、越州、婺州、处州、温州、台州，湖南江陵府、潭州、澧州、鼎州、岳州、鄂州、镇州、归州、峡州、荆门军，福建剑南、建州等地建立了众多买茶场②。金朝境内只有在山东、河南等地零星分布着一些产茶区。金章宗时期曾于"淄、密、宁海、蔡州各置一坊，造新茶，依南方例每斤为袋，直六百文"③。但金朝所产茶叶的数量根本不能满足国内民众的需求，为限制茶叶消费，金朝规定七品官以上者才有资格饮茶。泰和四年（1204），金章宗品尝到金朝自产的茶叶，其评价是"味虽不嘉，亦岂不可食也"。这表明金朝所产茶叶无论数量还是品质，都不及南宋。因此，金朝主要通过榷场贸易获得南宋茶叶，据《建炎以来朝野杂记》记载："今东南茶皆自榷场转入虏中，亦有私渡淮者，虽严为稽禁，而终不免于透漏焉。"④ 材料中的"虏"即指金朝而言。西夏榷场使文书中出现的"挺茶"，笔者查阅了文书图版，发现"挺"字较为模糊，

---

① 脱脱：《宋史》卷一八三《食货下五》，中华书局1977年版，第4477页。
② 陶德臣：《宋代茶叶生产的地域分布及分析》，《茶业通报》2009年第1期，第44页。
③ 脱脱：《金史》卷四九《食货志四》，中华书局1975年版，第1108页。
④ （宋）李心传：《建炎以来朝野杂记·甲集》卷一四《江茶》，中华书局2000年版，第304页。

"挺"与"建"字形相近,因此颇疑文书中的"挺茶"即为南宋"建茶"之误。

除茶叶外,西夏榷场使文书中的"生姜""干姜"也产自南宋。陶弘景《名医别录》:"干姜今唯出临海、章安两三村……蜀汉姜旧美,荆州有好姜,而并不能作干者。"又《名医别录》称:"(生姜)生犍为山谷,及荆州、杨州,今处处有之,以汉、温、池州者为良。"其中汉州干姜、温州白干姜十分有名。可见中国古代姜的种植十分普遍,但仍是以长江流域的四川、湖北、江苏、浙江的姜更好而影响更大①。宋金时期,南宋控制着姜的主产区,而金朝、西夏境内均不产姜,两国所需的干姜和生姜都需要从南宋进口。伪齐时期,南北贸易中断,"如生姜、陈皮之类,在北方亦皆阙乏"②。南宋隆兴二年(1161)二月,南宋中书门下说:"西北必用之物,而本处所无,如干姜、绢、布、茶货、丝、麻之类,访闻有商旅私相博易"③,说明南宋所产的干姜、茶叶、布帛仍然不断地流向西北④。而这一流动途径,即通过宋金榷场贸易实现的。《宋会要辑稿·食货》称:"旧制:以客人贩姜货、杂物至场博易,多至楚州北神镇私渡过淮,遂行下瓜洲、杨州邵伯、高邮、宝应、楚州淮阴、龟山税场,各置走历二道,往来交傅至本场博易,每月终,分听取索点检结押。"⑤以上事实表明,"姜"是宋金贸易的主要商品之一。金天德二年(1151),毛硕为陕西路转运使,"硕以陕右边荒,种艺不过麻、粟、荞麦,赋入甚薄,市井交易惟川绢、干姜,商贾不通,酒税之入耗减,请视汴京、燕京例给交钞通行"⑥。值得注意的是,这条材料中的"川绢"和"干姜"是作为一般等价物出现的,而这两种商品都产自南宋。干姜、绢帛、布匹、茶叶等流向金朝西北,为金夏榷场贸易提供了物资支持,同时也为

---

① 蓝勇:《中国古代辛辣用料的嬗变、流布与农业社会发展》,《中国社会经济史研究》2000年第4期。
② 徐梦莘:《三朝北盟会编》卷一四九绍兴元年(1131)十二月,上海古籍出版社1987年版,第1084页。
③ (清)徐松辑:《宋会要辑稿·食货》卷三八之三九,中华书局1957年版,第5486页。
④ 姜锡东:《宋代商人和商业资本》,中华书局2002年版,第301页。
⑤ 《宋会要辑稿·食货》卷三八之三九,第5486页。
⑥ 《金史》卷九二《毛硕传》,第2034页。

西夏获得南宋产品打开了通道。

在榷场使文书中出现的众多日用品中，我们还能确定其中的"连抄纸"亦产自南宋。笔者翻检史籍，并没有发现金朝生产"连抄纸"的记载。倒是宋朝生产"连抄纸"的记载比较多。《宋会要辑稿》记载了北宋时期抄连纸的主产区："熙宁十年，买到银八千三百二十八两四钱五分。江南东路：绢四十七万三千三百八十疋，䌷一千三万二千九百二十三疋，额钱五万贯，买䌷、绢、银、绵、纸（池州大抄连纸，宣州大抄、三抄连纸，南康大抄、三抄、小抄，江西大抄、小抄，歙州诏纸降样，常样大抄、三抄连纸）三百二十五万五千四百张。粲江南西路：纸（兴军国大抄、三抄、小抄，洪州表纸大抄、三抄、小抄，筠州表纸大抄、三抄、小抄）一百二十七万四千张，绢三十四万疋，䌷六万二千疋，额钱五万贯买银。荆湖南路：额钱一十万贯买银。荆湖北路：绢一十三万疋，䌷四万疋，额钱五万贯买䌷、绢，内一万贯买绢一万疋，应付广西（鄂州连纸、峡州小钞、岳州大钞、三抄、小抄）五十五万九千五百五十张。"①北宋崇宁年间，户部为印造交钞，"乞下商、虢州、河中府依上项长阔造一钞连毛头纸，依数起发前来赴文引（案，"文引"当作"交引"）库交纳，印造交钞。"②上述商州、虢州、河中府均在今河南地区，金朝占领河南之后，这些地区是否还在生产"抄连纸"不得而知。杜建录先生《黑城出土西夏榷场文书考释》一文，认为"连抄"可能与造纸方法有关③。宋人苏易简《文房四谱》记载了歙州"连抄纸"的制作方法，"黟歙间多良纸，有凝霜于心之号。复有长者，可五十尺为一幅。盖歙民数日理其楮，然后于长船中以浸之。数十夫举抄以抄之，傍一夫以鼓而节之。于是以大熏笼周而焙之，不上于墙壁也。由是，自首至尾，匀薄如一。"④上述材料表明，在南宋时期的歙州盛产"抄连纸"。金朝对产自南宋的纸张有着强烈的需求，如绍兴三十一年（1161）七月壬辰，南宋以敷文阁待制、枢密都承旨充大金起居称贺使徐嚞等至盱眙军，金则遣

---

① 《宋会要辑稿·食货》卷三四之三八，第5407页。
② 《宋会要辑稿·食货》卷二四之卷三五，第5212页。
③ 杜建录：《黑城出土西夏榷场文书考释》，《中国经济史研究》2010年第1期。
④ 苏易简《文房四谱》卷四《纸》，中华书局2011年版，第168页。

翰林侍讲学士韩汝嘉至泗州待之，"汝嘉即索纸、笔，书毕而去，嘉等遗以缣帛香茶，皆不受"①。金朝使节对于南宋纸张的喜爱可见一斑。我们知道，在金夏榷场贸易中，西夏输出的主要是畜产品及其副产品；"金朝输出的为绢帛、铁器、瓷器、纸张、书籍及其他生活日用品"②。而这些产品包括纸张在内，应主要来自南宋。

以上我们对西夏榷场使文书中出现的产品货源地进行了初步的梳理，基本可以确定的是"川绢""川缬""茶""干姜""连抄"等产品出自南宋；"河北绢"产自金朝；粗褐、黄褐、白褐等为西夏商户出售的当地特产。另外还有一些笔、墨、瓷碗等日用品及花椒、蜜、米等食用品，无法确定其产地。所幸绢、茶、姜、纸等物品为榷场贸易的大宗产品，而笔、墨、椒、蜜则属于小宗商品，其交易额并不大。下面我们就以上述大宗商品为例，分析一下各国商品在榷场贸易中所占比重。

我们先比较一下南宋"川绢"和金朝"河北绢"与西夏"黄褐""白褐"几者之间的交易量。应当明确的是，这两种物品在榷场中都是以商品和一般等价物两种形式出现的，我们只对用于交易的"川绢""河北绢"进行比较。为研究方便，现将西夏榷场使文书中出现的丝织品进行列表。

西夏榷场使文书所见丝、毛织品交易对照表

文书编号	川绢数量	河北绢数量	黄褐、白褐数量
ИНВ. No. 307（1）		河北绢贰疋	□伍段
ИНВ. No. 307（2）			黄褐伍拾捌段、白褐叁段、毛罗□.
ИНВ. No. 308			□肆拾玖段、白褐□□□□

---

① 李心传：《建炎以来系年要录》卷一九一绍兴三十一年（1161）七月壬辰，中华书局1956年版，第2303页。

② 杜建录：《西夏经济史》，中国社会科学出版社2002年版，第271页。

续表

文书编号	川绢数量	河北绢数量	黄褐、白褐数量
ИНВ. No. 313	绢缬肆疋、绢壹拾壹疋、川缬柒疋、缬壹疋、□绢叁疋、缬贰疋		黄褐壹拾陆段、黄褐肆拾段、白褐陆段
ИНВ. No. 315（1）	川绢壹伯叁拾柒□	河北绢陆疋、河北绢□	黄褐壹伯□、黄褐壹拾□
ИНВ. No. 315（2）、(3)			白口□捌段、白褐壹段、□捌段、白褐壹段
ИНВ. No. 316			□壹段
ИНВ. No. 347	川绢壹拾□		黄褐肆拾伍段、白褐叁段
ИНВ. No. 352B	川绢贰疋		
ИНВ. No. 353			□褐肆拾段、白褐肆段
Or12380-3638b			□段、白褐贰段

通过对比不难发现，几乎所有的西夏沙州、西凉府商户在元带商品中都有黄褐或白褐这两种商品，而且数量较之"川绢""河北绢"要多，这主要是因为在西夏与金朝的榷场贸易中，西夏商户必然所带本国商品要多一些，而"川绢"和"河北绢"均属于进口商品，因此数量较少，也在情理之中。同时我们还会发现，尽管南边榷场是西夏设置的和金朝进行商品交易的场所，但其中用于交易的"河北绢"数量要远远少于"川绢"。这说明"川绢"在西北地区有着更为广泛的认可度与需求量。

我们知道，宋金榷场贸易中茶、姜、纸属于大宗商品，但在西夏与金朝的交易中，这三种商品的数量有所降低。在宋金榷场贸易中，茶叶属于当之无愧的宋朝出口大宗商品，仅蒋州郑庄一地出口到金朝的茶叶，

"以岁计之，茶不下数万引"①。《金史·食货志》甚至说，金朝茶叶"自宋人岁供之外，皆贸易于宋界之榷场"②。也就是说，金朝所消费的茶叶主要通过榷场贸易于南宋。西夏本土并不产茶，因此对于茶叶的需求则更为迫切。早在北宋时期，西夏在所有进口商品中，"惟茶最为所欲之物"③，每年的进口量大约在二十余万斤。但在西夏榷场使文书中，西夏商户回货的金朝茶叶数量较少，如 ИНВ. No. 313 号文书中"挺茶贰拾斤"，Or12380-3638b 号文书中"茶壹拾肆斤"。西夏和金朝交易的茶叶数量远远低于金朝于南宋的采购量，这表明金朝通过榷场所获得的南宋茶叶主要用于本国消费，只有少量通过榷场贸易进入西夏。金朝在南宋采购的"姜"的数量也比较大，《金史·食货志》记载了承安元年（1196）金朝于泗州榷场一次采购"生姜六百斤"的史实④。在金夏榷场贸易中，"姜"的交易量要比茶叶大一些。如 ИНВ. No. 308 号文书中"生姜贰拾伍☐☐☐"；ИНВ. No. 315（2）号文书中"干姜叁拾伍斤"；ИНВ. No. 316 号文书中"姜叁伯柒拾斤"；ИНВ. No. 352B 号文书中"姜叁拾叁斤"；Or12380-3638b 号文书中"姜贰拾柒斤"。这表明西夏"生姜""干姜"采购量要大于茶叶。这主要是因为生姜是生活必需品，而茶叶属于高端消费品，并非普通民众所能接受。而西北地区地处高寒，"姜"主温热，故其进口量要大一些。西夏"连抄纸"的进口量也不是很大，ИНВ. No. 307（1）号文书中"连抄壹万伍伯张"；ИНВ. No. 313 号文书中"口抄玖仟"张。总体来看，西夏商户对纸张的进口只有万张左右，其数量十分有限。

西夏南边榷场，是夏金进行贸易的场所，而在交易的物品中大量出现南宋生产的川绢、川缬、茶叶、姜、抄连纸等物品。我们知道，南宋时陕西五路被金朝占领，"宋、夏边境不再相接连，榷场贸易被女真金国

---

① 《宋会要辑稿·食货》卷三八之三八，第 5485 页。
② 《金史》卷四九《食货志四》，第 1107 页。
③ 李焘：《续资治通鉴长编》卷一四九庆历四年（1044）五月甲申，上海古籍出版社 1985 年版，第 1380 页。
④ 《金史》卷五〇《食货志五》，第 1115 页。

代替了"①。这些流入西夏境内的南宋商品,必然是金朝通过榷场贸易从南宋获得的。也就是说,宋金对峙时期,"西北所需之物"首先通过宋金榷场流入金朝境内,再由金夏榷场流入西夏的。因此三国之间的榷场贸易,存在一个连环互动的过程。宋、夏、金三国在这一过程中所扮演的角色有所不同,南宋经济地位突出,物产丰富,因此承担起货源地的角色,金朝在沿淮各榷场,"每场所获布帛数千匹、银数百两,大计布帛数万匹、银数千两"②。而西夏由于经济实力较弱,主要向金朝提供皮、毛初级加工品。金朝则作为连接南宋与西夏之间的桥梁与纽带,充当货物中转站的作用。

总之,西夏榷场贸易中所采购的商品以绢为主要商品,其中即有产自南宋的"川绢",也有产自金朝的"河北绢"。尽管西夏和金朝接壤,但由于织造工艺、价格尺度上存在差异,西夏民众喜欢"川绢"胜于"河北绢"。而茶叶作为纯消费品,其进口量则远低于日常必需品的生姜和干姜。西夏榷场中出现的大量南宋商品,是通过宋金榷场这一媒介辗转流入西夏的。宋、夏、金三国榷场之间的互动,"交易有无,各得其所",初步实现的三国之间融通"南北之货"的目的。由于经济地位不同,决定了三国榷场贸易的表现有所不同。

---

① 漆侠:《中国经济通史·宋代经济卷》,经济日报出版社 1999 年版,第 1164 页。
② 《金史》卷一〇六《术虎高琪传》第 2344 页。

蒙元时期行唐邸氏研究

河北师范大学历史文化学院　朱建路

蒙元时期的汉人世侯研究已经取得了较多成就，对专治一方的大世侯如东平严氏、顺天张氏等都有专文进行研究。但限于史料，对行唐邸氏等中小世侯则关注较少。刘晓《元镇守杭州"四万户"新考》在研究元代驻守杭州万户时涉及了行唐邸氏，但主要是对以邸琮为首的驻守杭州颖州万户进行研究①。安敏《元代汉人世侯行唐邸氏家族探究》②对行唐邸氏在元代的发展进行了勾勒。笔者在前人研究基础上，搜集金石碑刻，试对行唐邸氏家族继续进行研究。不当之处，请方家指正。

一

金贞祐二年（1214），金宣宗迁都汴京，蒙古军队在掳掠后北还，河朔地区处于权力的真空状态，地方力量往往组织武装自保。《元史·邸顺传》记载："邸顺，保定行唐人，占籍于曲阳县。金末盗起，顺会诸族，集乡人豪壮数百人，与其弟常筑两寨于石城、玄保，分据以守。"③《重修北岳露台记》记载："贞祐初，天兵南牧，众推公主石城寨。"《邸琮神道

---

① 刘晓：《元镇守杭州"四万户"新考》，《浙江学刊》2014 年第 4 期。
② 《泰山学院学报》2015 年第 2 期。
③ 宋濂等：《元史》卷一五一《邸顺传》，中华书局 1976 年标点本，第 3570 页。

碑》记载："公之祖讳亨，世业农，行唐甘泉乡圣明谷人。"① 邸顺家族世业农，邸顺是在金末兵乱情况下聚民自保的首领。

大蒙古国早期，"人能以州县下者，即以为守令，僚属听自置，罪得专杀。"②《元史·邸顺传》记载："岁甲戌（1214），率众来归，太祖授行唐令。"③ 邸顺1214年投降蒙古，被任命为行唐令。两年后，邸顺遇到了一次更像是土匪暴动的石海叛乱，《重修北岳庙露台记》记载："丙子（1216），石海乱，岁且饥，民濒于沙河者，夜采鱼藕草粮以糊口，昼穴窖不敢出，海遣何运副者拥精骑五千驻之曲河村，得一窖即食之，析骸爨骨，腥闻于天，公不胜忿恚，募健勇者，得数百人，与何鏖战，生擒何，刳其心以谢众，用是顺天都元帅府升公为恒州安抚使。"④ 因为袭杀了石海部属何运副，顺天都元帅府升邸顺为恒州安抚使。赵文坦先生据此认为此顺天都元帅府即为张柔的河北东西路都元帅府，邸顺曾经隶属于张柔⑤。

然而这种结论是值得怀疑的。据《金史·宣宗本纪》，兴定元年（1217）三月"甲辰，威州刺史武仙率兵斩石海及其党二百余人，降葛仲、赵林、张立等军，尽获海僭拟之物"。⑥ 石海叛乱被武仙平定在兴定元年（1217），邸顺袭杀何运副也肯定在此之前。而张柔归顺蒙古的时间却在此之后，《元史·张柔传》记载："戊寅（1218），国兵出紫荆口，柔率所部逆战于狼牙岭，马蹶被执，遂以众降，太祖还其旧职，得以便宜行事。"⑦ 张柔1218年秋降蒙，在邸顺杀何运副时邸顺与张柔分属于蒙、金两个政权，张柔不会以此升邸顺为恒州安抚使。《重修北岳庙露台

---

① 魏初：《青崖集》卷五《总押七路兵马邸公神道碑铭》，《文渊阁四库全书》，台湾"商务印书馆"1986年影印本，集部，第1198册，第765页下栏。
② 姚燧：《姚燧集》卷二五《磁州滏阳高氏坟道碑》，人民文学出版社2011年点校本，第384页。
③ 《元史》卷一五一《邸顺传》，第3570页。
④ 《青崖集》卷三《重修北岳庙露台记》，第738页下栏。
⑤ 赵文坦：《大蒙古国时期的顺天张氏》，《元史论丛》第十辑，天津古籍出版社2005年版，第40页。
⑥ 脱脱等：《金史》卷一五《本纪·宣宗中》，中华书局1975年标点本，第328页。
⑦ 《元史》卷一四七《张柔传》，第3472页。

记》的叙事是错乱的，据其记载得出的结论也是靠不住的。

《元史·邸顺传》记载："丙子（1216），真定饥，群盗据城叛，民皆穴地以避之，盗发地而噉其人，顺擒数百人杀之。朝廷升曲阳为恒州，以顺为安抚使。"① 此处先记邸顺杀何运副之事，后记邸顺升顺天都元帅府，但没有强调二者之间的联系，邸顺升恒州安抚使的原因是朝廷升曲阳为恒州。邸顺杀何运副无论是在 1216 年还是 1217 年，都尚没有张柔的顺天都元帅府，《元史》记载可能更准确。

史料显示，邸顺在归顺蒙古后其军事行动多在木华黎麾下。庚辰年（1220）邸顺从木华黎攻武仙，"败之于王柳口，仙遂弃真定南走。以功，赐顺名察纳合儿，升骠骑卫上将军，充山前都元帅。"② 《元史·木华黎传》记载："丁丑（1217）八月，诏封太师、国王、都行省承制行事……且谕曰：'太行之北，朕自经略，太行以南，卿其勉之。'赐大驾所建九斿大旗，仍谕诸将曰：'木华黎建此旗以出号令，如朕亲临也。'乃建行省于云、燕，以图中原。遂自燕南攻遂城及蠡州诸城，拔之。"③ 升邸顺为恒州安抚使的"朝廷"应是木华黎的云燕行省。另外温海清从历史地理的角度考证，行唐、唐县、庆都、曲阳等恒州所属四县"画境之制"前并不在张柔辖境④。因此，邸顺是否曾隶属于张柔仍须挂一个大大的问号。

1220 年木华黎承制以史天倪为金紫光禄大夫、河北西路兵马都元帅，镇真定。据赵文坦研究，在史天倪到真定后，邸顺等小世侯改属真定史氏麾下⑤。《重修邸氏先茔碑》记载："今行唐有汝伯父邸元帅，天造草昧时□□本土百姓，与武仙相距。天兵入界，暨真定史侯、藁城王元帅平乱功，俱授虎符、河南沿边管军万户。"⑥ 藁城王元帅为王善，为史天泽部属。这句话也说明邸顺后为真定史氏部属。真定人赵伯成"考府君

---

① 《元史》卷一五一《邸顺传》，第 3570 页。
② 同上。
③ 《元史》卷一一九《木华黎传》，第 2932 页。
④ 温海清：《画境中州——金元之际华北行政建置考》，上海古籍出版社 2012 年版，第 117 页。
⑤ 赵文坦：《大蒙古国时期的顺天张氏》，第 41 页。
⑥ 《光绪重修曲阳县志》卷一三《金石录下》，上海书店 2006 年影印版，第 645 页。

伟，国初以才勇从丞相史忠武王平金，擢黑军百户。岁庚申，公始袭职，隶万户邸公麾下，移兵戍守归德。己未，从邸公济江攻鄂。"① 庚申岁为1260年，己未为1259年，先说庚申袭职，再说己未渡江，这段材料记年有误。但也可以看出邸顺与真定史氏的密切关系。

《元史·邸顺传》："辛卯（1231）春，从太宗攻河南诸郡，招降民十余万，以顺知中山府。"② 1231年窝阔台决定分左、中、右三路伐金，并亲自率领中路军渡河南下。邸顺作为汉军将领，随窝阔台汗参加了这次对金作战。《元史·邸顺传》："己亥（1239），佩金符，为行军万户，管领诸路元差军五千人。从大军破归德府，留顺戍之。"③《元史》卷五八《地理一》："曲阳，中。古恒州地。唐为曲阳县。宋属中山府。金因之。元初改恒州，立元帅府，割阜平、灵寿、行唐、庆都、唐县以隶之。逮移镇归德，还隶中山府，复为曲阳县，后隶保定，北岳恒山在焉。"④ "逮移镇归德"指邸顺升为归德万户。邸顺为恒州安抚使，等他移镇归德后恒州之地隶属保定，则其移镇归德前势力范围即为恒州及其下辖阜平、灵寿、行唐、庆都、唐县。

1256年邸顺卒，子邸浃袭职。据《元史》卷一五一《邸顺传》，邸浃1259年参加了渡江之战。中统三年（1262）邸浃与顺天万户张柔、济南万户张荣等一起参加了攻打李璮的战争。此后邸浃的经历不清楚。至元十一年（1274），赐虎符，授金州招讨副使，后又迁怀远大将军、金州万户。十三年（1276），改襄阳管军万户。三月，以枢密院奏，行淮西总管万户府事，守庐州。十四年（1277），移龙兴，仍管领本翼军人。《元史·邸顺传》的史源当是由其神道碑、墓志铭之类删削而成，既然十四年仍管本翼军人，则此前肯定脱离了与本翼的关系。李璮之乱后，汉人世侯受到猜忌，史天泽家"一日解虎符、金、银符者十七人"，史天泽之子史格"无以为者数年"，后来大举伐宋，史格请求从军立功，"朝议犹避邓之旧军，俾与张蔡

---

① 苏天爵：《滋溪文稿》卷十五《故武义将军漳州新军万户府副万户赵公神道碑铭并序》，中华书局1997年版点校本，第234页。
② 《元史》卷一五一《邸顺传》，第3570页。
③ 同上。
④ 《元史》卷五八《地理一》，第1354页。

公子弘范易将，始授怀远大将军、亳州万户、虎符。"① 至元十三年（1276）焦山之战后，张弘范才重新被授予亳州万户②。中统三年（1262）之后邸浃没有什么作为，大概是与史格等人一样，被解除了军权。至元十一年（1274）伐宋之前才又被重新启用，但所授予的却不是原来管领的军队，直到至元十四年（1277）才又管领本翼军人。

此后归德万户府先后驻守龙兴路、吉安、惠州，万户府的名称可能也有变化，被冠以驻地名称。孙正臣"女三：长婿吉安万户邸贯"③，邸贯这时被称为吉安万户。邸氏后代邸荣仁、邸贯、邸士忠、邸文先后任这支军队万户。

二

行唐邸氏相关的史料不多，正史、文集多记载主要人物的主要经历，对邸氏家族的仕宦、婚姻及其部属组成、宗教信仰等多不顾及。反倒是一些碑刻的题名为我们保留了这方面的信息。今行唐县中学内有元碑一通，碑阳向下卧于地，只可见碑阴。碑阴左半部分涉及当地官绅人名，其中多有邸氏家族成员及其部属。其中的有用信息增进了我们对邸氏家族的了解。为研究方便，兹将碑刻的相关内容移录如下：

1. 　　　　长男刘源　行唐县丞，夫人杨氏
2. 右副刘德义　　次男刘澣　军前管军千户悬带金牌，夫人邸氏
3. 　　　　次男刘泽　中山等处管归德军奥鲁提领，夫人任氏，孙男刘写童
4. 　　　　次男刘润　行唐县都监，妻董氏　　孙男刘
　　　　　孙男刘驴哥
5. 　　　　长女刘氏　　长孙男刘世兴　　孙男刘鳞
　　　　　孙男刘千僧

---

① 《姚燧集》卷十六《平章政事史公神道碑》，第239页。
② 《张弘范墓志》，载《出土文献研究》第六辑，上海古籍出版社2004年版，第288页。
③ 刘岳申：《申斋集》卷九《元孙君墓志铭》，"国立中央图书馆"1970年影印本，第407页。

6. 夫人邸敬善　　　次女刘氏　　　次孙男刘世荣　　　孙男刘福童　孙男刘□童

7. 　　　　　　　次女刘氏　　　孙男刘世昌高阳县丞　　孙男刘丑驴 孙男刘□兒

8. 军 前提领邸濮　　行唐县等处管民长官张天祐　　长官殷鼎

9. 管　军千户邸英　　奥　鲁　管　军　长　官郄济

10. 行唐县前长官邸杰　　行唐县前长官前获鹿县尹郄温

11. 宣授归德府同知邸铎　　本县两岭口巡检毛渐，权县邸政

12. 宣差总押邸琮，男管军总押邸泽，次男邸浩，次男邸汘

13. 前中山府知府邸显，男邸从政、男邸天祥　　两路管民长官杨怗木歹

14. 主簿兼尉 张仁　　　　寿阳县真君观提点安如大师□□寥

15. 从仕郎授行唐县尹马逸　　忠显校尉进授宣德府判官兼　　　尹刘湜

此碑躺置地上，碑阳向下，因而不知碑刻的性质与立碑时间。金元时期全真教在河朔道教中占主流地位，题名第 2 行为"□真大师　　　　　　门宗派之图"，其后多列当地的道观及道士，可以推测行唐元碑也为某位全真教真人的道行碑之类。邸琮（1206—1240）为邸顺族弟，随邸常四处征战，后以战功"俾总押真定、大名、河间、西京、洺磁、怀孟、滨棣七路兵马，路置千长一人，守隋州"。① 《答禄乃蛮氏先茔碑》记载："有旨遣忽都虎、留乞与公三人并以奉御为万户，发西京、大名、真定、河间等诸州郡军四千六十余人占籍征行，每千人领以官一员，及镇守随州招集人户，仍以忽都虎兼本州达鲁花赤，又以保定府行唐县邸琮充总押副之，丁酉（1237）七月也。"② 碑刻第 12 行邸琮的职官为"宣差总押"，即"总押真定、大名、河间、西京、洺磁、怀孟、滨棣七路兵马"。邸琮从 1237 年升总押，到 1240 年卒，碑中职官为"宣差总

---

① 《青崖集》卷五《总押七路兵马邸公神道碑铭》，第 765 页下栏。
② 黄溍：《金华黄先生文集》卷二八《答禄乃蛮氏先茔碑》，《四部丛刊》初编本。

押"，则立碑时间应在此之间。又碑刻第 3 行刘泽官职为"中山等处管归德军奥鲁提领"，而《元史·邸顺传》记载："己亥（1239），佩金符，为行军万户，管领诸路元差军五千人。从大军破归德府，留顺戍之。"①则在 1239 年之后才会有归德军和在中山的奥鲁，所以碑刻的年代在 1239—1240 年。

行唐元碑第 13 行有"前中山府知府邸显，男邸从政、男邸天祥"。据《总押七路兵马邸公神道碑铭》，邸亨之子"其曰节者，有子一人讳显常，知中山府事"②。邸氏家族的第二代第三代人名均二字名，唯独"邸显常"名字三字，不合常理。且碑刻中"邸显"与传世文献中"邸显常"官职相同，这里的邸显常显然就是碑阴中的"前中山府知府邸显"，"常"字当为衍字。《重修北岳庙露台记》记载邸顺"字从政"③，则行唐元碑中"男邸从政"即为邸顺，邸顺应为邸显之子。这是与《总押七路兵马邸公神道碑铭》记载的邸氏谱系相矛盾的④。《总押七路兵马邸公神道碑铭》载邸琮有子三人：邸泽、邸浩、邸浞，但碑刻中显示第三子名邸泭。此外还有军前提领邸濮、管军千户邸英、行唐县前长官邸杰、宣授归德府同知邸铎四人谱系关系不是很清楚。总之，详细地搞清邸氏的家族关系还有待新材料的发现。

刘因《易州太守郭君墓铭》中说："而向之所谓豪杰者，后皆真拥雄城而为大官，其子孙或沿袭取将相，凡其宗族、故旧与同事者，亦皆布列在位，享富贵之乐。"⑤ 碑刻中列举了多为邸氏家族成员及其姻亲、部属，为研究邸氏家族及其故旧的仕宦婚姻提供了珍贵的资料。碑刻中有行唐县前长官前获鹿县尹郄温、奥鲁管军长官郄济等。郄氏也是行唐当地的大族。《行唐县新志》卷十《人物》记载："郄广，城寨社人，谷之后裔也，成宗时以文臣授元帅府左辅监军，守亳州。""郄温，广之子，

---

① 《元史》卷一五一《邸顺传》，第 3570 页。
② 《青崖集》卷五《总押七路兵马邸公神道碑铭》，第 765 页下栏。
③ 《青崖集》卷三《重修北岳庙露台记》，第 740 页上栏。
④ 《青崖集》卷五《总押七路兵马邸公神道碑铭》记载邸顺与邸常为邸信之子，邸显常为邸节之子，邸信与邸节均为邸亨之子。
⑤ 刘因：《静修先生文集》卷四《易州太守郭君墓志铭》，《丛书集成初编》第 2077 册，商务印书馆 1937 年版，第 77 页。

进校尉,获鹿县尹。"① 这个记载是有误的,邸顺的族弟邸琮死于庚子年(1240)八月二十八日,上碑刻中提到邸琮,则碑刻刊刻年代在此之前。郄温为郄广之子,则郄广不可能成宗时期受官。同书卷十四《艺文》有《孝子郄祥墓碣》记述孝子郄祥"高祖泰、曾祖广为左辅监军。大父温进义校尉获鹿县尹。父仲璋监副宣课。累世簪缨,为行唐望族。"② "郄"同"郗",可见郄氏家族确实是行唐望族。邸泽"元配郄氏,严于持家,前卒二十一年。"③ 邸泽四女,分别适"郄长官子璧、阎令子龄、郑元帅子端仁、万户贾荣祖"④。古人名与字往往意义相关,郄璧应即郄仲璋,郄长官即郄温,邸氏与郄氏之间有世代联姻关系。

邸泽元配郄氏卒后,"继配两王氏,姐妹也"⑤。《青崖集》卷五《故总管王公神道碑铭》记载王汝明"女六人:长适千户宋山甫;次适万户邸泽;次适初;次适总管孚某;次适史某,丞相开府公之孙也"⑥。王汝明是张柔幕府成员,两个女儿嫁给邸泽,邸氏与王氏也有姻亲关系。《王善神道碑》记载:"女十一人,长适曲阳征行千户佩金符邸澂?"⑦ 藁城王氏与邸氏也有联姻。

上碑刻中还有右副刘德义及其诸子,也都为当地军官。刘氏来历不详,但我们注意到刘德义的夫人为邸敬善,次男刘灪夫人也为邸氏,这应该是一个世代与邸氏通婚的家族。《邸琮神道碑》记载邸琮"娶刘氏,灵寿大族也"⑧。这里的右副使刘德义及其家族,很可能就是灵寿刘氏。这个家族也是军人世家,是邸顺的部属,且与邸氏有长期的姻亲关系。碑刻显示刘德义夫人为邸敬善,前述碑刻的年代在1239—1240年,邸敬善已经有子有孙,可以推断邸敬善在邸氏家族成员中辈分较高,可能与

---

① 乾隆《行唐县新志》卷十《人物》,上海书店2006年影印版,第430页。
② 乾隆《行唐县新志》卷十四《艺文》,上海书店2006年影印版,第470页。
③ 《姚燧集》卷十七《颍州万户邸公神道碑》,第262页。
④ 同上。
⑤ 同上。
⑥ 《青崖集》卷五《故总管王公神道碑铭》,第768页上栏。
⑦ 《常山贞石志》卷十五《故知中山府事王公神道碑铭》,载《石刻史料新编》第1辑第18册,新文丰出版公司1982年影印版,第13433页上栏。
⑧ 《青崖集》卷五《总押七路兵马邸公神道碑铭》,第766页上栏。

邸顺、邸琮等为同辈。邸敬善次男刘㶍夫人邸氏，也是出自行唐邸氏成员。灵寿刘氏与行唐邸氏最少二世通婚。

不见于上述碑刻，但属于邸氏部属的还有灵寿郑氏和曲阳关氏。灵寿人郑温也曾是行唐邸氏的部属。《郑温神道碑》记载："中书粘罕公任江淮安抚使，道行唐，公上谒，粘罕公与语奇之，留置麾下，每野战攻城必偕。"① 粘合南合，粘合重山子，"道"当为"导"，说明郑温也曾是邸顺的部属。邸泽有女适"郑元帅子端仁"②，可能为郑温之子或孙。

曲阳关氏家族最知名者为关玉。据《有元故县尹关府君墓碑》，"公讳玉，字子玉，其先行唐长寿乡西四里人也。自曾祖世隆别授为真定行唐县尹，县志已书。娶张氏，子三人，曰黟，曰绛，曰碧。黟、绛早没，碧由百夫长累功至万夫长，生子信袭父职，配安氏，后生公。"③ 可知关氏也是当地的官宦之家。关玉后因宗族散失，往依邸顺，"恒阳万户邸侯夫人，公之姊也。"《青崖集》卷三《藁城尹关君哀挽诗序》记："某少时不学，好骑射。贞祐间，河北豪杰并起，某时因邸侯数相与往还，用是得其事迹为详。"④ 关玉虽然后以文知名，但少年时仍有武将的家族遗风。关玉后历曲阳、高阳、藁城三县令，有能声。

关玉之子关思义后曾由刘秉忠推荐参与朝仪的制定。《青崖集》卷三《藁城尹关君哀挽诗序》记："初闻令先君与藏春相君最相爱念"，藏春相君即藏春居士刘秉忠，关玉与刘秉忠关系友善，所以刘秉忠后来推荐关玉之子为官。刘秉忠制朝仪，推荐儒生十人参与，其中包括关思义⑤。关思义后曾任左右侍仪副使，《元史》卷八《世祖本纪五》记载至元十二年（1275）二月"命怯薛丹察罕不花、侍仪副使关思义、真人李德和，代祀岳渎后土"⑥。关思义后来曾任濮州同知等职，《提刑按察使王博文等题名碑》记载至元十八年（1281）正月提刑按察使王博文因为巡按到曲阳，

---

① 沈涛：《常山贞石志》卷十九《郑温神道碑》，第13502页上栏。
② 《姚燧集》卷十七《颍州万户邸公神道碑》，第262页。
③ 光绪《重修曲阳县志》卷十三《金石录下》，第649页下栏。
④ 《青崖集》卷三《藁城尹关君哀挽诗序》，第732页下栏。
⑤ 《元史》卷六七《礼乐一》，第1665页。
⑥ 《元史》卷八《世祖本纪五》，第163页。

拜谒北岳庙，同行者有"里中士人濮州倅关思义"①。

蒙元时期的汉人世侯多对全真道教加以护持②，行唐邸氏也不例外。邸氏家族多位成员出现在行唐元碑上，显示邸氏家族与这位全真高道关系密切。《青崖集》卷三《重修北岳露台记》记载邸顺修北岳庙正殿及露台："岳，古恒也，先王奠祀，用秩兹表乃北。历代承承，明禋休享，罔有降革。金衰，群盗蜂起，夺掠斩艾，所在荡尽。时国朝肇一区宇，礼文故事，日不遑给，故岳祠为尔寂寂几十余年。天诱其衷，故万户邸侯为建正殿，四方始有瞻拜之所。殿南余二十许步，旧有台，以容俳优、抵角、变幻、百戏之献，乃募工起南山白石，而崇扩之，高丈弱，从仞十有一三分仞之一有奇，横如之。经营规度，凡五易寒暑，计费钱二千余缗。"③邸顺修北岳庙大殿及露台，显示了其对的道教倾心。然一次修庙行为尚不足以说明其倾心于道教。《重修曲阳县志》卷十三《金石志》收录《女冠张守度墓志》记载张守度在夫亡之后"庚辰之岁三月，亲诣完州五□玉清观（缺）为师，（缺）出家，以状盟誓，克志不移。其后有曲阳邸君并及众官（后缺）度住持城隍庙□□栖隐之地"④。碑文虽缺，但文意尚可领会。张守度出家之后，曲阳邸君及众官请到城隍庙住持。张守度癸亥年（1263）去世，享年76岁，则其生年当在1187年前后，学道四十余年，则张守度出家当在30多岁，大约在13世纪20年代，此时能够敦请其为城隍庙住持的曲阳邸君，只能是邸顺。中山府一带有北岳、葛洪山等道教名山，蒙元时期这里的道教活动异常频繁。著名的汉人世侯张柔即多方护持道教，在许多道教碑刻中列有姓名。顺天邸氏生活在北岳之旁，应该也不例外。

综上，我们对行唐邸氏重新进行了考察，认为邸顺归顺蒙古后，可能没有隶属过张柔；邸氏在李璮之乱后也受到一定的打击。新发现元碑与传统文献记载的邸氏谱系有矛盾之处，问题的解决有待于新资料的发

---

① 光绪《重修曲阳县志》卷十三《金石录下》，第635页上栏。
② 张广保：《蒙元时期宗王、世侯对全真教的护持与崇奉》，赵卫东主编《问道昆嵛山：齐鲁文化与昆嵛山道教国际学术研讨会论文集》，齐鲁书社2009年版，第197—229页。
③ 《青崖集》卷三《重修北岳露台记》，第738页下栏。
④ 光绪《重修曲阳县志》卷十三《金石录下》，第631页上栏。

现。新发现元碑显示邸氏的部属除曲阳关氏、灵寿郑氏外有灵寿刘氏、行唐郄氏等，他们都与邸氏有通婚关系；在宗教信仰上，邸氏可能对全真道教更加偏爱。

经筵制度与清朝的儒化、汉化及文化认同

北京师范大学历史学院 姜海军

经筵，是中国古代专门为帝王讲经论史而特设的御前讲席，经由汉唐之际的发展，到了宋代，已经形成了一套非常完善的制度，此后元、明、清三代沿袭之。清代虽是异族入主中原的少数民族政权，但满族在入关之前就积极主动关注以儒学为核心的中华文化，他们在定都北京之后，为了有效控制中原，更是促成了经筵制度的设立。而此制度的设立，反过来又强化了清朝政权统治阶层对儒学、汉文化的认同。清朝诸帝在经筵讲习的影响下，主动学习以儒学为核心的中华文化，进而推动了自身的儒化、汉化进程，成为中华民族中的正式一员。可以说，满族入关之后，为了巩固对中国的有效控制、赢得社会精英阶层——儒士大夫们对清朝统治合法性的认同，他们较蒙古入主中原更加主动认同并推行以儒学为核心的中华文化，由此催生了经筵制度的设立。而经筵制度反过来又进一步儒化了清朝诸帝，促使他们认同并推行更加广泛的儒化、汉化政策。更为主要的是，很多汉族儒士大夫也借助经筵制度"得君行道"的机会，向清帝宣扬儒家之道，不但促使程朱理学的官学化、意识形态化，使儒学得以在有清一代持续发展和传播，确保了以儒学为核心的中华文化的传承和发展，而他们借助经筵讲习参政、议政，更是进一步推动了清朝政权的儒化、汉化进程。

对于清代经筵制度的开设、沿革、内容以及它的历史贡献，国内已

经有一些学者对此作了一定的研究,①这对于我们继续研究清代经筵制度提供了基础。不过,以往研究多只是就清代经筵开设本末、内容、特点等作以探讨,而忽略了考察经筵作为一种制度对清代帝王思想文化乃至执政理念以及清朝政权性质、社会文化的演进所起到的直接促进作用。所以,本文从儒学史、思想史的角度,试从经筵制度对当时清代帝王对儒学的认同、经筵制度的设立以及基于此对思想文化政策的调整、理学的官学化、清学的发展、社会政治的儒化等问题作以探析,以此加深我们对经筵制度与清朝政治文化之儒化、汉化内在关联上的理解和认识。

一 清朝认同儒学、汉化及经筵制度的设立

清代经筵制度,如果按照"经筵典礼"的严格标准来看,它开设于顺治十四年(1756),到咸丰十年(1860)举行最后一次经筵大典为止,持续了两百余年。但如果从帝王为讲论经史而设立的御前讲席来看,它贯穿于有清一代,亦即"从皇太极崇德元年(1636)改国号为清起,至宣统三年(1911)止"②。经筵制度开设于皇太极之际,很大程度上就是因为清人在入关之前,就已经表现出对以儒学为核心的中华文化极大的兴趣,这不但为他们主动认同儒化、汉化铺平了道路,更是为皇太极在朝廷设立中原之经筵制度奠定了重要的思想基础。

清人在入关之前,作为当时女真、清朝的奠基人努尔哈赤(1559—1626)由于多次奉命入关前往北京进贡,对当时北京的礼乐制度、汉族风俗有深刻的影响。所以,他在创立后金政权、南下攻明的过程中,就开始有意吸收优秀的汉文化,他曾命令诸臣:"把尼堪(指明朝)行事的各种法规律例,全都写在文书呈送上来。抛弃不适当的地方,报告适当

---

① 陈东:《清代经筵制度研究》,博士学位论文,山东大学,2006年11月。赖玉芹:《博学鸿儒与清初学术转变》,博士学位论文,华中师范大学,2004年4月。梁娟娟:《清代谏议制度研究》,博士学位论文,山东大学,2009年4月。郑艳梅:《文华殿与清代经筵礼仪制度》,载《中国紫禁城学会论文集》,第五辑。

② 陈东:《清代经筵制度研究》,博士学位论文,山东大学,2006年11月,第3页。

的地方。不要以异国人不知而谎报。"① 不仅如此，努尔哈赤还曾仿照明制，比照明堂建立了都堂，制定了官员的服饰、官场礼仪，等等。更重要的是，努尔哈赤开始注重翻译汉籍，如《大诰三编》《三国演义》等书籍，注重吸收汉族的思想文化，并在其训谕中有大量儒家孔子、孟子等人的治国思想②。努尔哈赤的这些努力，对于日后清朝入关认同以儒学为核心的中华文化、"清因明制"奠定了基础，对此谢国桢就曾说："'清因明制'的思想根源，我们可以上溯到清太祖努尔哈赤开国之初。"③

皇太极即位（1626）之后，其汗位并不稳固，权力亦有限，当时社会内部矛盾也是重重。加上入关之际，对于如何稳定数倍于满人的汉人，也都是后金能否立足于中原的关键所在。于是，皇太极倡导"满汉人民，均属一体"④的观念，并于1629年设立了文馆，吸纳了一大批降清的汉族儒士大夫，"以历代帝王得失为鉴，并记国家政事，以昭信史"⑤。1631年，他又听取汉族儒臣宁完我的建议，仿照明制，设立吏、户、礼、兵、刑、工六部，除了巩固君权之外，也利于笼络汉族臣民之心。崇德元年（1636），皇太极改国号为"清"，年号为"崇德"，年号本身就说明他认识到儒家仁德思想对巩固清朝统治的重要性。同年十一月，他又率领诸王、贝勒、大臣等人，在翔凤楼听汉儒讲解《金世宗本纪》，并发表谕旨强调清朝勿忘旧制，同时也要积极吸收汉文化之长，这进一步推动了御前讲席的发展，更是在某种程度上为之后经筵试讲的内容确定了范围：满汉兼采。

多尔衮（1612—1650）作为努尔哈赤之子、皇太极之弟，他在皇太极去世之后曾自为摄政王，成为顺治入关清王朝的实际统治者，也是清朝定都北京、统一中国的奠基人。在顺治初年入关及统一中国的过程中，多尔衮继在努尔哈赤、皇太极的基础上，进一步推行儒化、汉化举措。

---

① 辽宁大学历史系：《重译满文老档（太祖朝）》第2分册，清太祖天命六年（1621）四月条，第20页。
② 《清太祖武皇帝实录》，载《清入关前史料选辑》第1辑，中国人民大学出版社1985年版，第383页。
③ 谢国桢：《明末清初的学风》，人民出版社1982年版，第78页。
④ 《清太宗实录》卷一。
⑤ （清）王先谦：《东华录·天聪四》，清光绪十年长沙王氏刻本，第94页。

他一方面大量信任并使用汉臣，如李自成向北京进军之后，明朝危在旦夕，这时汉儒范文程就建议多尔衮乘机入关，说"此正诸王建功立业之会也"①。多尔衮占领北京之后，又接受了汉臣祖可法、张存仁关于"京师为天下之根本，兆民所瞻望而取则者也。京师理则天下不烦挞伐，而近悦远来，率从恐后矣"②的建议，宣布本朝"建都燕京"。并上书顺治皇帝，认为"皇上迁都于此以定天下，则宅中图治，宇内朝宗，无不通达"③，目的就是希望朝廷确立定鼎北京"以定天下"的决心。在他及汉儒的努力下，最终促使清朝定都北京，并以统一中国为清朝南下的政治目标。

顺治入关称帝之后，当时的摄政王（多尔衮、济尔哈朗）都希望其身边有博学通经之士以资启沃，而在朝儒臣也极力进谏希望正式开设经筵制度，如顺治元年（1644）户科给事中郝杰说："从古帝王无不懋修君德，首重经筵。今皇上睿资凝命，正宜及时典学，请择端雅儒臣，日译进《大学衍义》及《尚书》典谟数条。更宜遵旧典，遣祀阙里，示天下所宗。"④顺治五年（1648），工科给事中魏裔介也上书说："伏乞皇上：上念鼎命付托之重，下慰臣民瞻戴之思。立召大臣商榷，择日施行，诚宗社无疆之休。"⑤其实，顺治皇帝本人对儒学的重要性也有了相当的认识，顺治作为入关后的皇帝，曾面对着当时喇嘛教、儒学、佛教、天主教等多种思想文化并存的现实，他最终决定尊崇儒学，以之为官学。毕竟，儒学具有更加广泛的适应性，且有过上千年与中原社会、政治想磨合的历程，何况清朝所要统治的是占人口绝大多数的汉族臣民。所以，在顺治六年（1644），清世祖顺治入关后的一个月后，就将孔子六十五代孙允植袭封为衍圣公，五经博士等袭封如故。他更是在顺治十年（1653）明确发布了"尊儒重道"的诏令，他说：

---

① （清）蒋良骐：《东华录》卷四，清乾隆刻本，第33页。
② 《清世宗实录》卷五，顺治元年五月己亥条，中华书局1985年影印版。
③ 《清世宗实录》卷五，顺治元年六月丁卯条。
④ 《清世宗实录》卷九，顺治元年十月丙辰条。
⑤ （清）魏裔介：《兼济堂文集》卷一《乞及时讲学疏》，清文渊阁《四库全书》本，第1页。

> 国家崇儒重道，各地方设立学官，令士子读书，各治一经，选为生员，岁试科试入学肄业，朝廷复其身，有司接以礼，培养教化，贡明经，举孝廉，成进士，何其重也。①

顺治在上谕中明确提出要"崇儒重道"，令读书人研习儒家经典及思想，并以儒学作为道德教化、科举取士的重要内容。另外，他还发布了"帝王以孝治天下，礼莫大乎事亲"的诏令。一时之间，忠、孝的观念在清朝颇为盛行。不仅如此，顺治本人还主持编纂儒家典籍与思想之类的书籍，如孟森《清史讲义》所说："世祖朝已有御制敕纂诸书，如《人臣儆心录》《资政要览》《内则衍义》《孝经衍义》《易经通注》《孝经注》《道德经注》等书，具在《四库》。世祖享年不永，虽雅意右文，未能大昌文化。"② 顺治本人对儒学颇为重视，只是由于在位时间短，影响颇为有限。当时汉儒建议设立经筵制度，只不过是顺应时势，希望进一步强化朝廷对儒学的重视。经过汉族儒臣的努力，经筵制度于顺治十四年（1756）最终正式落实。总之，顺治较其先祖更加注重儒学，更加强调"尊孔崇儒""以儒治国"，而经筵制度本身的设立既是他重视儒学的一种体现，也是他推重儒化的必然产物。可以说，"终顺治一朝的统治者，无论是摄政王多尔衮，还是顺治帝，都延续了皇太极吸收汉文化、文武并用、笼络汉人的施政方针，并在此基础上进一步提出'崇儒重道'的文化政策"③。

总的来看，尽管从清朝的奠基人努尔哈赤开始一直到顺治十四年（1756），没有设立专门的经筵制度来教育、引导清朝统治者学习儒学、汉文化，但他们已经自觉意识到了推行以儒学为核心的汉文明的重要性，所以其势力扩展的过程中，开始主动认同并利用汉族儒臣、儒家之道乃至汉族典章制度为自己服务。为了有效控制中原地区，清朝统治者基本上接受了"天下一统""华夷一家"的传统观念，并将其发展为"满汉

---

① 《世祖章皇帝实录》卷七十四，中华书局1986年影印本第3册，第585页。
② 孟森：《清史讲义》，中华书局2006年版，第191页。
③ 史革新：《清入关前对汉文化的初步吸收——以努尔哈赤推行的文化政策为例》，载《徐州师范大学学报》（哲学社会版）2009年第3期，第65页。

一体"的思想，同时借助汉族儒臣来积极主动的实现清朝政权的儒化、汉化，以此来笼络中原汉族臣民，进而赢得中原社会精英阶层——儒士大夫们对清朝统治中国的文化认同。在清朝入关前后的诸帝中，皇太极在设立经筵制度上扮演着至关重要的角色。他除了在汉族儒臣的支持和辅助下，设立了类似经筵讲习的制度，积极吸收儒学、汉文化治国之精髓之外，更是积极主动地儒化、汉化，这不但直接促使了入关后的顺治皇帝进一步推行汉化政策，更是最终正式设立了经筵制度，并确立了"以儒治国"的基本方略。顺治作为清朝入关后的第一个皇帝，他正式设立经筵制度，在某种程度上反映了他较以往先祖更加重视儒学、汉文化，更加以中原统治者的姿态来推广以儒学为核心的中华文化。反过来而言，顺治朝经筵制度的设立，也是清朝统治者主动儒化、汉化，实行汉化政策的具体展现，这不但为嗣后诸帝接受理学，并将理学确立为官方意识形态、实现了基于政治、文化大一统奠定基础，而且也为经由经筵制度熏陶的清朝诸帝强调"以儒治国"、全面儒化汉化，实现了清朝对中原汉地的有效统治起到了强大的推动作用。

二　经筵制度与理学的官学化及清学之建立

经筵制度的设立强化了清朝对儒化、汉化必要性的认识，而受到经筵制度熏陶、教育的清朝诸帝所推行的诸多汉化政策，为清朝实现对中原腹地尤其是江南地区的有效控制，以及赢得占当时人口绝大多数汉族臣民尤其是社会精英阶层——儒士大夫们的文化认同有极为重要的意义。毕竟，传统儒家观念中，治统源于道统，而对儒学的认同是获得政治合法性、儒士对其文化认同的基本手段，如康熙在御制《日讲四书解义序》中所言：

> 天生圣贤，作君作师，万世道统之传，即万世治统之所系也。……道统在是，治统亦在是矣。历代贤哲之君，创业守成莫不尊崇表章

讲明斯道。①

在汉族儒士大夫们看来，无论谁统治中国，只要能够继承并弘扬孔孟之道，他就具有政治统治的合法性，所谓"道统之传，即万世治统之所系""道统在是，治统亦在是"。可以说，清朝对孔孟之道的认同、实现王道政治就是获得其政治合法性的前提条件，此前元初著名学者杨奂也曾说："王道之所在，正统之所在也。"② 由于宋元以来理学已经基本上成为当时占主导地位的思想文化体系，更是成为清代初年儒士大夫们的基本价值观、思想体系。清朝统治者为了获得对中国统治的合法性，他们在入关前后就开始认同儒学、"尊孔崇儒"，而清朝经筵制度的开设，更是为他们认同儒学、笼络汉族儒士大夫提供了一个重要平台，这也为后来康熙时代理学的官学化、意识形态化奠定了重要的思想基础。

尽管程朱理学被确立为官方意识形态是在康熙时期，但在清朝入关前后理学已经得到了清朝统治阶层的普遍关注，如皇太极曾将理学之核心经典《四书》作为朝廷讲习的基本内容。顺治受到经筵讲官的影响，更是对程朱理学格外重视，他要求国子监生所学内容是"两厢及六堂官讲《四书》、《性理》、《通鉴》，博士讲《五经》"③。顺治九年（1652），他又要求各省学政"将《四子书》、《五经》、《性理大全》、《资治通鉴纲目》、《大学衍义》、《历代名臣奏议》、《文章正宗》等书责成提调教官，课令生儒诵习讲解，务俾淹贯"④。可以说，顺治年间以《四书》为核心的理学成为当时士子读书学习的基本内容。当然，顺治时期经由经筵制度而引发朝廷对《四书》等理学的关注，也与当时理学的发展与兴盛有直接的关系，如有学者所言，"顺治朝，促使程朱理学复兴的一些基本条件都已在形成之中，表现为：一是明末入清的尊朱学者及其影响；二是

---

① 《圣祖仁皇帝御制文集》卷十九《日讲四书解义序》，《四库全书》荟要本，第1册，第187页。
② （元）杨奂：《还山遗稿》卷上《正统八例总序》，影印文渊阁《四库全书》本，台湾"商务印书馆"1986年版，第228页。
③ 《钦定八旗通志》卷九十四《学校志一》。
④ 《皇朝文献统考》卷六十九《学校考七·直省乡党之学一》。

从王学营垒中不断分化出尊朱或者主张调和程朱、陆王的学者；三是清朝教育制度、科举考试制度基本沿袭明制，有利于造就新的理学士人。其间，跻身于官场与散落在民间的宗程朱理学人士的积极活动，形成'朝野互动'的局面，铺垫了通向程朱理学复兴的道路。"① 正是由于当时朝野对理学的关注与推动，促使顺治在经筵讲官的影响下因势利导地将理学视为朝廷正学、士子必读书目，这也为康熙时期经筵讲习必讲儒学及理学的官学化奠定了坚实的思想基础。

清代经筵制度在康熙时期达到了鼎盛。康熙自幼就接受经筵讲官的熏陶、教育，当时经筵讲习内容"完全沿袭明代会讲制度，进讲内容只限于《四书》、《五经》。进讲次序一般是先讲'书'，后讲'经'"②。这种先《四书》后《五经》的次序，对于康熙认同并独尊理学有直接的影响作用。所以，自幼接受经筵讲习的康熙对程朱理学颇为赞赏，他曾说："朕听政之暇，即于宫中批阅典籍，殊觉义理无穷，乐此不疲。向来隔日进讲，朕心犹为未足。嗣后尔等须日侍讲读，阐发书旨。为学之功，庶可无间。"③ 康熙认为理学"义理无穷"，以至于让他乐此不疲。康熙不满足自己享受经由经筵学习程朱理学的快乐，他还希望朝臣与他一起通过经筵制度来学习程朱理学修身治国之道。即康熙二十二年（1683），他下谕旨说：

> 经筵关系大典，自大学士以下，九卿詹事科道俱侍班，所讲之书，必君臣交儆，上下相成，方有裨于治理。向来进讲，俱且君身，此后当兼寓训勉臣下之意，庶使诸臣皆有所儆省。④

康熙认为经筵制度的教育对象不应当只限于皇帝，在朝的诸臣也应当一起接受儒家之道的学习，以至于"君臣交儆，上下相成，方有裨于治理"。康熙此举无疑促使儒学在清朝统治阶层内的广泛传播，直接推动了

---

① 史革新：《略论清顺治年间程朱理学的涌动》，《清史研究》2006年第4期，第31页。
② 陈东：《清代经筵制度研究》，博士学位论文，山东大学，2006年11月，第38页。
③ 《清圣祖实录》卷四十一。
④ 《清圣宗实录》卷一百十一。

清朝"以儒治国"的力度。在他的努力下，北京成了当时儒学发展的重镇，"时三藩平后，朝廷向文学，四方名士竞集京师"①。在康熙的推动下，不但当时清朝统治阶层研习儒学，更是在江南儒士的帮助下编纂了大量的文献要籍，以此推动了儒学的大兴，为康乾之际考据学的兴起奠定了基础，如陈祖武先生所言，"从学术而言，御纂诸经日讲解义及众多图书官修的形式，与学术界的经学倡导合流，从而把知识界导向了对传统学术进行全面整理和总结的新阶段"②。

经由经筵熏陶、教育的康熙对儒学、理学非常重视，可谓"以儒学开一代风气"③，在他看来，"孔孟之后，有裨斯文者，朱子之功，最为弘巨"④ 在康熙五十一年（1712），他将程朱理学确立为官方意识形态。随后的雍正、乾隆也都以程朱理学为官方正学，以"崇儒重道"相标榜，他们曾多次在经筵讲习的御论中发表对理学的尊崇，如云"宋儒之书，所以有功后学，不可不讲明而切究之也"⑤。不仅如此，乾隆还进一步强化了程朱理学在科举考试中的贯彻，进一步儒化、汉化了清朝政权，赢得了当时中原汉族儒士大夫们的政治认同，如何炳棣先生所言："清廷实行了制度性的汉化政策，贯彻程朱新理学，作为汉化政策的核心，这不仅有利于满族八旗部落政权向统一的中央集权帝国演变，而且也赢得了儒家精英们的忠心支持。"⑥ 当然，乾隆时代理学的意识形态化，导致了其理论的墨守与思想的固化，以至于当时"究心理学者盖鲜。……诚者不可多得，而伪者托于道德性命之说，欺世盗名，渐启标榜门户之害"⑦。理学的教条化，促使了"假道学"的兴盛，以至于乾隆多次在经筵御论中发表对理学的不满。与此同时，江南地区经由明清之际对阳明后学"尊德性"的批判，开始注重对"道问学"的关注，由此促使经史考据之

---

① 冯辰、刘调赞：《李塨年谱》，陈祖武点校，中华书局1988年版，第236页。
② 陈祖武：《清初学术思辨录》，中国社会科学出版社1992年版，第46页。
③ 孟森：《清史讲义》，中华书局2006年版，第195页。
④ 《清实录》第6册，《圣祖仁皇帝实录》卷二百四十九，中华书局1985年版，第466页。
⑤ 《清实录》第10册，《高宗纯皇帝实录》卷一百二十八，中华书局1985年版，第876页。
⑥ [美] 何炳棣：《捍卫汉化：驳伊芙琳·罗斯基之"再观清代"》（上），张勉励译，载《清史研究》2000年第1期，第113页。
⑦ 《大清十朝圣训》之《清高宗圣训》卷十三，燕山出版社1998年版，第1321页。

学、汉学的兴起,进而形成了朝野、南北学术思想的对立,正如梁启超所言:

> 自康、雍以来,皇帝都提倡宋学——程朱理学,但民间——以江浙为中心,"反宋学"的气势日盛,标出"汉学"名目与之抵抗。①

以江浙为核心的江南地区,不仅是当时清朝的经济重心,更是思想文化发展的重心所在,江南诸儒受到明清之际"道问学"风气的影响,非常重视经史考据之学。更为主要的是,江南诸儒大多秉承"夷夏之辨""夷夏之防"等传统观念,如吕留良就认为"华夷之分,大过于君臣之义",并斥责"夷狄异类,置如禽兽"②。如此一来,江南地区经史考据之学或曰汉学,不仅仅是一种学术风气,更是呈现为江南儒士对抗朝廷理学或曰宋学的一种手段。在这种情形下,深受经筵熏陶的乾隆,决定"以汉制汉",通过开馆、招纳汉儒精英编纂《四库全书》来重建新的学术思想之规范。实际上,朝廷借编纂《全书》之际,除了通过"寓禁于征",大量销毁江南违禁书籍之外,同时还通过"寓作于述",亦即通过撰写《四库总目提要》重建了"汉宋兼采"的新价值思想体系——清学,所谓"汉学、宋学各有优劣,两者互为补充、缺一不可","有汉儒之训诂,乃能有宋儒之义理,相因而入,故越密越深"。③ 清学由此整合了以往朝野、南北诸儒在学术思想上的分立,从而完成了文化上的大一统。嗣后,清学成为基本学术形态,由于此学注重汉学、经史考据,以至于当时思想界一片沉寂,正如陈祖武先生所言:"清代乾隆、嘉庆两朝的八十余年,是朴学的天下,经史考据,声音训诂,成为一时朝野学术主流。相形之下,此一时期的思想界则甚为沉寂,以至于稍后而又龚自珍'万马齐喑究可哀'④ 的喟叹。"⑤ 乾嘉之后,经筵讲习的内容也多秉承了汉宋兼采

---

① 梁启超:《中国近三百年学术史》,中国社会科学出版社2008年版,第23页。
② (清)雍正:《大义觉迷录》,载《清史资料》(第四辑),中华书局1983年版。
③ (清)纪昀等:《四库全书总目》卷三十七《四书参注》提要。
④ (清)龚自珍:《己亥杂诗》第125首。
⑤ 陈祖武:《清儒学术拾零》,湖南人民出版社2002年版,第236页。

的清学范式,"语句雕饰,内容空洞"①,鲜有新意可言。直到鸦片战争爆发之后,经筵内容开始关注中西、古今之对比及历代治乱兴衰的总结,而这些都表明经筵讲习对当时学术思想界既有象征意义,又有规范意义。

　　总的来说,经筵制度对于清朝统治者认同儒学、推尊理学有直接的推动作用,更促使他们主动儒化、汉化,从而赢得汉族臣民对其统治合法性的认同。当然,经筵制度的设立是清朝认同、推尊儒学的必然产物,更是清朝主动儒化、汉化的具体展现。而经筵制度的开设,反过来又强化了清朝统治者对理学的尊崇,并最终促使理学在康熙时期成为官方意识形态,进而导致了程朱理学在清代中叶的兴盛与独尊。在这个过程中,经筵制度具有枢纽的意义。理学因为经筵制度的推动而官学化,并经由它昭示天下,反过来理学的墨守和思想固化,也由此导致了乾隆中期对官方学说——理学发展的不满、对经学的关注,并经由经筵讲习辐射到了全国,并间接地推动了民间对汉学的重视和兴盛。正如蒲松龄所说:"朝廷不重其文,草野谁详其义?荒唐众口,遂有离经叛道之虞;隐怪一流,不无是陆非朱之患。苟非天子考文,何使书生稽古?"② 这说明了经筵及皇帝对当时学术思想的极大影响作用③。整体而言,经筵制度对当时学术思想界的发展并非具有主导地位,它在很大程度上只是扮演着媒介的作用,官私、南北学术思想的发展经由经筵讲官反映到朝廷,并经由皇帝来实现对当时思想文化政策的调整。比如顺治、康熙时期朱陆之争中,朱学的兴盛经由熊赐履、魏象枢、汤斌等人反映到朝堂,而最终促使康熙认同并独尊理学。而乾隆时期,官方理学的固化、江南汉学的兴盛,也经由经筵讲官促使乾隆重整学术思想,建构汉宋兼采的清学体系,以获得江南儒士的文化认同,更是实现服务于政治一统的文化大一统。

------

　　① 陈东:《清代经筵制度》,《孔子研究》2009 年第 3 期,第 98 页。
　　② (清)蒲松龄:《蒲松龄集》之《聊斋文集》卷十一,上海古籍出版社 1986 年版,第 326 页。
　　③ 经筵对当时学术思想产生直接影响的另一个方面,便是清朝经筵、日讲讲义经常以文本的形式被刊刻,由内府向外流通,"不仅能够成为满清皇子教育及至宗族教育提供典范性的课本,而且这些钦定书籍在社会上流传,成为广大科举士人研习、应试的标准教材"。(参见罗志《明清政治文化与内府刻书》,硕士学位论文,陕西师范大学,2012 年 5 月,第 31 页。)

三 经筵制度与清代社会政治的儒化、汉化

清朝为了实现对中国的有效统治，自觉认同并推行以儒学为核心的汉文化。清代经筵制度的讲习内容，主要是以程朱理学理念为主，来发表对古圣贤王之修身齐家、治国安邦、天道人心、学术思想等问题发表看法，这对于帝王治国安邦无疑有直接引导、劝解的作用，正如清初儒者所说："天下之治，由乎君德。而君德之成，本于经筵。"① 更为主要的是，按照《大清会典》的记载，经筵制度所影响的不仅仅只是皇帝一人，还有当时清朝的皇子皇孙、各部尚书侍郎、内阁学士、满汉百官等统治阶层主要成员。这对于清朝统治阶层"以儒治国"、清朝政权的儒化、汉化无疑有直接的推动作用，也正是因为如此，清朝最终实现了最大程度的儒化、汉化，并成为比较标准的儒家化中原帝制政权。正如著名史学家何炳棣先生所言："我们所认为的正统儒家政治与社会，不是由早先的汉人王朝，而恰恰是满清王朝作出示范。……在满洲异族统治下，中国成为一个严格地遵守正统的儒教国家，在早先的中国历史上我们还未发现儒家思想的标准、价值比在清代渗透得更深，接受更广的朝代。"②

经筵制度对清朝政权儒化、汉化之影响，最为核心的是对以帝王为核心的最高统治阶层的儒化教育。有清一代，清朝诸帝通过经筵讲习所接受的教育基本上都是程朱理学、儒学，而理学在政治理念上宣扬"以德治国"，尤其注重帝王、统治阶层本身的道德修为，亦即孔孟、程朱理学家们始终强调的"格君心之非"③。更何况，清代经筵制度的开设，其教育对象不仅仅只是帝王一人，而是遍及当时宗亲诸子、朝廷大学士、各部负责人等清朝统治阶层的主要成员，这对于儒化汉化清朝政权以及

---

① 《清世宗实录》卷十五，顺治十年工科给事中朱允显奏折。
② [美]何炳棣：《清代在中国历史上的重要性》，《清史译文》1980 年第 1 期。
③ 如程颐曾说："治道亦有从本而言，亦有从事而言。从本而言，惟从格君心之非、正心以正朝廷，正朝廷以正百官。"（《程氏遗书》卷十五，载《二程集》，中华书局 1981 年版，第 165 页。）朱熹说："天下事有大根本，有小根本，正君心是大本。"[（宋）黎靖德编：《朱子语类》卷一百〇八。]

以儒学为核心的汉文化在清朝的推行有普遍的意义。正是由于经筵制度的作用，清朝统治者都非常认同"以德治国""格君心之非"的基本理念，如顺治在《资政要览》一书的序中就曾说："帝王为政，贤哲修身，莫不本于德而成于学。"嘉庆帝也在一次经筵讲解之后发表御论说：

> 人君为政之大纲，莫先于修德。……君心正，天下莫不归于正。诚为治本，道德齐礼，化民之要。以一人之心德，感天下人之心，可期兴起乎应，鲜有犯法之民，则政简刑清，庶几无为而治，唐虞三代良法善政，复见于今。为人君者，奚可不懋修厥德哉！①

嘉庆帝强调"人君为政之大纲，莫先于修德""君心正，天下莫不归于正"的思想，顺治、嘉庆的思想在清朝诸帝中非常具有代表性。由于"格君心之非""为政以德"是"以儒治国"的核心思想，这对于当时皇权非常集中、强大的清朝帝国推行以儒学为核心的中华文化、中华文明无疑具有重要的推动作用与现实意义。可以说，经筵制度在清朝不同时期，"起到了疏通民意、参政议政、探讨治理、宣传帝政等不同的效用"②。正是深受儒化的清朝诸帝如康熙、雍正等"崇儒兴学""以儒治国"，除了大量任用汉族儒臣推行教化之外，朝廷还多次向民间发布以儒化、汉化为核心思想的《圣谕》《圣谕广训》来推动全社会的儒化、汉化，这些都直接极大地推动了清朝政权儒化、汉化的历史进程。

当然，清朝在正式开设经筵制度之前就已经主动采取儒化、汉化政策的诸多举措。比如皇太极仿明内阁将文馆改为内三院、招纳更多的儒臣进入权力高层之外，还信任并大量重用归降的汉族儒臣，如"自崇德元年定三院，至顺治二年，此十年中，任大学士者为刚林、范文程、希福、鲍承先、洪承畴、祁充格、宁完我凡七人"③，其中很多为汉儒，而这些汉族儒臣的加入，为早先清人顺利入关、占领中国起到了极大的推

---

① 《清仁宗实录》卷九十三。
② 陈东：《清代经筵制度研究》，博士学位论文，山东大学，2006年11月，第66页。
③ （清）阮葵生：《茶余客话》卷一《政》，清光绪十四年本，第3页。

动作用。另外，皇太极还重修了毁于战火的沈阳孔庙，并下令贵族子弟一律读儒家经典，"令诸贝勒、大臣子弟读书，所以使之习于学问，讲明义理，忠君亲上，实有赖焉。自今凡子弟十五岁以下，八岁以上者俱令读书"①。不仅如此，皇太极还仿照明制举行科考，录取了200多人，这对于儒学的推广无疑有重要的推动作用，更是由此赢得了当时北方地区汉族儒士对清朝统治合法性的认同。随后掌握清朝政权的多尔衮，更是听从汉儒"速遣提学，开科取士，则读书者有出仕之望，而从逆之念自息"②的建议，在南方一些省份举行乡试，在朝廷举行会试，以此笼络当时儒士的归附，如汉臣范文程所言，"治天下在得民心，士为秀民，士心得，则民心得矣，宜广其途以搜之"③。在多尔衮执政的七年里，连续开科取士，共录取了1000多名进士，并将他们安排在北京与地方各级府衙。这样一来，极大地赢得了当时汉族社会精英阶层——儒士大夫们的政治支持与文化认同。可以说，清朝入关早期对以儒学为核心的汉文化的认同与诸多汉化政策的推行，直接加速了清朝对中原的占领进度，更是赢得了中原社会精英阶层——儒士大夫对其统治合法性的认同。

　　作为清朝主动儒化、汉化政策之一的经筵制度的正式设立，更是强化了以清朝诸帝为核心的清朝统治阶层对儒化、汉化的高度重视。在清朝统治者看来，"致治之要，首在风化。移风易俗，莫先于鼓励良善，使人人知彝伦"④，所以他们都先后注重儒学教育与道德教化的推广。如顺治在经筵制度设立后，就明确提出"崇儒重道"、以儒治国的战略。康熙更是在经筵讲官的引导、影响下，进行更加全面、彻底的儒化、汉化举措。在政治制度上，康熙实行明朝旧制内阁制、另设翰林院，后来有设立了南书房，吸引一大批汉儒精英，以备咨询。同时还在各地广泛推广儒学教育，化民成俗，以强化中央对地方基层的控制，如有学者所言：

　　　　康熙尊重汉民族的风俗习惯，尽量使汉族风俗合于汉俗。康熙让满

---

① 《清文献通考》卷六十三《学校考·宗学》，文渊阁《四库全书》，台湾"商务印书馆"1986年影印本，第997页。
② 《清世宗实录》卷十九，顺治二年七月丙辰。
③ （清）余梄：《清史列传》卷五《范文程传》。
④ 《世宗宪皇帝圣训》卷二十六《厚风俗·雍正元年癸卯二月癸亥》。

人增加了许多汉族祭祀项目，如祭孔子、祭禹陵、祭城隍、祭五岳、祭历代帝王等。康熙重视汉族文化中的乡饮酒礼，发挥乡里耆老的教化作用，准许满人效仿。禁止买卖良民为奴，解除裹足禁令，康熙还以孝立国，自己在孝敬祖宗方面做表率，并规定满族官员遇父母丧也要如同汉族士人一样守制。这些举措，既迎合了汉人心理，促进满族的汉化，又在一定程度上加强了统治。①

康熙这种"以儒治国""以汉治汉"，因俗而治的治国理念进一步推动了传统儒学观念在中原的继续传承和大力发展。另外，康熙也积极推动满族、蒙古等其他民族地区的儒化、汉化，这不但直接促使了满人与汉人的融合以及清朝政权儒化、汉化之进程，更是推动了儒学在东北、西北乃至西南等偏远地区社会基层的传播与践行，强化了儒学在社会政治中的指导规范作用，由此极大地化解了民族之间的矛盾，尤其是汉人对清朝的对抗心理，这对于重建传统纲常伦理、增加清朝王朝的凝聚力，尤其是赢得中原旧地社会精英阶层——儒士大夫的文化认同有着至关重要的价值与意义。

康熙之后受到经筵讲习教育的诸帝，也颇为重视儒学，强调"以儒治国"，他们更是在先祖的基础上进一步强化所统治地区的儒化、汉化。如他们进一步完善清朝早期沿袭明制发展自身教育的传统，史称"有清学校，向沿明制。京师曰国学，并设八旗、宗室等官学。直省曰府、州、县学"②，当时教学内容皆为儒家经典与思想。由于明朝将学校教育与科举制度紧密结合，参加科举必须由学校出身，此即"科举必由学校"③。清朝继承了明代教育、科举一体化的发展模式。可以说，"清承明制"在某种程度上也促使清朝学校、科举的一体化，使得所产生的文官体系基本上都深受儒家经典及思想的熏陶，他们都非常注重"以儒治国"，自觉在所辖范围内传播、践行儒家之道，以至于儒学成为清朝社会生活、政治治理中的基本观念，毕竟当时的"清代的中国社会是一个伦理本位的

---

① 赖玉芹：《博学鸿儒与清初学术转变》，博士学位论文，华中师范大学，2004年4月，第21页。
② （清）赵尔巽等：《清史稿》卷一〇六《选举志一·学校一》。
③ （清）张廷玉等：《明史》卷六十九《选举志》。

社会，家庭伦理道德是整个社会运转的基础"①。经过清朝诸帝及其统治阶层的自觉儒化、汉化，以至于晚清，不但传统的中原地区基层社会实现了全面的儒化、汉化，甚至连中国周边的少数民族也实现了程度很深的儒化、汉化，如满族兴起的盛京（沈阳）等地，"为满洲重地，士人皆用汉语，微特民人无习满语者，即土著之满人亦如之"②。蒙古族以游牧为生，到了清末与东北相连之地也都开始过上了定居生活，"农作，非蒙古本业"，"力田与汉民无异矣"③，不仅满、蒙旧地如此，"有清一代，清朝所辖蒙古地区东至东三省，西至新疆阿尔泰山和天山之间，北至大漠，南至长城沿线。儒学在这些地区都有不同程度的传播，产生了或深或浅的影响"④。此外，滇、黔、桂、川、湘、鄂等少数民族集中的边远地区在清廷推行改土归流之后，也进行了比较全面的儒化、汉化，使得儒家文化成为当地社会的主流文化形态⑤。

总的来说，清朝入关之后，为了实现对整个中国的有效统治，社会政治管理"无论是设立中央国家机构，还是设置地方行省机构，均以明制为基础"⑥，实行了以往诸朝更加彻底的儒化、汉化举措，正如黄枝连先生所言："实际上，满清入关之后，很快便建立对整个中国的有效统治；而且，从顺治、康熙、雍正到乾隆等皇帝，都比明王朝的任何一个皇帝（包括明太祖、明成祖，更休谈明神宗）在进行儒化政治上，有更大的见识、更大的决心以及更大的效益性的（严格说，明王朝的皇帝，

---

① 吕宽庆：《习俗与法律之间：清代地方控制问题研究》，河南人民出版社2012年版，第6页。

② （清）李巨源：《承德县志书》（上），清宣统二年（1910）石印本，第60页。

③ （清）阮葵生：《蒙古吉林风土记》，小方壶斋舆地丛钞本（第六册），上海著易堂，第1891页。

④ 包文汉：《清代儒学在蒙古人中的传播与影响》，《内蒙古大学学报》（人文社科版）2005年第2期，第35页。

⑤ 赵旭峰：《文化认同视阈下的国家统一观念构建——以清代前中期云南地区为例》，《云南民族大学学报》（哲学社会版）2012年第2期。黄秀蓉：《论儒家学校教育与巴人——土家社会的儒化》，《西南民族大学学报》（人文社科版）2010年第10期。王瑞平：《清代改土归流政策对纳西族的影响》，《商丘师范学院学报》2004年第4期。谭清宣：《改土归流后土家族宗族制的儒化》，《贵州社会科学》2009年第5期。

⑥ 李理：《清代官制与服饰》，辽宁民族出版社2008年版，第48页。

没有任何一个是合乎礼治主义对人君的要求的）。"① 由于经筵制度的教育、参政作用，清朝诸帝主动认同并推崇以儒学为核心的汉化政策，"以儒治国""以汉治汉"，从而促使了清朝政权的儒化、汉化，以至在清中叶时，满族中下层已经普遍被汉文化同化，高层满族贵族也纷纷服膺于儒家文化，这些都表明清朝基本上实现了儒化、汉化，成为中华民族的重要组成部分与合法统治者。更为主要的是，清朝统治者在推行以儒学为核心理念的汉文化对传统汉族中原腹地进行统治之外，还通过"因俗而治"、强制同化、恩威并用等多种形式实现了对周边民族、国家的统领，从而建立了一个成为超越传统中国范畴的、满汉蒙回藏多元一体的大清国。

结 语

总的来说，经筵制度在中国古代作为帝王继续教育制度的一种，它不但引导并规范着帝王执政理念、知识结构及思想体系，更是直接对其制定国策、决定事务、铨选任免等多个方面都有直接的影响。经筵制度源远流长，在宋形成制度，经由元明的发展，在清代得到了极大的完善。与宋、明时期的经筵制度钳制或限制皇权不同，元代、清代经筵制度受到民族本位思想及强大君权的压制，基本上沦为了帝王思想与意志的附属品。在某种程度上来看，"宋、明时期经筵制度的教育及政治意味比较浓厚。元、清时期经筵制度的文化象征性则更大一些"②。尽管如此，经过长期经筵制度的熏陶及民间儒学兴盛的推动，迫使当时清代帝王及统治阶层认同儒学，并积极利用儒学来引导、规范臣民，使之成为统治的有力工具。另外，清朝相对同样是异族入主中原的大一统帝国蒙元而言，它较后者儒化、汉化时断时续且极不彻底而言，已经有了很大的进步和完善，而且较蒙元更能关注儒学在国家统治中的作用与意义。

清朝统治人口众多、地域广袤、民族众多的汉族区域，迫使它不得

---

① 黄枝连：《天朝礼制体系研究》（下），中国人民大学出版社1995年版，序，第4页。
② 陈东：《清代经筵制度研究》，博士学位论文，山东大学，2006年11月，第5页。

不采取"以儒治国""以汉治汉"的国家战略。经筵制度的设立,为这一国家认同战略的形成与推行提供了重要的契机,深受经筵讲习熏陶的清朝统治者,"基本上承袭明代制度,迅速全面接受儒家学说,在政治文化层面完全接受儒家思想的指导,服膺中国儒家传统文化"①。其中,清朝政权主动认同程朱理学,并将之作为官方意识形态,这是汉儒对其政治合法性认同的基础与前提,更是实现民族认同、国家认同的文化基石。毕竟,理学在当时是儒家正统思想,代表着道统,清朝统治代表治统,只有掌握了道统才能实现政治统治的合法性。清廷对理学的独尊也极大地消解不同满汉等不同族群之间的文化差异、增进相互的认同感。既然文化认同是政治与民族国家认同的基础,而经由经筵制度推动而最终官学化的程朱之学,不但为不同族群之间的文化认同提供了丰富的精神内涵与价值存在,也直接促使了不同族群、不同阶层共同群体意识的形成。与此同时,清朝将儒学说为治国的基本理念,并将之贯彻到社会政治的各层层面,直接促进了清朝政权的儒化、汉化,由此极大地加速了清朝及周边少数民族的文明进程,更是建立了一个超越"华夷之别"、基于儒学认同、文化大一统而形成了中华民族之共同体,因此扩大了宋元以来以中原汉族为核心的东亚文明之共同体。总之,经由经筵制度的熏染,促使清朝诸帝及统治阶层们积极主动儒化、汉化,希望实现基于儒学尤其是程朱理学之文化认同的政治大一统,由此实现了道统与治统的完美合一。可以说,清朝较以往蒙元政权的儒化、汉化更为彻底,由此清朝"作为中国传统社会的最后阶段,王权的强化已到了登峰造极的地步,其对社会支配的诸种形态亦发挥得淋漓尽致(政治与思想的统一是其主体)"②。

清朝统治阶层尽管极力借助经筵制度的形式来认识儒学,倡导"满汉一体",通过较蒙元更加全面而彻底的儒化、汉化,赢得了汉族儒士大夫的文化认同,进而实现了对传统中国及周边地区的有效控制。但是,

---

① 吕宽庆:《习俗与法律之间:清代地方控制问题研究》,河南人民出版社 2012 年版,第 1 页。
② 林存阳:《三礼馆:清代学术与政治互动的链环》,社会科学文献出版社 2008 年版,第 286 页。

由于"清代的皇族集团是由满洲八旗为主体的贵族势力。政府体系是这个集团统治的行政组织。……皇族集团支配它的所有物是由政府体系来实现的。但他们并非完全信任主要由汉人充任的政府体系"①。亦即受到维护皇族既得利益及民族本位思想的左右,满族贵族对汉族官员始终怀有戒心,自始至终一直在采用"首崇满洲"的政策,政治制度上采取"满汉兼用""重满轻汉"的态度②,以至于他们不但没有实行自我彻底的儒化、汉化,反而极力想通过比如国语骑射、圈地、逃人法、"剃发易服"等汉人满化的形式来维护自己的统治,由此造成了清朝政权在儒化、汉化进程中的不彻底性,以至于清朝在社会政治、思想观念、生活习俗等诸多层面都具有满汉杂糅的二元性特征,而二元化格局不但成为诸多社会矛盾的由头,也是满汉关系紧张、清朝政权最终趋于瓦解的重要因素之一。

---

① 吴宗国:《中国古代官僚政治制度研究》,北京大学出版社2004年版,第444页。
② 李理:《清代官制与服饰》,辽宁民族出版社2008年版,第45—48页。

"纪念胡如雷先生诞辰九十周年"学术研讨会举行

《光明日报》编辑部　户华为

为纪念著名史学家胡如雷先生诞辰90周年，中国唐史学会、河北师范大学于近日在石家庄联合主办了"纪念胡如雷先生诞辰九十周年"学术研讨会。胡如雷先生的子女、弟子与来自中国社会科学院、武汉大学、陕西师范大学、南开大学、北京师范大学、中国人民大学、首都师范大学、河北大学、河北省社科院、河北师范大学以及《中国史研究》《中国经济史研究》等单位的40多位专家学者齐聚一堂，共同追思先生的为人、治史、授业之道。

河北师范大学党委书记赵月霞在致辞中对胡如雷先生的生平业绩和学术贡献给予高度评价，认为胡如雷先生作为该校历史学科的奠基人之一，为河北师范大学学科建设做出了卓越贡献。中国唐史学会会长、武汉大学冻国栋教授指出，胡如雷先生作为坚定的马克思主义唯物史观的秉持者和辩证唯物主义史学研究方法的实践者，为中国古代史特别是隋唐五代史的研究做出的开创性贡献和学术声誉将永远为后辈学人所铭记。南开大学胡宝华教授代表家属感谢学术同人对胡如雷先生饱含深情的追思与怀念。胡如雷先生的学生及与会专家深情回顾了他辛勤治学的人生经历和深厚的学术造诣，并围绕胡如雷先生史学思想与实践、隋唐五代社会经济史、唐代政治制度史等展开热烈讨论。大家认为先生具有开放的国际视野，特别重视比较研究，是较早研究唐宋社会变革的史学家之一。他专注学术，穷尽十余年心血著成《中国封建社会形态研究》成为史学研究的经典之作；他提出"史学研究一要瞻前顾后，二要左顾右盼"的贯通性研究方法普遍为史学研究者所接受。

胡如雷（1926—1998），著名历史学家。他先后考入西北大学历史系、清华大学历史系学习，受教于著名学者王亚南、雷海宗、孙毓棠、周一良等，打下了深厚的学术功底。曾在河北邢台师范学校、河北师范大学、河北省社会科学院等单位任职，主要研究中国封建社会的政治、经济及隋唐史，学术兼职有中国唐史学会会长、中国农民战争史研究会副会长、河北省史学会副会长等。胡如雷所著《中国封建社会形态研究》《唐末农民战争》《李世民传》等专著和《抛引集》《隋唐五代社会经济史论稿》《隋唐政治史论集》等学术论集，在史学界影响深远。

（原载《光明日报》2016年2月3日第14版"史学"）

"纪念胡如雷先生诞辰九十周年"学术研讨会综述

河北师范大学历史文化学院　王昊

为了缅怀胡如雷（1926—1998）卓越的一生，回顾胡先生的学术成就，传承胡先生的治学方法与治学精神，由中国唐史学会与河北师范大学主办的"纪念胡如雷先生诞辰九十周年"学术研讨会于2016年1月9—10日在石家庄召开。来自北京、天津、湖北、陕西等省市的40多位专家学者与会。

一　追思胡如雷的学术贡献与治学精神

中国唐史学会会长、武汉大学冻国栋回顾了胡先生的学术贡献，高度评价了胡先生名作《中国封建社会形态研究》的学术地位和深远影响，认为胡先生关于"史学研究一要瞻前顾后，二要左顾右盼"的贯通性研究方法已经成为史学研究的圭臬。南开大学胡宝华代表家属对与会学者表示感谢，并回忆了胡先生与黄永年、谷川道雄不同的学术风格。陕西师范大学胡戟回忆了与胡先生在唐史学会中的工作情况，赞扬了胡先生的坦荡胸怀和学术视野。河北省社会科学院孙继民回忆了胡先生在帮助自己调至河北社科院工作的过程中，所体现的关爱后学的高风亮节。首都师范大学李华瑞回忆了胡先生的著作对自己学术研究的影响，通过介绍漆侠与胡先生的交往，展示了当年河北省两位史学大家的风采和佳话。

河北大学姜锡东评价了胡先生的学术成就，指出认真回顾总结胡先生等老一辈史学家的经历与成果，对克服当前史学研究"碎片化"倾向具有重要意义。

《中国经济史研究》主编魏明孔、《中国史研究》副主编张彤和《光明日报》史学版主编户华为等赞扬了胡如雷先生的学术贡献与勤奋精神，并向胡先生的学生们表达了良好的学术期待。

胡如雷的弟子河北师范大学宁志新、南开大学王力平、北京市文物局宋大川、河北经贸大学杜来梭、天津《今晚报》集团李燕捷、北京师范大学张荣强和河北师范大学姜密回顾了胡先生对自己的培养教导。河北师范大学沈长云、孟繁清、秦进才、邢铁、陈丽，河北省文物局韩立森也追忆了胡先生对自己的指教，以及与胡先生相处时的点点滴滴。

二　隋唐史、中国古代史专题的学术讨论

与会学者提交了 20 余篇专题研究论文，以实际研究成果来纪念胡先生。

（一）隋唐五代史专题研究

政治史方面。吕博《〈大云经疏〉、〈宝雨经〉与武周洛阳的政治、宗教景观》探讨了宗教、政治理念与武周洛阳宫殿核心区建筑群景观的关系。冯金忠《唐代文武之变述论》认为唐代文武相互迁转的情况广泛存在，在安史之乱以后成为一个突出的社会问题。宁志新《唐朝盛世与武则天》肯定了武则天对唐朝盛世所起的促进作用。

经济史方面。黄正建以胡先生《两件敦煌出土的判牒文书所反映的社会经济状况》为例，介绍了胡先生敏锐的学术洞察力，宏观的学术视野与细致的考证。杜文玉《论五代十国时期吴越国的海上贸易》对吴越国的海上贸易情况进行考察，弥补了以往忽视该时期对外贸易问题的不足。王力平《隋唐漕运运纲下层劳工生活状况的考察》对隋唐漕运运纲下层劳工的生活状况进行了深入研究。姜密《唐宋国有土地上"亲邻关系"淡化的原因分析》认为唐宋国有土地上"亲邻关系"淡化归根结底

是商品经济的发展所致。

文献研究方面。刘安志《〈唐会要〉"补亡四卷"考》对《唐会要》残缺诸卷的内容进行了考证，发现补辑抄自《五礼通考》。李燕捷《关于〈旧唐书·礼仪志〉中的一处考证》对《旧唐书·礼仪志》的一段记载进行了细致考证，纠正了原文的错误。杜来梭《唐代户部使考——〈唐仆尚丞郎表〉补正》补充了《唐仆尚丞郎表》中关于户部使的内容。

（二）中国古代史其他领域的专题研究

黄寿成《高演高湛"兄终弟及"中的领军将军》认为领军将军在宫廷政变中所起的作用有限。牛润珍以《古都邺城研究——中世纪东亚都城制度探源》为例阐述了发掘传统史学现代价值的重要途径。张荣强《中国古代的虚岁与周岁》发现官方并不存在周岁计年的方式，在民间习俗方面偶尔见到小孩用周岁计年的现象。姜海军《〈四库全书〉编纂与清学范式、思想一统的建立》认为《四库全书》的编纂实现了南北学术思想、文化体系的整合。陈瑞青《宋夏金榷场贸易的融通与互动——以黑水城西夏榷场使文书为中心的考察》对宋夏金榷场贸易的商品产地与产品比重进行考察。朱建路对帖木儿帝国使者记载的木构建筑"天球"作了分析，认为就是佛教寺院的转轮藏。

此次会议全面回顾了胡先生的学术贡献，与会者表达了对胡先生的深切怀念，所提交的论文也具有较高的学术水平。会议的召开对继承和发扬胡先生的治学方法与治学精神，进一步推动隋唐五代史乃至整个中国古代史研究具有重要意义。

（原载《中国史研究动态》2016 年第 3 期）

胡如雷先生论著目录编年

秦进才辑录

胡如雷先生（1926年1月22日—1998年1月19日），山西定襄县人。1946年9月至1949年9月，先后在西安西北大学、上海大夏大学读书。1949暑假，考入清华大学历史系，1952年7月毕业，分配到河北邢台师范学校（邢台学院前身），担任历史课教员。1956年9月，调入河北天津师范学院历史系任教。1958年8月起，先后随历史系搬迁到北京、宣化、石家庄等地，历任河北北京师范学院（后改为河北师范学院）历史系教员、讲师、副教授、教授等职。1985年9月，调入河北省社会科学院历史所任研究员。1994年4月，调回河北师范学院（今合并为河北师范大学）历史系任教授。胡先生视学术研究为生命，不论是在坎坷的岁月，还是在多彩的晚年，都以深厚的理论修养、扎实的史学功力、恢宏的大家气度、高瞻远瞩的学术视野，研究中国古代的政治、经济和隋唐史，并进行跨学科的探讨，融会中西，贯通古今，撰写了多部自成一家、别具特色的学术专著，发表了近百篇学术论文，还参加了多部专著、大型工具书的编纂。他的很多论著，促进了学术的发展；他的许多观点，已被学界认同；他的思路，给学者以新的启迪；他的成就，使他成为《中国大百科全书·中国历史》卷所收录的著名史学家之一。

论著目录，既是学者成就的具体体现，又是了解、研究学者的入门向导。为方便学习、研究胡先生著述，在胡先生生前自编论著目录与孙继民《胡如雷先生论著年表》的基础上，笔者扩大收集范围，力求全面反映胡先生论著的面貌，说明胡先生论著传播的情况，为研究者提供翔实可靠的资料，编成了《胡如雷先生论著目录编年》。分为著作、论文、书评与回忆三部分，分别按年代先后排列。同一篇文章有转载者，排在开始发表处之后。参加合作撰写的著述，按题目排在论文部分。未在报刊发表而收入论文集者，排列在论文集出版年代。收入《抛引集》者，用★号注明；收入《隋唐五代社会经济史论稿》者，用☆号注明；收入《隋唐政治史论集》者，用※号注明。论文名称报刊与论文集有不同者，以所刊载的报刊为主，论文集上的题目在注释中说明。在收集整理过程中，得到胡先生子女与学生的帮助。但由于年长日久，再加上时间仓促，资料难以找齐全，难免有遗漏讹误，错谬之处请批评指正。

一　著作

1979 年

中国封建社会形态研究	生活·读书·新知三联书店 1979 年版。
	谷风出版社 1987 年版。
唐末农民战争	中华书局 1979 年版。

1984 年

李世民传	中华书局 1984 年版。

1993 年

抛引集	河北教育出版社 1993 年版。

1996 年

隋唐五代社会经济史论稿	中国社会科学出版社 1996 年版。

1997 年

隋唐政治史论集	河北教育出版社 1997 年版。

2011 年

唐史（中国大百科全书名家文库）	中国大百科全书出版社 2011 年版。
	中国盲文出版社 2015 年版。

二 论文

1953 年

关于高中世界近代史第一册
　一些问题的商榷　　　　　　　　历史教学 1953 年第 4 期。

1954 年

甲午以前的军需工业　　　　　　　光明日报 1954 年 4 月 29 日。

1955 年

论武周的社会基础※　　　　　　　历史研究 1955 年第 1 期。
唐代均田制研究☆　　　　　　　　历史研究 1955 年第 5 期。
　　　　　　　　　　　　　　　　中国古代史教学参考论文选
　　　　　　　　　　　　　　　　第三册。

1956 年

唐代的飞钱☆　　　　　　　　　　光明日报 1956 年 6 月 7 日。
试论秦汉以后我国封建社会
　经济外的强制　　　　　　　　　光明日报 1956 年 8 月 4 日。
试论中国封建社会的土地所有制形式★
——对侯外庐先生意见的商榷　　　光明日报 1956 年 9 月 13 日。
　　　　　　　　　　　　　　　　中国历代土地制度问题讨
　　　　　　　　　　　　　　　　　论集，生活·读书·新知
　　　　　　　　　　　　　　　　　三联书店 1957 年版。
　　　　　　　　　　　　　　　　中国封建社会土地所有制
　　　　　　　　　　　　　　　　　形式问题讨论集上册，生
　　　　　　　　　　　　　　　　　活·读书·新知三联书店
　　　　　　　　　　　　　　　　　1962 年版。
唐代的客户是些什么人？　　　　　历史教学 1956 年第 8 期。

1957 年

唐朝的府兵是怎样变成彍骑和禁军的？
　为什么要有这样的改变？　　　　历史教学 1957 年第 2 期。

什么是驿站？	历史教学 1957 年第 3 期。
唐代租庸调制的作用及意义 ☆	河北天津师范学院学报 1957 年第 2 期。

1958 年

关于我国封建社会经济 　规律的几个问题	历史教学 1958 年第 2 期。
唐代两税法研究 ☆	河北天津师范学院学报 1958 年第 3 期。
廓清陈寅恪先生资产阶级 　史学观点的不良影响	新建设 1958 年第 12 期。
唐代的田庄 ☆	历史教学 1958 年第 12 期。

1959 年

关于朱温的评价问题 ※	光明日报 1959 年 9 月 17 日。

1960 年

如何正确地理解封建主义生产方式 ★	新建设 1960 年第 2 期。
中国封建社会土地所有制形式问题 　讨论集上册	生活·读书·新知三联书店 1962 年。
唐宋时期中国封建社会的巨大变革 ☆①	史学月刊 1960 年第 7 期。

1961 年

应该严肃正确地理解和引用 　马克思列宁主义经典理论	光明日报 1961 年 10 月 11 日。

1962 年

关于中国封建社会形态的一些特点 ★	历史研究 1962 年第 1 期。 北京市历史学会第一第二届 　年会论文选集，北京 　出版社 1964 年版。

---

① 收入《隋唐五代社会经济史论稿》时，题目改为《唐宋之际中国封建社会的巨大变革》，见中国社会科学出版社 1996 年版，第 324—344 页。

魏晋隋唐时期的封建土地所有制形式☆①	教学与研究 1962 年第 3、4 期。
对王仙芝、黄巢"乞降"问题的两点意见☆	光明日报 1962 年 9 月 12 日。
略论"安史之乱"的性质※	光明日报 1962 年 10 月 10 日。

1963 年

唐末农民战争的历史作用☆	历史研究 1963 年第 1 期。
唐五代时期的"骄兵"与藩镇☆	光明日报 1963 年 7 月 3 日。
北宋王小波、李顺起义	历史故事第一集,北京出版社 1963 年。
记唐代农产品和手工业品的比价及其变动☆	光明日报 1962 年 12 月 13 日。

1964 年

庞勋领导起义的戍卒发遣年代略考☆	历史教学 1964 年第 7 期。

1976 年

清算"四人帮"利用历史进行反党的罪行——部分工人和史学工作者的笔谈	文物 1976 年第 12 期。

1977 年

关于唐代韩柳之争的几个问题★	历史研究 1977 年第 4 期。

1978 年

几件新疆出土文书中反映的十六国时期租佃关系★	文物 1978 年第 6 期。 新疆考古三十年,新疆人民出版社 1983 年版。 敦煌吐鲁番文书研究,甘肃人民出版社 1984 年版。

1979 年

"让步政策"是客观存在的★	光明日报 1979 年 1 月 16 日。

---

① 收入《隋唐五代社会经济史论稿》时,题目改为《从汉末到唐中叶的封建土地所有制形式》,见中国社会科学出版社 1996 年版,第 266—282 页。

隋文帝评价※	社会科学战线 1979 年第 2 期。
	中国古代史教学参考论
	文选第三册。
唐代牛李党争研究※	历史研究 1979 年第 6 期。

1980 年

略论李密※	河北师院学报 1980 年第 4 期。
	复印报刊资料·中国古代史
	1981 第 5 期。
	河北省历史学会一九八〇年
	年会论文。
	中国农民战争史集刊第二辑，
	上海人民出版社 1982 年。

1981 年

关于隋末农民起义的若干问题☆	文史第十一辑，中华书局
	1981 年版
	复印报刊资料·中国古代史
	1982 年第 1 期。
	史学情报 1982 年第 2 期摘要。
唐太宗生年考※	河北师院学报 1981 年第 4 期。

1982 年

时代赋予历史学家的中心使命★	光明日报 1982 年 2 月 1 日。
	复印报刊资料·历史学
	1982 年第 2 期。
	历史研究的理论与方法，
	红旗出版社 1983 年版。
	历史理论研究，重庆出版社
	1984 年版。
	历史科学研究的新历程，
	光明日报出版社 1987 年版。

	历史与现实论稿，中国文史出版社 1991 年版。
论唐太宗※	中国史研究 1982 年第 2 期。复印报刊资料·中国古代史 1982 年第 14 期。
历史与现实★	光明日报 1982 年 10 月 13 日。史坛纵论，重庆出版社 1984 年版。
怎样记历史年代	文史知识 1982 年第 10 期。学史入门，中华书局 1988 年版。
唐太宗民族政策的局限性※	历史研究 1982 年第 6 期。复印报刊资料·中国古代史 1983 年第 1 期。
"玄武门之变"有关史实考辨※	中国古代史论丛第 1 辑，福建人民出版社 1982 年版。

1983 年

一年来隋唐五代史研究情况简介	河北师院学报 1983 年第 1 期。
隋唐五代史	中国历史学年鉴（1983 年版），人民出版社 1983 年经。
李世民和"玄武门之变"	夜读 1983 年第 1 期。
谈谈研究封建社会经济史的一个方法问题 ——如何看待典型性的问题★	河北学刊 1983 年第 1 期。复印报刊资料·经济史 1983 年第 3 期。
对出版古籍的几点建议	古籍整理出版情况简报第 104 期，中华书局 1983 年版。
怎样研究隋唐五代史	文史知识 1983 年第 7 期。学史入门，中华书局 1988 年版。

1984 年

运用马克思主义理论 　　研究历史的点滴体会★	文史哲 1984 年第 2 期。 中国史研究文摘，中州古籍 　　出版社 1985 年版。
唐玄宗李隆基卒年辨※	河北师院学报 1984 年第 2 期。 中国史研究文摘，中州古籍 　　出版社 1985 年版。

1985 年

瞻前顾后　左顾右盼★	光明日报 1985 年 1 月 23 日。 中国史研究文摘，中州古籍 　　出版社 1986 年版。
试论社会主义史德★	河北学刊 1985 年第 2 期。 中国史研究文摘，中州古籍 　　出版社 1986 年版。

1986 年

也谈"自田"兼论与唐代田制 　　有关的一些问题☆	中国经济史研究 1986 年 　　第 2 期。 复印报刊资料·经济史 　　1986 年第 9 期。 报刊资料选汇·魏晋南北朝 　　隋唐史 1986 年第 9 期。
历史研究法刍议★	河北学刊 1986 年第 4 期。
隋唐五代史的阶段划分☆	河北师院学报 1986 年第 3 期。 高等学校文科学报文摘 　　1986 年第 6 期。
关于发展马克思主义基本 　　理论的几个问题★	社会科学评论 1986 年第 4 期。 报刊资料选汇·科学社会 　　主义 1986 年第 7 期。
隋唐科举制	百科知识 1986 年第 9 期。

建议出版三种《一切经音义》	古籍整理出版情况简报第 168 期，中华书局 1986 年版。

1987 年

两件敦煌出土的判牒文书所反映的社会经济状况☆	唐史论丛第二辑，陕西人民出版社 1987 年。
门阀士族兴衰的根本原因及其士族在唐代的地位和作用☆①	唐史论丛第三辑，陕西人民出版社 1987 年版。
关于生产力与生产关系范畴的几个问题★	河北学刊 1987 年第 3 期。复印报刊资料·政治经济学总论部分 1987 年第 6 期。
再论唐太宗民族政策※ ——兼答熊德基先生	中国史研究 1987 年第 4 期。复印报刊资料·魏晋南北朝隋唐史 1988 年第 2 期。
漫谈治学 ★	河北学刊 1987 年第 6 期。
唐代中日文化交流高度发展的社会政治条件☆	河北师院学报 1987 年第 4 期。高等学校文科学报文摘 1988 年第 3 期。林天蔚、黄约瑟主编《中古史讨论会论文集之一古代中日韩关系研究》。

1988 年

略谈中国古代的国家体制★ ——统一、集权、专制	山东社会科学 1988 年第 1 期。

---

① 收入《隋唐五代社会经济史论稿》时，题目改为《门阀士族兴衰的根本原因及在隋唐的地位与作用》，见中国社会科学出版社 1996 年版，第 283—323 页。

关于"史学危机"的思考★	
——访胡如雷教授	史学情报 1988 年第 1 期。
论隋唐五代在历史上的地位☆	河北学刊 1988 年第 2 期。
	复印报刊资料·魏晋南北朝
	隋唐史 1988 年第 6 期
运用"角色"理论研究历史人物	
的设想★	光明日报 1988 年 6 月 1 日。
试论"民族同化"及其机制★	河北师院学报 1988 年第 4 期。

1989 年

魏征——千古流芳的谏臣	
和一代著名的史臣※	河北师院学报 1989 年第 3 期。
	复印报刊资料·魏晋南北朝
	隋唐史 1989 年第 11 期。
隋唐五代史（与孙继民合作）	中国历史学四十年 1949—1989,
	书目文献出版社 1989 年版。
周隋之际的"三方之乱"及其平定※	河北学刊 1989 年第 6 期。

1990 年

中国经济史研究中存在问题之我见	中国经济史研究 1990 年
	第 1 期。
北周政局的演变与杨坚的以隋代周※	社会科学战线 1990 年第 2 期。
	复印报刊资料·魏晋南北朝
	隋唐史 1990 年第 9 期。
《唐天宝二年交河郡市贾案》中的	
物价史料☆	平准学刊第 2 集，中国商业
	出版社 1990 年版。

1991 年

隋文帝杨坚的篡周阴谋与	
即位后的沉猜成性※	中国唐史学会论文集,
	三秦出版社 1991 年版。

隋唐五代史	中国古代史导读，文汇出版社1991年版。

1992 年

中国封建社会形态的主要特点	日本中央大学《亚细亚研究》第 16 号 1992 年。
隋唐帝国の诸阶层と诸民族	日本明治大学国际交流センター—1992 年 2 月出版。
唐、魏徵 等词条	中国大百科全书·中国历史，中国大百科全书出版社1992 年版。
知识竞赛的新世纪	香港中文大学《二十一世纪》1992 年 10 月号。

1993 年

关于武则天研究中的几个问题※	社会科学战线 1993 年第 1 期。复印报刊资料·魏晋南北朝隋唐史 1993 年第 4 期。
关于国家理论的几点探讨	抛引集，河北教育出版社1993 年版。
一个值得努力研究的重大史学课题——人类历史上的社会发展效益问题	抛引集，河北教育出版社1993 年版。
论"东方土地国有制"与中国封建土地所有制	抛引集，河北教育出版社1993 年版。
论唐代开元时期对地方吏治的重视与整饬※	河北师院学报 1993 年第 4 期。

1994 年

唐"开元之治"时期宰相政治探微※	历史研究 1994 年第 1 期。复印报刊资料·中国古代史先秦至隋唐 1994 年第 4 期。

《升平源》的真伪辨析	河北学刊 1994 年第 1 期。
对隋唐之际王世充势力的几点剖析※	厦门大学学报 1994 年第 2 期。
	复印报刊资料·中国古代史
	先秦至隋唐 1994 年第 9 期。
隋唐之际的林士弘起义考释※	河北师院学报 1994 年第 4 期。

1996 年

隋朝统一新探※	历史研究 1996 年第 2 期。
	高等学校文科学报文摘
	1996 年第 4 期。
	复印报刊资料·魏晋南北朝
	隋唐史 1996 年第 4 期
略谈唐代宦官滥收假子的现象※	河北师院学报 1996 年第 2 期。
唐朝的宦官是商贾阶层	
在政治上的代表者吗？※	中国史研究 1996 年第 3 期。

1997 年

试论唐朝"甘露之变"中文宗	
和"南衙"朝官失败的主要原因※	唐代的历史与社会，武汉
	大学出版社 1997 年版。
哲学、思想与史学的关系	中国前近代史理论国际学术
	研讨会论文集，湖北人民
	出版社 1997 年版。
狄仁杰与"五王政变"	隋唐政治史论集，河北教育
	出版社 1997 年版。

三　书评与回忆

1982 年

读《汪篯隋唐史论稿》	
兼论隋唐史研究★	读书 1982 年第 2 期。
《唐末农民战争战略初探》序言	天津人民出版社 1985 年版

1983 年

回顾在清华大学历史系学习生活片断★　　学林漫录第七集，
中华书局 1983 年版。
清华旧影，东方出版社
1998 年版。

1989 年

《中国农民战争史》
（隋唐五代十国卷）读后★　　　　　中国史研究动态 1989 年
第 9 期。

1991 年

怀念恩师孙毓棠先生　　　　　　　学林漫录第十三集，中华
书局 1991 年版。

怀念张老　纪念张老　　　　　　　河北师院学报 1991 年第 2 期。
张恒寿先生纪念集，河北
教育出版社 1993 年版。

1993 年

坎坷的遭遇　多彩的暮年　　　　　文史精华 1993 年第 5 期。

编 后 记

胡如雷先生是20世纪我国著名历史学家。2016年是胡先生诞辰九十周年，为深切缅怀这位为中国史学做出卓越贡献的学者，中国唐史学会、河北师范大学于该年1月9日至10日，在石家庄联合主办了"纪念胡如雷先生诞辰九十周年"学术研讨会。胡如雷先生的子女，先生直接指导过的学生，和来自中国社会科学院、武汉大学、陕西师范大学、南开大学、北京师范大学、中国人民大学、首都师范大学、河北大学、河北省社会科学院、河北师范大学以及《光明日报》《中国史研究》《中国经济史研究》报刊社的40多位专家学者齐聚一堂，共同追思先生的道德风范与学术伟业。这本集子就是对当年会议成果的汇总和集中呈现。

胡先生是河北师范大学历史学科的重要开创者和奠基人。20世纪八九十年代，正是因为有先生等几位大师级学者在，才使河北师范学院这所普通地方大学享有国内一流历史学科的特殊声誉，并在国际上有着一定的知名度。这种影响，直到先生离世20多年后的今天，河北师范大学（1996年，河北师范学院、河北师范大学等四所院校，合并为新的河北师范大学）的历史学科，仍在沾享着先生的遗泽。

先生的代表作《中国封建社会形态研究》是马克思主义史学研究的典范。在改革开放之初的1979年，甫经出版，泱泱5万册，竟以畅销书的形势，在不到两年的时间里，销售一空；不得已，又在1982年，加印6500册，才基本满足了当时的需要。先生一时间名满天下，河北省的史学地位在全国也开始名列前茅，河北师院的历史学科，也成为学校、省内的重点学科，国内外的知名学科。1989年，胡先生在第四届中国唐史学会年会上当选为会长，这是中国唐史学会自成立以来的第二任会长，并且是接任史学泰斗唐长孺先生,由此足见,国内外隋唐史学界对胡先生史学成就的认可度。胡先生是当时全国性学会会长中,唯一一位在地方院校工作的学者。中国唐史学会前会长、武汉大学冻国栋教授在纪念会的致辞中指出:"胡如雷先生作为坚定的马克思主义唯物史观的秉持者和辩证唯物主义史学研究方法的实践者,为中国古代史,特别是隋唐五代史的研究做出的开创性贡献和世界性学术声誉,将永远为后辈学人铭记。"

胡先生不幸于1998年1月19日在石家庄逝世,至今不觉已20多年了。20多年来,先生的学术事业也得到了很好的传承。先生的哲嗣胡宝华、胡宝国先生都师承史学名家,在各自领域都取得了卓越的成就。其亲传弟子宁志新教授、王力平教授等都已成为学界著名专家,张荣强教授还是教育部青年长江学者。受先生教泽颇多的孙继民研究员、秦进才教授、邢铁教授也都是各自业内的翘楚。先生曾经开创的河北师范大学历史学科,也得到了飞速发展,如今已拥有中国史、考古学两个一级学科博士授权点,和中国史博士后科研流动站;一批学有所成的中青年学者,都已展现出非凡的实力,或已成为知名学者,或已开始崭露头角,成为本学科持续不断发展的重要力量。

大师虽远去,风范犹长存。我们纪念胡如雷先生,就是要铭记的他的教诲,继承他的遗志,学习他的科研精神,将史学研究事业永远发扬光大!

在本论文集编纂过程中,胡宝华老师、王力平老师给予了极大支持和帮助,王昊博士付出了不少艰辛,对他们深表感谢!感谢河北师范大学历史文化学院领导对本书出版的大力支持!感谢中国社会科学出版社宋燕鹏编审对本书出版所做的努力!

编　者

2018年12月1日